U0448557

语言规划经典译丛

语言管理

〔以〕博纳德·斯波斯基 著

张治国 译 刘海涛 审订

2016年·北京

Spolsky, Bernard.
Language management / Bernard Spolsky.
Published in the United States of America by
Cambridge University Press, New York
© Bernard Spolsky 2009
First published 2009

顾　问
陈　骏　陈章太　戴庆厦　李　嵬　李宇明

主　编
徐大明

副主编
王铁琨　姚小平　范德博(Marinus van den Berg)

编　委(按音序)
蔡永良　陈　敏　陈新仁　丁言仁　范德博(Marinus van den Berg)
郭龙生　郭　熙　刘丹青　王海啸　王建勤　王铁琨　徐大明　姚小平
赵蓉晖　周洪波

本书的翻译获得以下项目资助

1. 国家社科基金项目(项目名为"中国与周边国家语言互联互通建设的战略研究",项目号为"14BYY045")。
2. 上海市教委科研创新项目(项目名为"新中国外语教育政策与经济社会发展互动研究",项目号为"15ZS047")。
3. 上海海事大学校基金项目(项目名为"语言管理研究",项目号为"20130451")。

本书为上述项目的阶段性成果,对上述项目的资助表示感谢!

了解世界怎样做语言规划
——序《语言规划经典译丛》

李宇明

"语言规划"(Language Planning)是指政府、社会组织或学术部门等对语言生活(Language Situation)所做的干预、管理及相关计划,其中包含语言政策的制定及其实施等内容。研究语言规划的学科可称为语言规划学。

传统上,语言规划可分为语言地位规划(Language Status Planning)和语言本体规划(Language Corpus Planning)。地位规划确定语言(包括文字)及其变体的社会地位,内容较多涉及语言政策,比如国语的选择、民族共同语的确定等等。本体规划是在地位规划的前提下进行的,目标是促进国语、民族共同语等这些有社会地位的语言不断规范、完善,使其能够很好发挥地位规划赋予的语言职能。本体规划的内容,包括文字的创制与改革,语音、词汇、语法等方面的规范,拼音或注音方案的创制,以及各种语言技术的发展等等。今天常说的语言文字的规范化、标准化、信息化,基本内容都属于语言的本体规划。

时至今日,越来越多的语言规划者认识到,国家语言规划的主要任务应当是管理语言生活,而不是管理语言,虽然管理语言生活必然会涉及语言本体。语言生活在哪里?在各行各业中,在各个社会领域中,因此,管理国家语言生活,主要任务就是管理各领域的语言生活,为各领域做"语言功能规划"(Language Function Planning,见李宇明《语言功能规划刍议》,《语言文字应用》2008年第1期)。语言功能规划,是在语言地位规划的总体框架内,更仔细地确定各种语言文字(及语言变体)的社会功能,规划各个社会领域怎样综合发挥各种语言文字的作用,目的在于使各种语言文字各安其位,各得其用,各展其长,构建起多种语言现象互补共生、和谐相处的"多言多语"生活。

人类语言规划的活动早已开始,但是语言规划学却十分年轻。1959年,豪根(Haugen)最早提出语言规划的概念,之后涌现出一批语言规划的经典著作,如《发展中国家的语言问题》(Fishman, Ferguson and Das Gupta 1968),《语言可以规划吗?——专为发展中国家所用的社会语言学理论和实践》(Rubin and Jernudd 1971),《语言规划的进展》(Fishman 1974)等。这些著作奠定了语言规划学的基础。

20世纪八九十年代,语言规划研究仿佛走入了低谷,但进入21世纪之后又重受关注。这得益于新的国际形势和国际思潮,如新一轮的世界一体化进程,世界性的大移民,复苏的族裔—民族主义,语言危机,英语在全球的传播,一批新国家的出现等。据研究,当前国际语言规划研究表现出四大特点:

第一,研究范围急速扩展。除传统的研究内容之外,又增添了当代语言生活的许多问题,如语言认同,语言复兴,少数族裔和外国移民的语言权利,双语教育,全球化与语言多样性,语言的国际传播,语言濒危与语言保护,语言信息化等等。

第二,研究视野涉及全球。过去,语言规划主要关注摆脱殖民统治的亚非国家,而今的研究视野几乎遍及世界各个角落。美国等移民国家、西方老牌的单一民族国家、苏联解体后出现的新国家、各种国际组织和地区组织等,它们的语言问题都引起了语言规划者的浓厚兴趣。可以说,世界所有国家或地区都纳入了语言规划的研究视野。

第三,研究观念发生转变。20世纪六七十年代,语言多样性常被看作社会麻烦,看作阻碍国家建设的离心力量。那时语言政策的宗旨,就是确定单一或有限的官方语言,并尽力去完善、推广。但是,随着世界一体化进程的加快,特别是最近十年,人们对待语言多样性的态度发生了根本转变。各种语言及其变体,被看作是值得珍视、应当努力保护的人类公共财富,是不可再生的文化资源。联合国教科文组织的一系列文件,欧盟的一长串官方语言名单,便是维护语言多样性这一态度的具体体现。

第四,多学科共同参与。语言生活是人类最为重要的社会生活,也是众多学科研究的对象;语言规划绝不仅仅是规划语言,规划的是众多学科共同关心的社会语言生活。事实上,政治学、社会学、法学、经济学、民族学、传播学、信息科学等学科,都已纷纷进入语言规划领域,并发挥着越来越重要的作用。语言规划正在成为政治家关心、多学科参与、影响国家与国际新秩序建构的学科。

中国是世界上最早进行语言规划的国家之一。先秦诸子早就从伦理学的角度提出了人的言语行为规范。孔夫子主张"言而有信"(《论语·学而》),提倡在庄重场合使用雅言("子所雅言,诗、书、执礼,皆雅言也。"《论语·述而》)。战国时代的鸿儒子思,在《中庸》中已有"书同文"的记述,虽然其真其伪后世莫辨,但在秦国席卷天下、横扫六合之时,确实以政府力量推行了"书同文"政策,用小篆统一了六国文字。北魏孝文帝"断诸北语,一从正音",进行了著名的语言改革。历史上许多朝代都颁布过字书、韵书,统一文字、音韵等标准。特别是从清末到民国,语言规划的实践进入现代阶段,切音字运动、国语运动、白话文运动等,都汇入到救亡图存的滚滚历史洪流中。新中国实行语言平等政策,普通话推广、汉字改革、少数民族文字设计、汉语拼音方案的制订与推行,《国家通用语言文字法》的颁布等重大语言规划,对维护国家统一、促进民族团结、保障语言权利、和谐语言生活等,都发挥了重要的作用。

尽管我国有悠久而广泛的语言规划实践,有关于语言文字工作的法规与言论,有专门的语言文字工作机构,但是语言规划学的发展却不怎么理想。其一,对中国语言规划的三千年历史缺乏系统梳理,对百年来的中国现代语言规划缺乏科学总结,对中国当下的语言生活缺乏全面研究,对中国语言生活的未来发展缺乏逻辑预判。其二,对世界各国语言规划的情况了解不够、研究不够,对各种国际组织的语言规划关注不够、参与不够,对国际语言规划学的成果介绍引进不够。其三,没有全面及时地向外介绍中国语言规划的情况,因而也妨碍了国际语言规划学界从中国语言规划的实践中汲取学术营养。

当前,中国语言生活正进入一个新的历史发展阶段,其主要表现是:第一,以国家通用语言文字为主导的"多言多语"生活正在形成,解决语言矛盾,维护语言权利,做好语言服务,成为国家重要的语言文字工作。第二,混合型语言交际方式(人与人的交际、人与机器的交际、机器与机器的交际)已经实现,虚拟空间的语言生活快速发展,社会正在产生一批新的语言产业、语言职业,语言与经济的关系空前密切。第三,中国正在由"本土型国家"向"国际型国家"转变,中华语言的国际传播步伐空前加大,国外语言生活需要给予更多关注。第四,公民的语言能力关乎人力资源强国的建设,已经写入国家的语言规划,并且也提出了"国家语言能力"的概念。衡量国家语言能力的基本要求是,世界任何地方发生需要国家解决的事件,国家都能得到合适的语言支持;当然更为远大的目标,是在国家发展中能够充分获取政治、经济、外交、军事、文化、教育、科技等方方面面的"语言红利"。

在语言生活新的历史发展阶段,显然需要更为科学的语言规划;科学的语言规划显然需要语言规划学的支撑,语言生活的现实呼吁中国语言规划学的发展。《语言规划经典译丛》便是在这样的背景下产生的。

《语言规划经典译丛》酝酿多年,列入译丛的都是本学科的经典之作,并聘请外语水平高且谙熟专业的行家进行翻译。遴选经典的过程得到了国外专家甚至作者本人的大力支持,翻译过程又有专家团队支援,完稿之后再经专家认真审订。这种"精品意识"和严谨的操作,本身也具有"经典性"。

大约是 2004 年,一些学界同人曾经建议编辑出版三套系列丛书:《中国语言生活绿皮书》,从政府的角度发布中国语言生活的现状;《中国语言生活蓝皮书》,从学术的角度讨论语言生活中的突出问题,并提出对策和建议;《语言生活黄皮书》,介绍国外语言生活状况,并及时引入国际语言规划的学术成果。数年过去,《中国语言生活绿皮书》已形成 AB 两个系列,其中的《中国语言生活状况报告》从 2005 年开始逐年发布,已在社会上产生广泛影响。《中国语言生活蓝皮书》也曾数度开会,数拟提纲,但因其工作难度大,至今仍是理念之物。《语言规划经典译丛》大约可以看作《语言生活黄皮书》的一部分,它的出版,把语言生活系列"皮书"的计划向前推进了一步。而这套丛书更为重要的意义,是能够促进中国语言规划学的发展,并可以为中国语言生活的规划实践做出重要贡献!

2011 年 4 月 5 日,清明节

中 文 版 序 言[①]

尽管拙作《语言管理》仅在几处提到了有关中国的语言政策和语言管理,但是,周明朗(Zhou 2004)10 年前主编的《新中国的语言政策:理论与实践》一书已经提供了不少有关中国语言政策和语言管理的内容,而且,北京语言大学校务委员会主任李宇明 2015 年即将出版的专著将会提供更多有关当今中国在语言管理方面的详细信息,他近年来积极推动中国语言规划的发展。此外,1986 年由特邀编辑颜诺(Jernudd)主编的《国际语言社会学杂志》(*International Journal of the Sociology of Language*)第 59 期,以及 1992 年由特邀编辑孙宏开和库尔马斯(Coulmas)合编的《国际语言社会学杂志》第 97 期,都刊登了不少有关中国语言管理的文章。我们从上述文献中会发现,中华人民共和国自 1949 年成立以来("文革"期间除外)事实上已经开展了许多有关语言管理的活动。

在周明朗主编的《新中国的语言政策:理论与实践》一书中,梅维恒(Mair 2004)为该书写了前言。梅维恒在该书前言中列举了新中国语言规划的十大目标:汉字的简化与规范化、普通话的推广、汉语拼音方案的制订与使用、汉语方言的划分及其分布的确定、少数民族语言的调查与认定、少数民族语言的文字创立、人名与术语的翻译、语言教育与语言传播、双语教育、外语教学及其应用。这些理所当然是中国语言管理的主要问题,因为如我在拙作中所提到的那样,语言管理就是为改变其他人的语言实践和语言信仰而付出的努力。正像梅维恒所说,中国是"一个多民族多语言"的国家,而且,随着信息技术和全球化的迅速发展,语言管理依然是值得中国关注的一个命题。

拙作《语言管理》的目的是从总体上寻求世界通用的有关语言管理的

[①] 本书的全部脚注均由译者所加,书中不另外注出,特此说明。

i

理论和方法,其主要特点是强调语言管理者不仅要关注民族国家层面的语言管理活动以及中央化的语言政策制定,而且还要关注许多其他层面或管理域的语言管理活动。在每一个语言管理域中,例如,民族国家、地区政府、民族社区、工商业集团、宗教组织、大中小学、言语社区和家庭,事实上都存在着语言管理现象,而且,每一个语言管理域内外的某些人都试图要改变其成员的语言实践和语言信仰。例如,政府试图改变公民的语言行为,家长想要管理自己孩子的语言使用,教师会努力纠正学生的语言错误。大多数失败的语言管理都是因为某一层面的语言管理者忽视了其他层面的存在。例如,中央政府没有考虑到宗教或民族层面的语言信仰,或者学校没有意识到家庭语言政策对学校的影响。越来越多的研究表明,各个层面的语言管理都会对其他层面的语言管理带来影响。如梅维恒所说,中国大多数的语言管理都是中央规划的,但目前中国的工商业界也开始出现了自己层面的语言管理。

在语言管理领域,西方和中国都有许多值得相互学习和借鉴的地方,因此,为建立这种能够使双方相互沟通的渠道而付出的努力是非常具有价值的。在此,我非常感谢上海海事大学的张治国教授为翻译此书所付出的艰辛努力,也非常感谢商务印书馆(北京)为此书的出版所做的一切。

博纳德·斯波斯基

2014 年 1 月于耶路撒冷

参 考 书 目

Li, Yuming. 2015. *Language Planning in China*. Berlin: Walter de Gruyter.

Mair, Victor. 2004. Foreword. In M. Zhou (Ed.), *Language Policy in the People's Republic of China: Theory and Practice since 1949* (pp. xvii-xviii). Dordrecht: Kluwer Academic Publishers. Springer Science.

Zhou, Minglang. 2004 (Ed.), *Language Policy in the People's Republic of China: Theory and Practice since 1949*. Dordrecht: Kluwer Academic Publishers. Springer Science.

致　　谢

　　在此，我想感谢的人是我的老师、同事和学生，他们对本书的付梓功不可没。尽管我在本书的正文及参考文献中都已提及其中大部分人，但我还是要特别感谢约书亚·费什曼(Joshua Fishman)，他是当代语言管理和语言政策研究的先驱。同时，我还要感谢罗伯特·库帕(Robert Cooper)、艾拉娜·肖哈米(Elana Shohamy)和穆罕默德·阿玛拉(Muhammad Amara)，我与他们并肩工作过，他们有形或无形的影响对该书的构思酝酿和写作进展都起了很大的作用。几年前的一个夏季，当我妻子(E. Spolsky 2001)在我隔壁房间撰写《消除怀疑：早期现代世界的象征知识》一书时，就引起了我对语言管理中一些现象的怀疑——我们是否拥有固有的权利来试图控制别人以及他们所使用的语言，而当我在阅读以赛亚·伯林(Isaiah Berlin)所写的书时，这种疑惑得到了进一步的加强。2000年，我从教学岗位上退了下来，以便专注写作。幸亏以色列巴依兰大学的此项政策，使得我有充足的时间和精力外出访问，并与许多国家的学者和语言活动者进行交谈。这些经历为我提供了大量的有关语言政策复杂性以及人们对此现象所持观点的案例。我在语言管理领域探讨得最多的三类案例是以色列犹太人、美国纳瓦霍人和新西兰毛利人的语言复兴。这些研究使我深深地认识到，我们在对待语言问题时需要从更全面的社会和政治背景来考虑。在我们赖以生存的世界上，人类还面临着诸如冲突、战争、疾病、饥荒、屠杀以及环境恶化等难题，如果我们把语言问题与这些人类难题相比，那么语言问题就会显得非常渺小！

2006年10月至2008年2月于耶路撒冷

本书献给爱妻埃伦(Ellen)
向她致以夫爱、钦佩和感激!

目 录

第1章 走向语言管理理论 ………………………………………… 1
第2章 家庭域的语言管理 ………………………………………… 13
  2.1 言语社区与语言社区的语言管理 …………………………… 13
    2.1.1 个体语言管理与简单语言管理 ………………………… 15
  2.2 家庭域的语言管理 …………………………………………… 18
    2.2.1 儿童的父母与同龄人 …………………………………… 25
    2.2.2 家庭作为语言管理的一个目标 ………………………… 29
    2.2.3 家庭语言生态的管理方式 ……………………………… 31
    2.2.4 家庭语言的管理者 ……………………………………… 33
    2.2.5 语言意识形态对家庭语言的影响 ……………………… 34
    2.2.6 家庭语言选择的模式 …………………………………… 38
  2.3 语言管理理论的首次修改 …………………………………… 40
第3章 宗教域的语言管理 ………………………………………… 41
  3.1 引论 …………………………………………………………… 41
  3.2 犹太教的语言管理 …………………………………………… 44
  3.3 基督教的语言管理 …………………………………………… 53
  3.4 伊斯兰教的语言管理 ………………………………………… 63
  3.5 其他宗教的语言管理 ………………………………………… 70
  3.6 宗教域与语言管理理论 ……………………………………… 72
第4章 工作域的语言管理 ………………………………………… 76
  4.1 语言域及其管理层级 ………………………………………… 76
  4.2 工作单位的语言管理条例 …………………………………… 79
  4.3 全球性企业的语言管理 ……………………………………… 82
  4.4 航运与航空界的语言管理 …………………………………… 88

4.5　广告与标识中的语言管理……………………………………… 90
　　4.6　工作域与语言管理理论……………………………………… 90

第5章　公共域的语言管理………………………………………………… 92
　　5.1　公共语言空间………………………………………………… 92
　　5.2　公共语言标识………………………………………………… 94
　　　　5.2.1　早期研究……………………………………………… 94
　　　　5.2.2　基本属性……………………………………………… 99
　　　　5.2.3　广告对语言景观的影响……………………………… 103
　　5.3　语言管理理论中的公共标识………………………………… 106
　　5.4　私人的语言视觉空间………………………………………… 108
　　　　5.4.1　报纸和杂志…………………………………………… 108
　　　　5.4.2　书籍…………………………………………………… 112
　　5.5　从标识到声音………………………………………………… 112
　　　　5.5.1　媒体一：广播电视…………………………………… 113
　　　　5.5.2　少数民族与广播电视………………………………… 114
　　　　5.5.3　媒体二：电话、手机与呼叫中心…………………… 120
　　　　5.5.4　媒体三：因特网与电子邮件………………………… 121
　　5.6　公共语言的培育……………………………………………… 123
　　5.7　媒体与语言管理理论………………………………………… 124

第6章　学校域的语言管理………………………………………………… 127
　　6.1　学校域的参与者……………………………………………… 128
　　　　6.1.1　学生…………………………………………………… 128
　　　　6.1.2　教师…………………………………………………… 129
　　　　6.1.3　其他人员……………………………………………… 131
　　6.2　学校域的语言管理者………………………………………… 131
　　　　6.2.1　自我管理学校………………………………………… 132
　　　　6.2.2　地方管理学校………………………………………… 133
　　　　6.2.3　外部管理学校………………………………………… 135
　　　　6.2.4　考试委员会与语言管理……………………………… 136
　　6.3　语言教育模式………………………………………………… 137
　　6.4　教学语言……………………………………………………… 140
　　　　6.4.1　教育研究……………………………………………… 140

  6.4.2　发达语言 …………………………………………… 142
  6.4.3　语言意识形态观 …………………………………… 144
  6.4.4　语言功能的划分 …………………………………… 145
 6.5　附加语的教学 ……………………………………………… 146
 6.6　外语教学 …………………………………………………… 147
 6.7　语言教育政策的结果 ……………………………………… 149
 6.8　学校语言管理的手段 ……………………………………… 151
  6.8.1　教师层面 …………………………………………… 151
  6.8.2　学生层面 …………………………………………… 153
 6.9　惩罚与语言管理 …………………………………………… 155
 6.10　学校域与语言管理理论 …………………………………… 156

第7章　司法与医疗卫生域的语言管理 ………………………………… 158
 7.1　安全与健康 ………………………………………………… 158
 7.2　法院 ………………………………………………………… 159
 7.3　民权 ………………………………………………………… 161
 7.4　警察局 ……………………………………………………… 170
 7.5　医疗卫生机构 ……………………………………………… 172
 7.6　司法和医疗卫生域与语言管理理论 ……………………… 175

第8章　军队域的语言管理 ……………………………………………… 176
 8.1　军队的通信需求 …………………………………………… 176
 8.2　古罗马军队里"中士的语言问题" ……………………… 178
 8.3　其他国家军队里"中士的语言问题" …………………… 179
 8.4　加拿大军队的双语制 ……………………………………… 181
 8.5　美国军队在两次世界大战中的语言管理 ………………… 185
 8.6　美国国防部在全球战争时代的语言政策 ………………… 191
 8.7　军队域与语言管理理论 …………………………………… 195

第9章　政府域的语言管理 ……………………………………………… 197
 9.1　引论 ………………………………………………………… 197
 9.2　本章结构 …………………………………………………… 199
 9.3　多语国家的压力 …………………………………………… 201
 9.4　宪法层面的语言管理 ……………………………………… 202
 9.5　中央与地方 ………………………………………………… 208

9.6 属地法 ······ 210
9.7 新型属地制:地方自治与权力下放 ······ 215
9.8 属地制的变异:民族国家的解体 ······ 221
9.9 中央政府对语言的管理 ······ 226
9.10 语言拼写和语言改革 ······ 227
9.11 地方政府 ······ 229
9.12 国家语言政策之难度 ······ 236
9.13 单语制国家与多语制国家所面临的压力 ······ 238

第10章 语言活动者群体域的语言管理 ······ 244
10.1 幕间休息:当代语言管理模式的小结 ······ 244
10.2 希伯来语的复活 ······ 249
10.3 民族主义者的语言活动 ······ 257
10.4 毛利语的复活 ······ 264
10.5 澳大利亚的语言活动 ······ 265
10.6 美国的语言活动 ······ 266
10.7 语言活动的志愿者阶段 ······ 268
10.8 土著和移民少数民族社区的语言活动 ······ 268
10.9 土著人的语言教育案例 ······ 271
10.10 拯救土著濒危语言 ······ 273
10.11 语言活动者群体域与语言管理理论 ······ 275

第11章 超国家组织域的语言管理 ······ 278
11.1 超国家组织域 ······ 278
　11.1.1 单语制超国家组织:语言传播的管理机构 ······ 279
11.2 超国家组织域的内部语言政策 ······ 280
　11.2.1 国际联盟与联合国 ······ 280
　11.2.2 欧洲与欧盟:国际组织的内部语言政策 ······ 283
11.3 国际组织对其成员国外语教育政策的影响 ······ 286
　11.3.1 人权与民权以及超国家组织的角色 ······ 288
　11.3.2 谁拥有"语言权"? ······ 292
　11.3.3 国际组织与语言权 ······ 294
　11.3.4 欧盟与语言权 ······ 298
11.4 超国家组织域与语言管理理论 ······ 301

第12章　语言管理者、管理机构和研究院及其工作 ………… 302
12.1　语言管理者与管理机构 ………… 302
12.2　语言管理的实施机构 ………… 303
12.2.1　非专门的语言管理机构 ………… 304
12.2.2　有关移民与公民资格申请的语言管理机构 ………… 306
12.2.3　专门的语言管理机构 ………… 308
12.3　印度独立后的语言管理 ………… 312
12.4　语言培育 ………… 314
12.4.1　语言研究院 ………… 314
12.4.2　专业术语管理委员会 ………… 323
12.4.3　术语命名与地名管理机构 ………… 325
12.4.4　语言编辑 ………… 327
12.5　语言习得的管理者 ………… 328
12.5.1　对内的语言习得管理者 ………… 328
12.5.2　对外的语言习得管理者 ………… 328
12.6　语言服务 ………… 330
12.6.1　急救中的语言服务 ………… 330
12.6.2　笔译服务 ………… 330
12.6.3　口译服务 ………… 331
12.7　语言管理机构、语言服务与语言管理理论 ………… 332

第13章　语言管理理论小结 ………… 334
13.1　引论 ………… 334
13.2　简单语言管理：个人顺应 ………… 334
13.3　组织化语言管理：家庭域 ………… 336
13.4　宗教域 ………… 337
13.5　工作域 ………… 337
13.6　公共域 ………… 338
13.7　学校域 ………… 339
13.8　司法与医疗卫生域 ………… 340
13.9　军队域 ………… 340
13.10　政府域 ………… 342
13.11　语言活动者群体域 ………… 345

13.12 超国家组织域 …………………………………………… 345
13.13 语言管理机构 …………………………………………… 346
13.14 我们具有哪种语言管理理论 …………………………… 347

参考书目 …………………………………………………………… 350
索引 ………………………………………………………………… 387
专有名词及术语翻译表 …………………………………………… 412

译后记 ……………………………………………………………… 426

第1章　走向语言管理理论

　　语言政策就是有关语言的各种选择。假如你是双语或多语使用者，在使用语言时你就不得不做出使用哪种语言的选择。即使你是单语使用者，你也得在该语言的各种方言和文体中做出选择。为了理解这一选择过程的本质，我们需要采用一种生态模式(Haugen 1987:27)以便把社会结构和社会情况跟语库(linguistic repertoires)联系起来。任何人在说话或写字时，都是在对语言的各种特点（如语音、拼写、词项和语法句型等）进行不断的选择。这些语言特点是区分不同语言及其变体、方言和文体的重要表现。我们把一种语言的这些特点组合起来，它们就构成了大家认可的并带有一个名称的语言，如纳瓦霍语、英语或汉语；更确切地说，它们构成了某种语言的各种变体，如美国英语，美国中西部英语，伦敦英语或印度英语(Blommaert 2007)；或者说，它们构成了布罗马特(Blommaert 2008)所说的"言语资源"(speech resources)。关于语言变体的一个基本事实是，决定语言变体命运的不是语言因素，而是社会和政治因素。当一种方言在社会和政治方面都得到认可时，它便成了一门语言。例如，据报道，最近罗马尼亚和摩尔多瓦两国总理在一次国际会议上分别使用法语和俄语就他们两国所使用的语言变体（即罗马尼亚语和摩尔多瓦语）[①]是属于同一种语言还是两种不同语言的问题进行了辩论。此外，

---

　　① 历史上摩尔多瓦共和国曾分属于罗马尼亚和苏联，现在是夹在罗马尼亚和乌克兰之间的一个内陆国家。在历史上，摩尔多瓦人与罗马尼亚人同宗同文。在苏联时期，摩尔多瓦叫作摩尔达维亚加盟共和国，全国通用俄语，只有少数人会使用摩尔达维亚语。苏联解体后，摩尔多瓦独立，把使用斯拉夫字母的摩尔达维亚语改为使用拉丁字母的摩尔多瓦语，并使之成为国家的官方语言之一。摩尔多瓦语与罗马尼亚语大同小异，摩尔多瓦语被认为是政治的产物，因为超过三分之二的摩尔多瓦人认为自己说的不是摩尔多瓦语，而是罗马尼亚语。摩尔多瓦科学院就使用罗马尼亚语这个名称，而摩尔多瓦的法律表明罗马尼亚语和摩尔多瓦语是对等的。

斯堪的纳维亚的各种语言非常接近,以至于挪威语使用者可以理解丹麦语或瑞典语使用者所说的话(Delsing 2007;Doetjes 2007),但他们都认为自己是在使用不同的语言。相反,汉语各种变体①的使用者难以相互理解,但他们都认为大家是在使用同一种语言——汉语。不过,两种语言变体之间的差异对于相互交流还是非常关键的,由于这些差异已经被高度模式化,所以听者一般都能注意到这些差异,并设法解读它们。

　　语言政策理论的目标是,阐释个体语言使用者是如何根据自己所属言语社区所认可的语言规范做出适当的语言选择,其中有些选择是由于语言管理的影响而导致的。这说明语言管理者为了能够控制其他人的语言选择而会有意地采取某些显性行动。本书的重点就放在这群语言管理者身上,本人的目标是勾勒出语言管理理论的框架,以便该理论能够阐释社会中各种由于语言管理而引起的语言方面的选择现象。

　　语言管理理论发展缓慢,这足以说明该领域研究的难度。像所有社会科学所面临的困难一样,语言管理的研究者费尽心思要提出一个令人满意的理论框架,以便可以解释人类的行为。瓦茨(Watts 2007:489)最近在一篇论文中解释道:

> 　　社会现象都是大量(但毕竟还是有限的)异质体(heterogeneous entities)之间相互作用和相互影响的结果。这些异质体的表现行为,在时间上或迟或早,在程度上或大或小。例如,我们很难理解为什么仅仅一个组织就表现出我行我素的行为,甚至从不考虑以下四个方面的情况:自己组织内部员工的个体情况;与自己组织具有竞争、合作或比较关系的其他组织的情况;自己组织的结构和管理情况以及所有上述因素间相互作用的情况。

　　瓦茨认为,掌握这一复杂情况的最佳方法是使用社会网络分析法(network analysis),但他认识到社会网络分析法的巨大困难。因为社会网络是动态的、多元的,它存在于一个更大的环境之中。不过,这种分析

---

① 这里主要是指汉语的各种方言。汉语各种方言在读音上存在许多差异,但在书写(即汉字)上差异较小。这主要是由于我国自秦朝开始就重视"书同文"的语言规划,但忽略了"语同音"的语言规划。总之,汉字把各种汉语方言联系起来了,增强了大家的认同感。

方法目前比语言政策领域所使用的各种方法都更好。瓦茨的上述解释提示我们,各组织都需要考虑到自己的主要因素——内部的个体、其他相关组织、自己的组织结构和管理结构及上述各因素间的相互作用。所有这些因素也是语言政策和语言管理理论中的主要成分。在作为本书绪论的第一章中,我想首先勾勒出语言管理理论的初步模式。然后,在接下来的各章里,我将把这种理论模式应用于具体的案例分析和资料研究中,并在此过程中对该理论模式中存在的不足做出一些修改和微调。

本书的语言管理理论首先是从两个假设开始的,但这些假设必须在我们的探索过程中经受得起检验和调整。第一个假设是,尽管语言政策应该能够解释社会个体的诸多语言选择现象,但正如索绪尔(Saussure 1931)所指出的那样,语言政策如同语言的其他方面一样都属于一种社会现象,它的生存和发展都依赖于言语社区成员的语言信仰和一致的语言行为。

何为言语社区？社会语言学自其诞生以来就没有对这一基本问题给出过准确的答案。不过,社会语言学家区分了语言社区(language community)和言语社区(speech community)这两个术语。前者指某一地方所有使用某一具体语言变体的人所组成的集合体;后者指某一地方所有共享一套交际网络的人所组成的集合体,他们或多或少地同意在本社区内部恰当地使用多种语言变体。一方面,正如霍基特(Hocket 1958)所指出的那样,人们在使用语言社区术语时,它可以用来指英语世界(English-speaking world),自从卡其鲁(Kachru 1986)分析了构成世界性英语(World English)①的众多语言变体后,我们就已经认识到英语世界是非常复杂的;语言社区也可以用来指法语世界(Francophone world),此处不用"francophonie"一词是因为它的政治含义较强;语言社区甚至在某些极端情况下还可以用来指某一濒危语言的最后一批使用者。另一方面,言语社区可以指一家人或者一群经常待在同一个地方的人,这些地方可以是咖啡店、办公室、乡村或城市(Labov 1966),也可以是地区或国家(Gumperz 1968)。

尽管我们经常谈论到言语社区,但鉴于该术语概念上的模糊性,我们在此需要使用一个界定更具体的组织单位——"语言域"(domain),该术

---

① 对世界各地所使用的英语的总称,它包含很多英语变体,如英国英语、美国英语、澳大利亚英语、南非英语、新加坡英语和中式英语等。

3 语是费什曼(Fishman 1972)提出来的,他的根据来自于自己的一个经典案例研究——对美国新泽西州波多黎各人社区的语言所进行的研究。费什曼后来把该术语引入到社会语言学领域中。尽管费什曼说过,语言域的含义必须结合一个具体的言语社区从实证的角度来界定,但他还是对语言域进行了一些有用的归纳和总结,我将在本书中采纳他的这些观点。语言域首先是指一个社会空间,例如家庭、学校、小区、教堂(如犹太教堂、清真寺或其他宗教场所)、工作单位、媒体机构、各级政府(如市级、省或州级和国家级政府)。在建构本书的语言管理理论中,我认为每一个语言域都有自己的语言政策,而且这些语言政策既有自己内部的管理特点,也有因受外部力量影响而产生的其他特点。例如,在家庭域中,语言管理在一定程度上要受到家庭成员的控制,但它的目标也经常受到外部力量的影响。

如费什曼所说,我们可以通过以下三个特点或成分来划分语言域:参与者、地点和话题。首先,语言域都有参与者。他们在某个语言域中,不是作为个体参与者,而是以他们的社会角色和社会关系来表现其参与特点的。在家庭域中,参与者表明了一定的亲属关系,如父母亲、兄弟姐妹、叔叔阿姨、爷爷奶奶,以及其他的某个角色,如家政工或保姆。在学校域中,参与者的典型角色是教师、学生或校长。在工作域中,参与者是老板或雇主、工人或雇员、工头、职员、顾客等。在政府域中,参与者是立法者、政府工作人员和公民。当然,任何个体在不同的语言域中都可能充当不同的角色,这些角色有时还存在明显的相互冲突现象。例如,倘若父亲是儿子的雇员,那么父亲在工作域中如何称呼自己的儿子呢?

其次,任何一个语言域都具有自己典型的地点,这通常就是该语言域的名称。语言域与社会现实(social reality)和物理现实(physical reality)联系密切,前者表现为人物(即参与者),后者体现为场所(即地点)。参与者与地点之间的不协调容易带来人际交流的不快(例如,在家里把自己的教授介绍给父母),这意味着语言域中存在着一些语言使用的规范。地点的各个物理特性往往是相互关联的,例如,一栋房子的空间只能容纳一定数量的人;农村的公共标识比城市的少,故其所占的显著空间也就小;工厂房舍的布局影响着人们的交际规则。但在地点的这些物理特性中,地点的社会含义和社会理解是影响人们进行语言选择的最大因素。

费什曼提到的语言域中的第三个成分是话题,即在一个语言域中谈论哪些内容是合适的。对于这个问题，甘帕兹（Gumperz 1976）曾经给出过解释，并分析了雇主和雇员从工作话题转向社会话题时是如何改变语言的。在我提出的语言管理理论模式中，语言域中话题成分的内涵将得到扩大，它还将包含语言的交际功能，即人们为何要说话或写字。

我认为，人们交流时所做的语言选择在本质上通常取决于他们对语言域中语言使用恰当性的理解。金里卡和帕顿（Kymlicka and Patten 2003）也认识到这一点。他们发现，公共机构的人员在内部交流、对外交流以及私下交流时所使用的语言是不同的。不可否认，本书所提及的语言域还不够全面，因为我没有进行费什曼所提倡的，而且是必要的实证研究，但是这些语言域或多或少地与实际惯例是相符的。另外，我也没有设法去考虑社会上所有可能存在的语言域，其中最明显的是，我在本书中没有对青少年群体所处的语言管理域进行研究。

第二个假设是，语言政策由语言实践、语言信仰和语言管理三个成分组成，它们之间相互关联，但又独自一体。这是我于2004年在《语言政策》一书中所提出的观点（Spolsky 2004）。语言实践是可观察的语言行为和语言选择，换句话说，语言实践是人们在语言方面所表现的实际行为。语言实践反映了人们选择的语言特点和人们使用的语言变体。语言实践体现了语言政策，以至于它具有经常性和可预测性的特点。尽管人们在研究语言实践时容易碰到拉波夫（Labov 1972）所提出的观察者矛盾（observer's paradox）①的难题：因为观察者的出现就意味着给现场增添了一个额外的参与者，进而就会改变人们正常的语言行为，最终导致人们无法观察到真实的语言使用情况。但是，对语言实践进行描述，即海姆斯（Hymes 1974）称之的"言语民族学"（ethnography of speaking），是社会语言学研究的任务。在一定程度上说，语言实践才能反映真正的语言政策，尽管相关的参与者可能不愿承认这一点。

语言实践为任何想要学习语言的人提供了语言环境，因此，语言实践对语言管理也是很关键的。儿童的语言习得在很大程度上取决于儿童所处的语言实践。例如，移民父母会为自己孩子不懂自己祖裔语言（herit-

---

① 美国社会语言学家拉波夫提出，是指人类对一件事情或实验的观察因观察者或调查者的出现而受到影响，也就是说，观察者不亲身去了解这些社会语言现象就无法进行报道和研究，去了现场观察和记录又影响事实的真相，这是一个矛盾。

age language)中的某些词汇而感到沮丧,他们没有意识到自己在日常语言交流中也经常使用居住国语言的借词来代替自己母语中的一些词汇(Kopeliovich 2006)。

语言政策中的第二个重要成分是语言信仰(有时也被称为语言意识形态)。对于语言政策和语言管理来说,最重要的语言信仰是人们赋予某些特定的语言和语言变体一定的价值和地位。例如,由于语言变体在身份识别中担任着一定的角色,所以,对个体来说,与他们所属的主要群体(如所在国家、学校班级、宗教团体以及民族群体)相关的语言变体很可能就具有最大的价值,而其他一些与他们无关的语言变体则有可能受到贬损(stigmatized)。语言变项或变体的地位取决于其使用者的人数总量和社会地位,另外,还取决于该语言变体给其使用者所带来的社会利益和经济利益。当然,语言信仰不同于语言实践,例如,我自己或许就会使用被我贬损的语言。

语言政策的第三个成分是语言管理。语言管理是某些拥有或声称拥有特权的人或团体所付出的显性的或可见的努力,其目的是为了改变语言域中人们的语言实践或语言信仰。我之所以在此处使用"管理"而非"规划"一词,是因为我认为"管理"一词能更加准确地表达这种现象的本质。"规划"一词是20世纪50—60年代流行的术语,体现了二战后人们为了纠正许多社会问题而表现出的热情。后来,社会和经济领域的规划接二连三地失败,这促使了人们开始放弃使用"规划"一词。尽管在某些西方国家,它们的医疗卫生和学校教育两个领域还在尝试中央统一"规划"的办法,但问题依然不断。

奈克瓦皮尔(Nekvapil 2006)赞同我在《语言政策》(Spolsky 2004)一书中使用的"语言管理"术语,他对与此相关的一些术语的差异进行了不错的解释。"语言规划"一词是20世纪60年代流行的术语,那时殖民主义已经终结,获得独立的发展中国家都在为将来步入现代化进程而进行各种"规划"。语言规划过去被看作"是具有高效技能的技术专家的事情,或者是一个基本脱离语言意识形态的目标过程"(Nekvapil 2006:92)。那时,人们都是在模仿社会规划和经济规划的基础上来制订语言规划的。这种语言规划行为被认为是"一种解决问题的理性办法",不过,它还需要国家相关政府部门的批准。随着时间的推移,"语言工程"(language engineering)(有些人使用该术语,与"语言规划"同义)的复杂性日益显现,这已成为大家的共识。因此,语言工程必须考虑到"众多不同的社会语言状况:不同的语言域规模(如国家、公司);在不同的交际环境下(如交际媒体、交际渠道、信息加工)所产生的不同的利益集团和人口群体(如妇女、难民);最重要的是,不同的社会政治环境(如意识形态的和现实的政治环境、全球的和地方的政治环境)"(Jernudd 1997:136)。这一涉猎广泛的领域被颜诺(Jernudd 1987)正式贴上了"语言管理"的标签,他不再用"语言规划"一词来指20世纪70年代各国为解决语言问题而采取的各种技术行为。另外,有些学者则更喜欢使用"语言政策和规划"一词,并把"政策"一词看作是"计划"(plan)和"规划"(planning)的同义词。这样,该领域的学科名称就显得更加复杂多样。问题是"政策"一词在这里具有歧义性,因为任何有关语言管理的决策也可算作是一种语言政策。

在诺伊斯图普尼、颜诺和奈克瓦皮尔(Neustupný, Jernudd and Nekvapil)看来,尽管组织化语言管理(organized language management)的范围在不断广大,从微观层面(如家庭)扩展到宏观层面(如民族国家),但语言管理还是始于个体。他们称此为简单语言管理(simple language management)。在组织化语言管理中,最显著的表现形式是法律。它是由民族国家或其他授权政体所制定出来的,而且,这些法律往往都包含有关官方语言使用的条款。例如,法律规定学校或政府部门要使用某一具体的语言作为学校的教学语言或政府部门的工作语言。另一个例子是,在第二次梵蒂冈大公会(Vatican II)[①]上罗马天主教大教堂做出决定:改变若干世纪以来一直要求教徒用拉丁语做弥撒的语言政策。如同语言政策的其他方面一样,语言管理也可应用于具体的语言域中。例如,在家庭域中,移民家庭的父母为了保留自己的祖裔语言而做出种种努力的行为便构成了他们的家庭语言管理。

语言管理理论模式认为,语言政策的这三个成分构成了有助于我们解释人们语言选择的三个因素。语言实践提供了语言模式,而语言模式又有助于解释人们的语言学习并为语言选择设置必要的条件,因为语言

[①] 英语全称是 The Second Vatican Council,是天主教会第二十一次大公会议,1962年由教皇约翰二十三世召开,1965年由次任教宗保罗六世结束。此次大公会议旨在处理好罗马天主教与现代世界的关系,使教会通过改革来适应新时代。会议发表了普世合一的通谕,通过了宗教自由宣言,宣布个人与团体均享有宗教自由,还发表了礼仪宪章,授权各国的教会在仪式中使用本国语言,强调了《圣经》的重要性。

水平决定语言行为;语言信仰有助于解释人们的价值观,而价值观又有助于解释个人的语言选择;语言管理可以影响语言使用者,从而使他们改变自己的语言实践或语言信仰。

语言政策的三个成分在语言域内外都是相关的。实际上,在语言政策的三个成分中,最强大的是语言实践。因为没有语言实践,就谈不上语言模式和语言水平。例如,由于我家没人说依地语,我就错过了早期学习该语言的机会。在单语环境中长大的儿童没有机会接触双语。语言水平,不管是口头的,还是书面的,都在一定程度上影响着人们的语言选择,而且,它还为隐性语言管理提供了强有力的交际渠道。

语言政策的其余两个成分也非常重要。人们在对各种语言变体进行选择之前会根据这些语言变体的使用者及其使用状况产生自己的感知,然后,根据这些感知又形成自己的语言信仰,最后,根据这些语言信仰再做出自己有关语言管理的决定。人们对于标准语言、祖裔语言等有着不同的价值观,知道这一前提往往可以帮助我们更好地理解政府所做出的有关国家语言政策的决策,同样,也有助于我们更好地理解为什么有些父母决定在家里使用某一特定的语言,并鼓励其他家庭成员也使用该语言。

从语言管理的角度我们也可以解释许多有关语言选择的现象,但需要费一番周折。哪里有语言管理就意味着哪里有语言管理者。语言实践和语言信仰所带来的压力与语言管理所带来的压力是不同的,因为前一种压力可能不是来自任何个人。例如,让我们来思考这样一个论点——英语的传播是人口压力和经济压力的结果,还是某个有鼻子有眼的帝国主义阴谋家蓄意谋划的结果?通常,只有当我们能够找到英语传播的语言管理者时,才会赞同英语的传播是语言管理结果的观点。我不接受简单的奎堡那(cui bono)论证法,即认为某些人由于在某一情景中受益,那么他们肯定就是该情景的主宰者。许多学者引用华美的语句来论证某种语言的传播就是某些语言管理的结果,仿佛他们证实了语言管理者的存在,而且这些管理者不是他们想象出来的政治家和语言活动者(language activist)。

本书拟建构的语言管理理论模式旨在设法解释人类有关语言选择的现象,其解释的基础是语言实践、语言信仰和语言管理在某一语言域内所形成的内在影响因素。但也有一些重要的影响因素来自语言域之外,这是显而易见的。首先,任何人都可能是自己言语社区中好几个层面的参与者,也就是说,任何人同时可以在几个不同的语言域中担任不同的角色,例如,我可以同时是家长、邻居、犹太教会众(congregant)、雇主和公民。这意味着我同时熟悉好几个不同语言域中的语言实践和语言信仰,并且当我在甲语言域时,有可能赞同乙语言域的语言价值观。库里克(Kulick 1992)提供了一个这样的例子,在巴布亚新几内亚的一个村庄里,有些村民走出村寨,到外面的种植园打工。当他们回到家乡时,他们却没有使用自己的当地语,而是选择了在外面学得的托克—皮辛语(Tok Pisin)与人交流。威因里希(Weinreich 1980)也描述过类似的例子,在德国,有一个犹太人言语社区,他们使用犹太法语(Judeo-French)①。后来,男人离开该社区外出谋生,并习得了本国的一种通用语——中古高地德语(Middle High German)②。当他们回到该社区后,就将中古高地德语与犹太法语一起混用,进而发展了依地语(Yiddish)③。其次,语言管理中存在着大量的较高层级语言域把语言实践强加于较低层级语言域的例子。例如,处于较高层级语言域的民族语言复活运动或学校语言政策往往影响到处于较低层级语言域的家庭和公众的语言行为。多级分析法(multilevel analysis)有助于人们更好地理解中央集权制语言管理所带来的一些问题,即中央集权制语言管理必须克服比它低的各个层级的语言实践、语言信仰和语言管理所带来的问题。当我们在探索重要的语言域时,我们将从语言域内部的影响因素开始,同时,也关注明显的外部压力。我们还要注意到,外部压力往往是超出了语言范畴的。例如,新几内亚种植园的内部结构、犹太人和非犹太人(gentile)仅在贸易方面的联系、民族运动、教育角色等,这些都是非语言因素,但它们都影响到与之相关国家的语言政策的制定。因此,我对语言中心主义(linguicentrism)认为语言是人类行为根本原因的观点表示怀疑。

该理论模式包含许多特定的言语社区、社会阶层和语言域。语言域涉及面广泛,从家庭到各种社会机构和组织、再到民族国家和超国家组

---

① 中世纪居住在法国北部和莱茵河畔犹太人社区所使用的一种古老法语,采用希伯来语字母的书写体系。
② 1200年—1500年间使用于德国南部的语言,属于德语的一种变体。
③ 也译意第绪语,属于日耳曼语族,全球有大约三百万人在使用,大部分的使用者都是犹太人,而且,其中主要是德系犹太人或阿什肯纳兹犹太人(Ashkenazi Jews)在操用此语。德系犹太人指的是源于中世纪德国莱茵兰(Rhineland)一带的犹太人后裔,其中很多人自10世纪至19世纪期间,向东欧迁移。

织。每一种语言域都有语言选择的压力,这些压力来自语言实践、语言信仰或语言意识形态以及语言管理的内部和外部。我们首先将从最低层的家庭域开始来探索这种理论模式,然后逐步转向更高层级的语言域,如国家层面及其他。当然,本书通过寻找和分析发生在许多不同情况下的相同例子来对每种语言域进行概括性的论述。当论述学校域时,我是根据许多学校的具体案例来做出概括的。该理论没有受到任何个案的挑战,但它也无法解释个案的特点。我们在此研究的不是任何的绝对情况,而是一般的典型情况(Jackendoff 1983),也就是说,任何一所典型的学校都会有自己的学生和教师,但在不同的社会,学校间会有许多差异。

当今时代是对语言管理进行著书立说的大好时机,因为我们处在社会大变革的高峰期,它令人激动又充满挑战。不过,以下三个例子足以说明语言管理的动态性与复杂性。第一个例子是有关爱尔兰语的语言管理。爱尔兰在20世纪初宣布独立,从此肩负着爱尔兰语复兴的重任,但在20世纪中叶爱尔兰加入欧共体时,它则大度地放弃了把爱尔兰语作为欧共体一种官方语言的机会。21世纪初,由欧共体发展而来的欧盟通过投票来决定是否接纳12个申请国。这些国家都坚持要把自己国家的语言列入欧盟的官方语言名单中,强烈的民族情感促使爱尔兰政府也要求把爱尔兰语加入此名单中。后来,欧盟同意了,但爱尔兰需要花费几百万欧元把欧盟的官方文件翻译成爱尔兰语,此外,爱尔兰每年还要花费金钱为寥寥几个爱尔兰官员和懂爱尔兰语的欧盟议会成员提供口译服务。同时,爱尔兰的社会语言现实已经发生了巨大的变化:几乎没有哪个政治家能够流畅地使用爱尔兰语,大家都会英语;都柏林现已成为一个多语城市,据报道,这里的汉语和波兰语使用者人数都超过了爱尔兰语的使用者人数,所以,在都柏林这种多语背景下,重提双语老问题似乎已经过时了(Harris 2007)。

第二个例子是有关失聪人群的语言管理。有人把对失聪人群的语言管理看成是一种"神圣的讽刺"(divine irony)。现在,世界各国失聪人群所使用的手语都逐渐地获得了本国政府的认可。美国许多州立大学都把美国手语作为一门外语来对待,新西兰以及一些其他国家把手语作为一种官方语言来看待,例如,南非正在考虑把南非手语提升为它的第12种宪法语言(constitutional language)①。现在人们普遍认为政府民政部门

---

① 指一个国家宪法中所认可的官方语言。

应该为失聪人群提供手语翻译的服务。时下出现的耳蜗植入法(cochlear implant)减少了失聪人群数量,使得好不容易刚刚开始的手语服务又面临着生存的威胁(Spencer and Marschak 2003)。

第三个例子是有关东欧国家的语言管理。金里卡和帕顿(Kymlicka and Patten 2003:3)称东欧突发的民族语言冲突(ethnolinguistic conflict)为"震撼"。西欧的一些相关组织试图应用他们一致觉得的最低标准来解决巴尔干半岛冲突地区的语言问题(详见本书第11章),结果发现那里的语言紧张关系依旧,而且还波及到其他一些西方国家,如比利时、西班牙、加拿大、意大利、美国和瑞士。

因此,我们在研究语言管理时必须考虑到关键的时间维度这一因素。当前,社会语言生态系统变化迅速,导致这种现象出现的原因有以下几个:第一是全球化浪潮以及与之相反的本土化运动。根据安得森(Anderson 2006)提出的长尾理论(Long Tail)[①],先进的技术使得大众文化领域中的小团体也能获得相应的服务;第二是英语的传播;第三是时间和金钱,因为时间和金钱能使濒危的祖裔语言得到复兴;第四是大量的人口流动,这是非常关键的,它给城市带来大而杂的多语区,根据联合国人口基金会(United Nations Population Fund)2007年6月27日的报道,截至2008年,世界上一半的人口(约31亿)都居住在城镇。从1996年至2006年,新西兰的多语人口增长大于百分之四十三。据报道,在新西兰的奥克兰(Auckland),超过百分之二十五的人能够使用两种或两种以上的语言,而且,如今那里语言的多样性扩展很快,使用汉语、韩语和阿非利堪斯语(或南非荷兰语)的人共达两万多人。据报道,美国2007年有五分之一的儿童父母(或父或母或父母)是在外国出生的;他们当中有五分之四是美国公民;近一半的父母能够在家流畅地使用英语和另一种语言。现实是不断变化的,而用于解释语言管理的理论却是固定的,难怪一个语言管理理论要花费这么长的时间才能得到发展或被人们所接受。但是,如费什曼所说的那样,现实的复杂性不能成为我们无作为的借口,我们应

[①] 或译长尾效应,最初是由美国《连线》(Wired)杂志的总编辑安德森于2004年提出的,它被用来描述诸如亚马逊公司和奈飞公司(Netflix)之类的网站商业和经济模式。现在,长尾理论是指那些原来不受重视的、销量小但种类多的产品或服务,由于总量巨大,累积起来的总收益超过主流产品的现象。

该想方设法对这些语言管理现象进行归纳和总结。

最后,由于这是一本有关语言管理的书,所以,其重点必然是放在语言及语言问题上。但它有一个基本前提,即语言管理不是自发的,而是我们对人类赖以生存的社会环境、政治环境、经济环境、宗教环境、意识形态环境和情感环境的反映。因此,我们在谈论语言政策时,不能像某些人一样,仅谈论不利于少数群体的语言政策,因为这样做就忽略了一个事实——语言差异所带来的苦楚仅占社会偏见、徇私枉法和人生痛苦中的很小一部分。

第2章 家庭域的语言管理

2.1 言语社区与语言社区的语言管理

学习语言管理的学生往往容易把关注点仅放在国家层面的语言管理活动上,他们或许还把国家视为语言管理中唯一的"核心机构"(Silverstein 1998)。若更谨慎的话,他们则会把国家看作是语言管理中最核心的机构之一(Blommaert 2005:396)。西尔弗斯坦(Silverstein 1998:402)亲身体会到,"地方上的语言社区"是由使用同一语言的若干个群体所组成的,这些人"对该语言在意思上(亦称作'指称上''命题上'或'语义上')的使用规范会表现出不同的忠诚度"。西尔弗斯坦还把地方语言社区与全球发展进程结合起来进行对比研究,例如,民族国家与帝国形成的关系、语言交际与全球经济发展的关系以及客居海外的人士与多种文化忠诚的关系。布罗马特(Blommaert)在研究坦桑尼亚的语言管理时注意到,当国家的语言规划遇到以下两种阻力时,则说明国家的语言规划存在着设计上的不足。这两种阻力是地方上由于受到"核心国际机构"所提出的一些理念(如资本主义、民主和国际上对语言声誉的各种观点)而产生的思想波动以及当下的各种国际教育模式。这些超国家组织赋予语言变体的成分或成分群(clusters of elements)某些价值,这有助于人们理解语言实践的本质、语言态度以及国家层面语言管理的动机和影响效果。那么,要了解国家层面的语言管理,首先需要认识到来自各种比国家层面更高和更低的语言管理对国家层面语言管理所产生的影响,这正是本书的目标。

倘若一个国家的众多层面都制定了自己的语言政策,那么,这种现象可以部分地解释为"无计划的语言规划"(unplanned language planning)。"无计划的语言规划"是巴尔道夫(Baldauf 1994)于1994年提出的一个概念。后来开普兰(Kaplan 1997:298)和埃金顿(Eggington 2002)为了解释语言政策中经常出现的麻烦问题,进一步发展了"无计划的语言规划"这一概念。埃金顿对于这些麻烦问题所列举的第一个例子是,"一个正式的语言计划"却没有考虑到"现有的无计划的语言规划及其所处的社会生态系统"。对于我自己来说,我倒是更愿意把这些现象解释为以下事实的结果:高层面的社会政治机构(如制定语言计划或语言政策的中央政府)一般不允许其他层面(如企业、宗教机构、家庭或超国家组织)语言政策的存在。以下两个案例足以说明语言管理的复杂性:爱尔兰的语言管理由于忽视了本国爱尔兰语使用区(Gaeltacht)的社会和经济现实而惨遭失败(Ó Riágain 1997);马来西亚政府花费了50年的心血旨在把马来语建设成本国的国语,并使之成为本国政府和教育领域的语言,但它还是未能阻止英语在马来西亚商界的推广(Gill 2005)。威廉姆斯(Williams 2008)坚持认为语言政策的研究要采用综合方法(holistic approach)来进行,这是明智之举。同样,我也坚决反对我称之为语言中心论的研究方法,因为该方法在研究语言政策时没能把许多非语言的影响因素包含在内。每当我阅读到有关非洲国家的政治、经济、社会和卫生等情况的报道时,如发生在苏丹达尔富尔(Darfur)地区和刚果的屠杀与饥荒事件以及HIV病毒在非洲蔓延的现象,我就经常想知道,我们如何才能真正理解非洲为何无法实现用当地语言进行教学的原因(Djité 2008)。

那么,接下来,我们将逐个地分析各个语言域,即从不同的社会、政治层面或机构出发,试图明确这些语言域中的语言管理活动及其影响效果。首先,我们假设每个层面的语言政策都是独立存在的,因此它们是能够被人们所研究的,但我们必须认识到各个层面的语言政策之间事实上存在着相互影响、相互依赖的复杂关系。例如,家庭域能反映出比其更高层面的语言管理的影响效果:新西兰的毛利人不愿意在家里说毛利语,这阻碍了毛利语的复兴运动(Te Puni Kokiri[①]2001,2002);学校教师则抱怨说,

---

[①] 毛利语,意思是新西兰毛利语发展部(英语是 Ministry of Māori Development),负责毛利语的推广和发展,制定相关的语言政策。详情见 www.tpk.govt.nz。译本保留夹注中的毛利语是为了读者便于查找书后的参考文献。

有些家庭由于继续在家使用他们自己的祖裔语言,这种行为阻碍了儿童在学校语言学习方面的进步。

2.1.1 个体语言管理与简单语言管理

根据斯波斯基(Spolsky 2004)对语言管理的定义,我们得知,语言管理者就是试图改变别人语言实践或语言信仰的人。然而,人们对于个体层面的语言管理尚存争议,尽管颜诺和诺伊斯图普尼(Jernudd and Neustupný 1987)所提出的语言管理理论认为语言管理的过程始于个体层面。在他们看来,当一个人在说话时注意到自己的话语不符合语言规范时,个体语言管理便开始工作了,但在使用双语的场合中要界定个体语言管理也许有一定的难度(Haugen 1987:35页及后面的几页)。奈科瓦皮尔(Nekvapil 2007)认为,"语言管理理论的出发点在于人们从日常的语言交际过程中发现语言问题"。当个体说话者注意到自己所做的语言选择不恰当或不够好时,就会开始做出语言方面的自我调整。在具体的话语中,及时的语言修改就相当于言语顺应(speech accommodation),贾尔斯(Giles 1973)以及他之后的其他学者都对这种现象进行过研究。

现有两例足以支撑上述观点:一是移民在与来自母国的人交谈时,会尽量避免使用自己新近借用的外来词汇;二是有些人外出生活(如待在部队或某个机构)一段时间后回到家与人交谈时,会进行语言上的自我纠正和自我审查。以下是一位美国海军陆战队战士退役后书写的一篇有关他在日常生活中个体语言管理过程的新闻描述。

> 离我上次理发已经有三个多星期了,现在我整天就想着又要理发了……延长理发周期只是我适应退伍生活的一小部分。改变我的语汇结构无疑才是我最大的调整。两周前,我在工作中读卷尺时,无意中把一个错误的数字脱口而出报给了我的一个同事,之后,他就用铅笔把这个数字填入他正在编辑的资料表格中。我需要及时地纠正该错误,于是便说:"你若是(As you were)……",这是美国海军陆战队里使用的行话,意思是"别把我刚才说的当回事,这里需要纠正一下"。但我很快意识到,对我同事使用该短语犹如跟他说阿拉伯语,于是,我话到嘴边又咽了回去,并改口说:"不(neg-)……"。我刚说完"不要(negative)"单词的第一个音节时就问自己:"你怎么了?首

先,从没有人教你在这种情况下使用'不要(negative)'这个单词。其次,难道你只能短时间内保持像正常人那样说话的状态吗?或者说,难道你不会说正常话吗?"经过内心的自我批评后,我说了句"该死"。我发现,我在海军陆战队使用的这些语汇无法在我现在的工作中使用。于是,我就想进一步琢磨这种自我导致的语言黑洞现象。我对自己说:"行了,就此打住,歇口气,休息一下(recock)①……该死,我又犯了老毛病。"此时,也许你会认为:"此人在以前的博客中肯定一直在撒谎,因为他明显大脑有问题,时常冒出与战争相关的东西。"在我同事问完"你刚才说的是什么意思?"后,上述现象旋即暴露无遗。经过一些有趣的事件后,别人对我的海军陆战队语汇似乎是抱着一种好奇的心态,但他们同时也会遇到一些因无法理解海军陆战队语汇而带来的交际困境。好像没人因我使用"check(检查)""roger(明白)""out(出去)"等日常单词而觉得有任何费解之处,但是,当我把这三个单词串起来一起说时,一定有人会感到莫名其妙。后来,我开始把美国海军陆战队语言中一些常用的特色单词收集起来,以便作为我日常需要克服使用的语汇,最起码在短期内我有这个必要这样做。我个人认为,在美国海军陆战队所使用的语言中有些词汇在使用时显得更加生动,而且效果更好。就拿"roger(明白)"一词为例,假如我用"OK(好)"回答一个问题或一句话,其含义可以很多,但如果我用"roger"一词来回答,则意味着我理解对方说的话,并知道我该干什么。也许有朝一日我的神经细胞会把这种思维与"OK"联系起来,但在短期内是不可能的。

——杰弗瑞·巴耐特(Jeffrey D. Barnett),"浅谈美国海军陆战队语言",摘自2007年6月26日的《纽约时报》。

在话语进行过程中,个人所表现出的自我纠错现象体现了一种简单语言管理行为。而在组织化语言管理中,当负责某一语言域的语言管理者注意到语言问题的存在后,就会对该现象进行评价,最后制订和实施相应的调整计划。组织化语言管理不同于简单语言管理,因为前者的参与

---

① 美国海军陆战队使用的一个英语单词,意思是休息。日常英语中没有这种用法,所以,非这个领域的人一般都不理解该词的含义。

者不止一个人,而且还可分为管理者与被管理者两部分,他们之间存在着一种显性的话语过程关系,双方的"思维和语言意识形态都将起着一定的影响作用"(Neustupný and Nekvapil 2003)。例如,法国教师在课堂上会纠正学生说法语时所出现的英语现象,同样,政府会采用组织化语言管理的方式来处理它们认为将会带来负面影响的语言现象。

我发现组织化语言管理模式魅力无穷,因为它要求我们集中精力关注语言管理的发起者,同时,避免滑入只关注语言管理结果而不分析语言管理原因的陷阱。换句话说,组织化语言管理模式与传统的语言管理模式正好相反,因为传统的语言管理模式对语言管理机构(language agency)或者由库帕(Cooper 1989:98)引发大家关注的语言行动者(language actors)漠不关心。组织化语言管理的关键问题是谁来管理语言或规划语言(Baldauf 1982)。

奈科瓦皮尔(Nekvapil 2006)指出,在我(Spolsky 2004)早期有关语言政策的研究中存在着语言管理研究不足的问题,即没有把语言使用者根据话语基础对自己使用的语言所做出的简单语言管理包含进去。我之所以在研究中跳过简单语言管理这个层面,是因为在研究简单语言管理时我们必须猜出人类表层语言行为后面的隐性动机,或者必须像奈科瓦皮尔(Nekvapil 2006)那样进行事后采访,或者必须如上文我刚提到的美国海军陆战队退役战士那样能够依赖个人的自我意识进行适当的描述。言语中的任何自我纠正行为,如重复、停顿后的续句以及为了避开陌生词汇或短语而使用的语码转换,都表明当事人已经初步认识到了语言问题的存在,但这种认识具有隐性的特点,而且,还可能是当事人进行语言自我矫正的一个潜在原因,尽管里面还有许多其他的复杂原因。例如,贝里和威廉姆斯(Berry and Williams 2004)描述了这样的一个经典故事:一所英国学校认识到本校的海外学生存在英语使用的问题,于是就专门为这些学生提供了英语作为外语(EFL)的课程,但事后学校对这些学生的采访表明,这些学生自己认识到他们的英语学习存在着语言、社会文化和情感三因素相互影响的问题。一个人要么树立自己的规范理论(例如,如何认识自己的语言问题),要么采用一个更加完善的言语顺应理论(Robinson and Giles 2001)。当然,有些人也希望使用布拉格学派的方法,即把关注重点放在语言的培育上(例如,如何掌握标准语体),而不是放在语体(language variety)的选择上,但本书的重点是后者,而不是前者。

可见,增加人们对自己语言能力的认识这一环是非常重要和复杂的。它可提醒我们,只有当组织化语言管理(如教师的语言纠错、政府的语言管理以及语言研究院对某些术语的提出)能给个体的语言实践带来众多的变化,而且这些个体成为语言管理的目标时,这样的组织化语言管理才能成功。因此,对组织化语言管理的评价(这是该领域非常罕见的一种活动)必须依赖于语言实践中的实际情况来进行。

说起语言管理的"微观"层面和"宏观"层面,它们之间是不同的,但这些术语在实际应用中却存在一些模糊性。开普兰和巴尔道夫(Kaplan and Baldauf 1997:117)区分了这两者间的差异,宏观层面是指国家及国家以上的层面,而微观层面是指更小的组织单位。他们还使用"中观"术语,指中间的层面,如地方政府(Kaplan and Baldauf 1997)。麦克乔拉—克里奥斯特(Mac Giolla Chríost 2006)用"微观"层面来指爱尔兰国家层面之下的语言管理机构,而马里奥特(Marriott 2006)区分了中观和微观两个层面,她把大学或学院层面的语言规划称为"中观"层面,把对个人提供语言支持的现象划分为"微观"层面。所有这些学者在许多场合都跟我一样,认为形成一个从个体到超国家组织的语言域管理连续体,并同意把语言管理的关注点只限于国家层面的做法将会带来许多麻烦。他们所有人都认识到,仅仅关注民族国家层面的语言管理会使语言政策和语言管理受到曲解。为此,本书将展开多层面的语言管理研究,首先我们从家庭域开始。

2.2　家庭域的语言管理

卡尔韦(Calvet 1998)在他的一本有关"语言战争"的书中把家庭描述成"战场"。毋庸置疑,这在一定程度上反映了语言管理的一些基本特性。当一对男女建立了正常的家庭关系后,影响他们日常语言实践的因素之一是语言变体的选择。通常,尽管夫妻之间存在一些由年龄、性别和教育程度等个人因素而产生的微小语言差异,但他们的社会语言背景还是相似的。不过,随着多语社区的日益增多,这种现象正变得越来越少。在通常情况下,夫妻两人可能都用大体相同的语言或方言进行交流,并会根据说话场合以及是否有别人在场这两个因素来改变他们彼此的言语。此外,在一般场合夫妻双方通常都不会想要改变或管理对方的语言实践。不过,当夫妻一方发现自己在说话而对方听不懂或者自己无法准确地表达一个概念时,也许就会出现简单语言管理的现象。当夫妻俩彼此最初使用的言语变体存在着语言系统上的差异时,他们可能会在一段时间内相互影响,并通过相互顺应而使两人使用的语言彼此靠拢(Giles et al. 1973)。例如,我由于受到妻子所使用的方言的影响,我现在把单词"butter(黄油)"中的"t"发成闪音"d",这是毫无疑问的。但是,她从没鼓励我这样做,因此,这不能看作是组织化语言管理的行为,而仅仅是语言实践中社会语言环境影响的正常结果。

不过,上述现象使我想到,有些情况可能会使组织化语言管理自然而然地出现。假设夫妻一方曾经在经常使用辱骂语的学校或部队长大,并已习惯了辱骂语的使用,而另一方则在一个禁止使用辱骂语的环境下长大,那么,受到良好环境影响的一方就会想要改变另一方使用不良语言的习惯,即禁止他或她使用辱骂语。这种情况就成了组织化语言管理的一个基本例子,它反映了家庭言语社区的一个成员会试图纠正其他成员的语言实践。以下描述的新闻故事则是一个更加极端的案例:

  2006年12月2日吉达(Jeddah)①电:《金字塔日报》(*Al-Ahram*)②昨日报道,一位埃及妇女提出要与当医生的丈夫离婚,理由是丈夫从不跟她说英语。这位妇女是开罗美国大学(American University in Cairo)③的毕业生,现职业是译员。她说,尽管她丈夫富裕、大度,但她还是想离婚。

管理家庭其他成员(尤其是儿童)的语言使用(特别是避免使用猥亵话和辱骂语),是许多家庭中的常见之事,但语言管理的成功与否则取决

---

  ① 沙特阿拉伯红海沿岸的港口城市,政府外交部及各国使馆驻地,全国第二大城市、第一大港、重要的金融中心。主要居民为阿拉伯人,此外,还有伊朗人、印度人、非洲人和欧洲人等。
  ② 埃及也是中东地区最有影响力的报纸,是中东最大的报纸。报纸日出40个版,周五出50个版以上,发行量占全埃及报业市场的百分之五十五,周五占到百分之六十五。报纸发行覆盖中东国家和海湾地区。
  ③ 一所英语文科大学,由美国传教士于1919年在埃及开罗建立,致力于中东的教育发展。如今,开罗美国大学是该地区最重要的英语大学,为阿拉伯世界的社会、政治和文化生活做出了重要贡献。

于家庭成员之间的关系情况(Spolsky 2004:17)。家庭语言管理的一个发展趋势是，家长会竭尽全力要孩子使用家长认为是标准的或正确的语言。不过，这种发展趋势受到家长语言信仰的影响，如家长对语言正确性和纯洁性的观点必然会影响到他们对孩子语言使用的管理。

15　　语言管理的"权威"(authority)来自何处？与权威最接近的同义词"权力"(power)相比，"权威"也许是一个语气上较弱的词汇。有一本商务教材是这样解释"权威"一词的："权威是监管者在其职权范围内指导下属行动的合法权力。"在"政治科学导论"的课程上，"权威"一般被定义为合法的权力(Brown 2003)。权威是如何与语言管理理论相结合的呢？我通过谈论语言管理者语言信仰的方式在一定程度上提出这个问题，语言管理者的语言信仰是他们认为自己有权威改变别人的语言信仰和语言实践。假如语言管理者实际上缺乏那种权威，管理工作是不可能做好的。根据伯林(Berlin 2006)的观点，我想问是否任何人都有权利去控制别人的语言使用。语言管理似乎在集权制国家中更有可能成功，因为与自由的民族国家相比，集权制国家可以更加自由地行使国家权力。正如研究语言政策时却发现不少非语言因素也非常重要一样，现在研究语言管理却怀疑是否任何人都有权利去改变别人的语言使用，这个问题时常困扰着我，这也可能会削弱本书的基本前提。

　　在夫妻各自使用不同民族语言的家庭里，语言管理的问题会更加复杂。尽管某些传统型社会早就要求异族通婚(exogamous marriage)，但是，由于城市化、移民、军事占领、旅游、贸易和留学等导致的人口接触日益频繁，现在，语言混合的多语家庭变得更加司空见惯。由此形成的家庭语言模式也五花八门。马来西亚的陈(Cheng 2003)追溯了自己家族的前五代情况，其中三代出现过异族通婚现象。她的曾祖母从泰国移民到马来西亚，后来嫁给了一位马来西亚的中国移民。他们俩没有共同的语言，于是两人就学习了一种马来语的变体——洋泾浜马来语，以便彼此能够交流，同时还可用它来与邻居沟通。他们的女儿嫁给了一个英国人，并掌握了洋泾浜英语，但她也对自己的孩子说泰语和粤语。她的一个女儿又嫁回了一位马来西亚的中国移民，该中国移民的母语是客家方言，但他还会使用普通话、英语和马来语。这对夫妻彼此用粤语交流，但他们与生意伙伴交流时却用英语。

　　在夫妻之间，由于其他事情都是平等的，所以语言方面也会表现出平等现象。例如,我们经常能看见语言混合家庭的夫妻往往会达成一种语言使用的默契,即婚后继续使用他们初次见面时所使用的语言。斯波斯基和库帕(Spolsky and Cooper 1991)把这种现象看成是语言使用的惯性(inertia condition):一旦我们开始用某种语言与某人交谈后,今后继续用该语言交谈就会显得更加随意和自然,而转换其他语言来交谈却觉得不自在。在一次对以色列双语家庭的非正式调查中,我们发现其结果完全与上述观点相吻合。假如一对夫妻婚前是在使用英语的场合中首次相遇,婚后他们就会继续使用英语,即使他们定居在以色列也是如此。假如他们是在使用希伯来语的环境中(例如,在犹太青年复国主义运动或者以色列军队中)首次邂逅,即使他们双方还有其他更熟练的共同语言,他们日后的交流通常还会选择希伯来语。

上述现象使我们想到一种日益典型的家庭情况:来自不同国家或来自同一国家但不同地区的人所结成的夫妻都要面临着婚后语言选择的决定,但仅研究夫妻之间的语言管理或许会让人觉得研究范畴太小,尤其是夫妻之间不存在明显的家庭内部的权威问题。所以,我们更应该关注由夫妻和孩子所构成的传统的核心家庭(nuclear family)。儿童在家的语言发展过程是一个语言社会化的过程,加莱特和巴克达诺—洛佩兹(Garrett and Baquedano-Lopez 2002:341)把它定义为"儿童及其他语言学习新手通过与年长者或语言使用经验老到者的不断接触,从而习得了他们必备的语言知识和语言实践能力,最终成为或被认为是他们所属社区的合格成员"。从语言管理的角度来说,这个定义是中立的,它认可直接的和间接的语言习得。当年长者与别人(包括成人和儿童)交谈时有意地想通过选择某种语言或给出某些显性指令来控制社会语言环境时,这就是组织化语言管理的表现。

通常,父母和儿童看护者认为他们有权来控制儿童的语言,并把这种权看作是理所当然的事情。在不同的文化背景中,我们都会发现儿童看护者时常为儿童给出显性指令,告诉他们说什么和如何说(Ochs 1986)。非洲巴索托族(Basotho)①的人们鼓励儿童说话,并提示儿童说话时要懂礼貌(Demuth 1986),教育儿童如何说话被看作是母亲和其他儿童看护

---

① 非洲的一个土著部落,主要居住在南非以及被南非所包围的内陆国家莱索托(Lesotho)境内,主要使用巴索托语。

者的主要责任之一。在大洋洲的夸拉阿侬(Kwara'ae)①土著人当中,三至五岁的儿童就要"接受有关言谈举止的强化教育:完成大量的有关祈使句、语言纠错和行为解释三部分的训练"(Watson-Gegeo and Gegeo 1986:19)。但在少数几个文化背景中,人们似乎不接受父母有责任教育和管理好儿童语言使用的观念。在巴布亚新几内亚,有个村庄的父母对自己孩子所使用的语言漠不关心,以至于当库里克(Kulick 1992)告诉他们这里的儿童不再使用本村的语言,而转用了大人在有必要语码转用时才使用的托克—皮辛语时,当地的大人们听后都感到吃惊不已。在萨摩亚,父母亲把陪儿童说话的事情让给比这些儿童年长的哥哥姐姐来做。在美国,纳瓦霍(Navajo)印第安人的父母亲在接受采访时说,他们的孩子有权利决定自己是接受单语教育还是双语教育(Spolsky 2002b)。这一事实反映了纳瓦霍人对语言管理的权威根本就不在乎(Young 1978)。然而,在绝大多数的文化背景中,人们还是认为父母有责任教育和管理好儿童的语言使用。金和福格尔(King and Fogle 2006)曾经以抽样调查的形式问过一些夫妻他们是如何管理家庭语言的。这些夫妻都接受过良好的教育,掌握双语(有些是以英语为主的双语,有些则是以西班牙语为主的双语),他们大多都从事某项专业性较强的工作,而且都居住在美国首都华盛顿大都市区。总体而言,他们的解释主要是依据个人经验而进行的,但他们也引用了一些书本上以及别人的经验。他们都认为双语是好东西,并把培养儿童的双语能力看作是优秀父母的任务之一。根据盖洛普民意测验(Gallup Poll)的结果,在第 39 届 PDK 国际教育协会(Phi Delta Kappa International)②的年会上,大多数人都认为儿童应该在学校多花点时间学习和了解别国情况,百分之八十五的人都认为儿童有必要学习一门非常重要或比较重要的第二语言,百分之七十的人认为儿童应该在小学就开始学习第二语言。

对于核心家庭来说,语言管理的关键在于决定选择什么语言作为孩子的家庭语言。这个决定用专业术语来表达就是"语言自然代际传承"(natural intergenerational transmission),许多人都认为语言自然代际传

---

① 南太平洋岛国所罗门群岛的一个土著部落,其语言叫夸拉阿侬语(Kwara'ae language)。

② 目前世界上最大的教育协会之一,每年召开一次年会,探讨教育问题,尤其是公立学校的教育问题。详情见:http://www.pdkintl.org/kappan/kpollpdf.htm。

承是语言维持(language maintenance)的关键因素(Fishman 1991b)。斯图尔特(Stewart 1968)在自己的一篇开创性论文中指出,语言活力(language vitality)的特点表现为家长愿意用该语言与自己的后代交流。费什曼(Fishman 1970)敏锐地重述了语言自然代际传承的含义,即家长一直用母语与自己后代进行交流的行为。语言活力是语言生存的关键。人们为了语言复活而付出各种努力,但只有当语言的自然代际传承起作用的时候,语言复活才会出现(Spolsky 1989)。人们说爱尔兰语的复活运动不成功,其实就是指爱尔兰语的自然代际传承未能得到恢复,而把语言维持的重任推给了学校的正式教育(Dorian 1987)。

要实现语言的自然代际传承,其关键是家长对家庭语言环境的掌控。家长即使没有对儿童做出任何显性的语言使用规定,但有意地控制家庭语言环境可能是管理儿童语言社会化的有效方式。在比利时安特卫普中、下阶层的家庭里,当父母要与孩子说话时,大人们往往都避免使用含有当地方言特色的语言,旨在帮助孩子学习更标准的语言,这将有助于孩子今后的学校教育(Houwer 2003)。当父母都说同样的语言时,家庭的语言管理不是什么难题,但是,当父母想让儿童学会另外一种语言时,家庭的语言管理就没那么容易了。另外,当父母两人都是多语使用者,这给儿童的语言使用则带来了更多的选择可能。我的一个朋友名叫威廉·麦基(William Mackey),有一次他对我说,他与他妻子是如何做出有关家庭语言管理决定的。麦基自小就说美国英语,他妻子的本族语是语言学家过去常称作"塞尔维亚—克罗地亚语"(Serbo-Croatian)的语言。他们居住在以法语为强势语言的魁北克,所以夫妻俩都坚信他们的孩子可以在这样的生活环境中毫不费力地习得法语。后来,这对夫妻说,他们的孩子事实上已经习得了三种法语变体——在与法国领事馆家属儿童玩耍时习得的巴黎法语(Parisian French)、在学校接受正规教育时习得的魁北克法语(Québec French)以及与邻家儿童玩耍时习得的魁北克法语的一种地方方言——若阿尔语(joual)。因为他们生活在英语具有强势地位的北美,所以学习英语对于他们的孩子来说也不是什么难题。于是,夫妻俩决定用他们俩水平旗鼓相当的德语与孩子交流。此外,在耶路撒冷,我有一些说英语的朋友,他们喜欢雇用说俄语的人来照看他们的孩子,这样就可以让孩子在双语(即英语和希伯来语)环境下再多学一门语言(即俄语)。最近的相关报纸报道,纽约的一些家长愿意花六至十万美元的年薪雇用说汉语的保姆，目的是让孩子可以习得纯正的汉语。

对于使用双语的父母来说，他们通常的做法是每人选择自己更喜欢的那种语言与孩子交谈。此举符合如下的语言信仰：假如家里某个成人会一门语言，那么，小孩要习得这门语言就会更容易些。有些移民家庭的父母一直竭尽全力地使用祖裔语言来与孩子交流，还有些移民家庭的父母则使用连自己也还不够熟悉或不够熟练的外语来与孩子交流，希望以此来帮助孩子更快地适应新的语言环境。

影响家庭语言选择的因素有家庭内外的社会语言生态状况以及父母亲对最佳语言学习策略的语言信仰。倘若家庭是由父母双亲外加一个孩子构成的三口之家，家庭的语言管理就相对简单些。但如果家庭中还有一位重要人物，如祖父母或其他年长的老人，那么家庭的语言管理往往就复杂化了，因为这些老人要么因需要更长的时间才能适应一门新语言而对祖裔语言抱住不放，要么更加热衷于学习新语言而忽略祖裔语言。坂本(Sakamoto 2006)曾经调查过居住在纽约大都市的六个美籍韩国人家庭，每个家庭都有一个小孩和一位祖辈老人。父母亲都希望家中老人能为孩子提供习得祖裔语言和文化的环境。当我首次回到以色列时，我曾经参加过一个希伯来语培训班。有一次，我到培训班里认识的一个同学家里过了一个周末。她家是从突尼斯移民过来的，她丈夫的父母主要是说突尼斯阿拉伯语，另外，他们还略懂一些法语。她丈夫精通阿拉伯语、法语和希伯来语，她自己则擅长法语，略懂阿拉伯语，现正在学习希伯来语。他们6岁的儿子正在从祖父母那习得阿拉伯语，而且，已经能用希伯来语跟父亲交谈，还能用法语与母亲沟通。但在家对面的学校里，儿子不许用法语跟母亲交谈，因母亲是该校的一名教师，那里的教师在校只能使用希伯来语。这种随个人角色和说话场所的变化而出现的语言转换现象，进一步证实了语言管理域这一概念的必要性。此外，语言变异也随说话者的不同而不同，这是常见之事。例如，大多数16岁以上的马来人都说，他们更喜欢在家里使用马来语，与祖父母交谈时只用马来语，与父母交谈时多数情况使用马来语，与兄弟姐妹交谈时使用英语和马来语的情况各占一半(Burhanudeen 2003)。再如，在新西兰的中国移民家庭里，父母为了能使同住的老人参与家庭对话，在与自己的孩子谈话时都转向使用汉语(Ng and He 2004)。

正如家中最大的孩子开始上学时往往会改变家庭的语言环境一样，

新生婴儿的到来也是如此。一旦孩子开始上学后，他们就面临着来自学校和同龄人的社会压力与语言压力，而且，通常会给家庭带来一种新语言，孩子有时将新语言用于与父母的交谈中，但通常是用于跟兄弟姐妹一起的交流。在以色列，有不少移民是从苏联来的，在这些人的家庭中，我们经常会发现儿童往往是家中希伯来语使用的源泉（Dittmar et al. 2002）。总体而言，居住在以色列数以百万的俄罗斯语移民都对俄罗斯的语言、文学和文化显现出强烈的忠诚。他们当中的成人一直把俄语作为他们进行社交和文化活动的优先语言，即使在他们为了日常生活和职业活动的需要而掌握了希伯来语很久以后也是如此。此外，他们还为儿童主办了每日下午开设的俄语学习班。然而，多数儿童还是转用了希伯来语，即使父母亲用俄语向他们提问时，这些儿童也经常用希伯来语来回答。不过，在跟他们的双语同龄人在一起时，这些儿童经常有大量的语码转换现象（Donitsa-Schmidt 1999；Kopeliovich 2006）。

只要父母亲保持自己的权威，他们有时就能让孩子按照大人制定的语言政策去执行。在很多情况下，家庭语言的管理取决于家长的权威和语言的地位。例如，在孩子的祖裔语言维持方面，以色列的英语移民家长比其他语言移民的家长显得更加成功。主要原因是，英语享有的国际地位、英语在以色列媒体（如电视、电脑和流行歌曲）的广泛应用、英语在高等教育中的重视以及英语使用者所享有的经济地位。因此，其他语言域可以通过改变赋予语言及其语言变体的价值来影响家庭域的语言管理。

2.2.1　儿童的父母与同龄人

对于儿童来说，父母与同龄人，谁更能影响自己的语言使用呢？这是一个重要的问题。从语言管理理论的角度来说，这是一个有关语言管理域内外相对影响力的问题。儿童父母属于家庭域的参与者，而儿童同龄人则属于居住小区域或学校域的参与者。

哈里斯（Harris 1995）相信同龄人的影响力更大。因此，他认为，对于父母亲来说，要管理好孩子社会观（包括语言观）的最佳方法是，确保孩子是与持有正面价值观的同龄人在一起。换句话说，居住小区以及学校的选择是家庭语言管理的一个关键内容。隔壁邻居小孩或同住一条街道的小孩其实都是家庭语言管理域的参与者。

居住在同一小区的人在价值观方面容易受到相互的影响，对于具有这种背景的家庭来说，其语言管理还面临着其他诸多压力。首先，现代的城市居住模式倾向于把价格大体相同的房子建在一起，由此带来的结果是居住在同一小区的家庭在收入和财富方面都比较接近。其次，在某些文化中，家族成员喜欢居住在一起或毗邻而居，从而组成大家庭（Milroy 1980）。第三，人们对居住小区的选择受到该小区是否具备某些重要设施等条件的影响，例如，小区是否有相关的宗教设施（譬如，教会学校、基督教教堂、犹太教堂和清真寺）、社交和体育俱乐部以及出售传统食品（heritage food）的商业设施。第四，从乡村或农村移居到城市的人往往都喜欢寻找靠近也居住在该城市的亲人家属或同乡老友的地方居住。具有如此特点的居住小区往往更能反映出家庭域中的语言政策。在新开发的城市郊区，家庭同质性（homogeneity）现象比比皆是。在城市，具有民族或宗教标记的扎堆居住现象也越来越多。在这种情况下，家庭域和居住小区域的语言使用差别很可能就不大了，但对于许多移民家庭的孩子来说，当他们与已经掌握了本国强势语言（dominant language）并已经树立了本国强势价值观的邻家小孩一起玩耍时，居住小区也许是这些移民家庭孩子接触外界的第一站。

哈里斯（Harris 1998）认为当地的儿童同龄人比任何其他因素给家庭儿童的语言管理带来的压力都要大，他特别地列举了移民儿童在用祖裔语言说话时的情况：这些儿童往往都带有浓重的非本族人的口音，而且跟当地学过该祖裔语言的同龄人在说该语言时所带的口音没有两样。儿童一旦在家之外的地方开始有与外人接触的机会时，外部影响就开始决定和支配着他们的语言实践和世界观。科普利奥维奇（Kopeliovich 2006）曾经对居住在以色列的苏联移民家庭做过调查，结果发现有些儿童似乎对家庭内部的语言影响更加敏感，而有些儿童则更容易接受家庭外部的语言影响。例如，她发现有一个家庭只有两个小孩，但他们的俄语维持行为却表现得非常好。

凯尔达斯（Caldas 2006）对美国路易斯安那州的一个英法双语家庭进行过长时间的观察，该案例研究表明家庭内外影响力的作用是相互的。在这个家庭中，母亲来自加拿大，说法语，而父亲是美国人，讲英语。夫妻双方决定相互学习对方的语言，并且让三个孩子在主要使用法语的家庭环境中长大，家里只看法语电视节目。每年夏季，全家人都在加拿大的魁北克度过，完全生活在法语的社会环境中。他们的一对双胞胎女儿在路易斯安那的一所英、法语各半的浸没学校就读,一个儿子则刚刚在这所学校读完一个学期。凯尔达斯根据数年来对这个家庭餐桌对话的录音内容进行任意抽样分析,找出其中英语和法语词汇的使用比例。语料研究表明,家人使用的语言中存在着大量的语言变异,三个孩子之间的语言相互影响较大。家长说的法语比英语多,尽管父亲说的法语一般要少些,但也从没有少于百分之七十五。孩子说法语的高峰期出现在刚进法语浸没学校以及在魁北克度夏的时候。每当秋季来临,孩子们回到路易斯安那时,他们使用法语的频率则开始下降。不过,在这个家庭中,女孩使用法语的频率比男孩高。当小孩进入少年时期,他们想要与同龄人求同的欲望似乎在增加。因此,当男孩还在路易斯安那读书时,有一年他实际上就开始不在餐桌上使用法语了。然而,当一家人在魁北克的时候,男孩对法语的青睐表现又出现了,有一次他还批评他父亲在魁北克的公共场合说英语。可见,假如儿童能够同样流畅地使用两门语言,改变他们选择语言的动力不是父母的语言实践和愿望,而是外部的语言环境。

科普利奥维奇(Kopeliovich 2006)通过对以色列的苏联人移民社区的纵向研究,澄清了哈里斯和费什曼两人提出的看上去似乎矛盾的两种观点——前者认为儿童家庭语言的影响主要来自同龄人,而后者则坚持认为家庭有关语言使用的决定对儿童家庭语言的选择起关键作用。两人的观点各自说明了家长与同龄人对儿童家庭语言选择的影响。在科普利奥维奇所研究的社区中,多数成年人都表达了对俄罗斯祖裔语言和文学的强烈支持,而几乎所有的儿童都是把希伯来语作为强势语言来习得,他们的俄语水平以及对俄语的忠诚度各不相同。科普利奥维奇根据迈尔斯—斯科顿(Myers-Scotton 2002)的语码转换模式把这些儿童分成三组。第一是俄语水平熟练组,该组人数不多,他们能熟练地使用俄语,从而能进行有效的交流,但他们所使用的俄语比他们父母所使用的俄语带有更多的希伯来语痕迹。第二是俄语水平中等组,该组人数最多,他们使用的俄语容易出现语言磨蚀(language attrition)和语言干扰(language interference)现象,但他们基本上还能用俄语会话。第三是俄语水平欠缺组,该组人数介于上述两组人数之间,事实上这组儿童就根本无法用俄语参与会话。上述分类是动态的,而不是固定不变的,因为环境的变化(如远离家庭而生活在寄宿学校或军队,游览俄罗斯)可以迅速地改变这些儿童的俄语能力,而且,导致个人语言水平差异的原因是多方面的。被划分在上述第二组(即俄语水平中等组)的儿童往往是那些出生在俄罗斯并在俄罗斯接受过某些学校教育后才移民到以色列的儿童,而不是那些出生在以色列或很小的时候就移民到以色列的儿童。被划分为第一组(即俄语水平熟练组)的儿童则往往是那些想要保持母国传统价值观并特别努力学习祖裔语言的儿童,或者是生长在祖裔语言维持意识明显、家庭成员关系密切的小家庭的儿童。家庭中的第一个孩子往往比其后面的弟弟妹妹在俄语维持方面做得更好,尽管这些弟弟妹妹有大量使用俄语的实践。

科普利奥维奇注意到这些人口统计变量(demographic variables)的影响效果后,认为显性语言管理政策应该具有一定的影响作用。对于那些要面临时间和情感冲突的父母来说,要让孩子维持一定水平的俄语知识和俄语能力都需要付出巨大的代价。据报道,这些家长为了孩子学好俄语费尽周折才弄到俄语书籍或其他俄语学习资料,或者组织安排俄语补习班,但孩子却不领情,这让家长们感到非常失望。相反,有些不起眼的间接方法(如用俄语给儿童阅读故事)却效果更佳。有时,成功的语言管理也要依赖具有反作用的同龄人的影响,例如,为孤独的孩子寻找同龄人玩伴,或者举行一些可以吸引其他孩子同龄人参加的活动,从而让孩子同龄人来推动家庭语言管理的发展。平时,父母对孩子说俄语,而孩子却用希伯来语回答,这种交流方式容易影响两代人的情感发展。许多家长对孩子的俄语学习感到困惑,这其实都是由于家长们脱离现实而制定的目标所带来的后果。儿童的俄语能力之所以通常难以令父母满意,是因为儿童说的俄语包含了许多希伯来语元素,这些特点都是他们从成人那里直接学来的。父母对语言维持所持的价值观以及付出的努力对儿童的祖裔语言学习非常重要,俄语水平处于最低级的儿童大都来自家长对祖裔语言彻底放弃的家庭。总之,正如在大海中游泳时要想穿越一个巨浪就需要花费一番工夫一样,要想成功地维持一种语言的中等水平也需要付出巨大的努力。

家庭与社区的合作对于家庭语言管理至关重要,康多—布朗(Kondo-Brown 2006)对美国东亚移民的研究进一步证实了这一观点。李(Li 2006)发现,家长与民族社区(ethnic community)均对儿童的祖裔语言维持有很大的影响力,但是没有学校的支持,无论家长与民族社区双方多么努力,儿童的语言维持都难以成功。日本的林(Hayashi 2006)比较了两组小学生的双语学习状况,一组是在美国双语学校就读的四五年级日裔学生,另一组是在日本英语浸没学校就读的日本小学生,研究结果表明,家庭、学校和社区对于双语学习是相辅相成的。钦南和塔克(Chinen and Tucker 2006)注意到美国加州的日裔移民儿童参加每周六的日语补习班,这对他们的日语能力影响是巨大的。

当家庭域处于封闭状态时,家长就更有能力管理好自己孩子的语言。然而,一旦家庭域开放以后,家长就面临着来自儿童同龄人和学校等的外部压力,家庭也随之成了语言冲突的角斗场,儿童经常排斥父母所使用的语言,这是社会语言冲突在家庭域的一种表现。卡尔韦(Calvet 1998:74)列举了能体现这一变化过程的几个案例:塞内加尔的儿童喜欢从家庭语言转用当地的强势语言——沃洛夫语(Wolof);马里的儿童喜欢从自己的少数民族语言转向当地的强势语言——班巴语(Bamba)[1];尼日尔的儿童则喜欢使用当地的强势语言——扎尔马语(Zarma)[2]和豪萨语(Hausa)。此外,他还发现法国的一个小城镇也具有同样的现象。在41位移民儿童中,有27位能使用两种语言——法语以及他们父母所使用的移民语言,而剩余的儿童则声称只会说法语,但在后来的采访中他们承认他们能用移民语言与他们的父母对话。其他的研究也表明,青少年的语码转换与新组合的各种语言变体是在不断变化发展的,这再次说明同龄人对儿童的语言使用的影响是巨大的(Marongiu 2007)。

2.2.2 家庭作为语言管理的一个目标

正如前文所提到的那样,家庭域非常重要,因为它是许多语言管理活动的关键点和最终点。希伯来语复活的关键是依赖了语言的自然代际传承,而不是依赖传统的、有限的学校语言教学。这说明了目标语的使用者(即犹太人)接受了这样的一个理念——他们必须把该语言传承给他们的下一代。相反,许多其他语言(如爱尔兰语和毛利语)的复活运动则存在许多不足或以失败告终,这是由于这些民族的父母亲不愿意或没能力使

---

[1] 马里一个名叫班巴的小城镇所使用的一种语言,班巴位于马里中南部,共有14个村庄,1.3万多人口。

[2] 尼日尔西南部的一种主要土著语言,是该国仅次于豪萨语的第二大语言,现约有200万的使用者。该语言是桑海语族(Songhay languages)中的一员。

用该语言来与他们的孩子交流,孩子就只能在学校里学习这种语言。在新西兰毛利语发展部(Te Puni Kokiri 2002)对毛利语生存状况的一次调查中,其中有一道题是问毛利人父母亲为什么不用毛利语跟自己的孩子交流,最常见的回答是,这些父母亲感觉自己的毛利语能力有限,并且害怕老一辈的本族语使用者嘲笑他们。也许,富有激情的犹太复国主义(Zionism)①青年人开始时是用结结巴巴的希伯来语跟他们的孩子说话的,孩子说的希伯来语比他们父母亲说的还要流畅,但这些青年的父母并不担心自己因使用了蹩脚的希伯来语而招致爱挑剔的上一代老人的抱怨,说他们改变了希伯来语,这种做法与那些想要复活毛利语、爱尔兰语和布列塔尼语(Breton)的人的做法没有两样(Spolsky 2002a)。

　　家庭域中有明显的语言管理者吗？从人们平时描述的奇闻逸事来看,存在的可能性很大。在核心家庭里,决定家长对孩子说什么语言以及孩子将来在家庭中使用什么语言等之类事情的,要么是父母当中的一个,要么是父母两个。但事实表明,家庭内外的众多因素都可能影响父母的决定。在依地语的发展过程中,有一个因素起了关键的作用,那就是外出打工的犹太男人在放弃自己的语言地位并成功接触外界后就把德语引入到他们社区及家庭所使用的犹太法语中,从而产生了依地语(Weinreich 1980)。在巴布亚新几内亚的一个村庄里,前往种植园打工的男人们回到家后就把托克—皮辛语也带回了村庄(Kulick 1992)。在以色列的一个阿拉伯人村庄里,大家在使用阿拉伯语时都会借用希伯来语词汇,而这些词汇主要源自一位在村外工作的父亲(Spolsky and Amara 1986)。对于毛利语来说,毛利人在两次世界大战中的服役经历似乎鼓励了他们转用英语(Benton 1981)。外出上学的儿童往往成了家庭中外部语言的主要输入者。

　　人们对于父亲和母亲在家庭域中的相对影响力持不同的观点,这取决于他们所处的文化模式。在伊斯兰教国家,男主外女主内,因此,人们对男女间的角色差异存在分歧(Abu-Haidar 199;Amara 1996)。在以色列的许多极端正统派(ultra-orthodox)即海来第派(Haredi)的犹太家庭里,妇女与儿童交流时要使用希伯来语。当男孩6岁左右时就要跟随不

---

① 也称锡安主义,是由犹太人发起的一种政治运动,也泛指对犹太人在以色列土地上建立家园表示支持的一种意识形态。犹太复国主义在1948年以色列建国时达到了高潮。

工作的父亲①一道去犹太塔木德经学校,即叶史瓦(yeshiva)②,他们在那里学习依地语(Baumel 2002)。我曾听说过一个这样的家庭,当全家居住在摩洛哥时,家中的老人坚持要在家里使用希伯来语,而当他们全家移居到以色列时,老人则坚持要在家里使用阿拉伯语。

2.2.3 家庭语言生态的管理方式

只要家庭语言管理者下定决心,他们就能想到各种各样的管理方法。显而易见,首选的、也是最强有力的方法就是决定家庭使用什么语言。在以色列有许多关于艾利泽·本·耶胡达(Eliezer ben Yehuda)③及其对希伯来语复活所做贡献的传说(Fellman 1973)。其中一个流传甚广的传说是,他不允许任何人在他家里使用希伯来语之外的语言。此外,还有人说,他家有个"失聪"的大婶,说她失聪是因为她不会说希伯来语,同时,有小孩在场时又不允许她说其他语言。假如父母亲希望自己的孩子学会某种语言,而父母亲又能流利地使用该种语言,那么,一种有效的方法是通过家庭语言来提高孩子的这种语言能力。但在语言复活运动的背景中,父母亲自己都无法流利地使用该复活语言,他们只是作为第二语言的使用者来说该语言,因此,他们在培养孩子该语言的能力时会遇到许多挑战。例如,在新西兰,有一位毛利语复活运动的忠实支持者,他最初的职业是教师培训,后来是政策制定。他曾经遗憾地告诉我说,当他自己的孩子七八岁时,他发现自己很难用毛利语跟他们交流,因为他无法轻松自如地使用毛利语。

实际上,许多家庭的语言环境都是复杂的,家里使用的语言不止一

---

① 关于这个问题,译者特意询问了斯波斯基教授,他说:以色列的许多极端正统派男性教徒成人后也一直"修炼",他们既不工作也不服兵役,靠政府的津贴或妻子的收入来维持生计。

② 用希伯来语表达是 yeshiva(叶史瓦或耶希瓦),在极端正统派犹太教家庭里,小孩在学龄期,男孩和女孩分别进入不同的学校修习《摩西五经》,男孩就读的叫叶史瓦,女孩就读的则是女子神学院(seminary)。另外,美国纽约市有一所名叫叶史瓦的大学(Yeshiva University),这是一所建于1886年的私立犹太教大学。

③ 艾利泽·本·耶胡达(1858—1922),立陶宛籍犹太人,辞书学家及新闻编辑,是推动复兴希伯来语为日常用语的灵魂性人物,希伯来语作为口语在犹太人中成功的复活主要得自他的巨大贡献。他曾说过:"只要是我们能回到自己的故土,建立自己的国家,希伯来语就得复活。"他的儿子本·锡安·本·耶胡达(Ben-Zion Ben-Yehuda,意思为以色列之子),是第一位以现代希伯来语为母语的犹太人。

种,语码转换是常见之事。李嵬(Wei① 2005)注意到,现在人们往往把语码转换的研究与权力、权威、名望和性别等之类的概念联系起来,但他认为,我们更应该把语码转换视为一种会话活动。威廉姆斯(Williams 2005)根据这种观点分析了一个华裔家庭中母女间的分歧,女儿经常在粤语和英语两种语言之间转换。但是,当女儿的地位角色发生变化时,她使用的语言也随之改变:女儿成年后担当着家长的角色,经常给母亲提出各种忠告。在美国,居住在底特律的美籍华人形成了自己的社区,年长的社员更喜欢使用中文,而年轻的社员则更青睐英语,但威廉姆斯对华裔两代人所使用的话语进行分析后发现,他们双方为了缓和以及重构家庭成员之间的关系而经常使用自己更喜爱的语言。

　　语言管理的策略多种多样,这里仅介绍四种。第一种是控制好家庭的语言环境。第二种是把目标语的使用者带到家里来,例如,把来自母国的亲戚或来自居住国的家政人员带到家里来。第三种是为孩子安排一些经过挑选的会祖裔语言的同龄玩伴,例如,一位居住在新西兰的萨摩亚少女对我抱怨说,她母亲不让她邀请朋友到家里来玩,除非他们两个都答应在家只说萨摩亚语。第四种是控制好家中的收音机和电视机等发音家用电器,收音机和电视机在家里的使用取决于它们所播送的语言,同样,计算机在家里的使用也可能因语言管理的原因而受到限制。

　　家长为了加强家庭的语言管理活动,有时可能会寻求外部援助,常见方法有三种。第一,为儿童建立以语言为动机的玩伴群体,例如,新西兰毛利语复活机构创立的语言巢(Kōhanga Reo)②。第二,为儿童建立以语言为取向的独立学校(independent school)③,如新西兰因毛利语浸没教

---

① 此处应该是(Li 2005),为了与书后的参考文献对应,译本还是保持原先的夹注形式。本书作者可能误把 Wei 当作姓了。李嵬(Li Wei)是英籍华人,出生于中国北京,满族人。现为英国伦敦大学应用语言学教授、伯克贝克(Birkbeck)研究生院院长,英国社会科学院院士,英国皇家艺术学会会员。

② 英语译名为 language nest,是新西兰毛利人为了复活毛利语而制定的一种家庭语言计划,即通过家庭来培养和发展六岁以下儿童的毛利语言和文化水平(六岁以上就开始上小学了)。例如,家中成人用毛利语与儿童一起聊天、玩耍、祷告和学习。新西兰于1982建立了第一个语言巢,语言巢的成功激发了毛利人建立以毛利语为教学语言的小学和中学,此举得到了《1989年新西兰教育法》的支持。

③ 不依赖国家或地方政府的拨款,而依赖学费收入或捐赠而运作的学校。在美国和加拿大,独立学校是私立学校的同义词。独立学校可能从属于宗教机构,但是该术语更精确的用法则排除了教会学校或其他经济上依靠外部机构的学校。

育运动(Kura Kaupapa movement)而建立的毛利语浸没学校。第三,采取各种方法来影响政府及其管辖的机构。哈里斯(Harris 1998)认为,家庭外部环境比家庭内部环境还重要,于此,父母亲能对孩子构成的主要影响是为孩子选择恰当的语言环境,其中包括搬迁到有利于家庭语言政策的居住小区。例如,费什曼与我私下闲聊时曾经提到过,他是众多依地语活动者中的一员,大家都在纽约的同一条街上买了自己的房子,目的是指望大家可以相互影响,加强彼此的家庭语言管理。

那些试图想要控制家庭语言环境的人可能会采取以下各种措施。第一,做到在态度上说一不二,例如,"别让我再听见你说其他语言了!"第二,让家中某些新成员来决定家庭语言的使用,例如,"奶奶在家时你必须使用这种语言!"第三,限制某些语言使用的具体时间,例如,在孩子上床睡觉之前用这种语言给孩子念故事。第四,固定在某些特定的时间里使用某一语言,例如,过去,有些东正教犹太人家庭在安息日(Sabbath)聚餐时往往使用希伯来语。大家注意到,在上述措施中我们在分析语言管理时是从隐性到显性的顺序来进行的。这些显性的语言使用规定可以通过各种惩罚手段来得到执行。

与语言社会化的管理者一样(Bernstein 1991),家庭的语言管理者也可以采用显性指导与以下几个策略相结合的办法:第一,进行理性的原因解释,如"我要你说俄语,是因为俄语是一种文化内涵相当丰富的语言"。第二,利用权威来震慑孩子,如"你父亲要你说依地语"。第三,做些简单的声明,如"你要么说毛利语,要么闭嘴"。尽管科普利奥维奇(Kopeliovich 2006)发现了间接的语言管理方法能取得成功的证据,但是,由于缺乏对这些管理策略的详细研究,我们只能想象那些采用了这些语言管理策略并取得了相应成果的案例场景。

2.2.4 家庭语言的管理者

只要家庭内部出现了显性的语言管理,我们就能推断出,这种现象的产生是由于家庭中的语言管理者接受了某些来自外部的语言信仰或语言意识形态。这类现象最显著的例子是语言活动者,他们积极地参加各种语言复活运动,而这些语言复活运动都主张语言的改革始于家庭(详情见本书第10章)。另一个显著的例子则正好相反,即某些人鼓励家庭成员学习新语言和融入新文化。在毛利人当中,似乎存在着三种截然不同的语言观(Spolsky 2003a)。第一种是语言彻底同化观,这是新西兰非毛利人对毛利语的常见观点,现在这种观点也被许多毛利人后代所接受。新西兰毛利语发展部的一项调查(Te Puni Kokori 2002)表明,在非毛利人当中,有百分之十二的人认为新西兰人只能使用英语,在毛利人当中,有百分之十二的人对自己的毛利文化不感兴趣。这些毛利人中的同化派(assimilationist)指出,他们对毛利语的丧失抱着无所谓的态度,并把有关毛利人的任何冲突都归罪于一小部分始作俑者,因为是这些人怂恿毛利人对自己在新西兰社会的地位感到不满(Nairn and McCreanor 1991)。第二种是语言融合观,这是许多毛利人所持有的观点。融合派(amalgamationists)认为,民族的混合以及人口的融合最能体现新西兰人的身份,人口占多数的非毛利人应当适度地吸收一些毛利人的语言和文化(Ward 1995)。持有融合派观点的毛利人对自己孩子的语言选择可能保持中立态度,他们自己使用毛利语,但当孩子开始发生语言转用时,他们也不强烈地反对。新西兰毛利语发展部的一项调查(Te Puni Kokiri 2002)表明,新西兰有三分之二的毛利人可归类为"毛利文化发展者"(cultural developers),即乐意与其他各民族分享毛利语言和文化的人。第三种是共生观,即毛利人和非毛利人能够和睦相处,平等相待,但各自保留自己独特的社会文化机制和语言。在被调查者中,有大约五分之一的人(Te Puni Kokiri 2002)可归类为"唯毛利人"(Māori Only),他们认为毛利语言和文化应该是毛利人所独有的。这些分裂派(separatists)坚持毛利语的复活运动,并把毛利语,而且最好是适当地综合了每个毛利人部落方言的毛利语,看作是毛利人社区的活语言(living language)。尽管分裂派内部还存在着各种不同的思想,但在毛利语的复活方面他们的思想是一致的,他们在复活运动中通常都担任着某些重要的角色,并乐意建立"唯毛利语"作为教学语言的学校。

2.2.5 语言意识形态对家庭语言的影响

对语言忠诚(language loyalty)的研究表明,语言信仰影响家庭语言管理。由于该研究使用的是问卷调查法,因此研究后得出的详情不是针对个体描述的,而是面对群体概述的,但为了搞清楚影响家庭语言管理者的因素,这里似乎有必要对语言信仰进行解释。琉球人从琉球语(Ryukyuan)转向标准日语,这依赖于他们不断接受到的日语意识形态——把标准语言看作是"国家团结、现代化、进步和发展的象征"。琉球语活动者在与这种语言意识形态的斗争中通常是失败的(Heinrich 2004:162)。民族或语言复活运动及其语言意识形态共同构成了一个重要的影响家庭语言管理的外部因素。

民族国家也可能设法去改变公民在家庭内部的语言行为和语言信仰。在清朝,中国台湾的学者和政府官员都使用一种与当地语不一样的语言,所以,每当他们需要对没有受过教育的普通百姓说话时就得雇用翻译。在日据时代,中国台湾就遭受了多种不同语言意识形态的灌输。截至1945年,日语一直是台湾当地的强势语言(Sandel 2003)。1945年,中国国民党把国语以及欧洲"一个国家,一种语言"的思想带到台湾。桑德尔(Sandel)采访了25位台湾人,他们都是双语使用者,即懂得国语以及当地早些时候所使用的一种汉语变体——闽南话。许多台湾老人回忆说,他们曾经因使用了自己的家庭语言而受到日本占领者的惩罚。尽管事过境迁,但是这些曾遭受过日据时代教育政策之苦的家长都决定要把自家孩子的国语教好,所以,现在许多年轻的一代都是单语使用者,他们只会说国语。不过,现在也有些家长用当地语言与孩子进行交流。在台湾,有些居住在农村的人往往是几代同堂,这些人认为儿童即使不接受正规的学校教育也能学会国语和当地语言。城市里的父母认为儿童整天看电视,这阻碍了儿童国语的全面发展,而农村里的父母则把电视看作是帮助儿童学习国语的有力工具。

犹太复国主义先驱者的语言意识形态致使他们愿意鼓励自己的孩子放弃大人们以前所使用过的依地语,而转用再度本土化的希伯来语(revernacularized Hebrew),而且这些先驱者们选择希伯来语作为他们身份体现的新方式(Spolsky 1991b)。对于众多先驱者来说,犹太复国主义思想胜过一切,他们居住在东欧,却举家迁居到奥斯曼帝国(Ottoman)①控

---

① 又译奥托曼帝国,为突厥人所建立的一个帝国,创立者为奥斯曼一世。奥斯曼人初居中亚,建立塞尔柱帝国(Seljuq Empire),并奉伊斯兰教为国教,后迁至小亚细亚,日渐兴盛。极盛时势力达欧亚非三大洲,有南欧、巴尔干半岛、中东及北非之大部分领土,西达直布罗陀海峡,东抵里海及波斯湾,北及奥地利和斯洛文尼亚,南及苏丹与也门。奥斯曼帝国位处东西文明交汇处,并掌握东西文明的陆上交通线达六个世纪之久。奥斯曼帝国于19世纪初趋于没落,并最终于第一次世界大战里败于协约国之手,奥斯曼帝国因而分裂。今土耳其国父凯末尔领导起义立国,更改国号为土耳其,奥斯曼帝国至此灭亡。

制下的巴勒斯坦,并在那里新开垦的农业社区中从事生产劳动。曼德尔(Mandel 1993)认为,犹太复国主义的语言意识形态也早于本·耶胡达的希伯来语复活运动。这些先驱者们选择一门新的交际语言的最初动机是为了儿童,但后来则是为了自己。他们最基本的语言意识形态是,拒绝选择任何对他们具有负面联想的语言。作为犹太复国主义者,他们拒绝选择俄语,因为19世纪末比他们更具有国际主义思想的同时代人都选择过俄语;他们拒绝选择德语,因为有些从事科学研究的犹太同胞为了接受教育而西迁至德国后都学习过德语;他们拒绝选择土耳其语,因为这是他们新统治者(即奥斯曼帝国)的语言;他们拒绝选择阿拉伯语,因为他们发现居住在巴勒斯坦的人们使用该语言;他们拒绝选择依地语,因为该语言要么与某个传统的小城镇有关系,要么已经被具有外来文化特点的犹太民族主义者所使用过。这些先驱者们考虑到他们在各自小乡村所建立的学校有可能受到外来因素的影响,于是,就鼓励教师用书面希伯来语(literary Hebrew)或宗教希伯来语(religious Hebrew)教学,尽管这些教师熟谙这门传统的书面或宗教希伯来语的知识,但他们对该语言的使用并不流畅。由于多数犹太人都精通书面希伯来语,以及由于犹太人(不管男女)日常使用的依地语含有非常丰富的希伯来语词汇(Glinert 1987),所以,那些具有强烈语言意识形态的家庭都渴望自己的孩子在家里和学校开始使用这种新的语言——希伯来语。

　　同样的激情也出现在一些从事语言复活运动的其他人群中,但他们却没有同样的意愿,即要把复活的语言带回家。人们发现,犹太复国主义先驱者的下一代人对希伯来语使用的语言意识形态更加强烈,第二批以色列犹太复国主义移民(the Second Aliyah)①在20世纪初建立了以色列的第一批基布兹(kibbutzim)②。这一群体在他们的生命当中进行了甚

---

　　① Aliyah是希伯来语单词,意思是以色列移民。第一批以色列犹太复国主义移民(The First Aliyah),是指1882—1903年期间主要来自东欧和也门的以色列移民。第二批以色列犹太复国主义移民,是指1904—1914年期间主要来自俄帝国和也门的以色列移民。

　　② 希伯来语的音译,意思为聚集或团体。这是一种建立在全体所有制基础上的以色列集体社区,拥有较大的自治权。以色列全国有200多个大小不等的基布兹,最早的成立于1909年。目前,基布兹成员约占以色列总人口的百分之二。任何以色列公民都可以申请加入基布兹,但前提条件是把自己的全部私有财产充公,并需要经过两年的考察期。基布兹有一套非常独特的教育体系,学习课程广泛而实用,扎实的专业知识加上良好的心理素质,使不少基布兹学生成了国家栋梁,据说,以色列百分之七十的飞行员来自基布兹。此外,基布兹在以色列国的创建中也扮演着重要的角色。

至更加激进的变革。他们实际上淡化了家庭域,把所有的个人财产都归属于社区,所有的社区成员在劳动过程中都可以平等地共享这些财产。所有的人都致力于希伯来语的推广,并赞同一个通用原则:在所有公共场合,大家都必须使用希伯来语。这个原则至今在以色列的许多社区都得到广泛应用,人们仅在私下里使用祖裔语言。事实上,在基布兹里,生活的各个方面几乎都是公共的。在餐厅、浴室,甚至在早期阶段的卧室(里面还可以居住第三者)都没有任何隐私。最关键的是,所有的儿童都住在儿童之家。顾名思义,儿童之家是一个公共场所,儿童在那都只能使用希伯来语。对于夫妻而言,只有当他们独处时才可能使用本族语,用该语言才能使他们获得更大程度的私密空间的感觉。但只要儿童进入了父母的房间,不管父母在使用什么语言,往往都会转用希伯来语。

在此,我们把语言管理的空间从核心家庭转移到生活社区,旨在表明语言管理需要来自方方面面的支持。诚然,大家转用希伯来语并不是以色列基布兹发展的唯一动机。最初,建立社区食堂和儿童之家只是出于方便大家的目的,而根本没有解放妇女以便她们能够参加其他工作的意识形态,但这些事情说明了语言环境的控制是何等重要。当父母亲认识到维持或转用某一具体语言的重要性后,他们就会支持这方面的工作。

正如卡尔韦(Calvet 1998)所指出的那样,自愿的语言同化思想比被迫的语言同化思想通常更加有力。这往往是受到一种强烈的语言信仰的影响,即认为一个人只有通过提高家庭外部的强势语言的水平才能取得较大的经济成功。至于移民语言或少数民族语言,其使用者在寻找工作的时候往往都会因为他们不懂强势语而会受到严重的阻碍。里斯(Riis 1971:113)撰写了不少有关 19 世纪 80 年代居住在纽约经济公寓的移民的报道,这些报道描述的移民故事扣人心弦,文章再配上这些人表情僵硬的生活照后更是令人深思。里斯经常关注生活在美国却不懂英语的移民所遇到的问题,这些人"贫困交加,没有歌声,只有咒骂声,他们诅咒压迫他们的人。他们感到孤独无望,对于我们的语言和法律他们一无所知"。这再次提醒大家,我们有必要跳出语言视角来看语言问题。

意识形态是道德判断的最终体现。权威被界定为合法权力的表达,但我们如何来决定权力的合法性呢?施威德(Shweder 1990)认为,有三种不同的道德伦理可以帮助我们做出决定。第一种是"自治伦理"(ethic of autonomy),它用于保护个体。第二种是"社区伦理"(ethic of community),它用于"保护'社会'或'社区'中各个岗位或各个角色的道德完善,

'社会'或'社区'被看作是综合了自己的身份、地位、历史和名声的结合体。"第三种是"宗教伦理"(ethic of divinity),它用于"保护人类主体(human agent)的灵魂、精神以及与精神有关的方方面面,同时,还保护人性免遭堕落"(Shweder et al. 1997:138)。

探索语言意识形态与语言管理之间的关系是非常有用的。首先,它明确地支持结构语言学家所强调的"让语言自我发展"的哲学观,并且,对管理别人语言的行为提出挑战。第二,对于语言管理,我们可以采用组织化群体(organized groups)的方法,不管是什么层面的组织化群体都行,并说明语言管理是为了群体的利益而开展的。第三,我们能发现语言管理不仅存在于宗教域,而且也存在于许多语言传统派的心中,要求语言纯洁是他们的共同心愿,而且他们把语言的纯洁比喻为人体的纯洁。

2.2.6 家庭语言选择的模式

假如我们把家庭的语言政策和语言管理看作是一件有关语言选择的事情,那么我们就有可能把斯波斯基和库帕(Spolsky and Cooper 1991)为分析标识语言(language of signs)而提出的"条件模式"(conditions model)①应用于家庭。该模式理论有一套相对简单的条件或规则构成,它能用来解释标识语言中所出现的大多数情况。对于家庭来说,该模式理论的第一条规则是家长要选择自己懂得的语言作为家庭语言。倘若家庭成员都是同一种语言的单语使用者,那么这样的家庭就不存在任何语言选择的问题。但是,如果这种家庭出现了以下任何一种现象,那就存在语言选择的问题了。这些现象可以是家中有一位成员在学习一门第二语言,还可以是家庭正在利用一些外部语言资源,例如,家中有人参加语言培训班、上学就读和游览母国(如许多居住在新西兰的萨摩亚裔父母亲在每年的暑假都会把自己说英语的孩子送回萨摩亚,以便他们在那可以学习萨摩亚语)。假如家长选择一种自己不怎么熟悉的语言作为家庭语言,那是不明智的选择,但这种现象时有发生。例如,有些移民父母对居住国的语言还不熟练,选择这种家庭语言模式只会给儿童带来一个有限的语言环境,同时,这也限制了儿童的语言使用。

如果家庭语言存在选择的机会,由此而导致的语言管理现象可能就

---

① 详见本书第5章"5.2.1 早期研究"的后半部分内容。

会五花八门,但其最终的判断和决定还是取决于人们的价值观。在权威人物说了算的家庭里,大家可能都顺从家中权威人物的意愿,这个人也就成了家中的语言管理者。但在移民家庭,由于第一代人的社会地位普遍较低,而异国的新环境又使其儿童有机会支配自己的语言选择,于是,这种家庭的语言管理就更加复杂了。家长个人的地位与语言本身的地位是相关的,它们之间的关系可能是加强或冲突的关系。语言意识形态的强弱通常反映出该语言在广大语言社区中地位的高低。一般而言,标准语、书面语和宗教语都比地方语、口头语和方言具有更大的优势,最起码在那些追求社会名望和经济成功人士的心中是这样想的。同样,国语或官方语比地方语也具有更大的魅力。尤其自法、德提倡"一个国家,一种语言"的概念开始在世界各地广为流传后,以及在当今的全球化社会中,上述现象变得越加普遍。而且,家庭以外的众多因素以及影响力极大的媒体(如电视、电脑)也都支持这种现象。这一切因素都加大了家庭语言管理的难度。

家庭成为我们探索语言管理本质的第一个关注点。尽管家庭语言管理并非不可避免,但许多家庭的语言问题还是凸显无遗,家庭语言管理者都试图改变家庭其他成员的语言实践和语言信仰。然而,家庭并不是一个封闭的单位,它的语言实践和语言信仰受到家庭成员的同龄人、学校、周边环境等其他外部因素的影响。当这些外部因素事实上成了社会某部门所发起的语言管理活动时(如国家政府所发动的国语推广活动),家庭内部所出现的语言现象就能反映出外部因素对家庭语言的影响。假如我们想要判断毛利语或爱尔兰语复活运动是否成功时,只要看以下两点即可:社会上有多少家庭的父母亲相互之间是用这种语言交流的,尤其是有多少家长是用该语言与自己的孩子交流的。

显然,家庭内部因素对于家庭语言管理是至关重要的,这也是合乎情理的。家庭内部因素包括家庭成员之间的关系、相互之间的尊重以及家庭某位成员所获得的权威等。但是这些因素仅能解释部分现象。坦南鲍姆和豪伊(Tannenbaum and Howie 2002)对澳大利亚华裔移民家庭的研究发现,当儿童认识到自己的家庭是当地社会的一部分,但处于较低的社会阶层时,他们就更有可能使用父母亲所使用的移民语言。同时,在某些家庭中,他们的许多语言实践和语言信仰都是由于受到家庭外部语言管理的影响而出现的。

本章对家庭语言管理或家庭域语言管理的研究，有力地支持了本书所提出的语言管理模式。本章论证了语言实践、语言信仰或语言意识形态以及语言管理活动的常规范式，但尚未涉及家庭域中各种参与者的相对影响，因为这需要在各种文化背景中得到实证性的检验。本章进一步证实了家庭外部影响因素对家庭域的重要性：在多数情况下，家庭是不可能作为一个封闭的社会单元而存在的，它应该是众多外部压力的集中体现。根据我们在本章中从家庭域对语言管理的分析和理解，我们可以重新评价语言管理理论。

2.3 语言管理理论的首次修改

家庭域中组织化语言管理始于家庭成员中的权威人物（通常是父亲或母亲），他们会对其他家庭成员（通常是孩子，但也可能是配偶或初来乍到的亲属）所表现出的不妥语言行为或欠佳语言水平进行纠正，规劝他们改正自己的语言实践。家庭语言管理者的这些行为基础是一个普通的语言信仰——父母有责任提高孩子的语言能力，此外，他们的这些行为还要依赖人们赋予各种语言、语言变体或语言变项的价值观。而这些价值观（如民族感、身份感以及崇尚语言纯洁的语言信仰）很可能都是逐一地来自家庭域之外的经验感悟。由于家庭域中的参与者会从家庭之外获得某些经验感悟，所以，他们会把新的语言实践和语言信仰带回家庭。例如，儿童的同龄群体（peer group），即在家庭之外一起玩耍的儿童伙伴，在进入少年之后，他们之间的语言实践和语言信仰的相互影响将与日俱增。在那之后，学校将是影响儿童语言的另一个主要场域。可见，域内压力往往要受到域外压力的挑战，因此，逐个分析所有的语言域是有价值的，因为每个语言域通常都要受到更大范围的社会语言生态的影响。就像任何人都不是一个孤岛一样，任何家庭也都不会是一个封闭的社会语言单位。

第 3 章　宗教域的语言管理

3.1　引论

在选择下一个要探讨的语言管理域时,我们有若干个候选对象。例如,居住小区就有许多值得研究的内容:人们在路上与人打招呼时所选择的语言;当地商店所使用的语言(详见本书第 5 章);路标语言以及公共场所使用的其他语言(详见本书第 6 章);同龄群体或同龄伙伴(Labov 1973)、大家庭乃至居住小区(Milroy 1980)所使用的语言模式。不过,我倒更愿意先研究宗教域的语言管理,因为 20 世纪的西方学术界世俗化(secularization)[①],从而忽视了宗教这一领域。

20 世纪,全球最引人注目的语言管理行为之一是第二次梵蒂冈大公会决定教堂今后停用传统的拉丁语而改用当地语言做弥撒。今天,阿拉伯语之所以能够被广泛使用,在一定程度上是因为穆斯林坚持在所有的伊斯兰教仪式上都使用阿拉伯语。希伯来语在人们不再把它作为一种地方语言来使用后的两千年中[②]能够继续保存下来,靠的是人们一直把它

[①]　译本中的"世俗"一词都用来表示"非宗教"的含义,属于中性词汇,如本书后面将出现的"世俗世界""世俗协会""世俗牧师""世俗语言""世俗犹太人"等。"世俗化"是西方宗教社会学提出来的理论概念,主要用来形容在现代社会发生的一种变化,即宗教逐渐由在现实生活中无处不在的地位和深远影响退缩到一个相对独立的宗教领域里,政治、经济、文化等层面逐渐去除宗教色彩。

[②]　公元前 70 年,耶路撒冷的圣殿被罗马帝国烧毁,犹太人被逐出家园流落世界各地,他们只好学习和使用寄居国的语言,致使希伯来语作为口语逐渐消失,但希伯来语作为犹太教的语言,其使用一直没有断,两千多年后,即 1948 年,以色列建国,希伯来语作为一种世俗语言才得以复活。

作为一种祷告语言(language of prayer)和宗教语言来使用的行为。在大部分非洲以及世界的其他地方,当今的社会语言状况在很大程度上都归功于当初的传教士所做出的任意决定——为了翻译《圣经》而随便选择一些当地方言进行标准化。所有这些现象都表明,宗教及宗教机构均在语言管理中扮演着重要的角色。

宗教机构有可能成为语言冲突的焦点。在 19 世纪和 20 世纪,犹太教①改革派(Reform Judaism)和正统派(Orthodox Judaism)之间争论的问题之一是祷告语言。第二次梵蒂冈大公会决定教堂改用当地语为弥撒语,这一行为招致一些人因当地语的选择而产生分歧,同时,也导致了一些人为了维持拉丁语而发起运动。相关工作人员把拉丁语版的弥撒内容翻译成英语新版本,这项工作于 2008 年 1 月基本结束,但随之而来的是人们对译本中有关神学和文体的争辩。大约也就在同一时间,教皇本笃十六世(Pope Benedict XVI)②向大主教表示,他支持众多教徒要求恢复拉丁语做弥撒的愿望。在离印度首都新德里 2200 公里的南部有一个古城,名叫佳卡里(Jakkalli),归属印度卡纳塔克邦(Karnataka State)③。2006 年底,就在该城的一个教区里,泰米尔语和卡纳达语(Kannada)支持者之间因宗教语言的选择问题产生了分歧,最后双方诉诸法庭,结果是警察暂时取消了该教区的宗教仪式(《天亚社④》,2007 年 1 月 18 日)。

人们对语言与宗教之间相互关系的研究是最近才开始的(Spolsky 2003b),对宗教语言政策的研究更是如此。因此,本章的研究也只能是探索性的,探索宗教域的语言实践和语言信仰,并探索宗教机构和宗教领

---

① 由于在遵守方式和程度方面的差异,现今的犹太教主要有三大派系:正统派、保守派(Conservative Judaism)及改革派。正统派犹太教,也称"妥拉犹太教"(Torah Judaism)和"传统犹太教"(traditional Judaism),是犹太教中最大的群体,是以色列的国定宗教。正统派内又分三个支派:极端正统派(或海来第派)、现代正统派和哈西德派。正统派认为唯有自己的一派才是犹太教,他们坚称律法是上帝在西乃山(Mount Sinai)的启示,律法是神圣的,享有绝对权威,他们拒绝犹太教的任何变革。犹太教保守派是犹太教中介于正统派和改革派之间的温和派,其前身是德国的犹太教历史学派。犹太教改革派认为信仰须与时俱进,真理须由经验与理论而得,而非从律法书而来。其宗教运动表现为高度自主,不存在任何权威。

② 本笃十六世(1927—),第 265 任天主教教皇,2005 年被选为教皇,2013 年宣布因身体原因而辞去教皇一职,是 600 多年来首位主动退位的教皇。就任教皇前,他是德国籍枢机,是两位并非由约翰·保罗二世册封而又有教皇选举权的枢机之一。他是第八位德国籍教皇,能讲十种语言。

③ 位于印度西南部的一个邦,首府为班加罗尔。该邦的官方语言是卡纳达语。

④ 天主教亚洲通讯社(Union of Catholic Asian News)的简称,1979 年成立于中国香港。

导为了改变其教徒及其他人的语言实践和语言信仰是如何获得和行使权威的。正如其他域的语言管理一样,宗教域的语言管理过程也具有两面性:一方面,其语言管理可能是清晰可见的,如制定了有关语言选择和语言使用的规则,另一方面,其实际的语言管理也许是模糊不清的,如在宗教仪式中只使用一种语言的做法已成了一条固定的政策路线。

在当今世界的许多地方,宗教依然是一股重要的社会力量。从语言管理的角度来看,宗教机构是家庭之外的第一社会结构,其语言管理的目的就是为了影响教徒的语言使用。在西欧,各国也许正在从长期以来的世俗化行动中走出来,因为它们现在要着手管理有些新移民所带来的原教旨主义(fundamentalism)行为。在苏联,宗教不再受到任何限制。在大多数阿拉伯国家,从定义上说,它们都是伊斯兰教国家。这些国家的宪法上都有一条同样的内容——伊斯兰教是国家宗教,阿拉伯语是国家语言。在曾经把宗教和国家分离开处理的民主国家,它们现在又面临着新的宗教运动的挑战,即为维护宗教在道德和伦理选择方面的权威而采取的各种行动。对于许多移民来说,基督教堂、清真寺、犹太教堂(synagogue)[①]仍然是帮助移民保护他们祖裔语言的主要场所。

接着,我们应该探究宗教机构及其领导是如何影响或试图影响教徒的语言实践和语言信仰的,这一点很重要。在本章中,我将首先探讨一些与主要宗教有关的语言政策、语言信仰和语言管理行为,然后尽量从中找到一些有关宗教语言管理的基本原则。在此,我们要搞清两个问题。第一,家庭语言管理者期望从宗教和宗教组织中获得什么样的帮助或影响?第二,宗教语言管理者在改变信徒的语言实践和语言信仰方面期待获得什么样的成功?为此,尽管未必深刻,但我还是想对以下两个领域进行研究。一个是宗教是如何影响政治的?另一个是政府是如何控制宗教语言的?

---

① 或称犹太会堂,一般由一个主要的祈祷房间和另外几个比较小的研究和学习犹太教经典《塔木德经》的房间组成。一般犹太教堂有两位领导:一位是大家公选出来维持教堂事务的主席,另一位是由主席选定的负责宗教事务的拉比,但有的教堂没有拉比。传统的犹太教徒每天早晨、下午、傍晚要祈祷三次,在安息日和其他犹太教节日还要举行大型集体祈祷,根据不同的祈祷人分散在不同的房间,如儿童在一起,少年在一起,同一家庭在一起等,但现代比较开明的犹太教堂也改革为每星期只祈祷一次或两次。许多犹太人并不去教堂,只是陪同几个固定的同伴在一个固定的房间内祈祷,也有在繁忙的商业公司工作的人自己祈祷。犹太教堂不仅为了祈祷,还用于公共活动、成人和学龄儿童的教育等。

如同上一章探索家庭域的语言管理一样,我们在研究宗教域的语言管理时也必须小心谨慎,避免过度概括(over-generalization)。费什曼(Fishman 1972)曾经警告说,我们需要从实证的角度结合每一个语言社区的具体情况来理解语言域。在接受了该警告后,本章在谈到犹太教、基督教、伊斯兰教和其他宗教时,都明确淡化了这些宗教本身间的众多差异,同时,也不把关注点放在一个个的犹太教堂、基督教堂或清真寺上。我们要做的是想方设法寻觅到宗教域中一些常见的语言管理模式,这是一件充满诱惑的事情。

3.2 犹太教的语言管理

我之所以从犹太教的语言政策和语言管理开始,是因为我对犹太教最熟悉,以及因为犹太教具有很长的记载史,尽管人们对其中不少内容如同对大多数历史社会语言学(historical sociolinguistics)一样尚存分歧。由于我出生在新西兰一个严守教规的犹太人(observant Jews)[①]家庭里,而且,在我儿时的记忆中新西兰显然是一个单语现象极度盛行的国家,所以,我现在还记得自己第一次听到有关其他语言生存状况介绍的情景:那是关于希伯来语的介绍,该语言是我家人以及我所居住城市中一座犹太教堂用于祷告的语言。后来我才知道希伯来语可以用于宗教域之外的地方,而且我也了解到一些有关其他语言生存状态的情况。随着三千多年来犹太人社会语言状况的变迁,希伯来语作为一门记载宗教文本的语言和祷告语言,其使用除了偶尔有些变化外一直保持原样。

尽管人们对于犹太语言(Jewish languages)[②]的某些细节问题向来存在一些分歧,但犹太语言的使用状况可归结如下:虽然犹大王国(Judah)[③]

[①] 指犹太教中的正统派犹太人,因为他们严格恪守传统信仰和礼俗,拒绝犹太教的任何变革。

[②] 指世界各地犹太人社区中所形成和使用的各种语言和方言,例如,希伯来语、依地语、拉地诺语和犹太希腊语等。

[③] 古代巴勒斯坦南部一王国,犹大部落的属地,所罗门王统治后期(约公元前930年),它从以色列分立出来,另建王国,称朱迪亚(Judaea)。

有少数外交官和大臣掌握了阿拉米语(Aramaic)——古代西亚和近东地区主要的帝国语言和贸易语言,但是直到公元前7世纪巴比伦人(Babylonian)被放逐时,犹大王国的通用语一直是希伯来语。在巴比伦人第一次被放逐期间,巴比伦王国和被占领的犹大王国开始出现了越来越多的社会多语现象,而社会多语现象又带动了越来越多的个人多语现象。据称,70年后,当这些被放逐的巴比伦人返回故乡时,他们需要把公共场合诵读希伯来语版本的宗教经文翻译成阿拉米语才能听懂。尽管现在的人对于阿拉米语的了解非常有限,但是以色列的也门犹太人(Yemenite)①在犹太教堂里依然保持把希伯来语版本的宗教经文翻译成阿拉米语的做法。经过几个世纪的发展,阿拉米语不仅成了巴比伦王国和犹大王国的一种外来帝国语言和法律合同上的惯用语言,而且,还成了当地人使用的语言,尤其是,生活在跟非犹太人有密切联系的地区的人们使用阿拉米语的机会更多。希伯来语和阿拉米语中都渗透了不少希腊语元素,首先是因为在巴勒斯坦各地兴建城市的定居者都使用希腊语,其次是因为希腊语是希腊和东罗马帝国政府及其傀儡政府所使用的语言。经过千年的发展后,即在耶稣时期,或者说,在犹太人第二圣殿(Second Temple)②时期被毁前不久,巴勒斯坦似乎已经出现了三语现象(triglossic),每一种语言都是该国某些地方的强势语言,它们各自分工不同。对于犹太人来说,阿拉米语用于日常生活,希腊语用于跟政府打交道,希伯来语用于宗教生活(Spolsky 1983)。

犹太人从巴勒斯坦被驱逐后,散居在世界各地,并在这些地方形成了自己的社区,创建了一种新的多语模式:第一,他们结合当地语言逐渐形成了希伯来语的各种变体(Rabin 1981),例如,犹太希腊语(Judeo-Greek)③、犹太阿拉米语(Judeo-Aramaic)、犹太法语(Judeo-French)、依地语、拉地

---

① 英语也叫 Yemenite Jews,是指自己或自己的祖先曾经在也门居住过的犹太人。以色列建国后的1949年至1950年,大部分的也门犹太人都迁回以色列居住。这些人的宗教传统与其他地方的犹太人的宗教传统有些不同。

② 也译第二神殿。位于耶路撒冷的第一圣殿由于犹太人的战败于公元前586年被新巴比伦所毁,后新巴比伦又被波斯帝国所灭。后来,波斯人允许犹太人在第一圣殿的原址上重建圣殿,公元前515年圣殿建成,即第二圣殿。公元70年,犹太人与罗马帝国发生战争,罗马帝国攻陷耶路撒冷,毁掉了第二圣殿,并把圣殿里的圣物掳往罗马。

③ 英语表达为 Judeo-Greek 或 Yevanic language,这是居住在希腊的犹太人所使用的一种希腊语方言(Romaniotes)中的一种次方言。

诺语(Ladino)①和犹太威尼斯语(Judeo-Venetian)。他们发展这些语言变体的目的是为了在本社区的内部交流。第二,他们也学习当地语言,以便可以与当地的非犹太人沟通,但他们对当地语言的掌握程度则取决于他们在当地人社区被接受的程度。第三,他们还保持使用希伯来语,但其中夹杂着《塔木德经》中常用的阿拉米语元素。他们起初是把希伯来语作为宗教活动(特别是祷告和经文学习)中所使用的一种语言,后来还把希伯来语看作是人们日常读写交流所使用的一种语言。这种多语模式或强或弱地持续到西欧在18世纪开始的启蒙运动和解放运动时期,但期间由于犹太人经常从一个国家被驱赶到另一个国家,或者是由于他们出于经济和安全因素的考虑而主动选择移居海外,这些行为经常给他们的社区带来语言上的变化,再加上寄居国语言(co-territorial language)的长期影响,所以犹太人所使用的语言出现了许多微小的变异。后来,这些限制犹太人公民自由的外部障碍被取消后,随之而来的是他们所使用的语言也发生了一些变化。例如,当德国犹太人聚集区(ghetto)的大门被打开后,有些犹太人就不用依地语了,而转用标准德语。同时,还有些人提议,用德语取代希伯来语在宗教活动中的地位。直到许多德国犹太人移居美国以后,这种提议还一直存在。在移居美国的犹太人当中,他们许多人都已经在上述三个领域(即社区内部、社区外部和宗教)转用英语。同时,在以色列,希伯来语的成功复活导致了早些时候犹太人所持有的个人多语现象的断代,复活后的希伯来语取代了以色列的各种移民语言,其中包括一些最传统的犹太语言(Spolsky and Shohamy 1999)。

关于犹太语言的概述就此打住,接下来我们将探索犹太教对犹太语言模式的具体影响,并分析犹太教机构及其代理机构所进行的语言管理行为。在此,我们的首要任务是明白犹太宗教机构的概念和性质。最早对犹太律法中有关语言选择的规定进行研究的人是格里纳特(Glinert 1991),他的研究首先从解释犹太教的典范律法《哈拉哈》(*Halakhah*)②开始。像许多其他宗教的律法系统一样,该律法不但包含了有关民事和

---

① 属于罗曼语族,主要源自于西班牙语及希伯来语。拉地诺语对西班牙语的关系就相当于依地语对德语的关系。说拉地诺语的人几乎都是塞法迪犹太人或西系犹太人(Sephardi),他们居住在或来自于希腊的塞萨洛尼基和土耳其的伊斯坦布尔一带。

② 又译《哈拉卡》,是犹太教口传律法的统称,其内容包括所有《米书拿》与《革马拉》里的律法、规章以及与它们相关的一切判例和参考意见。

刑事的内容,而且还论述了人与上帝的关系,并声称其根基是建立在"绝对的、不容置疑的以及不受理性挑战的原则上"。同时,该律法又与众不同,因为当以色列古国在失去政治自治和中央集权后就不再有执法的权威机构,犹太律法也就成了"一件私事,只能靠严守教规的犹太人及其良心来维持"。在该律法各个不同的发展阶段中,严守教规的犹太人都一如既往地学习和讨论该律法。对于他们来说,学习犹太律法是一种宗教责任,所以,《哈拉哈》得到不断的发展,其影响也越来越大。尽管大家任何时候对该律法的总体看法是一致的,但在某些细节方面可能还存在着差异。例如,在理论和实践方面,一个严守教规的犹太人不但会选择与自己一起祷告的信徒,而且还会选择犹太教教士拉比(rabbi)①,以便尊重他们的管理。由于没有一个管理犹太律法的中央权威机构,犹太教中的拉比就显得非常重要,但每个拉比得到的尊重程度是不一样的,而且,每个拉比只能管理自己的追随者。在现代社会,严守教规的犹太人不多。

　　格里纳特(Glinert 1991)追述了《哈拉哈》中各种有关宗教语言选择的观点以及不断变化的管理行为。《塔木德经》则记载了犹太人早期阶段的语言管理状况。总体而言,《塔木德经》希望信徒用希伯来语做祷告,但也不排除其他语言的使用。例如,在古希腊和古罗马统治时期,《塔木德经》允许信徒在特定的场合用希腊语做祷告,对阿拉米语则持模棱两可的态度,但同意某些特定的祷告者和文书(如结婚合同和离婚协议)能够或应该使用阿拉米语。《塔木德经》对于犹太教徒学习希腊语的态度是前后不一的,时而把希腊语限制为政府语言和通信语言,时而把希腊语看作是女孩为装饰自己而学习的一种语言以及看作是一种可以用于祷告的语言。

　　格里纳特(Glinert 1991)注意到,《米书拿》(*Mishnah*)②对什么内容必须用宗教语言(the Holy Tongue)来表达以及什么内容可以用其他语言来表达都进行了具体的描述。宗教语言包括在某些特定宗教仪式上使用的一些仪式语言。例如,格里纳特描述了犹太人有关结婚仪式上使用

---

　　① 犹太人中的一个特别阶层,主要为有学问的学者,是老师,也是智者的象征。犹太人的拉比社会功能广泛,尤其在宗教中扮演重要角色,为许多犹太教仪式中的主持(有点像基督教中的牧师),并经常与常人接触,解答他们的疑惑。因此,拉比的社会地位十分尊崇,连君王也经常邀请拉比进宫教导。在犹太人的经典《塔木德经》中,就经常提及拉比的事迹。

　　② 又译为《密西拿》,是犹太教法典之一,将犹太教口传传统(oral tradition)和口传妥拉(oral Torah)书面化后集结而成,其编辑工作始于公元220年左右。

何种语言的辩论,是使用只有部分出席者理解的希伯来语?还是使用让所有出席者都理解的其他语言?因为有些出席者,特别是妇女,不一定懂希伯来语。格里纳特描述的另一个辩论话题是犹太人结婚仪式上是否可以借用一些"外国形式"(如仪式上说誓言和誓词),这个话题辩论了几个世纪,但仍无定论。在每一个案例中,格里纳特列举的权威人物都是犹太教拉比,这些人对上述辩论话题所发表的观点都会被记录下来,它们要么被编辑为《塔木德经》之类的经文和经文评注,要么被编辑为《回应经文》(responsa)——中世纪及以后的年代里每个犹太教拉比对信徒们提出的具体问题所做出的回答。这些特定的犹太教拉比所说的话就构成了《哈拉哈》的部分内容,那么这些人也就成了犹太教领域的语言管理者。犹太教中这些最早的语言管理案例使我们了解到,犹太教领域的语言管理一直没有或不曾有过统一的格式。

一般来说,但也不排除一些例外现象,希伯来语是犹太教信徒们在各种仪式上和祷告时所选择的常规语言。每周一次的《妥拉》(*Torah*)即《摩西五经》(*Five Books of Moses*),以及其他宗教经文的例行阅读活动都是犹太教常规活动的一部分,而且这些活动通常都是用希伯来语来进行的。不过,曾经有一段时间是这样操作的,那就是先用希伯来语,然后逐句翻译成阿拉米语。大多数犹太教祷文不管是在公共场合还是在私人空间的礼拜仪式上,都用希伯来语进行。但有一个主要的例外现象是珈底什(kaddish)①,它是用阿拉米语来进行的。珈底什标志着该宗教仪式有些与众不同,它作为哀悼者的祷文起着一种特殊的作用(Wieselter 1998)。对海外的犹太人来说,当他们在为居住国的国王或当地首领祷告时,往往是用寄居国语言进行的。犹太教的布道与大多数其他宗教的布道没有什么不同,其布道语言通常是信徒聚集所在地的语言。

在不同的时期,总有一些犹太人社区使用第二次梵蒂冈大公会早期规定的有关语言使用的方法——转用当地语言。在斐洛(Philo)②时代,亚历山大似乎就出现过这种现象。德国宗教改革运动中也采用了这种语

---

① 犹太教每日做礼拜时或为死者祈祷时诵读的赞美诗或祈祷文,其中包括感恩和赞美,结尾是祈求世界和平。

② 全称为斐洛·尤迪厄斯(Philo Judaeus),生平时间为公元前15年到公元50年,是亚历山大的犹太哲学家,他以用希腊语注解《摩西五经》而著称。

言使用方法,后来美国也是如此。但最近,自从以色列建国以来,犹太教改革派在其礼拜仪式上似乎越来越多地使用希伯来语。

尽管犹太人在宗教仪式以及公共场合的礼拜上更偏向于使用希伯来语,但人们通常乐意接受把宗教经文翻译成社区当地语言的做法,并认为各个级别的宗教经文的教学都可以用当地语言来进行。当时把宗教经文译成阿拉米语是出于实用的目的,现在人们为了更好地理解当初保存下来的宗教经文而经常研究这些阿拉米语译文。当《希伯来圣经》(*Hebrew Bible*)①被翻译成希腊语时,当时的犹太教机构对此欣喜不已,认为七十名学者共同翻译《希伯来圣经》却能达成风格显然一致的译文,这是一个奇迹。但几个世纪以后,犹太教机构对该译本的效果越来越不满意,因为译文使信徒不需要教师(或拉比)也能理解宗教经文,而且译文把译者的单独解释看成是神圣不可侵犯的。于是,犹太教机构宣布该译本的周年庆日为斋戒日。但通常,犹太教还是认可翻译的价值——翻译能使信徒有更多的渠道接触宗教经文,不过,同时原文必须得到保留和认可,而且,原文的传统解释应该是最终的权威性解释。

希伯来语作为宗教经文语言以及日常礼拜语言,其所承载的宗教地位要求其语言管理在以下方面取得重大成果,即有必要确保儿童像习得自己的家庭语言一样来习得希伯来语。所以,《塔木德经》指出,男孩长到五岁时,父亲就应该开始教他希伯来语,因为许多家庭当时都不说希伯来语。实际上,许多父亲为了能让他们的儿子在学校学习希伯来语而共同建立了学校。后来,《哈拉哈》指出,居住在城镇的犹太人可以要求其他犹太人来支持这种学校的发展。莱比锡—玛赫佐尔(The Leipzig Mahzor)是犹太教中的一种祷告书(prayer book),里面有一张有关吸引男童学习希伯来语的仪式照片,男童只要跟着朗读希伯来语,就会得到糖果和外面涂了一层蜂蜜的字母。事实上,犹太人的教育体系是很成功的,所以,到了中世纪,犹太人的语言读写能力就已经达到了很高的标准。据说,在中世纪的一些小型犹太人社区,各家各户的一家之主都能写读书报告。当然,读写能力也使得这些散居各地的犹太商人能够与其生意伙伴和家庭成员保持联系(Goitein 1967—1993)。

---

① 英语也可为 *Hebrew Scriptures* 或 *Jewish Bible*,是犹太教的第一部启示性经典文献,内容和旧约全书一致,但编排不同。它包括律法书、先知书和诗文三部分,总共 24 卷。

犹太复国主义在19世纪末所进行的希伯来语复活运动为严守教规的犹太人社区提出了不少有关语言政策的问题。以色列希伯来语(Israeli Hebrew)①跟大多数的复活语言一样开发了自己的语音系统，这套语音系统与各地使用的宗教希伯来语(ritual Hebrew)的发音系统不同。在以色列建国以前，西方大多数的犹太人在社区都继续使用他们传统的德系犹太人(Ashkenazi)②的语音系统，可是，其中很多人由于受到外来因素的影响而逐渐接受了经过修改的西系犹太人(Sephardi)的语音系统，该系统在以色列已经被普遍使用。极端正统派社区则阻止这种语音变化，他们继续使用各种依地语化(Yiddishized)的语音系统，该系统是犹太人从东欧各地带到以色列的。最近，以色列的宗教语言中出现了一股潮流，即一些年轻一代的严守教规的犹太人试图改变他们祖父辈在公共场所做礼拜时所使用的语音系统。

在海来第派或极端正统派的犹太人社区中，尤其是在哈西德派(Hasidic)③中，他们关注的一个主要问题之一是与其他社区保持隔离的状态。他们具有如下特点：居住在封闭程度各不相同的小区中；身穿黑色衣服，显得与众不同；详细解释和严格遵守饮食诫命(dietary law)④；实施不同的语言实践。费什曼(Fishman 1966)注意到，美国保存祖裔语言最成功的两个群体是使用德语的阿曼门诺派⑤(the Amish)和使用依地语的哈西德派，这两个宗教派系的人都尽量躲避邻居在语言行为和语言实践等方面对他们的影响。美国、英国和比利时的哈西德派最忠诚于依地语在家庭

---

① 也称现代希伯来语(modern Hebrew)、新希伯来语(new Hebrew)或口头希伯来语(conversational Hebrew)。与之相对的是圣经希伯来语(biblical Hebrew)，也称古典希伯来语(classical Hebrew)、古希伯来语(ancient Hebrew)、宗教仪式希伯来语(ritual /liturgical Hebrew)。

② 也译阿什肯纳兹犹太人，中欧裔和东欧裔犹太人，今天百分之八十的犹太人都为德系犹太人。他们沿袭巴勒斯坦犹太人而非巴比伦犹太人的传统，使用依地语。与之相对的词汇是西系犹太人或塞法迪犹太人，即西班牙或葡萄牙裔犹太人，他们使用拉迪诺语。

③ 也译"虔诚派"，是18世纪中叶诞生在东欧的神秘主义派别。他们贬低理性和知识，强调人的情感，目的是通过虔诚的祈祷达到和上帝的灵交。其祈祷形式直接指向上帝，形式简单，随时随地，无需会堂。他们还提倡在祈求时伴以歌舞和其他能够激发人的感情的动作。

④ 传统的犹太人遵行饮食诫命，这些诫命记载于《旧约》的利未记(Leviticus)中，其中包含奶与肉不可同食，人道地宰杀动物，并严禁吃血、吃猪肉、无鳞的鱼类及其他被禁止的食物。虽然这些饮食诫命在卫生上有益，但是最主要的动机是在个人生活上期待能自我控制、节制及道德的训练。一个人即使在最恶劣的环境下，都希望能遵行这些《托拉》的诫命。对于饮食诫命，如同其他的犹太法律及风俗，在当今犹太教的三大派系中，遵守程度与方法仍存在着些许的差异。

⑤ 属于严谨的门诺教派(Mennonite)，1720年后在美国宾夕法尼亚州、俄亥俄州及北美其他地方建立了主要居住点。

中的维持。在以色列,尽管海来第派犹太人与其他社区保持隔离的状态,但他们在家里总体上是使用以色列希伯来语而不是依地语(Baumel 2002)。某些哈西德派在其宗教领袖的影响下正在做出较大的努力来扭转这种倾向(Isaacs 1999)。依地语是男童学校的教学语言,所以,该社区中从犹太塔木德经学校(即叶史瓦)毕业的男生说起依地语来比希伯来语更加流畅。然而,这些社区的女性则通常继续使用希伯来语,因此,该派别的有些地方现在开始在学校为女生开设依地语课程(Bogoch 1999)。

公元前12或前11世纪,犹太人从迦南人(Canaanites)①那里借用了迦南字母作为希伯来语的书写体系。公元9世纪,犹太人开始对该套书写体系进行修改,进而发展了古希伯来字母(Paleo-Hebrew script)②,但后来又用方形的阿拉米字母(Aramaic script)③替代了古希伯来字母,而且,一直沿用至今。古希伯来字母曾经被保留了一段时间,并被哈斯摩尼王朝人(Hasmoneans)④用于创建新的字母体系,此外,在《死海古卷》(Dead Sea Scrolls)⑤中被用来书写上帝的名字。《塔木德经》说,《哈拉哈》要求

---

① 巴勒斯坦的早期居民,讲闪族语系语言,属于闪米特民族的一支。血缘上与阿拉伯人和犹太人相近。

② 古代希伯来人为书写自己的母语而采用的腓尼基字母,是闪米特字母的分支,历史可追溯至公元前10世纪,被以色列人包括犹太人和撒玛利亚人用来书写希伯来语。公元前5世纪,犹太人开始以亚兰字母取代古希伯来字母记录希伯来语,后来演变成希伯来字母。现还有一些撒玛利亚人仍然使用古希伯来字母。

③ 一种源自北方闪米特字母的辅音音素文字(abjad),与迦南字母是兄弟文字,通行于今日叙利亚以东的西亚地区,与迦南字母的传播方向相反。阿拉米字母主要用来书写阿拉米语,但后来分化成西亚地区的各种文字,包括今日的希伯来字母(Hebrew alphabet 或 Jewish script)都是源于阿拉米字母。

④ 犹太人在其故乡"以色列地"上共建立过三个政治独立的国家,分别是古代的前后两个以色列王国和于1948年成立的现代以色列国。第一犹太国建立于公元前1350—前586年,这其间经历了士师统治时期、联合王朝时期以及南北王国分立时期,最后所罗门圣殿被巴比伦帝国摧毁,第一犹太国结束。公元前140年马加比家族(Maccabees)赶走了希腊人并建立了自由独立的犹太国,史称哈斯摩尼王朝,即第二犹太国(公元前140—前37年)。

⑤ 或译死海经卷,目前最古老的希伯来文圣经抄本(旧约),除了《圣经·以斯帖记》以外的《旧约全书》全部内容都能在死海古卷中找到,还含一些今天虽然被天主教承认、但被新教认为是外典(包括次经及伪经)的经卷,此外,当中也有一些不是《圣经》的文献。此古卷出土于1947年死海附近的库姆兰(Khirbet Qumran),故名为死海古卷。古卷主要是羊皮纸,部分是纸莎草纸。抄写的文字以希伯来文为主,当中也有少数由希腊文、亚兰文、纳巴提文和拉丁文写成。一般认为这是公元66—70年犹太人反对罗马的大起义,被罗马镇压失败后,犹太教文化面临灭顶之灾,一些犹太教的苦行教徒将古卷埋在死海附近干燥的地方,以求保全本民族文化。这些苦行教徒就是艾赛尼教派(Essenes)的库姆兰社团,不过也有人对此提出异议,提出这里是奋锐党(Zealots)军事秘密要塞的假说。艾赛尼派是当时犹太教的四大派别之一,另外三大派别为撒都该人(Sadducess)、法利赛人(Pharisees)和奋锐党。

信徒使用方体阿拉米字母。在圣经希伯来语版的犹太教经文中,其书写体系是公元10世纪马索拉①学者(Masoretic scholars)确立的。他们的语言管理活动与梵语和伊斯兰教语言学家以及语法学家所付出的努力共同维持了这些宗教经文的准确性和纯洁性。

要求在宗教仪式上用希伯来语诵读犹太教经文的决定导致了一种特别的宗教希伯来语的产生(Spolsky 1991a)。《哈拉哈》规定,在犹太教堂中诵读的《希伯来圣经》必须是羊皮或牛皮纸上的手抄本。一本新书卷是通过一位誊写员一笔一画地从另一本书卷中抄写而来的。假如书卷中发现有任何错误,该书卷就再也不会被用于任何宗教仪式。这些宗教文本都是用方体希伯来语字母书写的,其中没有任何标点符号和元音。犹太教堂的经文诵读者必须对经文中规范的标点符号、发音和吟诵(cantillation)②进行过系统的学习。他也必须知道何时用传统中习用的词汇来代替经文中的书面词汇。因此,学习如何诵读经文需要教师的指点。一般来说,这种传统在一些也门犹太人以及其他的犹太人社区里得到了较好保留,人们期望任何被叫去诵读《妥拉》的信徒都能流畅地诵读,但最近,该项工作已经委派给经过专门培训的人来进行。

对犹太宗教语言政策的概述可为我们了解单个犹太宗教团体的语言政策奠定基础。在一些较小的犹太人社区,尽管只有一座犹太教堂,加之由于两千多年来犹太人被放逐到世界各地而形成了各自习惯的语言实践和语言信仰,但大家对犹太教堂的使用还是达成了妥协。可是,在一些较大的犹太人社区,大家都有强烈的愿望多建一些犹太教堂、神庙(该术语是改革派犹太人称用的)或祷告间(shtibels)(即祷告时用的小房间,该术语为哈西德派犹太人所用)。这三类房子当中每一种在大小造型上可能都不一样,这跟信徒们的人口结构以及最初所在的社区有关。大型机构

---

① 希伯来语,意思是传统。《马索拉文本》(*Masoretic Text*)是在公元10世纪后半期由马索拉学者设计出的一种包括元音和重音符号的音标系统。这些写下来的音标可以帮助人把过去只有子音字母的古代闪族文字如希伯来等的正确元音读出来,以避免必须在众多元音之间猜测而误解其意,或导致每个人的读法各不相同。在此以前,古代闪族系文字的读音多是凭口头传授的,属于口授独传的学问。曾有三个不同的马索拉学派致力于发展只有子音的文本之元音和重音符号标注工作,他们分别是:巴比伦派、巴勒斯坦派和提比哩亚派(提比哩亚为加利利海西岸的一个城市)。现今希伯来文圣经的印刷版本所包含的马索拉注释,所采用的音标系统属于提比哩亚派。

② 犹太教教士在教堂里对经文富有节奏的吟诵或吟唱。

的犹太教堂在布道和宣告时可能会使用标准的寄居国语言(co-territorial vernacular);犹太教改革派所称用的神庙也经常使用标准的希伯来语做祷告;犹太教哈西德派所称用的祷告间则往往使用依地语作为祷告的伴随语言(accompanying language);在以语言为标记的各族群犹太教堂中,教徒在所有不用希伯来语进行的仪式上都可以使用自己的祖裔语言,如北非阿拉伯语、北非法语、也门希伯来语(Yemenite Hebrew)[①]或英语。

犹太宗教的语言管理形成了该领域的语言实践,并宣扬了该领域的语言信仰——它与家庭的语言信仰有所不同,它改变了信徒(尤其是儿童信徒)的语言实践和语言信仰。在严守教规的犹太家庭看来,犹太宗教的语言管理非常重视教徒的希伯来语能力,同时,也相应地接受教堂中多语使用现象的常态化。

3.3 基督教的语言管理

由于基督教是由一些生活在多语社会并掌握多语的人所创立的,并且在全球具有主动皈依的悠久历史,因此,基督教通常愿意把自己的宗教经文翻译成其他语言。彼得斯(Peters 2003:第二卷,第二章)注意到,世上似乎有两种有关基督教的初始文本,一种是箴言集,另一种是记录耶稣生活和传教的生平叙述。后来,该生平叙述就成了早期教堂中的《新约·四福音书》(Gospels)[②]。当初这些有关耶稣生平的叙述可能是用阿拉米语书写的,后来才把它翻译成希腊语,成了《圣经·新约》的内容,而且,这两种语言之间的翻译对当时的人来说困难不大。早期的基督徒似乎并不关注宗教中使用的语言,用什么语言(如原始语言或其他语言)来记录耶稣的箴言似乎并不重要。所以,《圣经》除了有希腊语版本外,很快就出现了其他地方语言的版本,如埃及科普特语(Coptic)版本、叙利亚的阿拉米语版本、拉丁语版本和斯拉夫语版本。

很久以前,巴勒斯坦使用三种语言,其中一种是希腊语。希腊语在早

---

① 英语也可以用 Temani Hebrew 表达,这是希伯来语的一种变体,一方面,其语音系统受到也门阿拉伯语的影响,另一方面,它还保留着一些古希伯来语的发音。

② 包括《马太福音》《马可福音》《路加福音》和《约翰福音》。

期的基督教中已经担任着重要的角色,甚至在基督教从耶路撒冷传播到希腊殖民地和古罗马时,希腊语就开始起着重要的作用。在公元 4 世纪末时,基督教成了罗马帝国的国教(official religion)。在公元 5 世纪,杰罗姆(Jerome)把《圣经》翻译成拉丁文,并在中世纪几乎获得了神圣的地位。11 世纪,基督教被有序地分成了西派教会(western church)和东派教会(eastern church)①,前者由罗马教皇领导,后者在 1453 年以前一直以君士坦丁堡(Constantinople)②为中心。拉丁语成了罗马教会所有宗教仪式的语言,其地位一直维持到第二次梵蒂冈大公会期间(1962—1965年),在那之后当地语言才被允许用于宗教仪式中。拉丁语的权威地位在特伦托会议(Council of Trent)③(1545—1563)中得到肯定。1592 年,克莱门泰(Clementine)修订本成了罗马天主教标准的《圣经》文本。

另一方面,东正教在语言上是多元的。东正教已有希腊语、古叙利亚语(Syriac)④和亚美尼亚语(Armenian)版本的《圣经》,它还在公元 4 世纪鼓励人们把《圣经》翻译成哥特语(Gothic),9 世纪则鼓励人们把《圣经》翻译成斯拉夫语(Sawyer 2001)。14 世纪,俄国彼尔姆(Perm)东正教的大主教圣斯蒂芬(St Stefan)为新近皈依东正教的科米人(Komi)开发了一种字母表(Ferguson 1968)。圣斯蒂芬大约出生在 1335 年,曾经在俄国罗斯托夫(Rostov)的一座修道院学习。后来,他回到自己的故乡乌斯秋格(Ustjug),与那些不信教的科米人一起工作。1383 年,圣斯蒂芬成了俄国彼尔姆的首任大主教,此时,大多数科米人都已经接受过洗礼,

---

① 基督教产生后不久,逐渐分化为两派——以拉丁语地区为中心的西派教会和以希腊语地区为中心的东派教会,也就是说,西派教会源于西罗马帝国拉丁教会的基督教教会,包括罗马天主教会、圣公会、路德教会和新教教会,而东派教会有东正教。

② 罗马帝国皇帝君士坦丁一世于公元 330 年定都此地,并把此地命名为新罗马(Nova Roma)。公元 395 年,东西罗马帝国正式分裂,君士坦丁堡作为东罗马帝国(即拜占庭帝国)首都,成为地中海东部政治、经济和文化的中心。1453 年,君士坦丁堡被土耳其的军队攻陷,拜占庭帝国灭亡。君士坦丁堡被奥斯曼帝国占领,并成为奥斯曼帝国首都,更名为伊斯坦布尔(Istanbul),直到 1922 年奥斯曼帝国灭亡。之后,土耳其共和国一直保留使用伊斯坦布尔这个名称。

③ 指罗马教廷于 1545 年至 1563 年期间在意大利北部小城特伦托召开的第 19 届大公会议。会议的目的除了规定并澄清罗马公教的教义之外,更主要的是进行教会内部的全盘改革。而且,此时正当是基督新教兴盛之时,罗马天主教会持续腐化,英国也宣布国王权力凌驾教皇。因此,该会议用以抗衡马丁·路德的宗教改革所带来的冲击。

④ 阿拉米语的一种西部方言,很多重要的基督教早期经文都以此种语言保存的,现在叙利亚的一些基督徒仍然把它作为礼拜语言来使用。

皈依东正教。当初,圣斯蒂芬认识到科米人反对在彼尔姆定居的俄罗斯族人们,因为俄罗斯族人们开始逐渐支配彼尔姆地区。为了更好地接近科米人,圣斯蒂芬于是就选择使用科米人以前没有文字的语言作为他在彼尔姆传教工作的语言。

相比之下,罗马天主教一直坚持着严格的语言政策。西班牙和葡萄牙对南美的征服在一定程度上是孕育着宗教活动的色彩,并作为宗教活动来运行的,其目标是促使当地人皈依罗马天主教,并摧毁当地的宗教和土著语言。罗马天主教把拉丁语作为宗教的仪式语言,《圣经》的拉丁语版本是唯一得到批准的宗教经文版本。但是,人们可以用当地语言讲解《宗教教义问答手册》(catechism)①。

16世纪,西欧的基督教经历了一场重大的宗教和语言变革——新教②改革(Protestant Reformation),新教允许人们把《圣经》直接翻译成当地语言。路德(Luther)③翻译的德文版《新约》于1522年问世,而廷代尔(Tyndale)④翻译的英文版则于1526年出版。这些现象都不只是《圣经》的语言版本问题,而是体现了当时宗教领域中激进的语言管理思想。新教变革的内容还包含了积极的圣像破坏论(iconoclasm):过去,宗教会众的宗教知识大多可能都来自教堂的圣像(icon)和雕像(statue);现在,

---

① 基督教为了宗教教育以问答形式而提供有关教义概要与阐释的手册。该手册现已在非宗教或世俗领域也被人们所使用。

② 全称为基督新教(Protestantism),是由16世纪宗教改革运动中脱离罗马天主教会的教会和基督徒形成的一系列新宗派的统称,简称"新教",也称"反对教",也经常被直接称为"基督教"(狭义上的),是与天主教、东正教并列,为广义上的基督教的三大派别之一。新教强调因信称义、信徒人人都可为祭司和《圣经》具有最高权威三大原则。

③ 全名马丁·路德(Martin Luther,1483—1546年),德国宗教改革的发起人。他本来是天主教奥斯定会(Augustinian Order)的会士、神学家和神学教授。他翻译的路德圣经迄今为止仍是最重要的德语圣经翻译。改革的主要内容有"因信称义";《圣经》是人们信仰唯一的神圣权威;世俗统治者的权力应高于教权并支配教权,建立本民族教会。改革的影响:推动了广大民众的反封建斗争;终止了中世纪天主教教会在欧洲的独一地位;路德教派取得合法地位;为欧洲宗教改革开辟了道路。

④ 全名威廉·廷代尔(William Tyndale,1494—1536年),也译丁道尔,是16世纪英国著名的基督教学者和宗教改革先驱,被认为是第一位清教徒。在廷代尔的时代,罗马天主教教廷只允许拉丁文圣经,不容许私自翻译,并且只有神职人员可以拥有和诠释《圣经》。廷代尔却主张应该让普通老百姓都可通过读《圣经》来认识神,决心把《圣经》译成英文,于是被诬陷为异端,后来在比利时被杀害。廷代尔是第一个把原文本《圣经》译为现代英语《圣经》的翻译家。后来著名的钦定版《圣经》有百分之九十采用了他的译本。2002年,廷代尔入选英国广播公司评选的"最伟大的一百名英国人"。

这些人依靠用文字书写的宗教文本就能获得相关的宗教知识。在亨利八世统治英国的时期,英国教会都把自己的圣像毁了,然后再为教会的大量文盲信徒(congregation)购买英语版本的《圣经》(E. Spolsky 2007)。

当新教运动分裂成众多不同的小型宗派后,各宗派的传教士就开始在世界各地传播新教,这些人的传教行动比那些为西方国家建立殖民帝国而奔赴世界各地的士兵和水手的侵略行动要早,或者同时进行。如萨格沙拉亚(Sugirtharajah 2005)所说,"《圣经》、啤酒、枪支和出版物"已经成了西方国家开拓海外殖民地的四件套。这一过程包括宗教传播、殖民统治、语言扫盲以及世界许多地方社会语言生态的重大变化。一般来说,罗马天主教传教士与士兵和水手一样也属于殖民主义者,这些传教士见证了拉丁美洲被征服的过程,他们也乐意学好皈依宗教者的语言,以便可以用该语言来教授《宗教教义问答手册》中的内容。另一方面,新教传教士还着手把《圣经》翻译成他们传教对象国的当地语言。在宗教改革期间,许多新教徒已经致力于用当地语言进行传教和出版宗教书籍的活动。作为传教士,他们还鼓励并致力于当地语言读写能力的发展。

新教传教士在发展当地语言的读写方面以及后来传播殖民地语言和宗主国语言方面都起了很大的作用。传教士在南太平洋波利尼西亚的传教工作就是一个很好的例子。19世纪初,一些英国传教士来到萨摩亚、新西兰和汤加,他们很快就在宗教推广和语言扫盲两方面取得了成功,即让许多当地人皈依了传教士自己所属的基督教宗派,并帮助当地人大大提高了他们对当地语言的读写能力。1829年,卫斯理工会教派(Wesleyan)①传教士开始在汤加进行语言扫盲运动,例如,纳撒尼尔·特纳和威廉·克劳斯(Nathaniel Turner and William Cross)在汤加开设了第一所汤加语学校,他们开始教当地儿童和成人如何用汤加语(Tongan language)②读书和写字

---

① 也称卫斯理宗,是新教宗派之一,新教有六大主流宗派:路德宗(信义宗)、改革宗(归正宗、长老宗或长老会)、安立甘宗(圣公宗或圣公会)、公理宗、浸礼宗(浸信会)和卫斯理宗(循道宗或卫理公会)。卫斯理宗是以创始人英国神学家约翰·卫斯理的宗教思想为依据的各教会(卫理公会、循道公会等)的统称。该宗主张认真研读《圣经》,严格宗教生活,遵循道德规范,故又称为"循道宗"(Methodists)。该宗实行监督制,故又称为监理宗。卫斯理于1738年独立传道,1784年脱离圣公宗,是目前世界上最有影响的新教主要教派之一。

② 汤加的两门官方语言之一(另一门是英语),属于南岛语系马来—波利尼西亚语族,主要用于汤加王国,亦使用于美属萨摩亚、澳大利亚、加拿大、斐济、新西兰、纽埃、美国和瓦努阿图。汤加语使用拉丁字母拼写,基本语序为VSO(谓—主—宾),根据维基百科(2013),该语言使用人口约20万。

(Latukefu 1974,1980:55)。不久,读书写字的风气就开始在汤加当地流行起来。1831年4月,威廉·伍恩(William Woon)在汤加成立了第一家用汤加语发行书刊的出版社,并已发行教材3000本(Latukefu 1974,1980:57)。由此,汤加的语言扫盲运动就这样稳而快地发展起来了。

这些传教士都是由伦敦传道会(London Missionary Society)[①]派往汤加的,该传道会有自己的基本原则:"我们的宗旨不是派送可能引发宗教人士产生异议的长老会(Presbyterianism)、独立派(Independency)、主教制(Episcopacy)以及任何其他形式的治会章程和治会制度,而是把上帝的荣耀福音传给异教徒"(Garrett 1982:10)。对于这些来到汤加的传教士来说,他们的首要任务是把《圣经》翻译成汤加语。这些传教士于1829年来到汤加后就立即开始了《圣经》的翻译工作。在这些传教士中,最著名的译者是J.E.莫尔顿(J.E.Moulton),他在自己学生的协助下撰写和翻译了几十本书籍和小册子,其中包括两卷世界史、弥尔顿的《失乐园》、两卷《天路历程》以及《圣国地理》(Spolsky et al. 1983)。

新西兰的传教活动导致当地人毛利语的读写能力迅速提高,截至1860年,毛利土著人的毛利语普及率可能比1840年开始移居到新西兰的英国定居者的英语普及率还高。当地学校用毛利语授课,并开始把英语作为一门课程来教授,还鼓励大家使用双语。然而,新西兰自1867年起开始实施殖民政策,学校的语言教育政策与原先的正好相反,即学校用英语授课,并开始把毛利语作为一门课程来教授。于是,新西兰开始出现了毛利语丧失的现象。在新西兰,各地使用的土著毛利语尽管具有很大的同质性,但它们还是存在一些细微的方言上的差异(Harlow 2007)。不过,把《圣经》翻译成毛利语的行为使得毛利语得到了标准化。在太平洋的其他岛屿国家,宗教对语言的影响更加显著。在斐济,传教士把《圣经》翻译成斐济语的一种方言——巴乌语(Bau)[②],后来该语言成了斐济的标准语言,还得到斐济教育部门的认可。对于斐济其他方言的使用者来说,学校的标准斐济语(Fijian)[③]与学生在家使用的斐济语之间的差别

---

① 简称伦敦会,属于基督新教教派公理宗(Congregationalists)。建于1795年,1977年与英联邦传道会(Commonwealth Missionary Society)及英国长老会差传委员会(Foreign Missions Committee of the Presbyterian Church of England)合并为世界传道会(Council for World Mission),总部位于英国伦敦。

② 斐济巴乌岛居民使用的一种斐济方言,使用人口约300人。

③ 一种南岛语系语言,主要使用于斐济境内,斐济语除了和英语与印度斯坦语并列为斐济的官方语言外,也同时是斐济的国语。斐济语的基本语序为VOS(谓—宾—主)。

是很大的,如同斐济学校的标准印地语与印度裔斐济人在家实际使用的众多印地语方言之间的差别一样大。

费比恩(Fabian 1983)描述了传教士在比属刚果(Belgian Congo)①的活动情况。从1884年到1904年,在比利时国王利奥波德二世(King Leopold II)②统治刚果自由邦的期间,传教机构由于受到殖民政府的控制,这导致了它们的工作只能集中在农业、商业、工业和宗教活动上。为了获得办学土地,这些传教机构需要根据梵蒂冈和独立刚果于1906年签署的条约中所制定的教育体系来开展教育工作。1908年,比属刚果颁布的殖民宪章要求本国的官方文件都用法语和佛兰芒语书写,但宪章允许学校教授某些它们自己选择的非洲语言。在接下来的30年里,比属刚果的传教士积极主动地编撰了大量的词典和语法书,但这些都在一定程度上受到殖民政府的资助。如同在许多其他殖民地的传教士一样,在比属刚果的传教士也陷入了因该国土著派(indigenist)和同化派之间的斗争而带来的尴尬处境:土著派主张保护非洲的语言和文化,而同化派则提倡非洲语言文化欧洲化(Europeanization)。

对于传教士来说,他们的主要教育任务是用母语传播基督教。然而,选择谁的母语却是个关键的问题。对此,传教士一般都是采用一种等级观来挑选传教语言。他们认为一些像法语之类的跨区语言(supraregional language)处于等级的最顶端,它们最能满足殖民地的传教需求。在非洲,有四种当地语言也常被挑选出来作为传教语言,它们是刚果语(Kikongo)③、林加拉语(Lingala)、奇卢伯语(Tshiluba)和斯瓦希里语(Swahili)。刚果殖民政府经过与当地的传教士协商后提出双方对这四种语言

---

① 比利时在1908—1960年在今日刚果民主共和国的殖民地。在1885年,欧洲各国举行了柏林西非会议。德国政府在会议当中把刚果交予比利时国王利奥波德二世,以作为其私人领地,并将之称为刚果自由邦。而到了1908年,刚果正式被转交予比利时政府,并改称为比属刚果。而刚果最富庶的地方加丹加省也被比利时几家公司共同开发了。比属刚果趁刚果危机发生时,在1960年6月30日取得独立。但比利时政府却仍与扎伊尔(今刚果民主共和国)保持特殊的关系,有一定的政治和经济上的影响力。

② 全名利奥波德·路易斯·菲利普·马里·维克多(1835—1909年),1865年继承父亲利奥波德一世成为比利时国王,是刚果自由邦的创立人和拥有者。

③ 班图语支中生活在刚果民主共和国、刚果共和国和安哥拉热带雨林的土著人所使用的语言。这是一种声调语言,由此产生了吉土巴语,一种班图语支的克里奥尔语和通行于中部非洲西部的通用语。很多从非洲这个地区作为奴隶被贩卖到美洲的人也说这种语言。刚果有大约700万人使用刚果语作为母语,大约200万或者更多人把它作为第二语言。

进行共同的管理。于是,传教士通过编撰语法书来描述斯瓦希里语,并对该语言进行了规范化。截至1948年,斯瓦希里语已成了刚果东部的一种通用语。

兰杰(Ranger 1989)认为,津巴布韦的传教政策引发了本国的种族冲突。在津巴布韦马科尼(Makoni)行政区,有三派重要的传教士。他们分别是英国圣公会派(the Anglicans)、天主教特拉普派(Trappist)[①]或马利安希尔派(Mariannhill)以及美以美会(the American Methodist Episcopal church)[②]。他们每一派都会从事一些基本的语言研究,旨在开发书面语言,以便为当地人们的会话和教育奠定基础。美以美会认为,他们正在把各种各样的绍纳语书面形式归结为一种,以便更好地发挥绍纳语作为当地通用语的作用。但事实上,他们正在创造一种新的方言——马尼卡语(Manyika)。英国圣公会也非常认真地对待当地的语言工作,所以,他们在穆塔萨(Mutasa)地区附近建立了教育和传教基地。英国圣公会的这种行为也支持了马尼卡的地位,这里的"马尼卡"一词可以指马尼卡人,也可以指马尼卡语,这是人们在使用过程中逐渐形成的。天主教的传教士则独自创建了一套马尼卡语的书写体系。上述各派的行为在传教士中产生了严重的分歧,马利安希尔派神甫与耶稣会士(Jesuit)为争夺控制地盘而相互斗争。兰杰认为,截至20世纪30年代,这个主要是由于传教士而引发的马尼卡身份最终建立起来了。传教士的下一个任务是标准绍纳语的建立,以便各传教教会(mission church)能共享一种语言。英国圣公会开始支持当地人使用统一的绍纳语,并建立相关的绍纳语身份。上述有关刚果和津巴布韦两个国家的例子显示,传教士在语言管理方面担

---

① 罗马天主教修会,严规熙笃会(Cistercians of the Strict Observance)之俗称。特拉普派修士仅在必要时才讲话,戒肉食、鱼类和鸡蛋;从事体力劳动(通常是农耕);凌晨两点即起床祷告;每天花数小时用于宗教仪式。其女性修会通常称为特拉普派女修会(Trappistines),遵循同样严格的教规特拉普派修会源自熙笃会。1892年,熙笃会正式分裂为两大支派,即普规熙笃会和严规熙笃会。

② 1844—1939年在美国北方的卫理公会所使用的宗派名称。该会属于基督新教的一个较大的宗派——卫斯理宗。1784年,美国卫理公会(Methodist Episcopal Church)在马里兰州巴尔的摩成立。以后经过数次分裂,形成美以美会、监理会、美普会、循理会和圣教会等。其中最重要的一次分裂,就是1844年美国南北卫理公会因为黑奴问题大分裂,在美国南方的称监理会(The Methodist Episcopal Church South),在美国北方的则称美以美会(The Methodist Episcopal Church)。1936年时,美以美会的总部设在纽约。1939年,美以美会、监理会和美普会(The Methodist Protestant Church)重新联合,称为卫理公会(The United Methodist Church)。

任着复杂的、而且是重要的角色,他们的活动改变着社会的语言生态以及民族的身份发展。基督教传教士在语言管理方面,尤其是在为标准语言选择和发展语言变体方面,起了重要的作用。

在纳瓦霍人中,基督教传教士的语言管理活动是重要的,但其影响是有限的,因为只有大约三分之一的纳瓦霍人皈依了基督教。在这里,罗马天主教传教士与新教传教士之间的语言管理也存在着差别,前者很早以前就为当地的语言出版了语法书和词典,后者则把《圣经》翻译成当地语言,这对当地人的语言读写能力的提高产生了较大影响,同时,也有助于该语言的生存。如同上述有关刚果和津巴布韦的两个例子一样,纳瓦霍人的语言管理也是由于受到殖民统治的影响而得到加强的,但更加具体地来说,纳瓦霍人的语言管理是受到美国联邦政府的印第安人事务管理局(Federal Bureau of Indian Affairs)的影响。这里的《圣经》译者决定采用印第安人事务管理局的专家于20世纪30年代后期开发的纳瓦霍语官方正字法,这一决定对于《圣经》在当地的传播来说是一个关键性因素(Young 1977)。20世纪40年代,掌握了纳瓦霍语的人就能够阅读纳瓦霍语报纸,并从中获得许多信息,如美国为何参加二战或者美国圣经公会(American Bible Society)[①]为何印刷《圣经·新约》。20世纪60年代,纳瓦霍人开始实行双语教育政策,在这短暂的时期里,纳瓦霍语保护者与新教教会之间似乎不存在分歧,尽管前者试图通过学校使用纳瓦霍语的方法来维持纳瓦霍语。然而,在双语教育政策之后,新教教会的人员在许多时候是反对学校教授纳瓦霍语的,因为他们认为教授纳瓦霍语就意味着要教授纳瓦霍文化,而要教授纳瓦霍文化就意味着要教授传统的纳瓦霍宗教,这对新教教会的传教工作来说是危险的(Spolsky 2002b)。

新教具有把《圣经》翻译成各种当地语言的传统,这一传统成了新教大范围的语言管理的基础。因为在大多数情况下,新教都需要从过去多少有些联系的各种当地方言中发展某些书面语言和标准语言。1804年伦敦成立了英国圣经公会(British and Foreign Bible Society),其唯一的目的就是鼓励各地大量发行"不带任何注解和评论"的《圣经》。它的第一

[①] 建于1816年的纽约,翻译和出版《圣经》以及圣经工具书和辅导材料。美国圣经公会于1865年在纽约百老汇建立了一所大楼,至今收藏了4.5万卷各类手稿和圣经译本,是仅次于梵蒂冈的世界第二大圣经博物馆。

本外语译本是莫霍克语（Mohawk）①版的《约翰福音》。第一年该公会就把《圣经》翻译成 67 种语言，但只是部分内容的翻译。现在，《圣经》已被翻译成两千多种语言。在一些国家还成立了圣经公会。美国圣经公会于 1816 年成立，两年后，该协会在美国的特拉华州发行了其第一部《圣经》译本。该协会还支持印度、中国、地中海东部诸国及岛屿（Levant）的传教工作。美国于 1934 年成立了国际暑期语言学院（SIL）（原名为暑期语言学院），这是一个暑期语言培训项目，旨在培训语言学者从事语言研究与发展的工作。在过去这些年里，国际暑期语言学院已经翻译了 400 种语言版本的《圣经》，而且正在翻译另外 1000 种语言版本的《圣经》。450 多种语言版本的《圣经·新约》以及其他部分经文已经出版发行。在不断变化的政治风云中，国际暑期语言学院与众多国家政府以及正在开发语言读写能力项目的濒危语言使用者合作，国际暑期语言学院把自己看作是一个"由基督教教徒志愿者组成的非营利的科学教育组织"。

宗教语言政策能够支持祖裔语言的维持，其作用不可小视。在本章开头部分，我们描述了犹太教是如何通过保存希伯来语作为宗教仪式语言以及通过增加教育系统来保证希伯来语的代际传承的，从而有效地保持了该语言近两千年的活力，并为该语言的复活提供了厚实的基础。基督教会保存了一些诸如古教会斯拉夫语（Old Church Slavonic）②、哥特语和拉丁语等语言的古老形式。有些使用当地语言的行为，如用当地语言提供的教会服务以及用当地语言开展的教育和社会项目，将大力地支持家庭语言政策，尤其是有关鼓励移民语言维持的家庭语言政策。现在有不少侨民教堂（diaspora church），如美国、澳大利亚和新西兰的波利尼西亚人教堂以及美国和澳大利亚的移民教堂。在这些侨民教堂中，有一个关键现象是来教堂的人都喜欢继续使用自己的移民语言进行礼拜活动。例如，新西兰有些教堂采用汤加语（Spolsky et al. 1983）和萨摩亚语（Spolsky 1991c）进行礼拜活动，澳大利亚的民族教堂（Woods 2002）以及耶路撒冷的亚美尼亚人教堂（Azarya 1984）也都使用各自的民族语言进行宗教活动。

---

① 北美印第安人一族莫霍克人所使用的语言，使用人口约 3000 人。莫霍克人主要居住在美国纽约州的西部和北部以及加拿大安大略省的南部和魁北克省。

② 中世纪初期中欧斯拉夫语使用者用于宗教文本翻译的语言，该语言后来成了俄罗斯及东欧国家所使用的书面语言。

语言管理

　　宗教语言的管理常与政治问题纠缠在一起,这是不难想象的。欧洲宗教改革后,新教教堂开始使用本国国语,这显然是政治政策的一个表现。威克斯(Weeks 2002)曾经研究过一个如下的有趣例子。1863年,俄国政府觉得自己受到波兰人的威胁,于是,在当初被叫作俄国西北诸省(现在的立陶宛和白俄罗斯)的地方镇压了波兰人发动的一次暴动。后来,波兰人就通过以下两种方式来表达他们的波兰化(Polonization)行为:一是传播罗马天主教,从而形成与俄罗斯东正教竞争的局面;二是在教堂布道和其他不使用拉丁语的宗教仪式上使用波兰语。俄国政府则试图把俄语引入罗马天主教的仪式中,这只是俄国政府为了打击波兰语的影响而采取的一部分行动。有关宗教语言和政治关系的第二个例子发生在荷兰的弗里斯兰省(Friesland),这里的教堂是否使用弗里斯兰语成了当地争论的焦点(Zondag 1987)。弗里斯兰省在16世纪接受了加尔文主义思想,此时,这里的教堂、家庭和学校都开始使用官方推荐的荷兰语版本的《圣经》。但是,这里有几位牧师都是弗里斯兰语民族主义的支持者,他们设法劝说当地的宗教法院(consistory)[1]允许人们在教堂吟诗布道时使用弗里斯兰语。

　　贵格会(Quakerism)[2],也称教友会(Society of Friends),是基督教中的一个教派。贵格会在17世纪中叶成立于英国,并制定了自己的语言使用规则。贵格会要求信徒在宗教礼拜和日常生活中都对自己的言行有所节制。教徒们在宗教礼拜中的特点就是保持长时间的缄默苦修,以便可以仔细思考自己想要说的话(Collins 2003)。像其他清教徒派别一样,贵格会也鼓励教徒们在仪式上使用"简洁明了的语言",尽量避免使用文艺复兴时期那样的句子复杂、辞藻华丽的英语。一个标记性的语法特点是鼓励人们使用古英语中的第二人称单数代词"thou"(你,主格)和

---

　　[1] 一种基督教法院,起源于英国,每个教区(diocese)都有自己的宗教法院,主要处理和审判本教区与宗教有关的事务。宗教法院没有自己固定的场所,需要时可以临时租用当地的某些场所。

　　[2] 基督教新教的一个派别,又称教友派(Religious Society of Friends)。该派创始人为乔治·福克斯,因一名早期领袖"听到上帝的话而发抖"而得名"Quaker"(震颤者),音译为贵格会。该派反对任何形式的战争和暴力,不尊敬任何人也不要求别人尊敬自己,不起誓,主张任何人之间要像兄弟一样,主张和平主义和宗教自由。贵格会信徒曾受到英国政府迫害,与清教徒一起移民到美洲,但后来又受到清教徒的迫害,于是,大批贵格会教徒逃离马萨诸塞州而定居在罗得岛州和宾夕法尼亚州等地。

"thee"(你,宾格),而不是"you",尽管伯奇(Birch 1995)报道说,现在这种用法在贵格会成员的家庭和聚会上都很难见到了。贵格会信徒不使用头衔和尊称,身着素雅衣服,见面不打招呼。他们用数字来代替异教徒使用的一周七天和一年十二个月的名称。他们尽管坚持真理,也遵循《圣经》旨意,但不起誓(Graves 2001)。

宗教语言的管理往往涉及对某些特定言语的控制和回避。例如,犹太教严禁教徒使用亵渎词——贬损上帝的话,而基督教则一直没有这方面的规定,也没有指出教徒不准贬损神职人员和圣物。然而,当基督教在6世纪成了英国的国教后,根据《查士丁尼法典》(*Code of Justinian I*)[①],使用亵渎词则成了犯罪行为。英国宗教改革之后,习惯法(common law)禁止教徒使用亵渎词,该禁令执行严格,一直到20世纪20年代(Pickering 2001)。

基督教和犹太教都采取了许多制度性的措施来管理自己信徒的语言。这种管理不但包括语言的选择,还包括语言的表达形式。例如,犹太人的《哈拉哈》包含了系列的语言使用规则,从而可以教导信徒如何使用委婉式言语以及如何避免使用诽谤式言语。在基督教中,有相关的教会分支机构来负责有关语言使用的规则,该机构还要决定个人或特定的机构是否有语言管理的权力。宗教语言的使用规则主要是用于教会中与宗教礼拜有关的面对公众的言语行为上,但它们对家庭以及个人的语言使用也会带来重要的影响和深刻的启示。宗教域的语言管理通常也与其他语言域有关联,例如,当传教士和殖民政府联合在一起时,或者当宗教与民族的族性(ethnicity)结合在一起时,或者当宗教与民族主义混合在一起时,宗教域就与其他语言域发生了联系。

3.4 伊斯兰教的语言管理

伊斯兰教是根据改编后的犹太教和基督教原则与实践而创建的,而

[①] 东罗马帝国皇帝查士丁尼一世下令编纂的一部汇编式法典,罗马法的集大成者。该法典由四部分组成——法典、学说汇纂、法学阶梯以及新律。最后完成于公元530年左右。法典内容为东罗马帝国时期的皇帝敕令,以及权威的法学家对于法律的解释,还有给法律学生当作法学的入门教材等。该法奠定了后世法学尤其是大陆法系民法典的基础,是法学研究者研究民法学不可或缺的重要文献资料之一。

且，跟犹太教和基督教一样，伊斯兰教的主要发展区域也是在地中海地区。所以，伊斯兰教也和犹太教和基督教两大宗教一样被认为是西方的一种宗教，特别是在前现代时期(pre-modern period)①，这种说法更是确定无疑(Peters 2003)。可是，在语言政策方面，伊斯兰教不同于犹太教和基督教两大宗教的做法，它一直坚持提高《古兰经》中所用的古阿拉伯语这一特别变体的地位。伊斯兰教认为《古兰经》是根据上帝所说的确切言语而记录的，因此，只能用阿拉伯语才能阅读和引用《古兰经》(Mattock 2001)。彼得斯(Peters 2003:7)总结说："《古兰经》用阿拉伯语记载了上帝所说的准确言语，这些也是穆罕默德先知所见所闻的内容，它们不含任何人类干预的东西，也没有任何形式的附带条件。"伊斯兰教中的有些权威典籍是不允许翻译的。

　　保持宗教经文中语言的纯正性对于宗教经文的准确性来说是非常关键的。苏雷曼(Suleiman 2001)解释道，伊斯兰教在公元8世纪末就开始注重信徒的阿拉伯语能力的发展。为此，相关的宗教机构建立了专门的机构，旨在处理信徒在语言使用中所出现的语法错误(solecism)，即在伊斯兰教和阿拉伯语协同迅速传播的过程中有些新教徒所犯的语言错误。这种语言管理现象不但出现在信徒的日常语言使用中，而且也出现在信徒的《古兰经》吟诵中，这种语言管理是"一种危险的干预，其目的是为了确保信徒所使用的《古兰经》内容能够一字不差地反映上帝所说的原话"(Suleiman 2001:327)。阿拉伯语语法的一个重要功能是可以帮助非阿拉伯语信徒学好阿拉伯语，起着教学法工具的作用。

　　阿拉伯语从阿拉伯半岛传播到中东、北非和西班牙，这是公元六七世纪宗教传播和军事征服的共同结果。但是，公元733年发生在法国的普瓦捷(Poitiers)②会战最终阻碍了阿拉伯人的欧洲征服计划。公元8世纪中叶，伍麦叶帝国(Umayyad Empire)③往西已经吞并了西班牙，并开始

---

　　① 指欧洲启蒙运动之前的古代世界，是科学、艺术和伦理三个区域尚未分化的时期。
　　② 又译普瓦提埃，位于法国中部克兰河畔，是普瓦图—夏朗德大区和维埃纳省的首府。这里自古就是战略防御的重要都市，最重要的莫过于发生在公元732年的普瓦捷会战。这次会战使阿拉伯人遭受了自进占西班牙以来最重大的失败，并从此丧失了北进扩张的能力，而法兰克人则捍卫了国家的独立，遏止了阿拉伯国家的进一步扩张。
　　③ 或译倭马亚王朝，是阿拉伯帝国的第一个世袭王朝。在伊斯兰教最初的四位哈里发的执政结束之后，由阿拉伯帝国的叙利亚总督穆阿维叶建立。从公元661年至750年，该王朝是穆斯林世界的统治王朝。

往东向印度进军。截至公元14世纪,伍麦叶帝国的边界往南延伸,到达了北非海岸,并穿越了撒哈拉沙漠,往东已进入了印度,其中包含土耳其在内。1500年,西班牙再次被基督徒征服,但伍麦叶帝国北部的中亚和东部的马来亚已经成了穆斯林世界的一部分。15世纪,奥斯曼帝国已经征服了君士坦丁堡,其中包括巴尔干半岛诸国、克里米亚半岛(Crimea)、土耳其和叙利亚,后来又增加了阿尔及利亚和埃及。

从语言的角度来说,阿拉伯语作为世俗通用语的传播是不均衡的。在中东,阿拉伯语取代了阿拉米语。在其他地区,如波斯、印度、土耳其、北非的柏柏尔人居住区以及苏丹,人们都继续使用其他的当地语言。但是,古阿拉伯语仍是这些地方的宗教语言和上位文化(high culture)[1]语言,所谓上位文化是在阿拔斯王朝(Abbasid)[2]历届哈里发(caliph)[3]领导下的黄金时期所发展起来的上层社会文化。在几百年里,阿拉伯语逐渐地取代了它的先驱——南阿拉伯语(South Arabian languages)[4]、阿拉米语及其各种方言以及埃及的科普特语。然而,阿拉伯语并没有取代土耳其语(一种阿尔泰语系语言),而且,尽管阿拉伯语还短暂地征服过波斯语(一种印欧语系语言),但波斯语在10世纪得到复活后又重新回到了人们的日常生活中。

之后,伊斯兰教继续扩大其影响范围,往南进入了非洲中北部,往东延伸到东南亚地区,但东南亚地区的穆斯林往往只是把阿拉伯语作为宗教语言来使用,并仅采用了阿拉伯语的书写系统。因此,世界上有两类不同的伊斯兰教国家。一类是把阿拉伯语作为本国官方语言的国家,例如,

---

[1] 指上层社会如统治阶级或学术领域的文化(如学术、文学、美术等),与之相应的是下位文化(low culture)或大众文化(popular culture)。

[2] 公元750—1258年,是阿拉伯帝国的黄金时代。王朝以伊拉克为中心,在底格里斯河畔营建了新都巴格达。随着新王朝的建立,阿拉伯帝国的社会面貌也发生相应变化。阿拉伯帝国的君主专制统治空前膨胀,此时的哈里发们不仅自称是先知的代理人,而且也是安拉真主在尘世间的代表。他们凭借庞大的官僚机器,对广袤疆域内的各族人民进行封建统治。阿拔斯王朝因擅长同各种侵略势力周旋,保全自己至少作为穆斯林宗教领袖的地位,传了36代,历经508年。

[3] 中国穆斯林俗称"海里凡",是伊斯兰教国家政教合一的首领的称号,被认为是穆罕默德的继承人,在巴格达一直统治到1258年,尔后在埃及统治到1517年被奥斯曼所征服。

[4] 阿拉伯半岛南部沿海所使用的各种阿语方言的统称,南阿拉伯语与北阿拉伯语差异之大以至人们认为它们是两门独立的语言。另外西北非的马格里布阿语方言和中东阿语方言交谈也不能互相理解。但各个方言区的人能采用《古兰经》使用的古阿拉伯语(书面语或标准语)作为标准,进而能够相互沟通。

46 阿尔及利亚、埃及、伊拉克、以色列、约旦、科威特、黎巴嫩、利比亚、毛里塔尼亚、摩洛哥、阿曼、沙特阿拉伯、苏丹、叙利亚、突尼斯、阿拉伯联合酋长国、西撒哈拉(Western Sahara)①和也门,这些国家除了使用标准的古阿拉伯语外,还使用着本国所特有的阿拉伯语在当地的各种变体。另一类是不把阿拉伯语作为本国官方语言的国家,这些国家的大多数穆斯林都使用当地语言,他们对于宗教中的阿拉伯语知识却知之甚少。

马托克(Mattock 2001)认为,伊斯兰教与古阿拉伯语形成了一种互利共生的关系(symbiosis),阿拉伯语在中东作为一种强势语言(language of power)为穆斯林提供服务。对于世界各地的穆斯林来说,阿拉伯语是一种神圣的语言。尽管波斯人一直使用他们自己的本族语言——钵罗钵语(Pahlavi)②,但当他们在书写时还是使用阿拉伯语。伊斯兰教静悄悄地来到了东南亚,其传播在一些岛国地区(如印度尼西亚)尤其成功,而这里的大陆地区一般还是信仰佛教。有人认为把伊斯兰教引入东南亚的可能是商人(Kratz 2001)。马来语因借用了阿拉伯语和波斯语的某些书写体系而成了一门重要的伊斯兰化③语言(language of Islamicization)。自从南亚的第一批穆斯林社区建立以后,那里现有约2.5亿穆斯林,他们都已经接受了阿拉伯语作为一门宗教语言在伊斯兰教中享有至高地位的观念。在南亚许多地区,波斯语使用者也在传播伊斯兰教,但他们是用波斯语而不是阿拉伯语来传授伊斯兰教知识的,他们把阿拉伯语仅用于表达"宗教仪式中的教诲,进而使教徒或多或少地、反复性地认识到自己应该掌握阿拉伯语,以便能够用它来吟诵《古兰经》"(Shackle 2001:63)。1737年,《古兰经》被翻译成波斯语,1790年,乌尔都语版《古兰经》问世,后来,《古兰经》还被翻译成其他南亚语言。从18世纪中叶开始,波斯语作为南亚伊斯兰教中一种主要的文化语言却迅速地被乌尔都语所取代。尽管巴基斯坦还保留了波斯语的这种崇高地位,但在其他地方,波斯语则

---

① 位于非洲西北部,地处撒哈拉沙漠西部,濒临大西洋,与摩洛哥、毛里塔尼亚、阿尔及利亚相邻。该地是一个有争议地区,摩洛哥声明对此地区拥有主权。另外,当地的一个独立武装组织(波利萨里奥阵线)统治着该地区以东大约三分之一的荒芜地区,其余大部分均为摩洛哥所占领。目前,共有48个国家承认该武装政权所领导的"阿拉伯撒哈拉民主共和国"为独立的阿拉伯国家之一。

② 中古时期波斯语的主要形式,通行于3—10世纪。此种语言见于袄教经典、钱币及铭刻中,使用一种源于阿拉米字母的钵罗钵字母。后来,钵罗钵语为现代波斯语所取代。

③ 在历史学上是指一个社区或社会整体向伊斯兰信仰转变的过程。

都被当地的语言所取代。现在,我们还能从这些用地方语言表达的伊斯兰教词汇中发现波斯语和阿拉伯语的借词痕迹。

尽管阿拉伯国家的儿童通常只习得一种语言的识字能力,但巴基斯坦和印度的穆斯林儿童出于宗教和世俗的双重目的而必须学习阿拉伯语和另一种语言(Rahman 2006)。过去,巴基斯坦的儿童都要掌握波斯语和阿拉伯语,阿拉伯语是在伊斯兰学校(madrasa)[1]学会的。在英国统治时期,阿拉伯语在巴基斯坦的使用仅限于宗教领域,学生要读《古兰经》,但不学习阿拉伯语。现在,阿拉伯语是巴基斯坦学校中的必修课,而学校的教学媒介语是乌尔都语,尽管乌尔都语只是少数人的母语。虽然有些穆斯林反对学校教授英语,但只要付得起学费,多数人还是希望自己的孩子学习英语。

索耶(Sawyer 2006)对宗教给语言扫盲带来何种影响的问题进行过研究。他对宗教积极主动地阻碍百姓接触某些语言的做法进行了分析。他分析的第一个案例是,中世纪欧洲基督徒建立的宗教机构设法阻止百姓阅读地方语言版本的《圣经》。此外,索耶还提到了简·赫斯(Jan Hus)和威廉·廷代尔为推广其他语言版本的《圣经》所做出的努力。印度也同样出现过宗教界阻碍其他语言在宗教领域推广的现象,他们认为只有梵语和印地语的书写体系才是神圣的,未经接受过专门培训的人不能使用它们。在波斯,琐罗亚斯德教(Zoroastrian)[2]教士告诫人们,经文《阿维斯陀》(*Avesta*)[3]是不可以被抄写下来的。据报道,德鲁伊教(Dru-

---

[1] 又译穆斯林学院,有私立、公立和教区办的,可指中小学,也可指大专程度的学校。伊斯兰学校提供两种主要课程:哈菲兹(Hafiz,即能牢记古兰经的人)课程和阿訇(即学者)课程。常规的教学内容包括阿拉伯语、塔夫细尔(Tafsir,即对古兰经的注释)、沙里亚法规(伊斯兰法律)、圣训(先知穆罕默德的言论及事迹)、满提克(Mantiq,即逻辑)及伊斯兰教历史。伊斯兰学校还接收孤儿及贫苦儿童,为他们提供教育。伊斯兰学校也收女生,但不与男生一起上课。

[2] 流行于古代波斯(今伊朗)及中亚等地的宗教,中国史称祆(xiān)教、火祆教、拜火教。该教在基督教诞生之前是中东最有影响的宗教,为古代波斯帝国的国教。其教义一般认为是神学上的一神论和哲学上的二元论。该教认为阿胡拉·马兹达(Ahura Mazda)是最高主神,是全知全能的宇宙创造者,它具有光明、生命、创造等德行,也是天则、秩序和真理的化身。马兹达创造了物质世界,也创造了火,即"无限的光明",因此,琐罗亚斯德教把拜火作为他们的神圣职责。琐罗亚斯德教的出现,对后来的犹太教、基督教、伊斯兰教,都有深远的影响,故被称为"世界第五大宗教"。

[3] 又称《波斯古经》,是琐罗亚斯德教的主要经典。认为宇宙初期有善恶两种神,善神为阿胡拉·马兹达,意思为智慧之主、光明、生命、创造、善行、美德、秩序、真理的化身。恶神为安格拉曼钮(Angra Mainyu),是黑暗、死亡、破坏、谎言、恶行的化身。最后善神击败恶神,成为世界唯一存在的主宰。《波斯古经》除了记述伊朗的宗教神话、赞歌、礼仪、戒律外,还包括其民族起源、历史、民间传说、英雄史诗等内容;波斯宗教中对天使、魔鬼的描述以及其末世观念和末日审判等之说,无疑都对当时的犹太教产生了一定的影响,后来更为基督教所继承。

id)①也具有这种特点。索耶认为伊斯兰教的传播也给当地语言带来了负面影响。穆斯林律法严禁人们把《古兰经》翻译成当地语言(但翻译成中世纪的波斯语和奥斯曼时期的土耳其语除外),并要求穆斯林学习阿拉伯语。《古兰经》学校要求学生在一定程度上学会如何阅读和书写阿拉伯语,而对他们的母语则置之不理。当时,伊斯兰教还要求各种地方语言都采用阿拉伯语的书写体系。索耶认为,伊斯兰教的这种语言政策带来的后果是,减缓了那些伊斯兰教盛行和阿拉伯语强势地区的语言扫盲运动的发展。根据联合国教科文当今的统计数据,阿拉伯国家、撒哈拉沙漠以南的非洲国家、南亚和西亚国家的文盲率均高于东亚国家或拉丁美洲国家的文盲率。

马莫里(Maamouri 1998)强调说,中东和北非国家的阿拉伯语存在着书面和口头双言现象(diglossia),这与这些阿拉伯语使用区的正规教育有关系。这一地区的经济特点是出口种类的匮乏日益严重,出口产品的相关性令人质疑,出口水平之低令人难以接受。阿拉伯语对于这些国家的身份是至关重要的。马莫里列举了各种研究的结果来证明该地区的人们在语言读写方面起步较晚。他还指出,阿拉伯语是穆斯林"获得伊斯兰教经文信息的主要工具和渠道"(Maamouri 1998:19)。皈依伊斯兰教就意味着接受"阿拉伯语的基本读写形式,而且,阿拉伯语可使其使用者获得更多的教义,而不是仅限于日常生活的经历感受"(Maamouri 1998:20)。长期以来,《古兰经》中使用的标准化的阿拉伯语与日常口头使用的"受到腐化"的阿拉伯语就产生了差异。赋予书面阿拉伯语更高地位的做法导致了阿拉伯语现在的二分法和双语体现象(Ferguson 1959;Hudson 2002)。《古兰经》使用的阿拉伯语只是让一群宗教专业人员获益,它并没有为大众提供日常交际的功能。马莫里认为,这才是阿拉伯语两种变体的主要差异。

《古兰经》的第一个翻译本是拉丁语版本,这是由一位基督徒翻译的,

---

① 敬拜自然,并将橡树视作至高神祇的象征,把寄生在橡树上的槲寄生看作一种万灵丹(panacea),具有神圣的疗效。德鲁伊教主要流行于凯尔特人中,地处高卢、不列颠、爱尔兰、欧洲大陆等。德鲁伊教的仪式和教义都是非常神秘的,而且只依照惯例口头传授,但他们也有自己的文字符号——欧延文字(Ogham)。这种文字常见于凯尔特石刻、木刻之中,一共有 25 个字母,每个字母都与一种圣树相关。

目的是为了让某些人成为穆斯林。在 15 世纪中叶,《古兰经》被翻译成西班牙语,以便用于摩里斯科人(Moriscos)①的教育,并为西班牙北部已经皈依基督教的穆斯林提供服务,他们就再也不用读阿拉伯语版本的《古兰经》了。但是,彼得斯(Peters 2003)注意到,一般说来,穆斯林都不愿意翻译《古兰经》。穆斯林祷告时必须用阿拉伯语进行,但在非阿拉伯语国家,星期五这一天是个例外,穆斯林可以用当地语言布道和祷告。

伊斯兰教对语言的影响是巨大的。以前,有些人采用宗教皈依与军事征服相结合的办法来对付一些国家,后来,这些国家以及原先使用阿拉米语的地区出现了一种新的地方语言,即一种当地的阿拉伯语的口语变体。但是,伊斯兰教的宗教机构对该语言变体嗤之以鼻,因为它的基本任务是推广《古兰经》上的语言——古阿拉伯语,他们认为古阿拉伯语才是伊斯兰教唯一的祷告语言和学术语言。20 世纪 20 年代,埃及对于本国的各种阿拉伯语口语变体是否可能被接受并得到规范进行了激烈的辩论,最后,决定采用泛阿拉伯主义(Pan-Arabism)与伊斯兰教相结合的办法来处理该问题(Suleiman 2001,Suleiman 1996)。有人认为这些语言政策的决定有助于我们解释为什么伊斯兰教国家和阿拉伯语国家难以适应现代化的原因。

如同前面对犹太教和基督教的两个小节一样,本小节也是采用了同样的方式来描述伊斯兰教的语言政策及其对周边社区所产生的总体影响。我们在此讨论宗教,并不是想要描述宗教域的某些具体案例,而是把宗教作为一个影响语言的因素来看待的。这种方法意味着,我们在发展语言政策理论的过程中需要对它进行一些修正,即语言政策理论描述的模式不能只适合一个社区所出现的情况,而要适合许多具体社区所出现的情况。语言政策理论所指的宗教言语社区要比单独的一个清真寺更大,其涉及的人员也比一个清真寺的参拜人员更多,其相关的管理人员也比单独的一个伊玛目(imam)②更多,含义更广。但是,这里的宗教言语社区一定是宗教律法推广使用的结果。

---

① 一支改宗基督教的西班牙穆斯林及其后裔。
② 阿拉伯语中原意是"领袖""师表""祈祷主持"或"教长"的意思。逊尼派中该词亦为此意,是伊斯兰教集体礼拜时在众人前面率众礼拜者。在什叶派中,伊玛目代表教长,即人和真主之间的中介,有特别神圣的意义,《古兰经》中的隐义,只有通过伊玛目的秘传,信众才能知其奥义。

3.5 其他宗教的语言管理

我们最好把印度教(Hinduism)看作是一种"与印度历史、文化联系密切的,并且在一定程度上是通过使用梵语来传播的宗教"(Killingley 2001:52)。从表面上看,印度教与西方的三大宗教一样都是由西方的东方学专家、学者和传教士重新诠释的结果(King 1999)。印度教作为一种宗教的概念出现在 19 世纪:1955 年的《印度教徒婚姻法》(*Hindu Marriage Act*)把印度教信徒界定为那些不属于穆斯林、基督徒、印度琐罗亚斯德教徒(Parsee)[①]或犹太教徒的印度人,于是,印度教信徒包括佛教徒、耆那教徒(Jains)[②]和锡克教徒(Sikhs)[③]。西方人的这种观点给印度带来了两大影响,一是使得西方人把印度教视为一种标准的宗教,二是使得印度教"文本化"(textualize),即把大家的关注点都集中在《吠陀》的梵语文本上。然而,印度宗教传统中口头流传的"大众性"文化却被忽视了,甚至还被指责违背了印度教的文本内容。这种观点极大地阻碍了印度人语言读写能力的发展,从而导致印度出现了"抄写员群体和权威翻译人员",这些人对印度殖民时期的有效行政管理是至关重要的。处于社会上层的婆罗门(Brahman)种姓的形式和传统则得到重视。印度的宗教传统具有多样性,但是这种多样性却被人为的标准化和统一化给消解了,从而使得印度教在形式上与西方宗教保持了一致。印度教的这一发展与印度民族主义的成长是同时的和关联的,印度民族主义重视梵语传统,印度教也必然要重视梵语传统。

---

① 也译帕西人,是指公元 7 至 8 世纪为躲避波斯穆斯林迫害而逃到印度的琐罗亚斯德教徒及其后裔,这些人不愿改信伊斯兰教而移居印度西海岸古吉拉特邦一带,他们被迫放弃波斯语而转用古吉拉特语。

② 即信仰耆那教(Jainism)的人,耆那教是公元前 6 世纪由筏驮摩那(Vardhamana)或大雄(Mahavira)创立的印度非神论宗教,反对正统的婆罗门教教义,宣扬灵魂转世论,禁止伤害生灵,以禁欲主义而著称。

③ 亦称锡克人,他们的显著特征为裹头巾、蓄胡须,以至在许多国家的一些影视作品中,锡克教徒打扮成了人们心中典型的"印度人"扮相。他们大部分居于印度与巴基斯坦的旁遮普地区。锡克教产生于 15 世纪后期,由鼻祖那纳克(Nanak)在印度旁遮普创建。其教义提倡人人平等、友爱,强调现实,反对不平等的种姓制度,同时也反对妇女戴面纱和幽居深闺等。锡克教的经典是《阿迪·格兰特》。印度教与锡克教素来不和。

直到 19 世纪,"印度教信徒"(Hindu)一直是一个民族性术语,它既包含了宗教信仰的意义,也包含了民族主义的含义。在印度,人们的语言选择往往与宗教有关。例如,在印度的有些地区,印度教信徒使用马拉地语,穆斯林使用乌尔都语,耆那教徒使用卡纳达语。印度的民族主义者极力地推广印地语和梵语,他们把印地语看作是所有印度人的现代语言,而把梵语看作是印度的学术语言。《吠陀》作为南亚最古老的宗教文本,是用梵语书写的。其编撰工作早在公元前 1500 年就开始了,但直到公元 1000 多年后才结束,而且,印度教的教规至今都尚未固定下来。梵语是印度教仪式上使用的固定语言,其宗教经文在公元前 3 世纪才有书面形式,在那之前都是由教师通过口耳相传的方式传教给学生。《吠陀》中的一些诗歌统称为曼特罗(mantras),由于曼特罗具有一定的神圣性,因此,人们需要用准确的语言来表达其含义。鉴于此,负责讲授《吠陀》的牧师都需要接受梵语语音、语法、词源和音步方面的培训。梵语的使用逐渐地从宗教领域扩散到学术领域(Killingley 2001),梵语的词汇也被大量地借用到印地语中。因为印度教的经文通常被翻译成其他的地方语言,如卡纳达语、马拉地语和英语,所以这些地方语言的使用得到了广泛地推广。在印度之外,梵语也被用于一些仪式上,特别是用在婚礼以及其他有关生命周期的活动上,但是人们同时提供英语注释和英语解释的现象却司空见惯。

印度教是一种口头宗教,传统知识都是口耳相传。在婆罗门印度教中,用梵语编撰的《吠陀》构成了其基本的宗教经文(Lipner 2001:295)。在印度教的某些传统习俗中,教规"被认为是神圣权力的表达"(Lipner 2001:297)。然而,现代的印度教信徒经常使用其他语言版本的宗教经文,其中许多经文都是用其他的现代印度语言来表达的。有些《吠陀》颂诗主要用于有关生命周期的庆典仪式上,但许多出席者都听不懂,因为在印度,妇女和低种姓人是不被允许学习《吠陀》的(Brockington 2001)。在印度教中,曼特罗因被认为具有某种特别的力量而常被人们应用于礼拜活动中,只有新入教的信徒才必须学习和使用曼特罗(Smith 2001)。

潘德哈里潘德(Pandharipande 2006)认为,现在南亚再也不存在明显的宗教与语言之间的等号关系。中世纪,人们认为决定宗教特点的是其内容,而不是其形式,并认为所有的语言都同样能够用来表达这些内容。尽管一些古典语言,如梵语、阿拉伯语和巴利语(Pali)①,一直与某一宗教保持密切联系,但其他南亚语言(包括英语)已经开始用于诸多宗教。

3.6 宗教域与语言管理理论

本章对宗教域语言管理的研究表明,语言政策存在着来自宗教界的压力,而且,世界上的几大主要宗教都存在着具体的语言管理政策。但是,语言管理理论是如何来体现这些的呢?首先,语言管理理论为某些宗教中严守教规的信徒和管理机构确立了语言实践的本质,解释了严守教规的信徒、宗教管理机构以及不太严守教规的信徒对某些语言变体所持的不同价值观,揭示了某些语言管理行为的根源,因为这些语言管理行为都严重地影响到宗教信徒的语言生活。严守教规的犹太人要学习希伯来语,严守教规的穆斯林要掌握古阿拉伯语,而不太严守教规的犹太人或穆斯林则可能不愿意花时间和精力去学习这些语言,但他们或许都认为自己应该并愿意让自己的孩子去学习这些语言。第二,宗教群体、民族群体和传统群体三者往往相互交错,难以区分,但它们都为宗教语言和祖裔语言的维持提供了支持。第三,宗教管理机构都有自己内部的政策结构(policy structure),如犹太教的拉比、基督教的牧师和伊斯兰教的伊玛目都把各自的宗教信仰和宗教实践传授给广大的信徒。于是,这些宗教管理机构成了信徒及其家庭的一个重要外部影响因素,并给他们增加了压力。第四,宗教也是表达宗教意识形态或"神性道德"(ethic of divinity)的基础(Shweder et al. 1997)。对于信徒而言,宗教中的语言选择是一件有关宗教传统的事情,对宗教中神圣传统的了解将有助于我们理解为什么有些宗教信徒对以下语言使用现象反映强烈,甚至接近憎恶的程度:罗马天主教中弥撒语的地方化、改革派犹太教教徒使用德语或英语来进行祷告的行为、《古兰经》中可能出现的语言不纯现象(Suleiman 2001)。宗教信仰与语言纯洁是密切相连的,语言干净意味着信仰虔诚。

若要用宗教域中的一般知识来解释某一具体的宗教实例时,我们有必要考虑其具体场景中的语言交际需求。宗教域中的主要参与者是神

---

① 一种印度语支语言,与梵语关系密切,用于书写南方佛教的经文。

(即信徒祷告的对象以及经文的公认作者)、信徒以及起中间人作用的牧师。在不同的宗教中,人们对于经文(即来自神的言语)和祷告(即信徒对神的言语)中坚持使用一种语言的做法有不同的观点。通常而言,牧师应该精通某一宗教中的这一特殊语言,当信徒不理解该语言时,牧师应该把经文或经文释本翻译成信徒能够理解的语言。

  通常,牧师是用信徒的语言与信徒进行交际的。美国新墨西哥州和科罗拉多州的盆尼坦特兄弟会(Penitente Brotherhood)①是一个很好的例子。1821年,墨西哥独立后,天主教会辞退了三个当初在墨西哥执行传教任务的牧师,有些地方则用当地的世俗牧师来填补这些空缺的位置。各教区没有了牧师后,许多小型社区就建立了各自的盆尼坦特兄弟会,这些兄弟会在宗教实践中承担着一定的管理角色,如对违背宗教戒条的教徒实施鞭笞以及重新颁布钉死于十字架的刑罚(Crucifixion)。19世纪中叶,美国接管了新墨西哥州,于是,使用西班牙语的墨西哥牧师被来自美国路易斯安那州使用法语的牧师所取代,这一变更导致了牧师与信徒无法相互交流。此外,由大主教发动的旨在取消盆尼坦特兄弟会的运动并未受到大家的关注,但该运动一直在持续,最终在20世纪中叶该运动得到了教会的认可。在德国的一个镇上,有一座小型犹太教堂。当我去那里的时候,一个说英语的拉比告诉我,当地社区的领导都使用德语,他们并不鼓励该拉比学习俄语,可是,俄语是苏联犹太人所使用的语言,而且,时常有许多苏联犹太人来此参加礼拜活动。不能用信徒的语言与他们交流是牧师的一大障碍。认识到这一点,教皇约翰二十三世(Pope John XXIII)②引用了他的前任教皇皮乌斯十二世(Pope Pius XII)③的一句话:"传教士必须始终把自己的最终目标记在心上,那就是在别的国家牢固地建立教会,进而把教会委任给当地的神职人员,该神职人员必须从当地人中选出"(Pope John XXIII 1959)。因此,基督教的牧师、犹太教的拉比、

---

  ① 美国新墨西哥州和科罗拉多州的西裔罗马天主教信徒(男)所组成的世俗协会。
  ② 教皇约翰二十三世(1881—1963年),也译教宗圣若望二十三世,于1958—1963年任罗马教皇,是历代教皇中颇受敬重的一位。曾召开第二次梵蒂冈大公会议,提倡"清廉教会",1963年发布著名通谕《和平于世》。1958年,前任教皇皮乌斯十二世逝世,约翰当选教宗,时年77岁,以此高龄当选,人们普遍认为他只是一个过渡时期的教皇,没想到他却带领天主教进入一个新的时代。
  ③ 教皇皮乌斯十二世(1876—1958年),是天主教会第260任教宗,于1939—1958年任罗马教皇。

伊斯兰教的伊玛目或传教士最好是多语人，他们既要精通当地语，也要熟悉宗教语。

对于宗教信徒而言，教会对他们在宗教语言水平方面的要求比对牧师等宗教人员在宗教语言水平方面的要求更低。假如他们不懂某一宗教语言，他们只要记住或能够诵读用该宗教语言书写的祷告词即可，而且，祷告书可能会在用宗教语言书写的文本上同时配上某种语言的译文。此外，宗教信徒在彼此交流时可以使用他们自己的当地语言，但或许会在交谈中加入一些来自宗教语言中熟悉的短语。

从这些显著模式中的语言变化可知，宗教域也存在着来自宗教域之外的影响因素。例如，在比利时和荷兰，有些传教士在进行某些宗教仪式时试图使用弗里斯兰语，而不是使用已经得到普及的标准荷兰语，这种行为清楚地表明了语言活动者的语言意识形态是强大的（Zondag 1987）。黎巴嫩的事实也表明，宗教对人们的语言知识和语言使用会产生强烈的影响（Joseph 200）。黎巴嫩自从7世纪被阿拉伯帝国征服时就开始基本上使用阿拉伯语，但在奥斯曼帝国统治时期黎巴嫩却出现了双语现象——每个地方的政府官员都是阿拉伯语和土耳其语的双语使用者。黎巴嫩的基督徒则通常使用阿拉伯语和法语（法语是当初在黎巴嫩的西欧执政者的语言），基督教马龙派教徒（Maronite Christians）①还保持着把古叙利亚语作为礼拜语言（liturgical language）来使用的传统。截至第一次世界大战结束，懂得法语的黎巴嫩人很可能是基督教马龙派教徒或罗马天主教教徒，而懂得英语的黎巴嫩人很可能是受过教育的东正教教徒或穆斯林。法语和阿拉伯语的双语者人数在黎巴嫩继续攀升，在黎巴嫩的基督徒人群中更是如此。1960年黎巴嫩独立后，法语在黎巴嫩开始式微，但经过最近发生在黎巴嫩的动乱之后，那里的人们（特别是基督徒）又开始再次推崇法语。

本书第二章论述了家庭域的语言管理，在那里我们探讨了家庭语言管理者在改变其他家庭成员的语言实践和语言信仰方面指望获得什么样

---

① 基督教中属于东仪天主教会的一个分支，5世纪早期由叙利亚教士圣马龙创立。7世纪时正式形成教会，首任宗主教是若望·马龙。现今马龙派信徒全球大约有400万人，其中在黎巴嫩有约100万人。马龙派教会语言为古叙利亚语，实际生活中信徒多使用阿拉伯语。今日马龙派的最高教会首脑为安提约基雅马龙派宗主教，由全世界的马龙派主教选出，居住于黎巴嫩贝鲁特北部。

的成功。在本章中,我们从两个方面分析了宗教和宗教机构,一是把宗教和宗教机构看作是支持家庭语言政策的潜在动力;二是把宗教和宗教机构看作是改变信徒语言实践和语言信仰的独特阻力。我们注意到有些宗教域的外部因素,如语言活动(language activism),也可能会影响到宗教域的语言管理。此外,我们还简述了宗教域中建立的有关规范交际模式的要求。语言域的这一特点使我们想到我们可以对语言管理理论进行一个有趣的修改,即宗教域的语言管理者不但需要关注宗教域的参与者,而且还需要关注宗教域的听众。传教士在做礼拜的地方对神说话时可以用一种语言,而对信徒说话时可以用另一种语言。同样,有些儿童在家里对兄弟姐妹说话时经常用一种语言,而对父母说话时又用另一种语言。

　　宗教域的语言管理还有一个重要的内容,那就是保护和传播宗教语言,宗教语言与地方语言有所不同,因此,要保护和传播宗教语言就需要为宗教语言提供翻译,并建立宗教语言学校和其他有关宗教语言的机构,从而使俗人(layman)能够学习宗教语言。教育机构起源于宗教语言的管理,当初宗教界把教育机构看作是一种确保教士和俗人(laity)掌握宗教语言的方法。

　　我们特别注意到宗教意识形态(即神性道德)对语言管理的影响,同时,我们还能获得一些有关语言管理方面的启示——宗教内容世俗化的方法,即我们把上述神性道德转化到民族主义领域。这或许能够解释为什么只有那些观点强烈的宗教群体(如基督教阿曼门诺教派和犹太教哈西德教派)才能够顶住世俗的同化力量的影响(Fishman 1966)。利拉(Lilla 2007)引用了埃里克·弗格林(Eric Voegelin)在《政治宗教》一文中的观点,即欧洲启蒙运动之后,人们对上帝的信仰被人们对政治新秩序(如马克思主义、法西斯主义和民族主义)的信仰所取代,于是,神性道德与政治道德进行了整合。同样,费什曼(Fishman 2002a)也指出,依地语的当代地位之所以得到提升,是因为人们把依地语的宗教原因和政治原因整合在了一起。下一章,我们将深入研究世俗世界,因为我们将探索工作域的语言管理。

第 4 章 工作域的语言管理

4.1 语言域及其管理层级

在本书的研究中,我选择从最小的言语社区而不是最大的言语社区开始。本书第 2 章论述的是家庭域的语言管理,家庭当然算得上是一个"微小"的语言管理域,但研究结果却表明家庭作为社会语言生态的一部分是非常复杂的。倘若我们从社会语言生态的研究角度出发,按逻辑,下一个语言域层级应该是农村的村庄或城市的居住小区。这一层级的研究或许也能使我们考虑到人口居住的密度会对语言政策产生影响,从而促使我们对乡村和城市的语言状况进行比较,并探究城市到底是语言的万恶之源还是解决语言问题的方法之地(Fishman 1999)。然而,我决定跳过这个层级,因为我发现有权管理语言实践的人都来自某些政府机构(如市政府或地区政府),本书第 9 章将探讨政府这个层级的语言管理。相反,本书第 3 章探讨了一个与家庭域很接近但完全不同的语言域——宗教组织和宗教机构。任何语言域都只是语言生态中的一个部分,这意味着它们之间存在着复杂的互动关系,所以,我们有必要经常考虑到政治政策和国家政策对语言政策的影响。同样,我们在研究工作域的语言管理时也需要通过关注本域内所发生的语言管理活动来对工作域的语言管理做些人为的区分,同时,还要尽可能地忽视政府在管理语言时把政策强加在许多工作单位的做法。我们正在寻找那些会对自己员工的语言使用进行管理,但又不会完全受制于当地政府所制定的语言政策的单位。例如,中国政府要求本国证券公司的高管必须通过用汉语进行的资质测试①(美国《彭博新闻社》(*Bloomberg News*)②,2007年7月13日)。再如,日本政府要求本国的外国定居者要通过日语能力考试(英国《金融时报》,2008年1月15日)。

回顾语言管理与语言政策的其他两个成分(即语言实践与语言信仰)之间的区别也是很重要的。工作域中有关语言管理的决定旨在改变本域中人们的语言实践与语言信仰以及解决本域中参与者的语言交际问题。

对于这些交际问题,解决的办法形形色色。例如,当商店老板要求销售员能够用英语而不是当地语言来接待顾客时,他们应该有许多不同的方法来解决这个问题,如制定商店特有的英语使用规则;通过一定的实践来培训员工的英语能力;招聘懂英语的员工。此处能有权做出类似决定的人,显然一般都是单位的领导、中层管理干部或公司总部的人员。

工作域中有关语言管理的决定可能会受到非常明显的商业目标的驱使,或者说是出于对自己的有效商业运行构成较大威胁的反应。2005年,塞浦路斯太阳神航空公司(Helios Airline)③的坠机事件被认为是飞机出现系列警告后飞行中的"机舱语言困惑"(cockpit confusion)④而导致的。经验丰富的德国籍飞行员与初出茅庐的塞浦路斯籍副驾驶员各自使用不同的母语,因而他们彼此只能通过英语来相互交流,但是双方都觉得很难理解对方说的英语(美国《国际先驱论坛报》,2005年9月7日)。该航空公司的老板如果能证明公司对飞行员和其他机组人员都有严厉的语言能力要求就能得到更多的原谅。根据太阳神航空公司网站上的职业要求,航班的全体机组人员都必须在英语和希腊语方面达到熟练使用的

---

① 中国证监会就证券公司高管任职资格主要发布过两次规定,一次是2004年发布的《证券公司高级管理人员管理办法》,另一次是2007年发布的《证券公司董事、监事和高级管理人员任职资格监管办法》。上述办法对证券公司高管人员的任职资格条件、申请审批程序、法律责任等做了较为明确的规定,对境外人士较为重要的一条就是,与中国的其他从业者一样,必须通过证监会认可的资质测试。虽然并未做特殊规定,但不言而喻,境外人士必须使用汉语通过相关测试。

② 成立于1981年的美国彭博资讯公司,是全球最大的财经资讯公司,其前身是美国创新市场系统公司。该社在全球拥有约130家分社和约2000名新闻专业人员。

③ 成立于1998年的塞浦路斯第一家私营航空公司,2004年被英国一家公司收购。赫利俄斯(Helios)是希腊神话中的太阳神,相传,每天驾车自东向西驰过天空。

④ 一个民航中的术语,指空中的飞行员与地面的空管员相互听不懂或很难彻底听懂彼此的语言,从而影响信息的交流,最后引发航空事故。

程度,而且,托福成绩要达到 550 分以上,或者《普通教育证书》(General Certificate of Education,GCE)①的英语成绩要达到 C 级以上;为了强调英语的重要性,该航空公司的职位申请表都是用英语书写的。

最近,人们开始尝试分析工作中的语言问题(Koester 2004),并对众多工作单位中存在的大量语言实践进行研究。在早期的研究中,有人曾经对埃塞俄比亚各种商业市场中所出现的语言选择现象进行了分析。例如,库帕和卡朋特(Cooper and Carpenter 1976)调查了埃塞俄比亚的一个多语市场,他们指望能从中发现买卖双方所使用的通用语是如何发展起来的,又是如何使用的。结果,他们没有找到自己想要的,却发现了市场上语言使用的一条原则——卖者都想尽力地学会自己潜在顾客的语言。再如,在美国的新墨西哥州,来自圣多明各印第安人村庄(Santo Domingo Pueblo)②的商人以能说美国西南部多种语言而著称。斯波斯基和库帕(Spolsky and Cooper 1991)曾在耶路撒冷老城的农贸市场(Shuk)③发现了类似的现象:阿拉伯人店主不但学会了希伯来语和英语,而且还掌握不少游客的语言,所以,这些店主就可以用游客的语言回答他们的问题,或邀请他们进店看看。正如企业老板都认为企业在营销时使用顾客的语言可以提高企业产品的销量一样,我们也期待能够看到他们采用一种能够实现他们上述语言信仰的用人政策。

这种语言管理的证据可以在有关经济发展刺激外语学习的研究中找到。在有关英语传播的开拓性研究中(Fishman et al. 1977),库帕和塞克巴赫(Cooper and Seckbach 1977)收集了一些以色列招聘广告中所出现有关语言要求的资料。例如,他们从 1973 年以色列三大希伯来语报纸在每周五刊登的招聘广告中收集了 4500 个,其中百分之十七都有英语能力的要求。在这些招聘广告中,经常提到有英语水平要求的都是一些非学术性或非技术性的岗位,它们需要大学毕业生从事白领工作,如办公室的接待员、交换机的话务员、单位秘书、打字员、记录员或办公员。以色列

---

① 使用英语教育系统国家的考试制度,1951 年起主要在英格兰、威尔士和北爱尔兰实行,后推广到英国各殖民地,该考试一般来说是一年两次。
② 位于美国新墨西哥州的桑多瓦尔(Sandoval)县,这里居住着两千多人,使用着克列斯语的东部方言(eastern dialect of the Keresan languages)。
③ 耶路撒冷一个大型农贸市场的名称,有的地方是露天,有的地方搭建了棚子,那里可以买到各种新鲜水果、蔬菜和日用品等。为了招揽顾客,里面的摊贩会大声吆喝,报出商品价格。

的大多数招聘广告都要求应聘者懂得希伯来语和英语,这反映了以色列的犹太经济中所存在的双语现象。

对于加拿大(Chiswick 1994)、澳大利亚(Chiswick and Miller 1995)、以色列(Chiswick 1993)以及其他地方(Grin 1996)的移民来说,掌握国际强势语言所带来的经济价值在许多基础性研究中都已经体现出来了。最近,格林(Grin 1996)在一个研究项目中分析了瑞士人掌握英语后所带来的经济价值。上述研究表明(但尚未证实),世界各地在招聘人员时都存在有关语言管理的政策,规定了具体语言技能的要求。

20世纪90年代,以色列出现了大批来自苏联说俄语的移民,这对以希伯来语和英语为主的以色列来说是一个巨大的挑战。打破以色列语言生态的第一个信号是出现在希伯来语报纸上的系列俄语广告,这些广告都是以色列的银行刊登出来的,其目的是为刚到以色列的新移民提供金融服务,因为这些新移民不再像早期移民那样来到以色列后就住进政府提供的招待所,而是要自己解决住处问题,但政府提供资助金。此外,以色列还出现了俄语版的银行服务海报。格里纳特(Glinert 1995)注意到以色列的许多企业和政府部门都开始雇用懂得俄语和希伯来语的办事员,但他不知道在这些现象的背后是否存在任何政府的协调行为,或者说这些现象的背后是否有中央政策在起作用。但是,格里纳特的研究表明,每一个案例中的语言管理决定事实上都是地方上自己做出的。我在以色列的一所大学里也发现了类似的情况:学生办公室主任注意到大多数新来的移民学生来到办公室时都自动地走向办公室里唯一能说俄语的学生助理那里,当该助理离开该岗位后,立即由另一位也懂俄语的人来接管该工作。可见,语言管理与其说是中央行为,还不如说是地方举措,这对中央集中化的语言规划观点是一个挑战。

4.2 工作单位的语言管理条例

当我在美国新墨西哥州工作的时候,我的一位朋友在一所学校任高级教师,但她抱怨说,学校校长在教工电话机旁放了一块牌子,上面写着"使用该电话机时只能说英语"。我们经常能从报纸上看到一些有关某些单位制定员工语言使用条例的报道。例如,在美国,一些餐馆老板禁止员工在有顾客的场合说西班牙语或越南语;在以色列,医院严禁有些医生和护士在病人面前相互说俄语[1]。美国公平就业机会委员会(the Equal Employment Opportunity Commission)[2]于 2006 年诉救世军(Salvation Army)[3]美国分部实施了一条要求对捐赠衣物进行分类的人员(sorters)只说英语的管理条例,这个问题还引起了美国国会及其他部门的激烈辩论。尽管我们很少看到有关以下内容的报道,即单位领导设法管理自己雇员工作之外的语言使用,但是,的确还有许多更加非正式的有关语言使用的单位行为并未引起大家的关注。

不过,我们时常也能看到有关以下内容的新闻描述,即有些单位为提高员工的外语水平而采取的一些举措,但谁也不能保证这些措施一定有效。加拿大的医疗卫生管理部门曾经为本国的新移民提供过专门的培训项目,培训内容包括医药、通用英语和护理技能。但是,这些培训项目并没有满足有些医疗机构对语言交际的特别需求,因为在这些医疗机构中还有许多工作人员及患者都不懂英语(Duff et al. 2002)。戈尔茨坦(Goldstein 1994)注意到,在加拿大的一家制造业公司里,说葡萄牙语的妇女移民反对公司要求他们学习和使用加拿大官方语言(即英语和法语)的做法。

因为酒店业是为了满足旅行者而开设的,所以语言是该行业的一个潜在问题。酒店前台的接待员通常对此要有所准备,但酒店对内勤人员和清洁工的语言(外语)没有特别的要求,所以他们的工资往往也比较低。在发达国家,这些人员大多是移民。坐落在美国西海岸的卡尔顿酒店(Carleton hotels)是一家有 12 个分店和餐馆的连锁酒店,其广告说该酒店是位于城市繁华地段的时尚酒店,其服务群体主要是富裕的游客,为此,该酒店为员工开设了英语作为第二语言的职业英语培训班(Katz

---

[1] 因为以色列有许多来自俄语地区的移民,有些医生和护士都是俄语使用者,他们在一起时喜欢说俄语。

[2] 美国一个独立的联邦执法机构,执行所有联邦政府有关平等就业机会的法律,并负责监督和协调所有联邦政府的平等就业机会的规定、措施和政策。该委员会调查受到种族、肤色、宗教、性别、年龄、残疾的歧视和对反歧视进行打击报复。对雇主和工会进行歧视控诉的调查和裁决。

[3] 一个于 1865 年成立,以军队形式作为其架构和行政方针,并以基督教作为信仰基本的国际性宗教及慈善公益组织,以街头布道和慈善活动、社会服务著称。它有一个称呼,为"以爱心代替枪炮的军队"。它的创办人威廉·布思希望能够把基督教传给穷困的人,并透过了解穷人们物质及心灵之需要来给予帮助。其国际总部位于英国伦敦,在全世界有几千个分部,约有成员两百多万人,其中以美国人居多。

2001)。该酒店的高级管理人员以及前台接待员都是英语使用者,有些中层管理人员则来自菲律宾,他们能用英语与级别更高的管理层人员交流,同时,也能用西班牙语、他加禄语、汉语或英语与级别更低的工作人员(如清洁工)交流。当有客人投诉客房的清洁工不懂英语时,酒店管理层就开始了一个"充电工程"(re-engineering)项目,即对酒店的内勤人员和清洁工进行培训,其中包括英语的培训。酒店高层希望这一项目将有助于提高酒店的服务质量。该项目的确增加了酒店不同级别人员之间以及酒店工作人员与客人之间的交流,但它并没有提升员工对工作的忠诚度。

非英语国家若想要发展国际贸易,外语(尤其是英语)是一个重要的语言问题。新加坡为了提高全民的英语水平在较早的时候就改变了本国学校的语言教育政策。在马来西亚,政府最近开始干预本国的语言教育政策,因该国在早些时候坚持把马来语作为学校教学媒介语的做法给本国的商界带来了一个国际交流的问题,即许多受过良好教育的管理人员在国际交流中都使用着马来西亚英语的各种亚变体(sub-variety)(Gill 1999)。尽管汉语在马来西亚当地华人企业界的交流中具有强势地位,但英语在马来西亚私营企业(如银行业、金融业)中的地位是根深蒂固的(Nair-Venugopalk 2001)。

中国香港的工作场所大多是多语的。艾文斯(Evans 1999)对1500名在香港理工大学学习的建筑工人进行过问卷调查,他们的回答是,工作场所日常的口头交际不需要用到英语,但他们需要接触到用英语书写的传真、信件、备忘录和报告等。香港于1997年回归中国后,艾文斯和格林(Evans and Green 2001)又在香港进行了一次问卷调查,对象是1500名在公立和私营部门工作的专业人员。调查结果如下:第一,英语依然是香港公立和私营部门书面交流中的常见语言(unmarked language);第二,在外资企业工作的专业人员比在当地公司工作的专业人员需要使用更多的英语;第三,大型企业比小型企业更需要英语;第四,粤语依然是香港人口头交际中的常见语言,但当有外国人在场时大家一般都会使用英语。

在南非,希尔和齐尔(Hill and Zyl 2002)采访了58位工程师。在管理和跨部门层面工作的人员在书面交际时需要使用英语。但是,在这些被采访的人员中,有很大比例的人都认为,学会口头的阿非利堪斯语(Afrikaans)以及当地的土著语言对于"完成工作"是非常重要的。

可见,工作的方式、参与者和地点不同,其语言管理也就不同,因此,我们或许可以把工作场所划分为许多不同的场域。在地方层面的工作场所中,有两类问题需要解决,一类是工人之间的交流问题以及工人与老板之间的交流问题,另一类是工人与顾客之间的交流问题。解决这些问题的前提是它能给工作和销售带来更高的效率和更大的利润,这是工作域语言管理的驱动力。

4.3 全球性企业的语言管理

跨国企业在当今并非新鲜事物。历史研究表明,跨国界和跨语言的贸易在若干世纪之前就已经出现了。截止到中世纪,许多商人为了扩大生意均不得不发展自己的多语经商策略。之后,跨语贸易继续得到迅速的发展。总体而言,人们都期待开发企业的多语策略,以便能够提高企业的竞争性,事实证明的确如此。然而,许多具有潜在国际生意的公司在开发相应的多语方式方面却表现缓慢。哈根(Hagen 1999)调查了欧洲大陆以及英国一些公司的国际商业交流方式,结果发现许多公司并未注意到自己存在任何国际交际问题。受英国皇家国际物流与运输学会(CILT)的委托,英国国家语言中心(National Center for Languages)[①]进行了一个大型调查。该中心给分布在英国10个不同地区的2500家跨国公司寄去了问卷调查表,调查结果发现这些跨国公司员工的多语能力低得出奇。另外,英国皇家国际物流与运输学会还委托国际互动公司(InterAct International 2003a)进行了另一项调查,其调查对象是英国的信息技术、电信和呼叫中心。调查结果表明,只有百分之四十的人经常使用外语,其余的人则使用英语或依靠当地的代理商;三分之二的公司说,在它们的技术与工程部员工中有懂得外语的人;百分之十的公司报道说,它们制定了正式的外语使用策略用来与非英语国家的顾客做生意;三分之一的公司说,它们尽量用顾客的语言来回答他们的问题;不到百分之十的公司对员工的外语培训进行过投资。此外,英国国家语言中心还对英国的科学、工程和制造技术领域(InterAct International 2003b)的780家跨国公司进行过调查。调查结果表明,仅有不到百分之六十的公司经常使

---

① 一个非营利性机构,得到英国中央政府的资助。其宗旨是促进全国外语及英语作为外语水平的提高。

用外语,最常用的外语是法语、德语、西班牙语和意大利语,接下来较常用的外语是日语和汉语;大多数公司是利用当地的代理商或外聘的翻译(包括笔头或口头翻译)来解决国际贸易中遇到的语言障碍问题;同样,只有百分之十的公司说,它们制定了相关的外语使用策略,以便可以接待海外顾客;百分之十的公司把外语水平看作是招聘员工的一个标准之一;百分之二十五的公司对员工的外语培训(一般是业余培训)进行过投资。可见,至少在英国能够使公司积极主动地开展语言管理的利润动机(profit motive)[①]是不强的。

菲利和哈津(Feely and Harzing 2003)描述了意大利菲亚特(Fiat)汽车公司在汽车制造过程中所面临的诸多语言交际问题,因为该公司汽车的各种部件都分别在南美、南非、波兰和俄罗斯等地制造。菲亚特汽车公司在兼并东欧的一些工厂之前就已经在公司内部建立了一套详细的交流系统供大家使用,其中包括电子邮件、整合的证券系统、传真,甚至通过电脑的视频会议。可是,由于这些工厂的物流工作人员并没有掌握一些与工作有关的外语,所以,菲亚特汽车公司发现要把新兼并的工厂整合到这个通信系统来是有难度的。

巴杰拉—恰皮尼等(Bargiela-Chiappini et al. 2007)强调说,英语对于亚洲公司和企业的持续发展意义重大。在日本,公司和企业都需要懂得英语的员工,尤其是懂得英语的高级层面的员工。在中国,非英语国家的外资企业也使用英语,但汉语也是重要的。在越南,合资企业的成功取决于越方人员的外语水平,但国内企业则完全使用越南语。韩国一直是单语国家,但现在的韩国商务人员在言谈中夹杂着英语的现象越来越多,而且,韩国父母要求自己孩子学好英语的愿望非常强烈。在泰国,掌握英语是进入精英阶层的关键。斯莫利(Smalley 1994:16)注意到,直到20世纪60年代,只有泰国的精英阶层才可能懂得英语,但外国商人、游客以及国际商务对英语的广泛应用使得泰国的英语使用者从精英阶层扩散到下层民众。在马来西亚,英语是工商业的常用语言,但这种英语是地方化的一种英语变体,它与政府青睐的标准英语有些不同。中国香港继续把英语作为商界的通用语言,但人们在英语、普通话和粤语三者之间的语码转换现象是家常便饭。斯里兰卡联合商会论坛(Joint Business Forum)主

---

① 一个经济学术语,指利润提供了能激励厂商组织生产活动的刺激因素。

席把本国的经济问题归咎于以下诸多因素,即战争、无力开发廉价能源、选举制度、腐败与浪费、法律与治安的缺位、领导力的缺失以及不科学的语言政策——没能维持独立前英语的高标准(斯里兰卡《星期天时报》网络版,2007年6月24日)。

一个跨国企业一般需要多少种语言呢?微软公司负责视窗软件本地化的产品整合服务组(The Integrated Product Service team)需要与80种不同的语言接触,这就意味着产品整合服务组的人员要确保微软产品能够被翻译成其他各种语言,而且,这些产品的图标(icon)不会冒犯到任何国家的文化。许多全球性公司在其运作过程中都尽量使用到西欧和东欧的主要语言、日语、汉语、阿拉伯语,如果可能的话,还使用到乌尔都语、马来语和孟加拉语。更加困难的是,全球性公司的任何一个部门(如金融、研发、产品工程、物流、销售、采购、人际关系、法律关系和公共关系)都可能影响到整个公司各个功能的发挥。而且,公司对员工外语水平的要求会随着工作性质的变化而变化。例如,接待员有一般的外语口语技能即可;物流人员除了具备一般的外语口语能力外,还需要一定的书面外语技能;工程师需要具备能够用外语与同行和管理人员谈论技术性事务的能力;国际业务管理人员需要掌握更加宽泛的外语技能,包括口头和书面的外语技能。

菲利和哈津(Feely and Harzing 2003)总结了跨国公司对于语言管理可能采用的各种方法,并分析了每一种方法的优缺点。第一种方法是采用通用语。许多使用英语的公司理所当然地认为它的顾客和合作伙伴都懂得英语。第二种方法是建立功能性多语制。公司充分利用员工正好掌握的各种外语技能。但是,这种方法可能无法满足公司因业务发展而遇到的众多的语言交际问题。

第三种常用的方法是雇用翻译。从公司外部雇用翻译人员(包括口头和笔头翻译)。美国语言连线翻译公司(Language Line)[①]最初是为美国加州圣迭戈(San Diego)警察局提供翻译人员而成立的。该公司建立

---

① 总部在美国加州的蒙特利,该公司可以通过电话为全世界的司法、医疗和商业提供170多种语言的口、笔译服务,同时,也为本国火警提供电话翻译服务。该公司雇佣约5000名译员,每年接到约4000万个求助电话。该公司的服务形式包括:电话翻译、现场翻译(on-site interpretation)、视频翻译、文件翻译和培训。

了一个大型的业余翻译网络,所以,顾客只要拨打一个电话就可以在任何时候(不管是白天还是黑夜)获得该公司提供的多语种的翻译服务。该翻译公司提供的服务对于企业间的初步接洽有一定的作用,但是随着企业双方洽谈业务的深入,翻译公司中能够翻译具体的有关技术内容的人员就会越来越少。

第四种方法是在外语方面培训员工(Feely and Harzing 2003)。德国大众集团公司是采用这种方法的先驱。该公司的员工需要完成六个阶段的外语培训,每一个阶段都有 90 个学时的课堂教学,另外,还要有更长时间的自学时间,总共时间跨度在六至九个月。员工至少要花费三年时间用于相当强化的外语学习,然后他们才能利用他们所掌握的外语知识来进行有效的工作交流。

第五种方法是选择一种企业语言(corporate language)。企业在确定了一种语言后就招聘懂得该语言的人才并对不懂该语言的人员进行培训。采用这种方法的主要跨国公司有西门子公司(Siemens)、伊莱克斯电器公司(Electrolux)、戴姆勒—克莱斯勒汽车公司(Daimler-Chrysler)和好利获得公司(Olivetti)①。这种方法实施起来并不简单,例如,一家大型的芬兰公司决定了英语为公司语言,但几年后,该公司还在用芬兰语书写董事会记录。雀巢公司(Nestlé)也尝试过这种方法,结果导致公司里使用英语和使用法语的员工之间产生了很大的分歧。一家芬兰的电梯公司选择英语为公司语言,但它不得不面对三分之二的员工不是把英语作为母语使用的事实。法国工人抗议本国的一些公司把英语作为公司语言,认为这违背了法国的《杜蓬法》(Toubon Act)。通用电气医疗系统(General Electric Medical Systems)(法国)有限公司因没有把公司的文件翻译成法语而被罚款 50 万欧元。优普集团(Europ Assistance)②被告知,要么把计算机程序翻译成法语,要么面临每天 5000 欧元的罚款(英国《今日人事》杂志,2007 年 9 月 25 日)。

第六种方法是选择语言合格的员工作为公司的"语言桥"(linguistic node)或"交际阀"(communication gatekeeper),这种方法比较经济,但未

---

① 一家意大利公司,诞生于 1908 年,现在的经营范围是电话通信及信息通信技术。
② 法国一个服务型跨国企业,业务包括旅行、道路、医疗和家庭四个领域的个人或企业的援助服务,全球有五千余名员工。

必有效(Feely and Harzing 2003)。莱斯特(Lester 1994)的一项研究结果表明:"解决语言问题最简单和最经济的方法是雇用已经掌握了该语言技能的人。"有两种办法可以保持公司总部和海外分支机构或子公司之间的交流既经济又实惠。第一个办法是派送侨民或旅居国外的同胞来管理海外公司的运作,在他们还没有学会当地语言之前可为他们提供翻译。英语国家和日本的公司经常采用这种方法。跨国公司经常要为子公司的运作做出一个如下的基本决定:是使用母公司所在国的人还是使用子公司所在国的人来担任子公司的高级主管(Harzing 2001)。雇用当地员工的重要理由是这些人了解当地的市场运作和文化习俗。他们熟悉当地的环境,即使不熟悉,他们了解当地的情况比外国人了解当地情况所需要的成本更低,而且,他们不存在外国人所遇到的那种环境适应问题。哈津和范鲁伊斯维尔特(Harzing and Van Ruysseveldt 2004)对100个总部设在日本、美国以及七个欧洲国家的跨国公司做过一项调查,其中包括这些跨国公司在22个不同国家所建立的子公司。调查结果表明,有四分之三的日本公司是派送侨民(或旅居国外者)去管理国外的子公司,但欧洲只有四分之一的跨国公司这样做。而且,跨国公司的这种做法在斯堪的纳维亚国家的子公司最少见,而在远东和中东国家的子公司最常见。大型跨国公司经常利用侨民(或旅居国外者),当总公司的家乡国(home country)与子公司的所在国(host country)存在较大文化上的差异时,跨国公司也经常使用侨民(旅居国外者)。当子公司所在国的生活成本高于总公司家乡国的生活成本时,更可能会雇用当地员工。有趣的是,语言本身并没有作为一个影响因素出现在该研究中。第二个办法与上述第一个办法正好相反,即从海外分支机构中抽调员工回总部。截至20世纪90年代中期,意大利菲亚特汽车公司曾经抽调过法国、比利时、英国、西班牙和黎巴嫩的管理人员到总部的高级管理岗位上任职。荷兰皇家壳牌公司(Royal Dutch Shell)雇用过约38位来自不同国家的人担任公司的高管职务。

第七种方法是利用机器翻译。尽管机器翻译经历了半个世纪的研发,但它依然无法提供令人满意的从一种语言到另一种语言的翻译。现在有一种效果较好的解决方法是开发人机互动翻译,人们把这种状态下的语言叫受限语言(controlled language)。最早根据这种理念而采用的翻译方法是"卡特彼勒基础英语"(Caterpillar Fundamental English)翻译法。它结合了"基本英语"(Basic English)①的特点(Ogden 1932),通过850个基本单词把要翻译的文件转换成一种独特的语言变体,于是,英语为非本族语的人也能够读懂这些文件(Allen 1999)。美国波音公司(Boeing)以及其他航空工业一直采用这种翻译方法,但效果都不好。20世纪90年代初,美国卡特彼勒公司②又开发了"卡特彼勒技术英语"(Caterpillar Technical English),该受限语言的词汇限制在8000个常用术语和50 000个专业术语上(后又增加了20 000个专业术语),另外,该受限语言使用许多固定的句法结构。于是,该受限语言就能轻而易举地被翻译成10种语言。这种翻译是在独特的(即受限的)文本中进行的。这种受限的英语变体已经得到开发,并应用于汽车工业和金融业。最近,这种方法还被用于翻译简单的阿拉伯语,这是美国在伊拉克进行的技术培训内容的一部分。

奈克瓦皮尔和尼库拉(Nekvapil and Nekula 2006)利用颜诺和诺伊斯图普尼(Jernudd and Neustupný 1987)提出的语言管理理论对一家跨国公司捷克分公司的语言管理活动进行了详细的研究。在他们的研究模式中,他们发现了本书前文所提到的现象,即当一个人在说话时注意到自己的言语使用已经偏离了正常的用法时就会出现简单语言管理。在组织化语言管理中,当管理者注意到本单位的众多场合都存在语言问题时就会对这种现象进行评价,并为调整这种现象而进行规划和实施。他们研究的公司是德国西门子公司在捷克的一家子公司。西门子公司总部没有规定任何一种官方的企业语言,但它允许各地区的子公司使用当地的语言,不过,公司总部用德语和英语发布各种通知。该集团公司的每个分部都有自治权,例如,该公司的自动化部于2002年决定把英语作为自己的企业语言。被派送国外的公司员工可以享受有关当地语言学习的免费培训。在奈克瓦皮尔和尼库拉研究的这个西门子捷克子公司中有2000名员工,其中有些是外国人。该公司有1500名蓝领工人只使用捷克语,有500名白领工人按要求应该能说捷克语、德语或英语。外籍工人使用德语或英语,这两种语言也是该子公司与总部以及与外国客商交流时使用

---

① 一种用于国际交流的人造语言,它是基于英语的一种简化版本而产生,其特点是简化语法,词汇限制在850个内。该语言的创造者是奥格登(Ogden)。
② 总部位于美国伊利诺伊州的世界最大的机械设备制造公司,成立于1925年。

的语言。但该公司的语言问题还是时有发生,研究人员通过分析该公司用英语进行的电话会议(conference call)后发现其中有不少自我纠错现象。在接下来的采访中,研究人员也发现了同样的问题。但是,捷克雇员对于这种现象会采取一些个人的解决办法,如他们通过参加外语培训课程来提高自己的外语水平。公司的管理部门为了解决外语问题则要求制造部门的所有负责人在三年之内必须掌握一门外语。为此,公司的管理部门提供外语培训课程以及外语翻译服务。后来,该公司有200多名员工参加了英语和德语培训课程。所有的外籍员工则参加了捷克语的培训课程,但效果一般。在该公司中,包括外籍工人在内的会议一般都用英语进行,但捷克工人常使用德语。该公司时常会提供翻译服务,尤其是在高层管理人员的会议上更是如此,这些翻译往往不是由专家来做,而是由懂英语或德语的捷克员工来承担。当翻译的材料较长,而且要注重译文的文风和准确度时,公司则会请外面的专职译员来承担翻译任务。

　　上述分析方法以及跨国企业所展现的语言管理模式都有一个共同的重要特点,即坚决认为在企业的微观层面(甚至个人层面)都存在语言问题,这些层面以及公司管理体系中更高层面的管理人员都试图解决这些语言问题。从根本上说,这种分析方法说明了本书的语言管理理论模式把个体看作是最底层的语言管理人员是正确的,因为当个体意识到自己的语言问题时就会设法纠正它们。在更高层面的语言管理中,管理人员有许多有关语言管理内容的选择机会,例如,他们可以提供语言服务,鼓励员工学习外语等。在非英语国家,多语现象被认为是正常的,那么,多语现象就有可能出现在工作单位以及为工作单位培养后备人才的学校。在英语国家,许多人都认为其他国家的人都需要学习英语,而且,有关英语的教学项目依然被看作是前卫的。

4.4　航运与航空界的语言管理

　　不同的工作单位会遇到不同的语言管理问题。由于现代船舶上的工作人员构成复杂,他们具有不同的民族背景,并使用不同的母语,这给现代船舶的管理和运行带来了语言交际方面的新挑战。过去,船舶的高级船员(如船长、大副等)通常都是欧洲语言的使用者,而级别较低的海员和轮机员则往往都是亚洲人,尽管他们之间存在着语言文化方面的差别,但船舶的对外交流没有问题。现在,据估计船舶上有三分之二的工作人员(不管什么级别)来自各不相同的国家(Sampson and Zhao 2003)。20世纪80年代,一项有关海上事故的研究结果显示,全世界百分之九十的撞船和搁浅事故以及百分之七十五的船上火灾和爆炸事故都是人为过错造成的,因此,解决海上语言交际问题的压力日益增大。

对于海上的语言交际问题,现有一个解决方案,即发展一种以英语为基础的、用于"船岸通信"(ship to shore communication)[①]的受限语言。这是由一位退休的老船长与一位应用语言学家合作共同开发的,取名为海事语(seaspeak)[②],海事语在词汇和句法上有一定的限制性(Weeks and Strevens 1984)。在使用海事语时,人们每一次发送信息时的第一个单词都是表示后面言语行为的信文标识词[③],例如,"信息""警告"或"请求"。海事语中有固定的短语用来表达海难、急救、安全等常见词汇,所有这些都是为了提高海上口头语言的交际效率,并用口头语言代替摩尔斯电码(Morse code)[④]。海事语最初不是为了船上人员的交际而发展的,但它也适合船上人员间的交际。桑普森和赵(Sampson and Zhao 2003)在对一个由多民族背景组成的船员进行民族志研究后发现,英语通常被认为是海上通信中最有用的工作语言。据报道,当高级船员相互使用自己的母语进行交流时,在场的、级别较低的船员听不懂时就容易产生怨恨,反之亦然。

航空业也存在着同样的语言交际问题。有证据表明,许多航空事故都是由于飞行员与地面控制人员之间的语言误解而导致的。国际民航组

[①] 以船舶为中心的通信,它包括"对外通信"和"船上通信"两部分。前者再分为"船岸通信"和"船船通信"(ship to ship communication),后者是指同一艘船上工作人员之间的信息联络,由于现代船舶体积大、速度快以及船员的国际化,所以航海中要确保船员之间的通信快捷有效。

[②] 主要是以英语为主,故亦称海事英语,确切地说是《标准航海通信用语》(SMCP),是国际海事组织领导下开发和推广的一种行业性英语。

[③] 船员或有关人员在交流信息前所使用的、用来表示以下信息属性的一个固定单词,目的是为了使听者更清楚交流的目的,进而减少误解和提高交流效率。目前海事英语的信文标识分八类:指示(Instruction)、建议(Advice)、警告(Warning)、信息(Information)、询问(Question)、回答(Answer)、请求(Request)和意图(Intention)。例如:"Request:Send divers."(请求:派潜水员)

[④] 利用信号灯的闪烁长短来代表不同含义的一种海上通信手段,由美国人摩尔斯在1836年发明。

织(ICAO)于2002年制定了一项语言管理政策。该政策规定,相关人员只要有可能就必须在所有指定的情况下使用标准化的航空短语,其他情况则可以使用"日常语言"。对于语言的选择问题,国际民航组织已经做了一些妥协,那就是,地空无线电对话必须使用英语或者使用"该地面指挥塔通常使用的语言",该语言不一定是地面指挥塔所属国的国语,但必须是地面指挥塔所属地区的共同语。然而,所有为国际机场和国际航线提供服务的地面指挥塔必须能够使用英语。航空语言管理政策还规定了飞行员和空管员的语言水平要求。2007年,国际民航组织颁布了相关的语言水平测试政策。

可见,不同的工作单位会有不同的语言交际需求,因此,工作域的语言管理一定要考虑到工作单位的具体语言用途以及参与者。

4.5 广告与标识中的语言管理

工作单位中的语言政策和语言管理需要解决单位内部和单位外部的语言交际问题。单位内部的语言交际是指雇主和雇员之间的交流以及处在不同或相同岗位级别的雇员之间的交流,而单位外部(该词用法不是很准确)的语言交际是指本单位雇员与当事人、顾客或其他单位人员之间的交流。广告是企业与实际顾客或潜在顾客之间的一种交流方式。广告中的语言选择是语言管理中的一个重要内容,对广告中语言选择的研究以及对公共标识中语言选择的研究是相辅相成的,它们之间有许多有趣的共同点。公共标识可以被看作是语言景观(linguistic landscape)的一部分,这是下一章将要研究的内容,所以,这里不再赘述。

4.6 工作域与语言管理理论

谁在管理工作域的语言?一般而言,负责工作域语言管理的人一方面要满足企业股东的语言要求,另一方面要满足顾客的语言要求。但是,在中央集权制经济体以及苏维埃化的国家,负责工作域语言管理的人有可能会忽略这两方面的语用效果。这种现象往往出现在国家控制的语言政策包含了工作域语言使用条例的时候。例如,加拿大魁北克政府出台过许多语言干预政策,如最近魁北克政府要求蒙特利尔市的一个"爱尔兰酒吧"提供法语服务和法语菜单。利润动机(即尽可能地使工作单位高效和厚利)和顾客的满意度都可能驱使单位领导去制定相关的语言政策,以便能找到组织化的办法来解决单位日常工作中所遇到的简单的交际问题。尽管实际上有越来越多有关工作域语言管理方面的研究(Harris and Bargiela-Chiappini 2003),而且,工作域提供语言服务的现象也越来越多,但工作域的语言管理还有很长的路要走。也许,工作域中语言管理的问题之一是部分参与者的不确定性,我们通常知道单位的老板和员工是谁,但不知道顾客在哪。在耶路撒冷老城,农贸市场的商店老板为了吸引路过的旅客和推销产品而用外语与顾客攀谈,这些老板很快就体会到外语的价值。对于自信的英语国家的工厂老板来说,他们也许根本想不到科学的语言管理能够吸引到潜在的外国顾客。

　　我们在分析完工作域的语言管理后便觉得本书一直在探讨的语言管理理论尚需做些调整。我们看见了从个体层面开始的语言管理的价值(Nekvapil and Nekula 2006)。其他的研究也表明,语言管理不但与有效交际有关,而且也与企业利润有关。有效交际只是语言管理中最基本的核心动力,企业利润才是语言管理中的最高境界。可是,许多企业对语言管理却有一种巨大的惰性心理,它们对自己潜在顾客所表现出来的各种多语现象反应迟钝。特别是,英语国家的企业有一种表现明显的趋势——学会了英语就不想学习其他语言了。这些企业认为如果其他外国人都学好了英语,我们为什么还要花时间和精力去学习他们的语言呢?这难道不是一个大语言夜郎自大和自鸣得意的例子吗?或者说,这难道不是英语作为一种大语言夜郎自大和自鸣得意的例子吗?也许我们不仅有必要把一门具体的语言(如英语)看作是语言管理的目标,而且也有必要把一门语言(如英语)看作是语言管理理论中的一个参与者。当企业界人士认识到一门语言的价值时(这就是一种语言信仰,它也是企业信仰体系中的一部分内容),他们就会有动力来管理该语言,进而改变目前的语言实践。如同在其他语言域一样,语言信仰在工作域中或许也与语言事实同样重要。

第 5 章　公共域的语言管理

5.1　公共语言空间

　　一般而言,人们都希望自己可以控制自己家庭里的语言空间。例如,当我们要在家里的电话机旁留张便条时,就要决定使用什么语言来书写该便条;当我们在为家人购书订报时,就要考虑书报的语言版本问题;当我们在看电视时,就会选择或拒绝哪种语言的频道;此外,正如本书第 2 章所描述的那样,我们有自己的方式来影响家庭成员什么时候该选择什么语言来说话。当我们离开自己的家庭而进入别人的家庭空间时,我们就立刻认识到上述情况都是由这个家庭的主人才能做主。在基督教堂、犹太教堂和伊斯兰教清真寺,我们承认基督教的牧师、犹太教的拉比和伊斯兰教的伊玛目是这些场所的权威。在购物时,尽管我们最愿意光顾那些用我们自己的母语提供服务的商店,如英语国家的人在国外看到"本店使用英语"标牌时就会更愿意进去,但我们知道商店老板才有权总体负责该商店的语言空间。可见,人们知道并明白,私人语言空间和机构语言空间所运行的语言使用规则是不同的。本章将把关注焦点放在公共语言空间上,也就是说,本章将关注城市主要公共场所(如街道、广场、公路、公园、火车站、汽车站和公共汽车站)的语言政策,因为这些地方既不属于私人语言空间,也不属于机构语言空间。公共语言空间可能包括书面语言材料(如公共标识、报纸、杂志和书籍)、口头语言材料(如广播通知、收音机和电视机)以及因特网上所使用的语言材料。也许,公共语言空间的范围有点过大,但我觉得我们非常有必要来探索公共域中这些不同的语言次域(sub-domain)是如何在语言管理的制定与实施过程中具备一些共同操作原则的。每个语言次域的参与者在人员结构的模式上都有以下相似点：参与者都不是某一语言空间的主人，而是某一标识的拥有者；参与者都是各语言次域中书面或口头语言材料的实际使用者；参与者都是大众或大众中的一部分；各语言次域经常都有一个域外（extra-domain）权威（通常是某个层面的政府部门）来管理该语言次域中的语言选择。公共域的语言管理也并不是那么简单的，有时甚至还是难以实现的。例如，美国联邦法院的一位法官发出命令，要求美国的某家网站管理机构取消一个网站的统一资源定位器地址（URL），因为该网站正在泄露瑞士苏黎世一家银行的文件内容，而且，还通过该银行在开曼群岛（Cayman Islands）①的支行进行洗钱活动。该网站管理机构按照法官的旨意照办了，但几分钟后，那个网站又在一个瑞典网络服务器上出现了（美国《哥伦比亚广播公司新闻》，2008年2月20日）。

一般而言，标识牌所占的空间是有主人的。美国纽约时代广场以及纽约收费电话亭两者所设立的标识牌都是供商业租用的，前者每年值250万美元（Schaps 2007），后者则每年可以获利6200万美元，尽管其中不少电话亭都已经坏了（美国《纽约时报》，2007年8月）。这种租用标识牌的行为给公共域的语言管理带来了额外的参与者——广告所占空间的拥有者和租用者，但这些人通常并不关注标识中的内容和语言。人们可以在公共空间分享标识，这跟以下现象是同一个道理，即除了在一些显著的特殊情况下，人们一般根本就不需要获得什么特别的许可才能处理自己日常生活中的一些事情，如漫步街头，购买报纸或开通网页。不过，有些专制国家以及正在苦苦寻找对付恐怖主义办法的民主国家有时也会对这些行为横加干涉，予以管理。

此外，还有一个有趣的事实也影响着公共域的语言管理，那就是全球化带来的双重影响：一方面，公共语言空间不再完全地受当地人的控制，例如，长期以来我们看见商店里张贴着来自美国的可口可乐海报，公路两旁屹立着国际广告牌，许多电视频道里播放着外国的电视节目以及书店里和网络上呈现着国际版的报纸。可见，这些公共语言空间标识的拥有者或初创者不一定是当地人，甚至还不一定是本国人。另一方面，现代技

---

① 加勒比海中由三座岛屿组成的群岛，位于古巴以南，这里的官方语言为英语，首府乔治顿，为英国属地。

术产生了所谓的"长尾"现象(Anderson 2006)。畅销书和其他大众商品尽管有百万以上的读者或顾客来购买,但我们还是能为那些销量相当小的书和其他商品找到生存的市场空间,譬如,销量不大的书籍(例如,读者只要通过出版社的"读者申请"系统便可购买到我写的两本书)、读者不多的博客、吸引力有限的地方调频电台以及为个体而建的网站,如"优管"(YouTube)[①]和"脸书"(Facebook)。因特网是一个有趣的范例,人们曾经认为因特网会把一些小语言永远赶出网络世界,但现在我们发现甚至一些濒危的土著语言也可以在网络上找到(Danet and Herring 2007)。

本章的研究将从公共域标识的书面语言的管理开始,然后再转向公共域其他媒体的语言管理。显然,公共域的这些语言管理存在着重叠的地方,而且,我们或许可以从这些语言管理中看出众多域外参与者(如企业、利益集团和各级政府)为了扩大自己对公共域语言政策的影响而付出的努力。

5.2 公共语言标识

5.2.1 早期研究

在过去的大约 30 年期间,许多学者通过对城市公共语言标识的随意或系统调查后,很兴奋地发现或再次发现标识是一种宝贵的资源。所谓语言景观,就是对多语的公共标识的研究,它已经发展为社会语言学或语言政策研究的一个分支。人们对语言景观的一个主要研究兴趣点是双语或多语城市中公共标识上的语言选择,所以,有人更喜欢使用"城市景观"(cityscape)一词来代替"陆地景观"(landscape)一词。目前,人们对公共标识的研究多数都是针对多语城市来进行的。蒙尼亚(Monnier 1989)对加拿大魁北克公共标识的法律要求进行研究后发现,法语标识在魁北克

---

① 世界上最大的视频网站,早期公司总部位于加利福尼亚州的圣布鲁诺。在比萨店和日本餐馆让用户下载、观看及分享影片或短片。公司于 2005 年注册,由华裔(中国台湾)美籍华人陈士骏等人创立,网站的口号为"Broadcast Yourself"(表现你自己),网站的名称和标志皆是自早期电视所使用的阴极射线管发想而成。该词国内尚无统一的译法,鉴于国内已有"优酷"和"优图"等之类词条以及"tube"本身是指"射线管",故把"YouTube"译为"优管"。

具有强势地位。此外,布瑞斯和兰德里(Bourhis and Landry 2002)在最近发表的一篇文章中指出,由于《第104法》的影响,魁北克省的语言景观(paysage linguistique[①])已经发生了不少变化。

最早使用术语"语言景观"的好像是兰德里和布瑞斯(Landry and Bourhis 1997),他们在一篇有关以下研究主题的文章中首次使用了该术语,该主题就是加拿大法语学校高中生对本国各省在公共标识中所使用的语言的感受。当然,"陆地景观"是从"乡村景观"(paysage)一词中翻译过来的(Bourhis and Landry 2002)。本拉斐尔等(Ben-Rafael et al. 2006)在统计以色列不同社区所使用的公共标识的时候使用了语言景观一词。与兰德里和布瑞斯(Landry and Bourhis 1997)所做的感受研究不同,本拉斐尔等人在研究中所做的是观察和统计公共标识,此外,他们还关注以色列阿拉伯语社区与非阿拉伯语社区在公共标识使用方面的差别,同时,他们也关注到在以色列具有霸主地位的希伯来语和具有全球性地位的英语对以色列这两类社区公共标识的预设影响。

尽管人们使用"语言景观"一词的历史不长,但人们对有关语言景观现象的研究早就开始了。在对单语地区公共标识的早期研究中,正井(Masai 1972)调查过日本东京的公共标识使用情况,他关注到东京的公共标识使用英语的现象越来越多。塔尔普(Tulp 1978)的研究表明,尽管布鲁塞尔有法语和荷兰语两种官方语言,但法语在该城市的公共标识中具有优势地位。大约20年之后,温泽尔(Wenzel 1996)对布鲁塞尔的公共标识又进行了研究,结果发现,法语和荷兰语在公共标识中的使用模式基本没变,但英语的使用率却越来越高。

在由约书亚·费什曼(Fishman et al. 1977)领导的研究团队对英语传播所进行的开拓性调研中,罗森鲍姆等(Rosenbaum et al. 1977)被派往以色列进行调查,他们对耶路撒冷一条街道上的公共标识使用情况进行了调查,大概地统计了该街道上公共标识中所使用的英语和希伯来语的数量。这些数字是根据街道上实际使用的公共标识数量而统计出来的。他们的这一做法为城市社会语言生态研究方法的建立奠定了基础,该方法已成为社会语言生态研究的常用方法之一。他们发现,英语或拉丁字母在街上的公共标识中所占的比例比英语在街上人们所说语言中所

[①] 法语词组,第一个单词是"景观、风景"之意,第二个单词是"语言的"之义。

占的比例高得多。不过,在社会语言生态中书面语言和口头语言之间存在差异是普遍现象,我们将在下文中对此进行探讨。总之,有三分之一的公共标识使用了拉丁字母来书写。在这些公共标识中,语言的使用都遵循了如下模式:杂货店是为当地大众服务的,所以,这里的公共标识仅使用希伯来语,但有三分之二的其他商店不仅要为当地人服务,也要为游客服务,所以,这些地方的公共标识会使用一些用拉丁字母书写的文字。在公共标识的语言选择上,私营企业的办公室比政府部门的办公室使用了更多的用拉丁字母书写的文字。罗森鲍姆等认为,这种现象在一定程度上反映了势利顾客的崇洋媚外心理(snob appeal),但它也在一定程度上反映了公众在对待外语的态度上要比政府表现出更大的包容心,因为政府需要支持希伯来语在本国的霸权地位。

　　我本人对公共标识的兴趣是从 1979 年我访问耶路撒冷时才开始的①。这个兴趣成了我描述耶路撒冷老城②语言使用情况的基础,这些内容后来作为一章被收进了我和库帕(Spolsky and Cooper 1991)合著的《耶路撒冷的语言》一书中(库帕在与我合作之前,曾经与费什曼一道共过事)。对我来说,有三个公共标识首先引起了我对语言景观的好奇。第一个是在某市场里一个摊位上方所出现的标识,上面只用英语写着"用英语、希伯来语或阿拉伯语为您书写名字"。在该标识的角落上还有一个用阿拉伯语书写的签名。我对该标识充满了好奇心,谁是这个英语标识的读者?他们为什么想要用其他语言来书写自己的名字?摊主为什么不为说希伯来语和阿拉伯语的过路人提供服务?第二个是在离我居住地不远的一个拐角处所竖立的两个路标(street sign),这两个路标分别立在这个拐角处一条狭窄行人巷的两边,它们都由九块涂了油漆的瓷砖构成,上面用三种语言书写了街名。这两个路标上书写的希伯来语和阿拉伯语街名是完全一样的,但英语街名却不同:一边写着"哈马拉克③街"(Hamalakh Street),另一边则写着"厄尔马拉克街"(El-Malak street)。前者是根据

---

　　① 作者斯波斯基虽是犹太人,但从小就出生在国外,并在数个国家(主要是英语国家)求学和工作,后来年纪更大时才定居以色列,至今还保留着几个国家的国籍。
　　② 指位于现代耶路撒冷城市内一块面积为 0.9 平方公里的区域。直到 1860 年以前,这一区域就构成了耶路撒冷的整个城市。老城拥有一些重要的宗教圣地:犹太教的圣殿山及其西墙,基督教的圣墓教堂,以及伊斯兰教的圆顶清真寺和阿克萨清真寺。耶路撒冷老城被分为四个区域:穆斯林区、基督徒区、犹太区和亚美尼亚区。
　　③ 希伯来语中是"天使"之义。

希伯来语音译过来的,后者则是从阿拉伯语音译过来的。如果仔细观看的话,我们还会发现这两个路标还存在着另一个较大的差别:第一个路标的九块瓷砖全部放在一个框架内,每三块瓷砖写一种语言的街名;第二个路标的九块瓷砖是按照上三下六的模式排列的,上下两层各有自己不同的框架,下层六块瓷砖写着阿拉伯语街名及其英译街名,上层三块瓷砖则写着希伯来语街名,看得出来,这三块瓷砖是后来补加上去的。如果我们结合历史背景来分析,就会发现第二个路标可能是约旦占领耶路撒冷老城期间(1948—1967年)使用过的一块路标,当初用阿拉伯语和英语来书写街名。当约旦阿拉伯军团(Jordanian Arab Legion)①占领了耶路撒冷老城时,所有居住在那的犹太人都被驱赶出境,而且20年来不允许任何犹太人来拜访这里的圣地。那时,这里的路标仅用阿拉伯语书写街名。后来,为了游客的方便就增加了英语路标。1967年起,以色列开始统治耶路撒冷老城,并重新开放了这里的三大宗教。这里的路标语言也就发生了变化,在原来约旦统治时期使用的阿拉伯语和英语双语街名的上面再增加一行希伯来语街名。引起我对语言景观好奇的第三个公共标识是耶路撒冷老城路标上几种语言的位置问题。耶路撒冷老城的新路标不但给人一种多语环境的感觉,而且,路标上方是希伯来语,这意味着以色列统治下的老城是以希伯来语为强势语言的。这种解释可以从以下一个事例中得到证实,我们发现耶路撒冷老城的一些路标是1948年以前竖立的,那时是英国统治期,所以,英语放在路标的上方,而阿拉伯语和希伯来语则放在路标的下方。

  上述三个有趣的公共标识促使我对语言景观进行了更多的研究,其研究结果都发表在《耶路撒冷的语言》一书中(Spolsky and Cooper 1991)。当在关注耶路撒冷老城的其他标识时,我想我们也应该像杰肯道夫(Jackendoff 1983)为语义学领域提出"条件模式"一样为公共标识领域提出一个条件模式,以便用来解释公共标识中的语言选择现象。该条件模式中的第一个条件或规则是用我们知道的语言来书写标识,这是非常重要的。这个条件或规则可以用来解释为什么所有的标识都不会用没有书写体系的语言来书写。例如,我们现在明白了阿拉伯语公共标识为什

---

① 英国控制的约旦军队。第一次世界大战之后,外约旦成为英国委任统治地,1923年,又沦为英国保护国,遂建立该军团,此军团军官由多位英人组成,其训练和装备皆由英国负责。1949年外约旦王国独立后改名为约旦王国,该军团后也被并入约旦军团。

么不用口语体阿拉伯语,而是用古阿拉伯语书写;我们现在也明白了为什么印度有2000多种语言,可是仅有几种语言用在印度的公共标识上。此外,该条件或规则还可以用来解释为什么用外语书写的公共标识(特别是在旅游饭店的菜单上)经常出现拼写错误。该条件模式中的第二个条件或规则是"预设标识的读者",即根据您期待的标识读者来选择书写公共标识的语言。该条件或规则的提出是受到上文提及的"用其他语言代人写名"标识的启发,这是一个具有典型性和层级性的条件。在单语制或单文化地区,公共标识一般是用当地的强势语言来书写的。可是,当这些地区经常出现外国人(如外国游客)时,或者说,当这些地区出现了本国的少数民族,而且,他们的语言已经得到了本国法律的认可时,那么,这些地区的公共标识则往往是双语的。有些公共标识可能只为外国人而设计的,所以,这类公共标识就仅用外语书写。例如,在耶路撒冷的一座神庙里有一块用希腊语书写的公共标识,意思是非犹太人莫入,这块石头现在藏于伊斯坦布尔博物馆。该条件模式中的第三个条件或规则是"赋予标识象征性价值",也就是说,标识的主人更喜欢使用自己的语言或一种可以体现自己身份的语言来书写标识。该条件也具有典型性,它可用来解释某些宣称物权的公共标识为什么选用这种语言而不是那种语言。例如,该规则可用来解释应用于许多纪念性牌匾或建筑性饰板上的多语公共标识里的语言顺序问题以及单语标识里的语言普及率问题(如德语;土耳其语或古阿拉伯语的单语标识)。总之,我认为,上述三个条件构成了公共标识中语言选择理论的主要内容(Spolsky 2008)。

随后,我们使用这种方法来研究世界各地的地方语读写能力(vernacular literacy)。我比较了美国纳瓦霍人和新西兰毛利人的地方语读写能力。据我所知,当纳瓦霍人掌握了英语的读写能力后就不愿意再使用自己的地方语读写能力,但毛利人以及后来的波利尼西亚人在接触英语后却能迅速地提高他们自己的地方语言的读写能力(Spolsky and Holm 1971,1973)。在19世纪初的新西兰和汤加(Spolsky et al. 1983),许多当地人在基督教传教士的指导下几个月后就能用他们当地的语言进行阅读和书写;在纳瓦霍人中,当地语言的识字教育基本上只限制在外来传教士和学校体系中(Spolsky 1981)。在汤加,我们不仅发现了那里有汤加语周报,而且还发现了当地的商店和报亭都使用汤加语手写的小型标识牌;在美国纳瓦霍民族地区,唯一使用纳瓦霍语书面形式的领域似乎是当地的一些公共标识,但这些公共标识的主人都是外来的英语使用者、超市管理员以及当地几所致力于双语教学的学校。这些案例中所使用的公共标识都反映了当地语言的使用环境:汤加是双语和双文化的国家,当地报纸也是双语的;纳瓦霍人当初在口语上是双语的——纳瓦霍语和英语。他们在大多数的私人生活和公共场所(如家庭交流、部落委员会会议、当地电台、部落法庭)中都说纳瓦霍语,但他们的读写能力几乎都转用英语,如学校教学、部落委员会会议的记录、部落周刊以及部落法庭的记录都使用英语。我们发现巴拉圭的双语使用模式(Engelbrecht and Ortiz 1983)有点与众不同。西班牙语是该国的强势语言,用于大多数场合(如教育和政府部门以及城市)的书面表达,然而,瓜拉尼语(Guarani)在巴拉圭具有象征性的价值,它主要用于巴拉圭农村人的口头交际、全国各地的非正式会话以及需要体现巴拉圭身份的时候(如商店的店标以及歌词的印刷品)。

5.2.2 基本属性

正如兰德里(Landry 1997)所指出的那样,公共标识有两大功能。第一是交际功能,它能提供信息(如"哈巴德街(Habad Street)①"),给出指示(如"不准停车")和提出忠告(如"请卖英国货""请投奥巴马的票")。第二是象征功能,它能宣告物主(如"总统官邸""第一卫理工会教堂")和表明语言的强势或表达语言的权力。在多语社区,确切地说,是在多语言和多文化(multiliterate)社区,人们也许可以通过语言的选择来把公共标识的象征功能附加给语言的交际功能。于是,耶路撒冷用希伯来语、阿拉伯语或英语书写路标,这反映了该城的政治变迁状况:在英国托管时期,路牌上有三种语言,英语放在最上方,接下来的其他两种语言是得到官方认可的阿拉伯语和希伯来语;在约旦统治时期(1948—1967年),路牌最上方的语言是阿拉伯语,下方是英语翻译;在以色列统治的当代时期,希伯来语放在路标的最上方,接下来的语言是阿拉伯语以及根据希伯来语意译或音译的英语。多语路标上的语言顺序体现了人们的语言选择,这也成了宣告谁是城市主人的一种符号。例如,当以色列电力公司接管阿拉伯电力公司,并负责耶路撒冷老城的电力供应时,该公司所有的"危险"警告牌上

---

① 耶路撒冷的一条街名,本书作者所居住的一条街。

的语言顺序都发生了变化,即希伯来语放在了警告牌的最上方(Spolsky and Cooper 1991:88)。

　　从语言管理的角度来说,公共标识已经达到了标识管理过程中的高潮,因为它涉及以下三类参与者,即标识的拥有者或发起者(sign initiator)、标识的制作者(sign maker)和标识的阅读者(sign reader)。在具有交际功能的公共标识中,标识的拥有者通过标识的制作者来与预设的标识读者进行交流。在一个表示物权的公共标识中,标识的拥有者是在与所有的人(包括标识的阅读者及其他人)交流。事实上,公共标识除了上述三类参与者外,还存在一个重要的第四类参与者——"自上而下"语言管理模式中的"上层"机构,即语言管理机构。这些语言管理机构可以是中央(或联邦)政府层面的或地方政府层面的,也可以是宗教领域的或民族领域的。这些语言管理机构会对公共标识上的语言选择制定出具体的语言政策。莱克勒克(Leclerc 1994)列举了许多颁布过有关公共标识管理的法律的国家。其中最好的例子就是加拿大魁北克的《第 101 法》,它要求在多语的公共标识中法语字母应该是最大的(Bourhis and Landry 2002)。另一个较好的例子是日本东京市有关路标上英语使用的政策(Backhaus 2005)。此外,据报道,马来西亚的新闻、通讯与文化部部长莱士·雅丁(Rais Yatim)说,如果马来西亚的广告和海报中出现了马来语的"变异形式",相关人员将受到高达 1000 林吉特(ringgit)[①](相当于 290 美元)的罚款。这主要是针对马来西亚国内出现的大马式英语(Manglish)[②]而言的,大马式英语是一种马来语和英语的混合体(《印度教徒报》,2007 年 6 月 10 日)。

　　这里我们必须提到语言管理机构的问题。目前,绝大多数有关公共标识的研究都是依据观察、统计以及拍照(现在由于小型数码相机可以把实际的、完工的公共标识记录下来)等形式来进行的,但并不对某个特别的公共标识的产生过程进行分析。我们在研究纳瓦霍人保留地的公共标

---

　　① 又译令吉,是马来西亚的货币单位,标号为"RM"(Ringgit Malaysia 的简称)。马来西亚货币以仙(Sen)为最小单位,100 个仙为 1 林吉特。
　　② 英语也写成 Malglish 或 Mangled English,是马来西亚所使用的英语克里奥尔语,它的词汇来自英语、马来语、客家话、广东话、普通话、泰米尔语以及一些其他欧洲语言,而句法结构有些接近中国南方汉语方言的形式。马来西亚政府不鼓励人们使用大马式英语,并对那些混合马来语和英语的大马式英语公共标识牌处以罚款。另外,马来西亚,旧称为马来西亚联邦,简称大马,大马式英语由此而来。

识时,对每一个用纳瓦霍语书写的标识是怎么来的都进行了调查。巴克豪斯(Backhaus 2005)在研究东京的公共标识时也详细地分析了东京市的相关语言政策。但是,现在大多数有关公共标识的研究都仅仅关注结果,最多就再解释一下标识的制定者为什么选择某一特定的语言。试问是政府的语言政策或标识制定者的解释决定了耶路撒冷老城公共标识的语言选择吗?例如,1980 年,耶路撒冷老城的有些公共标识在以色列两种官方语言的使用选择上发生了变化,但有证据表明这并不是由于政府语言政策的影响而导致的。1980 年,耶路撒冷老城警察局把自己单位的公共标识牌给换掉了,因为在这块标识牌中阿拉伯语写得最大。同年,位于警察局对面的邮政局也把自己单位的公共标识牌给换掉了,在新的标识牌中阿拉伯语写得最大。在美国纳瓦霍人保留地,当地人经常对前来调查纳瓦霍语公共标识的人说,这里的纳瓦霍语公共标识最初不是由纳瓦霍人发起的,而是由外来的英语使用者(如当地的超市经理)倡导的。

在有关公共标识的原始创造者研究方面,马林诺夫斯基(Malinowski 2008)是早期的研究者之一,事实上,他早就指出了该问题研究的复杂性。马林诺夫斯基研究了美国加州奥克兰(Oakland)一个区的公共标识使用情况。他发现这里有大约百分之十的公共标识都凸显了韩语(或朝鲜语)的谚文字母(hangul)[①]。在他的调查中,有 12 位标识的拥有者同意接受采访,其中三分之一的人说他们购买该企业时就已经有了这种带有韩语的公共标识,还有三分之一的人则回答说他们在标识的诸多方面(如颜色、语言和布局)都受到当地标识制作公司的影响。有些标识的拥有者说他们使用包含韩语的公共标识是为了增加吸引力。其他人则同意这是为标识的非英语读者而设立的,剩余的人则说不知道这种带有韩语的公共标识有什么作用(有一位甚至还不知道自己的标识中有韩语,便出去核对)。马林诺夫斯基为了弄清楚这些公共标识中的语言选用现象而把研究目标一直追溯到公共标识的发起者,多一点这样的研究将更有助于我们明白公共标识中到底存在多少语言管理以及谁来负责这种语言管理。

[①] 朝鲜语或韩语所使用的表音文字。韩国称其为"韩字"或者"韩国字",朝鲜称其为"朝鲜字"。15 世纪,在李氏朝鲜(1392—1910 年)第四代君主世宗国王(1418—1450 年在位)的倡导下,由一批学者创造完成。在创造这些简单的音标以前,朝鲜人主要借用汉字来记录他们的语言。

语言管理

　　要解释清楚公共标识上语言选择的缘由，还有一个原因不能忽视，那就是标识发起者所处的地理位置。随着全球化进程的深入，世界各国城市中的许多公共标识都是一些国际性广告，尽管人们为了使这些国际性广告能够适应当地的国情而有时会对它们做一些修改，但修改后的版本往往还只是原先版本的简单复制，因此，同一个国际性广告在世界各地的使用都大同小异。这些国际性的公共标识不应该与国际性语言（如英语）的使用混为一谈，例如，在德国或日本的地方性公共标识中，它们各自都有自己特有的语言。再如，人们可以把一个英语广告中的英语词汇换成相应的法语或德语词汇。把地方性标识与全球性标识区别开来是很重要的，因为不是全球性标识的语言，而是全球性标识的存在才最有可能与地方性标识发生联系。当然，全球性标识的本土化行为（如希伯来语或阿拉伯语版本的可口可乐广告是模仿英语原始版本的广告而制作的）表现了全球性标识在保持其外国或国际原始版本的威信的基础上愿意做些修改，以便适应新的标识的阅读者。

　　公共标识在日本俯拾即是。继正井（Masai 1972）对东京的公共标识进行研究之后，利姆（Lim 1996）也对东京的公共标识进行过研究，他发现日本东京的公共标识使用英语的频率比使用其他外语的频率要高得多（韩国首尔也是如此）。染谷（Someya 2002）发现汉字标识在东京具有强势地位，但罗马字母标识也比比皆是。最近对东京及其双语公共标识进行过研究的人是巴克豪斯（Backhaus 2007），他对东京的公共标识进行了详细的案例研究。对日语不了解的外国人往往被东京公共标识上那些引人注目（时常是电子显示）的三种日语文字①搞得眼花缭乱。当我们刚从东京的地铁里出来时，就有大量的人流向我们蜂拥而来。起初我们还以为街上的人群都是单语使用者，结果后来发现东京如许多其他国际大都市一样，这里的公共标识反映了复杂而又重要的语言选择模式。巴克豪斯发现，东京的有些公共标识上的语言是经过"管理"的，是中央和地方政府机构所做出的显性决定的结果，而不是公共标识的拥有者或制作者自由选择的结果。按照这种研究方法，巴克豪斯在公共标识与语言管理研究的结合方面迈出了重要的一步。

---

① 指日语中的平假名、片假名和汉字。

5.2.3 广告对语言景观的影响

在本节中，我们的当务之急是用一种类似于一般语言政策中所使用的理论模式来解释公共标识中所出现的语言选择现象，该理论模式描述了语言实践，并设法根据语言信仰和相关研究来推断有关语言管理的具体决定。广告中的语言选择是语言管理中的一个重要内容。在斯波斯基(Spolsky 1991b)所提出的有关公共标识的条件模式中，其中的第二个条件或规则是"根据预设的标识读者来选择标识的语言"，这个条件与广告具有最为密切的关系。不过，也有人认为广告中的语言选择与许多特定的因素有关(如法语与香水、意大利语与食品)，同时，广告中的语言选择也与上述条件模式中的第三个条件或规则(即"赋予标识象征性价值")有关系。例如，在许多日本的广告中使用了一种连英语本族人也难以看得懂的英语变体，这可能是在条件模式中的条件一(即用自己熟悉的语言来书写标识)无法得到满足的情况下而选择使用条件三的一个例子。也就是说，日本广告中的英语是由一些不懂英语的人书写的，他们要的是英语在广告中的象征价值。可见，条件模式(Jackendoff 1983)的优点之一是它不针对绝对性，而是面对典型性和层级性。因此，该理论模式中的三个条件或规则都能应用于解释任何一个单独的公共标识中的语言选择现象，但它们的解释效力视具体情况而不同。

为了从宏观上梳理广告，我把广告初步分为以下两大类。一类是由公司或商行所控制的广告，这些公司或商行对公共标识具有所属权和制作权，但国内的跨国公司的分支公司在公共标识的制作方面可能会受到总公司相关政策的影响；另一类是受到国家政策和法律控制或影响的广告，如加拿大的魁北克和法国等地的广告。在此基础上，我们需要把标识和广告进一步分为以下三种。第一种是工作单位建筑物里面所使用的标识和广告；第二种是工作单位建筑物外面所使用的标识和广告，如单位建筑物屋顶或商店前面所出现的标识和广告；第三种是脱离工作单位建筑物的标识和广告，如某单位贴到其他地方的海报。但是，我们需要考虑到这里当初的情况，即这些标识的发起者当初均期待未来潜在的标识阅读者是有文化的或者是对公共标识感兴趣的人。

从原则上说，大家都希望自己的标识和广告能够达到正常的交际目标，为此，大家都实施如下一项语言政策——用潜在当事人和顾客的语言来做广告。显然,大型企业只有吃了亏以后才会彻底地认识到顾客语言的重要性。例如,2005年3月末,美国大型零售商沃尔玛在美国宣布了一个新的广告策划运动——商店将用粤语、普通话和越南语来为店里的电视机、打印机和收音机做广告,仿佛这些语言的使用者才刚刚抵达美国似的。该公司还自豪地声称,这些新的广告活动将使"亚裔美国人顾客亲身感受到什么是沃尔玛经验——完全用他们自己的本族语来宣传商品"。就在本年的同一个月,美国全国房地产经纪人协会(US National Association of Realtors)①破天荒地公布了它的第一个西班牙语电视广告。房地产经纪人突然间意识到,近五年内美国有大约两百万的西班牙语使用者要买房,所以,他们的广告宣称公司的优势是配备了能够说西班牙语的房地产经纪人。这是反映英语为企业语言的公司对于公司若能顺应自己潜在顾客的语言将会获得巨大收益的论点认识迟缓的又一案例。

格林(Grin 1994)在研究了广告的交际功能后提出了一个有关广告语言选择的模式,它可用来预测双语或多语社会中广告语言的选择。该模式展现了商品销售与语言群体之间存在的关系,因为不同的语言群体使用着不同的语言,而每种语言都具有不同的广告功能。此外,不同的语言群体还具有不同的语言态度、经济收入和广告反映。如果公司老板对公司使用的语言和顾客抱着无所谓的态度,那么该公司就会形成一种单语的商业环境;如果少数民族群体对身边商业中的强势语言的霸权行为进行强烈的抵抗,那么商业中的双语广告现象就会得到增多。

拉多萨(Ladousa 2002)在印度的北方城市巴纳拉斯(Banaras)所进行的现场调查证实了上述观点。该城市的主要地方语言是博普利语(Bhojpuri),但它的官方语言是印地语。因此,这里的学校在做招生广告时都使用印地语和英语两种语言,这两种语言的书写形式则分别使用梵文字母(Devanagari)和拉丁字母。这里的国立学校一般不做招生广告,然而,私立学校则在全城到处都张贴招生海报,而且,其中很多都明确地指出学校的教学语言是英语。

大量对多语广告的研究都分析过广告中使用一种非当地的常见语言

---

① 美国最大的贸易协会,代表了住宅和商业房地产行业一百多万成员。该协会成立于1908年,其宗旨是促进经纪人与立法机关、行政机关等机构的沟通与协调,提高房地产经纪业从业人员的专业水平,保持从业人员的伦理道德水准以维持房地产经纪业的良好声誉等。

所带来的象征功能。凯利—霍尔姆(Kelly-Holmes 2000:67)认为,在欧洲广告中使用外语并不是为了这些外语的交际功能,而是出于对这些外语象征价值的考虑。她认为"看广告的人是否理解广告中的外语词汇并不重要,只要这些外语词汇能使观众或读者联想到相关国家的文化就足够了"。皮勒(Piller 2001)的实证研究支持了这一观点,她收集了德国电视在1999年2月所播放的600个商业广告以及两家全国性的德国报纸在1999年年底的两周内所刊登的400多份文字广告。皮勒经过统计研究后发现,超过三分之二的商业广告都使用了德语之外的语言元素。其中最主要的外语是英语(占百分之七十),其次是法语(占百分之八)和意大利语(百分之六)。这些外语元素可能是词汇,也可能是短语,还可能是话语。在广告英语的使用上,德国公司和跨国公司没有什么差别。在另一个项目的研究中,皮勒(Piller 2003)综述了多语广告的研究。她发现,多语广告的早期研究只是简单地分析某些词项的借用,并以此来证明外语的影响。但是,从哈尔曼(Haarmann 1989)的研究开始,学界的研究开始转向多语广告中的话语现象。哈尔曼分析了日本的广告是如何利用外语来把要推销的产品与相关的外国文化联系起来的。在日本,产品名带洋味是常见之事。皮勒还列举了许多其他的例子。例如,美国小轿车往往取法语名,这给人一种时尚、雅致和女性的联想;德国广告经常使用法语,这使人联想到女性的优雅和性感;意大利语使人联想到美食。可见,多语现象有时会带来一些虚构词汇(mock language)。高士(Takashi 1990)认为,日语广告中使用外来词的目的似乎是让人觉得该产品更现代和更先进,这种做法主要是针对年轻的观众或读者来的。海德(Hyde 2002)认为,日本的多语混合语言标识(mixed language signs)使用了英语,但其目的不是为了方便来自国外的游客,而是为了吸引本国日语使用者的眼球。霍尼克斯等(Hornikx et al. 2007)在荷兰做了一个有关多语广告的实证性研究。荷兰人对本国广告中使用外语词汇的做法反应不一,但他们对于一些经常提到的语言与文化的联想(如法语联想到高雅,德语联想到技术,西班牙语联想到美丽)也的确存在。在实验中,有一半的荷兰人对外语会产生正面的联想,还有一半的人则会产生负面的联想(特别是对德语),正面的联想会使广告更有魅力(Hornikx et al. 2007)。凯利—琼斯等(Kelly-Jones et al. 2007)认为,爱尔兰语在爱尔兰的官方领域受到青睐,但在爱尔兰的商界显然是属于少数人使用的语言。为了证实这一观点,他们于是研究了两份爱尔兰语报纸上的爱尔兰语广告。结果发现,尽管在爱尔兰的公共服务部门以及政府部门的广告中爱尔兰语的使用比较常见,但在爱尔兰的商业广告中爱尔兰语却较罕见,不过,一些有关爱尔兰传统艺术、手工艺以及爱尔兰语言教育的商业广告除外。

  有不少文献都研究过英语是如何渗透到世界各地的广告中的。格里芬(Griffin 2001)注意到,英语经常被应用在保加利亚首都索非亚(Sofia)的店标(shop sign)和广告栏中。后来,格里芬(Griffin 2004)还描述过英语如同涂鸦一般出现在罗马大街小巷的各个角落,如沿街店面、商店橱窗、商务大楼和公共建筑的外面、广告栏以及其他的街面广告。施利克(Schlick 2002)列举了奥地利、意大利和斯洛文尼亚商店橱窗中所使用的英语单词。弗莱德里克(Friedrich 2002)分析了巴西把英语加入广告和商标名称中的动机。雷加戈帕兰(Rajagopalan 2002)指出巴西的广告以及其他领域都越来越多地使用英语,这种语言沙文主义(linguistic chauvinism)给巴西的当地语言带来了一些不利的影响。马丁(Martin 2002a,2002b)在2000年夏天收集了许多法国的电视商业广告,她把这些广告作为样品进行了研究,之后,她发现其中三分之一的广告都包含了某种形式的英语元素,如果对照法国1994年通过的《杜蓬法》(*Toubon Law*)——限制法国的媒体使用英语,她认为这个违法数字简直大得有些让人吃惊。

  我们有理由认为语言的混用现象是全球化影响的结果。语言接触可能导致更多的人懂得外语,即使不懂,也觉得外语具有某种象征价值的联想,公共标识的制作者就是利用了外语的这一特点才在标识中加入外语元素。国家语言管理机构和语言活动者可能会反对这种现象,甚至还会行使如加拿大魁北克《第101法》之类的法律武器来纠正这种语言混用的趋势。

5.3　语言管理理论中的公共标识

  在过去的40年中,人们对公共空间语言标识(verbal sign)的研究证明,公共标识作为一种探索和塑造城市多语言多文化生态的工具很有价值。然而,由于学界对该研究领域的名称没有达成一致的观点,甚至更糟糕的是越来越多的人在使用具有误导作用的术语"陆地景观",因此,学界

第5章　公共域的语言管理

没能就该领域的研究方法或理论达成明确的共识。公共标识被视为语言管理的一个分支，它为我们的语言管理提供了一种补充观点，而这是我们在对口语使用的分析过程中一般无法获得的。由于书面语言和口头语言在使用的分配上存在着很大的差异，以及由于标识语言记录的是文字的使用状态而不是各种口语变体的使用情况，而且，它比会话语言更容易找到，也更容易统计，所以，公共标识存在被人误读的可能。因为公众难以认识到公共标识中存在的问题，以及因为标识的发起者和标识的制作者都无法与标识的阅读者或标识潜在的阅读者进行接触，因此，公共标识没能提供任何反馈信息或监控状况，以便使相关人员能够检查公共标识的交际效果和鼓励组织化语言管理。然而，正如越来越多的研究结果所证明的那样，公共标识提供了一种研究语言选择的有效方法。

公共标识的象征功能为语言管理理论提供了一种有趣的新视角。兰德里和布瑞斯明智地认识到，在多语言和多文化环境中语言的平衡状态表现了每种语言所处的地位。正因为这种原因，语言活动者（详见本书第10章）才给政府施压，并要求政府增加他们所钟爱的语言的使用。法语语言活动者对法语语言景观的研究是在法语运动的背景下进行的，他们把法语语言景观作为测量相关语言法是否成功的手段。同样，威尔士语语言活动者、阿拉伯语语言权的支持者、毛利语语言活动的支持者以及巴斯克民族主义运动的支持者都要求提高他们各自语言的地位。由于公共标识引人注目，所以，公共标识中语言的使用也就蕴含着很高的情感价值，人们用它来表明领土边界和声称领土主权。

语言标识有时可能会遭人丑化（如负面宣传），有时还可能是名不正言不顺地被人制作出来（如涂鸦），面对这些现象我们只能让这些未经授权的反叛者在一些公共空间上留下他们的记号。我们在耶路撒冷老城经常看见类似现象，如有些半官方部门制作的三语标识牌常常遭到如此下场：其中某种语言被人用油漆盖住了或者被人用利器刮掉了。再如，我们时常可以发现耶路撒冷老城的有些空墙上用阿拉伯语写着支持恐怖分子的标语或者用希伯来语写着反阿拉伯人的标语。于是，公共标识的语言成了各地语言冲突或多语言多文化国家政权更换的一个重要记录，卡尔韦（Calvet 1990）对语言冲突的研究也证明了这一点。正如商业广告和工作单位中的语言选用都体现了广告商和单位领导的利益动机一样，公共标识的语言选用也能够反映一些有关当地权力结构的变化情况。

政府和企业在发展公共标识的模式时，涂鸦倒为它们提供了一个有趣的反例。涂鸦违背了公共标识的一个基本规则，即只有空间主人同意后，公共标识才能出现在该空间上。可是，涂鸦是作者一时冲动而完成的，它完全违反了墙上"严禁张贴"标识的意图。尽管爱好艺术的涂鸦作者要不停地提防警察，但是涂鸦往往是一气呵成的。涂鸦四周一般没有正规的框架，以便用来表明这是公共标识。涂鸦的内容往往也具有违规性甚至违法性（Pennycook 2008），它用来表明非法组织的存在或者是宣传反政府口号。

5.4 私人的语言视觉空间

公共阅读材料（如报纸和书籍）是为私人使用而生产的，这是一个与私人的语言视觉空间相关的问题。这些材料通常用标准的、官方的书面语言印刷，例如，英语国家的英文报纸、法语国家的法语报纸、冰岛的冰岛语报纸以及大量的冰岛语书籍。也许有人会根据一些不具有代表性的现象提出一些有趣的问题，如人们有时也会使用少数民族语言或者不标准的语言变体。

5.4.1 报纸和杂志

用自己的语言来印刷报纸显然是维持该语言的地位和使用的一个重要渠道。在费什曼（Fishman 1991b）创建的"代际语言差异级别表"（Graded Intergenerational Disruption Scale）[1]中，他并没有具体提到报纸事项，但他指出大众媒体在高级别（即第一级和第二级）中具有重要的语言维持作用。然而，第五级仅仅处在代际间非正式的口语传承关键线之上，它包含了家庭、学校和社区中的语言读写能力，因此，该级别表的第五级显然应该与报纸的阅读有关。

在非极权制国家，报纸的语言选择也许主要是取决于商业考虑以及

---

[1] 费什曼为了判断一种语言处于何种濒危状态而设计的八个级别，由低到高排列，其中最低级别（即第八级）就是最濒危语言所处的级别。详情见斯波斯基著，张治国译，《语言政策：社会语言学中的重要论题》，商务印书馆，2011年第211页。

报纸潜在的读者群。在费什曼(Fishman 1966)编著的《美国的语言忠诚：英语为非母语的美国民族与宗教群体的语言维持与语言永恒》一书中，有一章名叫"美国英语之外的语言与民族出版社"，该章作者把美国民族出版社用民族语言印刷书籍的发行量作为美国少数民族语言维持旺盛的证据。但费什曼(Fishman et al. 1966:72)认为："出版物的发行量并不能无限期地说明人们对某门语言的情感。因此，民族出版社必须根据美国少数民族社会的实践标准来检测美国的少数民族语言维持是否成功。"

杰弗瑞(Jeffrey 1997)指出，在多语的印度，用印度语言播放的广告和用印度语言印刷的报纸越来越多。他提到的具体语言有印地语、泰米尔语、马拉雅拉姆语(Malayalam)、泰卢固语(Telugu)和古吉拉特语(Gujarati)。尽管英语报纸和英语电视的扩散和影响在印度一直在延续，但上述印度的本地语言似乎都发展得很好。当然，我们应该注意到，上述提到的印度语言都是印度宪法上认可的官方语言。毫无疑问，这些语言与英语是竞争关系，而且，当初印度宪法规定英语作为官方语言在印度只可再使用十年左右。

吉欧(Guyot 2007:36)认为："对于致力于少数民族语言发展的报刊杂志来说，它们的生存和发展几乎总是取决于这些少数民族语言群体自己的行动。"地区性出版社一般都是用主流语言发行出版物，尽管它们偶尔也会用当地的少数民族语言发行一些文章，但吉欧总结说："对于少数民族语言来说，出版业可以说是一个被忽略的媒体。"不过，也许这种来自法国巴黎的观点有点极端。在法国，内政部长有权禁止"国外的报纸、期刊或其他不定期的出版物在法国的流通、传播和销售，不管这些出版物是用外语发行还是用法语出版，只要内容是来自外国的，就有可能遭到拒绝"。相比之下，以色列的情况有所不同：该国现有八份日报是用本国的强势语言希伯来语出版的，有四份阿拉伯语报(每周发行至少一次)、四份俄语报、三份英语报(其中一份是《国际先驱论坛报》的当地版)、一份法语报和一份德语报。此外，以色列还有20份国家级和地方级的周报，其中一份是阿拉伯语周报，其余的都是希伯来语周报。以色列所有的报纸都是私营的。在英国，大多数报纸都是用英语印刷的，但有一份周报是用威尔士语印刷的，而且，该周报有改为日报的打算。此外，英国还有波兰语日报。在美国，现在至少有九份西班牙语报，另外，还有用阿拉伯语、中文、佛兰芒语、日语、立陶宛语、俄语、乌尔都语、越南语和依地语发行的日报或周报。不过,正如费什曼(Fishman 1966)所说的那样,美国少数民族的报纸都倾向于从少数民族语言转向英语,而且,这种趋势还在继续。

19世纪,波利尼西亚人开始与欧洲的传教士接触,从而导致当地人读写能力的迅速发展,其中包括报刊发行业的发展。在1842—1933年期间,新西兰出现了34种不同的期刊,其中百分之五十五只用毛利语发行,百分之四十三是用英语和毛利语双语发行。20世纪后半叶,汤加也出现了类似的读写能力大发展的现象。截至1980年,该国主要的报纸是用汤加语出版的,每周发行一次(Spolsky et al. 1983)。在汤加,尽管大多数的新闻都源自英文书刊,但它们都被翻译成汤加语,然后,再用英语为移居国外的汤加人发行浓缩版报纸。自从1980年汤加出现了严重的旋风(cyclone)灾难后,汤加的双语(即汤加语和英语)报纸的发行量在日益增多的汤加海外侨民中大大增加。后来,该报纸的编辑提议把该报转变为英语单语报,但这一想法遭到汤加国王的否决,因为国王认为这份报纸与海外汤加人的汤加语读写能力以及汤加语维持关系密切。

在极权制国家,报纸受到政府的控制,报纸的形式(即语言的选择)以及报纸的内容(需要经受审查)都要受到政府相关部门的管理。不过,在一个国家成立之前,民间的语言活动者群体也能对报纸进行一定的控制。肖哈米(Shohamy 2007)列举了以色列建国之前的一个语言计划,该计划由"巴勒斯坦犹太社区希伯来语发展中央委员会"于1941年制定,计划的目标是要求当地的外语报纸逐渐过渡为双语报纸:第一年要有百分之五十的内容用希伯来语书写,第二年要有百分之七十五的内容用希伯来语书写,第三年则要全部用希伯来语书写。后来,该计划遭到德语报纸老板的阻止,最后,无果而终。J. 费什曼和 D. 费什曼(Fishman and Fishman 1978:212)统计出的数据能证明这一点。1940年,以色列有十份用希伯来语之外的语言进行印刷的报纸,1960年则有76份。不过,据说有一家依地语日报社在新闻纸的供应方面遭到厂家的拒绝。现在,以色列有以下语言的报纸:英语、阿拉伯语、法语、波兰语、依地语、阿姆哈拉语(Amharic)①、法

---

① 埃塞俄比亚的官方语言,主要使用者是来自于伊索比亚地区中部的阿姆哈拉人,并广用于大埃塞俄比亚地区,使用人口约900万人。阿姆哈拉语主要用吉兹字母(Ge'ez)来书写,它是一种原来用来书写吉兹语的文字,属于古老的闪语族。此外,亦有约270万的阿姆哈拉语使用者分布在埃及、以色列、瑞典等地区。

尔西语(Farsi)、拉地诺语、罗马尼亚语、匈牙利语、俄语和德语。这些报纸显示了想要阻止希伯来语之外语言的出版是徒劳的。

在新加坡,尽管媒体都在政府的控制之下,但是媒体的私有化现象正在兴起。当地有四家主要的报社,每一家都代表了新加坡的一种官方语言——英语、华语①、马来语和泰米尔语。前面三种语言的报纸发行量都在增加,但泰米尔语报纸的读者数量却在下降。许多当地小报也发展很快,它们都用英语发行,而且,比起前面那些主要报纸来,这些小报使用的英语更简单、更口语化(Rappa and Wee 2006)。

加拿大发行民族语言报纸的历史非常悠久。第一份民族语言报纸是1788年在哈利法克斯市(Halifax)②发行的。目前,加拿大有以下语言的报纸(括号后面的数字表示报纸的种类数):阿拉伯语(3)、亚美尼亚语(1)、保加利亚语(1)、中文(12)、克罗地亚语(1)、捷克语(2)、荷兰语(4)、爱沙尼亚语(1)、芬兰语(2)、盖尔语(1)、德语(11)、希腊语(4)、希伯来语(1)、匈牙利语(6)、冰岛语(1)、意大利语(12)、日语(2)、韩语(1)、拉脱维亚语(1)、立陶宛语(1)、马耳他语(1)、波斯语(1)、波兰语(3)、葡萄牙语(7)、旁遮普语(1)、俄语(3)、塞尔维亚语(3)、斯洛伐克语(1)、斯洛文尼亚语(1)、西班牙语(1)、瑞典语(1)、乌克兰语(5)、乌尔都语(4)、越南语(1)和依地语(1)。此外,还有十几份其他民族报纸是借用英语或法语发行的。1974年,加拿大联邦政府启动了土著人传媒发展计划(Native Communication Program),旨在支持那些为土著人提供服务的媒体,确切地说,主要是报纸(Demay 1993)。1991年该计划被取消,两份报纸也随之停止发行。据报道,这些少数民族语言报纸多数是因为生存问题而停业的,它们很难获得广告赞助,但截至1993年为止,加拿大仍有11份少数民族语言报纸在发行。

阿维森和梅多斯(Avison and Meadows 2000)认为,印刷技术是加拿

---

① 在狭义上,汉语是指汉族人的母语,在广义上,汉语是中华民族的通用语,即中国各族人民的共同语,也是全球华人的共同语。中国大陆于1955年改国语为普通话。"汉语"和"普通话"词语主要在中国大陆用得多,"华语"和"华文"词语在东南亚用得比较多,"中文"一词在欧美用得多,"中国语"一词则在日本用得多。正如周有光先生所说,这些名称都是全世界华人的共同语,名称不同,实质相同。它们不是相互排斥,而是相互补充。译本对"Chinese"和"Mandarin"的翻译是根据上述地理概念来处理的。

② 加拿大新斯科舍省(Nova Scotia)的省会,北部最大的深水天然港口,是加拿大第二温暖的城市。1749年该城市就有移民来定居,2006年人口约为37.2万。

大和澳大利亚土著人传媒业发展的基础。报纸的发展使得加拿大和澳大利亚土著人可以开拓他们自己的公共领域,能够进行公共对话。在加拿大,由于联邦政府基金的资助,截至1985年,土著人语言报纸的发行量已经达到4.6万份。但随着加拿大联邦政府基金的终结,有七家地区性土著语言报社已经停刊。在澳大利亚,土著语言报纸在19世纪中叶开始问世,但随着20世纪60—70年代土地权抗议运动的出现,土著语言报社的数量有所增加,其中有些还受到政府广告的支持,但并没有得到政府固定的基金项目支持。

报纸的语言能够极大地提高少数民族语言的地位和活力。其语言管理依赖以下三类主要参与者,即报纸的拥有者(出钱办报)、报纸的读者(花钱订报)和政府的相关部门(有权审报)。

5.4.2 书籍

传统上,一个人的读写能力与书籍有着特别的联系。本书第3章分析了有关宗教经文语言的决定对于语言管理是多么重要的例子。基督教人士愿意把《圣经》翻译成当地语言,这对于被选用的当地语言来说是件大好事,原因如下:可以大大提高它们的语言地位;可以强化自己,因为这些语言需要经过广泛的语言培育后才能用来表达《圣经》中的众多概念;可以开发一种新的文体;可以成为人们习得读写能力和接受教育的目标。由于书籍对于学校具有重要的作用,所以,一种没有任何历史文献的语言变体难以保持它在教育中的地位,而且,许多地方语言变体不得不与控制着教育系统的古典语言竞争。许多濒危语言如果没有自己的书面文献是很难继续生存下去的。19世纪,许多国家新确定的国语不但要依赖本国早期的文献传统,而且,还要依赖一群愿意并能够生产的作家。此外,这些国家还出版了用国语写作的高雅文学。当下,许多语言复活或语言维持运动所面临的问题之一是民族语言作家都越来越倾向于用标准语言写作。

5.5 从标识到声音

我家坐落在耶路撒冷的老城内,当我在家里撰写本书时基本上听不见外面交通的嘈杂声（但偶尔能听到垃圾牵引车工作的声音），同时，也基本上听不到街上小贩的叫卖声（所以我不得不专程去农贸市场买蔬菜水果等食品）。不过，这种宁静经常被那些从基督教堂传来的钟声以及从清真寺传来的喇叭声所打破。耶路撒冷老城有许多基督教堂和清真寺，而清真寺的穆安津（muezzin）①每日五次定时播放"宣礼"和全程仪式的录音。在中世纪的英国和欧洲大陆有一种人长期以来一直沿街大声宣读政府声明，传播官方消息，他们被称作"城市公告宣读人"（town crier），这些人还受到英国习惯法的保护，从而可以免遭别人的干扰。有时我们会在一些公共场所听到各种广播通知，如警察通过话筒警告人们要小心某物，商店正在广播促销广告。如果要对声音进行管理的话，这可能属于市政府有关防止噪音污染（尤其是晚上的噪音污染）的管理条例所管辖的范围，不过以色列的市政府一般都鼓励大家一到下午就不要制造各种噪音了。然而，现在公共场所的大多数声音都来自电子媒体。

5.5.1 媒体一：广播电视

正如政府有时要设法控制公共标识一样，它们也通常设法干预广播电视所播放的内容，特别是通过制定有关限制使用下流话和猥亵语的规则来干预广播电视所播放的内容。电视中裸体画面的出现是一个明显的需要管理的目标，另一个需要管理的目标是猥亵语的使用。美国联邦通信委员会（FCC）②制定了有关严禁使用猥亵语的管理条例。2003 年，因为一名歌手在美国全国广播公司（NBC）实况传播的一场颁奖仪式上使用了粗俗语，美国联邦通信委员会处罚了该公司。据报道，美国小布什总统最近任命了美国联邦通信委员会的新一届领导班子，这届班子已经着手惩罚那些允许使用"诅咒语"（fleeting expletives）的电台和电视台。2007 年 6 月，美国诉讼法庭（即纽约第二巡回诉讼法庭）推翻了美国联邦

---

① 伊斯兰教职称谓，旧译为"鸣教"，阿拉伯语音译，意为"宣礼员"，我国西北地区穆斯林称"玛津"，即清真寺每天按时呼唤穆斯林做礼拜的人。"宣礼"时，穆安津登上宣礼楼或清真寺门旁台阶，以一定的韵调，高呼"安拉至大"（God is the greatest）、"快来礼拜"，穆斯林遂应召到清真寺做礼拜。现多采用扩音器宣礼。

② 一个独立的美国联邦政府机构，由美国国会法令所授权创立，并由国会领导。该机构是由 1934 年通信法案所创立，取代了原先的联邦无线电委员会，并负责规定所有的非联邦政府机构的无线电频谱使用（包括无线电和电视广播），美国国内州际通信（包括固定电话网，卫星通信和有线通信）和所有从美国发起或在美国终结的国际通信。

通信委员会制定的如下语言政策——使用某些下流语汇被认为是违规行为,但我们注意到人们经常使用这些语汇并不是出于猥亵目的,而是由于激动或受挫而使用的。法庭指出,"政府的高级领导"(具体地说,是总统和副总统)都曾经使用过这些语汇(美国《纽约时报》,2007年6月5日)。

美国的无线电广播始于1909年,后来开始接受美国政府的管理。美国于1912年通过了《1912年无线电法》(Wireless Act of 1912)①,该法要求本国的电台都需要取得营业执照。1918年7月,美国关闭了本国所有的民间电台,以便防止它们给敌方传送信息,该禁令持续了一年时间。在那之后,美国的电台数量剧增。1932年,美国的所有电台都需要获得一种名叫"有限商业"的新执照,而且,这些电台只能分时共享一个频率。20世纪20—30年代,无线电接收器在欧美越来越成为家常便饭,于是,电台就增加了广告,并建立了无线电网络。据估计,截至1958年,美国几乎每个家庭都有一台收音机,三分之二的轿车都安装了无线电。英国紧随其后,但方式不一样。在英国,最初颁发无线电收发执照的是邮政局。当英国广播公司(BBC)于1922年刚成立时,英国政府决定通过颁发许可证的形式来帮助它,使它能够开展无线电广播的业务,该系统的运行一直延续到1968年。在那之后,英国政府又给它颁发了无线电和电视兼营的执照。

5.5.2 少数民族与广播电视

无线电接收器在美国是如此的便宜,以至于美国最穷的人群(如移民)也能够买得起。此外,美国的电台为本国的语言少数群体提供了各种节目,而且是用英语之外的语言广播的(Warshauer 1966)。在美国本土,1956年有1000多家外语(即英语之外的语言)电台,平均每周广播5.4小时。1960年,美国的外语电台的数量还在增加,但每周的外语播放时间在减少。西班牙语占了美国电台外语播放时间的三分之二,其次是斯拉夫语族的语言,约占百分之十。在欧洲,少数民族语言电台始于20世

---

① 泰坦尼克号在1912年沉没时,事件引发了多项安全调查,其中一项对无线电干扰在那个灾难之夜中可能扮演的角色表示担忧,当时曾有其他船只向泰坦尼克号发出附近有冰山的危险警告。这种担忧最终导致《1912年无线电法》的通过,该法案赋予美国联邦政府在美国颁发无线电运营牌照的权力。

纪 40—50 年代,例如,爱尔兰语是在 1945 年,萨米语是在 1946 年,威尔士语和弗里斯兰语是在 20 世纪 50 年代,布列塔尼语是在 1959 年(Guyot 2007:36)。欧洲开始用少数民族语言播放电视节目的时间稍晚些年,例如,爱尔兰语是在 1960 年,威尔士语是在 1964 年,布列塔尼语是在 1964 年,巴斯克语是在 1971 年,弗里斯兰语是在 1979 年。

二战期间,美国政府由于害怕本国的外语电台有亲德国政府和亲意大利政府的倾向而提议取消本国的外语电台和报纸(Browne 2007)。美国战争信息办公室(US Office of War Information)给这些外语电台施压,要求他们检查各自电台的广播员是否忠诚于美国,并要求他们开发有利于支持美国战争行为的节目。英国也是如此,据说,英国政府曾经怀疑过本国的威尔士语广播节目的内容。1942 年,新西兰广播公司(NZBS)增加了每周五分钟的毛利语新闻广播,以便为新西兰军队中的毛利人战士提供服务(Browne 2007:110)。

二战之后,美国开始出现了少数民族自己拥有并操纵的电台。到了 20 世纪 70 年代,这种电台的数量有所增加。20 世纪 70—80 年代,低功率(low-power)的社区电台也开始问世,其数量也在不断增多。尽管这些电台不受政府的欢迎,但它们多数都为当地的语言少数群体和民族少数群体提供了服务。美国用公共基金来发展外语电视频道的行为继续遭到人们的褒贬。例如,马里兰州决定启动一个西班牙语公共电视新频道,但该决定遇到一些人的挑战,反对者指出当地有那么多的少数民族语言,政府为何仅挑选西班牙语,这有厚此薄彼之嫌(美国《巴尔的摩太阳报》,2007 年 5 月 26 日)。在欧洲,大多数的电台都被政府所垄断,而这些电台给语言少数群体提供的服务却非常有限。在加拿大、澳大利亚和新西兰,政府支持对少数民族的广播。新西兰 1989 年通过的《广播法》(*Broadcasting Act*)为本国毛利语部落建立的 24 个电台的发展提供了法律保障。现在,新西兰还建立了波利尼西亚语等少数民族语言电台(Browne 2007)。格林和维兰考特(Grin and Vaillancourt 1998,1999)根据新西兰财政部的一份报告推算了新西兰政府为提供威尔士语、爱尔兰语和巴斯克语电视节目所承担的费用。2002 年,新西兰政府终于同意了本国语言活动者长期以来一直倡导的一个语言运动——建立毛利语电视台。该电台在经受住了较大的雇用危机之后,现在每天可提供数小时的毛利语和英语节目,其中百分之九十的节目都是在当地制作的。科马克

(Cormack 2007)指出,尽管我们有很多有关媒体应该为语言少数群体提供服务渠道的充分理由,但目前人类还没有确凿的证据表明媒体对少数民族的语言维持有多大贡献。

在瑞典和挪威,由于路德宗(Lutheran)之外的宗教组织给当地的社区电台施加压力,要求电台对少数民族语言开放,于是,收听电台节目已成为当地语言和民族少数群体的家常便饭。在英国,政府曾经有一段时期关闭了本国没有营业执照的语言少数群体所开设的电台,但现在许多语言少数群体都得到了低功率电台的营业许可。在 20 世纪 60 年代的德国,国家的公立电台为本国的客籍工人提供了简短的外语广播。现在,随着有线电视在德国的普及,越来越多的少数民族群体有机会长时间地接触到用自己民族语言播放的电视节目。在法国,公立广播事业于 1981 年失去了自己的垄断地位,许多语言和民族少数群体开始有了自己的电台和节目。在西班牙,当加泰罗尼亚和巴斯克两个地区获得了自治权以后,这些地区的媒体便增加了加泰罗尼亚语和巴斯克语的服务。

在拉丁美洲,社区层面的少数民族语言的广播服务由于得到罗马天主教的支持而发展迅速。此外,截至 20 世纪 90 年代,拉丁美洲有些地方电台已经开始用美国印第安语言广播。许多非洲国家现在也用当地语言为社区提供广播服务。南非广播公司(South African Broadcasting Corporation)旗下有八家全国性电台用本国的官方语言广播节目,还有两家社区性电台用其他的当地语言广播。喀麦隆通信部部长在给本国国民大会的成员做报告时指出,他们正在为确保喀麦隆的国家电视台(CRTV)能坚持用官方语言[1]播放节目而努力。目前,在喀麦隆的各省广播电台中,用各种土著语言播放节目的时间占到百分之二十至百分之四十。这些电台的主要困难在于寻找到合格的工作人员。该通信部部长说,社区电台为省级电台的人员短缺输送了人才(《喀麦隆论坛报》,2007 年 6 月 19 日)。

布朗(Browne 2007)总结说,在无线电发展的早期,如果说各国对少

---

[1] 指法语和英语。尽管喀麦隆宪法给予英语和法语同样的地位,但实际上,在行政、教育、商贸和传媒中很难做好两者之间的平衡。由于喀麦隆的十个省中只有两个省讲英语,约占喀麦隆人口的百分之二十,加上政治首都雅温得和经济首都杜阿拉都位于法语区,法语在喀麦隆的地位要远远高于英语。例如,在喀麦隆全国性媒体中,约百分之六十九是使用法语,约百分之三十一是使用英语。

数民族语言电台有支持的话,那也是微乎其微的。第二次世界大战为增加少数民族语言的广播和电视提供了需求机会。截至20世纪60年代,许多社会群体开始为少数民族的媒体发展而努力。最近,有线电视和卫星广播的普及为少数民族的媒体发展提供了新的渠道。例如,卫星可为海外侨民提供母国的语言服务。

我们可以从威尔士、爱尔兰和苏格兰获得许多有关为少数民族语言的电视发展而举行语言活动的案例研究(Hourigan 2007)。威尔士语协会(Welsh Language Society)早在1966年就开始举行语言运动,他们认为,当地缺乏威尔士语的广播电视节目,这将威胁到威尔士语的未来发展,这对于使用威尔士语的儿童来说是不公平的。威尔士语使用者在加的夫(Cardiff)的请愿和游行失败后,就进行了下一阶段的活动,其中包含"象征性的破坏行为",如破坏广播设备。威尔士语语言协会的许多成员都拒绝支付自己的广播电视费,有些人因此而被指控和被关进牢房。之后,英国政府成立了特别委员会,以便论证开设威尔士语频道的可能性。在1979年的选举之前,英国的劳动党和保守党都许诺要把该问题列入立法考虑的内容。可是,选举之后,英国的新首相玛格丽特·撒切尔(Margaret Thatcher)对这一问题表示拒绝,进而导致了语言活动者的新一轮抗议,在游行队伍中还出现了母亲带着蹒跚学步的孩子一起参加的现象,受命教长(ordained minister)也举行了几次抗议活动。最后,英国政府只好让步,于是,1982年英国成立了威尔士语电视服务中心。

在爱尔兰,爱尔兰语言组织(Conrad na Gaeilge)的委员会提议国家要增加爱尔兰语在国家广播服务中的数量,但无果而终。于是,他们开始与威尔士语语言协会正式接触,例如,1975年双方进行了会议,后者鼓励前者加快语言运动,并建议前者使用同样的抗议策略。后来,爱尔兰出现了如下种种抗议行为:一位学生领袖爬到广播发射杆上以示抗议;该语言组织的成员包围了电视台的播音室和邮政局总部,呈递请愿书;语言活动者拒绝支付自己的广播电视费。不过,这些极端行动遭到一些公众的批评,并被认为与北爱尔兰的暴力活动有关。1985年,爱尔兰语言组织的新领导开始改变组织的意识形态观,把爱尔兰语的媒体使用要求与《权利法案》结合起来,这一做法得到了那些倡导爱尔兰语为教学媒介语的语言运动者和一群盖尔特克司特(即爱尔兰语使用区)领导的支持。在爱尔兰语语言活动者的巨大压力下,爱尔兰政府于1987年拨款50万英镑,用于爱尔兰语电视的发展。在后来的两年中,深受威尔士语影响的爱尔兰语语言活动者与爱尔兰语使用区的群体之间产生了分歧,他们各有自己的目标。1990年,爱尔兰的一个伞状组织(umbrella organization)①提出了一个妥协方案,即在爱尔兰语使用区建立一个提供爱尔兰语电视服务的模式。为此,爱尔兰政府成立了几个特别委员会,以便进行可行性报告研究。1996年爱尔兰电视台增设了新的频道——爱尔兰语频道。

豪利甘(Hourigan 2007)认为,为提高苏格兰盖尔语在媒体上的使用率而发动的语言运动是受到类似威尔士语和爱尔兰语运动的影响。苏格兰人要求在现有的四个电视频道上提供盖尔语的电视节目。但他们无法索要与威尔士人和北爱尔兰人同样的政治目标,或者说,他们无法为大量的苏格兰盖尔语使用者进行更多的辩论。于是,苏格兰人最后接受了双语制方案,并支持由盖尔语电视基金会(the Gaelic Television Fund)提出的一个计划,即政府每年花费1000万英镑提供200小时的盖尔语电视节目。英国政府由于面临大选,而苏格兰席位又是非常关键的,于是,最终接受了该提议。

有些语言活动案例非常有趣(详情见本书第10章——语言活动者群体域的语言管理)。豪利甘(Hourigan 2007)认为,有现象表明威尔士语言运动和爱尔兰语言运动之间存在着某些相同之处,它们都与苏格兰盖尔语运动有些接触,但都没有举行任何联合活动,它们各自有自己的语言活动策略。苏格兰盖尔语运动在20世纪90年代结束,其结果是英国政府答应为苏格兰盖尔语使用者提供三种服务。英国广播公司信托基金(The BBC Trust)②批准了英国广播公司的一项计划——每年保证2100万英镑的资金用于盖尔语数字服务的开发,这笔资金由英国广播公司与盖尔语媒体服务中心(the Gaelic Media Service)共同支付。于是,苏格兰盖尔语使用者可以通过有线电视、卫星电视、宽带网络以及无线电获得这些新形式的语言服务(英国《卫报》,2008年1月28日)。

在西班牙的自治区,媒体的建立受制于那些负责语言规范化的政府部门(Arana et al. 2007)。在巴斯克自治区,巴斯克语的出版业几乎与西

---

① 像伞一样从小(即公司总部)到大(即众多的下属公司)的庞大组织。
② 英国广播公司的监管机构,2006年改革之后成立,负责监管英国广播公司的日常运营,保证英国广播公司的公信力。现任主席彭定康,并着手进行全面、深入、结构性的改革。

班牙语的出版业一样强大,但巴斯克语的电视节目却比西班牙语的电视节目要少得多。这里有五个全国性的西班牙语电视频道,它们都在西班牙企业集团的控制之下。此外,这里还有两个自由频道,一个是巴斯克语频道,另一个是西班牙语频道。巴斯克自治区有五个电台,一个是用巴斯克语广播,一个是用巴斯克语和西班牙语双语广播,三个是用西班牙语广播。不过,当地还有一些电台和电视台的语言模式是复杂多样的。在电视方面,巴斯克自治区有两个巴斯克语频道,其中一个是巴斯克语政治频道,另一个是巴斯克语文化频道。巴斯克语频道倾向于播放儿童和体育节目。在西班牙的巴斯克县,有近50个地方电视台,其中16个会用巴斯克语播放节目,但多数是用西班牙语播放节目。人们希望通过一部新法律,以便允许自治区社区拥有更多可以控制广播电视执照和节目的权力。

在西班牙的另一边还有一个自治区——加泰罗尼亚自治区。1983年,加泰罗尼亚议会通过了一项法案,该法使得加泰罗尼亚自治区可以创办加泰罗尼亚广播公司,该公司有责任推广加泰罗尼亚的语言和文化(Piulais 2007)。同时,加泰罗尼亚还开通了加泰罗尼亚语无线电频道。在那之前,加泰罗尼亚的电视和电台节目都很少使用加泰罗尼亚语播放。1988年,西班牙引进了私人电视台,加泰罗尼亚开通了第二个主要是用加泰罗尼亚语播放节目的电视频道。加泰罗尼亚语也成了当地常规语言,被应用于当地的电台和电视台节目中。1998年,《加泰罗尼亚语言法》的目标是语言规范化,也就是说,"加泰罗尼亚常用的语言必须是加泰罗尼亚语"。据报道,截至2002年,在加泰罗尼亚的187个电台中,其中有百分之六十只用加泰罗尼亚语。在加泰罗尼亚的七个公共电视台中,加泰罗尼亚语节目占了播放时间的三分之一,但私立电视台主要是用西班牙语播放节目。1998年的语言法也要求电台播放的音乐中至少有百分之二十五是加泰罗尼亚语歌曲。然而,皮伍莱斯(Piulais 2007:181)承认,"尽管加泰罗尼亚语在加泰罗尼亚的通信服务中具有强势地位,但在全国性的媒体中仍处于次要地位"。显然,从全国性的范围来看,管理加泰罗尼亚语的权威尚不够大。

在南非,杜普莱西斯(Du Plessis 2006)报道了南非广播公司的语言政策,以便实施宪法所要求的多语制。最近,英语在南非的核心地位有所提高,而阿非利堪斯语的地位则有所下降,但非洲语言有望出现在更多的广播电视节目中,包括每日电视新闻栏目和今日时事节目。

5.5.3 媒体二:电话、手机与呼叫中心

电话语言都是口头语言,但在电话发明的早期阶段,人们是通过现场的接线员来打电话的,这就给不会使用标准语言的人形成了一道语言障碍,后来,直拨电话逐渐地代替了最初的打电话方式。当然,对于直拨电话的使用,你需要知道电话簿中印刷时所使用的语言和文字。在有些国家,长途电话的接线员,不管是现场的接线员,还是日益增多的电脑接线员,他们现在都能为客人提供一些语言(最起码包含当地主要的语言变体)的选择。电话一旦连接上,会话的内容就应该是隐私性的,但在后9·11时代,世界各地有越来越多的电话窃听事件,这给通话双方的谈话增加了一个额外的参与者,这是一名不速之客。这些监听者的任务首先是识别电话中所使用的语言,然后请对口的译员进行翻译。据报道,美国国家安全局(US National Security Agency)①已经开发了相关的计算机程序,它可以识别许多种语言中出现的危险词汇,并判断对方使用的是什么语言。

电话对于商业具有特殊的功能,因为许多商业都是通过电话来销售的,或者是通过电话来为顾客提供售后服务的。如果商业人员不懂顾客的语言,这将给他们的工作带来交际困难,这个问题在当今世界越发凸显出来。所以,代客接听电话的服务(answering services)应运而生,但要在多语世界里提供代客接听电话的服务,电话系统内部就需要具备懂得多语的人。在以色列,计算机化的代客接听电话业务现在通常可以提供希伯来语、阿拉伯语、俄语和英语的服务。美国加州的语言连线翻译公司就是一家提供代客接听电话业务的商业公司,该公司为当地的单位提供付费服务,但它还为个人提供以下语言的免费服务:西班牙语、中文(其中包括粤语)、日语、韩语、俄语、他加禄语和越南语。翻译公司通过电话把译员与顾客连接起来,以便他们对话。

---

① 位于马里兰州,在华盛顿特区东北16公里的乔治·米德要塞,是美国政府机构中最大的情报部门,专门负责收集和分析外国通信资料(尤其是军事和外交的秘密通信),隶属于美国国防部,是根据美国总统的命令成立的部门。该局掌握有比美国中央情报局还要多的经费,是世界上单独雇用最多数学博士和电脑专家的单位。直到现在,该局甚至不为美国政府的其他部门所了解,所以它的缩写NSA经常被戏称为"No Such Agency"(没有这个机构)。2013年由斯诺登引发的美国国安局监控丑闻使得该机构在世界各地"家喻户晓"。

现在,电话业务在不断扩大,如电话预定,电话处理消费投诉,电话指导人们如何使用电子设备以及如何安装和维修软件。此外,电话业务也出现了外包(outsourcing)现象。电话业务的这些变化给电话事业的发展带来了一些有趣的现象。例如,业务外包一般都是出现在劳动力较廉价的国家,所以,欧美企业的许多电话业务都外包给印度,这成为印度人学习英语和掌握一些英语方言的又一动机。

在语言管理中,电话的角色很多,本书除了上面列举的电话业务外包现象外,还将列举另一个现象——电话翻译业务。该业务现在发展很快,本书第 12 章将对它进行详细的论述。

近来,在世界许多较发达的地方,手机的功能和款式都呈现出多样化、爆炸性的发展趋势,这给语言管理带来了两个有趣的现象。第一是增加人们可以未经检查就在公共场所进行私人会话的机会,这给语言管理工作带来了挑战。例如,音乐厅和教堂的管理人员需要经常提醒观众和教徒关闭自己的手机,在某些提供安静车厢的列车上工作的列车员也要提醒乘客关机。可见,新技术要求语言管理者制定新的语言管理规则。第二是促进了手机短信服务系统(SMS)中有趣的语码发展,不过,这往往是出现在使用罗马字母的语言中,而且,在这些语码发展中,有些甚至是不规范的。拉姆(Lam 2007)报道了使用不同汉语方言的中国海外移民在手机短信的交流中所出现的语码转换现象。

5.5.4 媒体三:因特网与电子邮件

人们曾经担心因特网会使令人堪忧的语言多样性雪上加霜,但现在看来,情况似乎正好相反。在达内特和赫林(Danet and Herring 2007)编辑的《多语的因特网:网络中的语言、文化和交际》一书中,其中有几章就专门研究了海湾阿拉伯语(Gulf Arabic)、法语、希腊语、日语、汉语、加泰罗尼亚语、泰语、葡萄牙语、埃及阿拉伯语、瑞士德语和瑞典语在网络中的使用状况,此外,该书收集的不少文章都探究了语言的混码(code mixing)现象以及某些特别的语言转换系统的发展过程。现在的网站越来越多语化,例如,"乔尔谈软件"的网站(www.joelonsoftware.com)就可提供 30 多种语言的翻译。

电子技术的发展显然给少数民族语言的使用者在接触电子媒体方面带来重大的影响。当美国政府在为纳瓦霍语开发正字法时(Young

1977),政府的相关人员需要对纳瓦霍语中几个标音符号(diacritics)的选用做出决定,例如,音调采用法语中的高音调(acute accent)来表现,鼻音采用捷克语中颠倒的变音符(cedilla)来表示,在字母表中增设一个在字母"l"中间画一条短斜线的波兰语字母(即"ł")。当时,美国菲尼克斯(Phoenix)印第安人学校需要为美国联邦政府的印第安人事务管理局印刷相关材料,所以,该校不得不准备好符合要求的全部铅字(typeface),但据我所知,该校唯一能操作纳瓦霍语打字机的人是罗伯特·杨(Robert Young),此人与威廉·摩根(William Morgan)共同负责20世纪40年代美国出版和发行的有关纳瓦霍语的字典和报纸。20世纪60年代,当美国有些学者开始把纳瓦霍语文章输入电脑时,他们遇到了很多困难并觉得有必要召开一些特别的会议来解决纳瓦霍语的电脑输入问题。20世纪70年代,当美国的IBM公司能够在打字机球模(typewriter ball)上增加任何特殊字型(font)时,纳瓦霍语的字型球模也就迎刃而解,这意味着少数民族语言在走向数字媒体的道路上所遇到的第一个难点已经攻破。在计算机刚发明的早期阶段,人们认为计算机只青睐字型简单的语言。然而,到了20世纪80年代,创造任何一种语言在数字媒体的字型都不是一件很难的事情,人们已经排除了技术上对语言限制的困难。

  坎利夫(Cunliffe 2007)认为,因特网对语言多样性来说既是威胁,也是机会。他指出现代媒体具备形式的多样性,如网站、维基(Wiki)[①]、博客(blog or Weblog)、聊天室、公告牌、即时通讯(instant messaging)和视频会议(videoconferencing),所有这些媒体都有利于网络社区的建立。过去,网络都由美国控制着,网络的早期发展均使用英语和罗马字母,但现在的网络都是完全开放的。据估计,现在全世界大约百分之七十的网站是用英语工作的。在世界许多地方,计算机的使用当然是受到限制的,也许百分之九十的人类语言尚未进入计算机。有人提出反对少数民族语言进入电脑世界的观点(因为"懂得这些语言的人很少"),而且,限制某些语言进入电脑世界的案例也是有的。有人认为把一门古老的传统语言及其深奥的传统知识搬到因特网上的做法也许会对这种语言本身及其文化

---

  ① 一种在网络上开放且可供多人协同创作的超文本系统,由坎宁安于1995年首先开发。坎宁安将维基定义为"一种允许一群用户利用简单的描述来创建和连接一组网页的社会计算系统"。

构成一种威胁。至于少数民族语言进入电脑世界所带来的商业变化，现在还很难估计，但其潜在性是存在的。坎利夫（Cunliffe 2007:107）总结说："真正的机会属于那些拥有资源并有决心把这些资源转移到因特网上的语言。"然而，这毕竟是推测而已。联合国教科文组织的统计研究所（UNESCO Institute for Statistics 2005）有许多论文都指出了统计因特网上语言多样性的难度。目前，世界上还没有准确的数据可以表明因特网上使用着多少种语言，也没有对这些语言的使用者做过任何调查。不过，最近有些学者在这方面也取得了一些重要的进展，例如，有学者经统计后发现，中东的年轻人在书面语言中广泛地使用口语体阿拉伯语（Colloquial Arabic），并大量地使用罗马字母或希伯来字母词汇。

尽管因特网为公司和企业打开了全球的市场，越来越多的公司和企业根据顾客所在国的语言而增加了翻译的网页。但据报道，这些公司和企业对于少数民族顾客的语言还是无动于衷。美国的一家市场调研公司——常识顾问公司（Common Sense Advisory）于2007年5月1日对美国最受消费者欢迎的前102个网上商店做过一次调查，在这102个网上商店中还包含了像塔吉特百货（Target）和欧迪办公（Office Depot）等这样的大型商店。这次的调查结果发现，只有18家网上商店会为网上所有的内容提供西班牙语翻译，而且，在这18家网上商店中，不到一半的商家会回复顾客用西班牙语提出的问题（美国《商业周刊》，2007年6月27日）。但是，也有迹象表明许多商家正在改进自己的多语服务，例如，一家瑞典公司为自己新推出的一项服务做广告，即可以为那些拥有广告门户（advertising portal）的公司提供20多种语言的翻译服务。在技术和利益动机的共同驱动下，公司开发多语服务的可能性是完全存在的。

上一段描述的这些案例主要阐明了语言服务（如提供笔译和口译服务）对企业和公共领域的重要性。

5.6 公共语言的培育

当说话者使用了不良语言，如猥亵话或亵渎词（Spolsky 2004），而他（男人使用不良语言的可能性更大）或她自己及时发现并进行了纠正，这就是一种常见的简单语言管理。如我在本书前面所论述的那样，这种现象也包含组织化语言管理,如家长尽量阻止自己的孩子骂人,牧师和教士尽力阻止教徒使用亵渎语言。前面我还提到,国家、州或省以及市各级政府往往会制定法律或条例来禁止人们使用猥亵语言。从20世纪中叶,人们开始关注语言的"政治正确性"(political correctness),大家开展自由的语言运动以便阻止人们使用种族歧视或性别歧视语言。到了20世纪60年代,人们在词典编撰方面特别小心,尽量避免使用被认为具有侮辱性和种族歧视性的词条,各种发行商和专业协会都开始制定有关语言使用的指导方针,避免种族歧视或性别歧视性术语的出现。

一个与我们这里论述的模式有关的语言运动是为处理语言中存在的性别歧视现象而发起的运动,该运动是以莱考夫(Lakoff 1973)一篇有关性别歧视的文章为开始的。库帕(Cooper 1989)指出,该运动中有人极力反对语言中代词的男性中心论(androcentric)现象,例如,他们认为男性代词"he"(他)包含男性或女性的内容,有时可代替女性代词"she"(她)。这是库帕认为的四大典型的语言管理案例之一。帕维尔斯(Pauwels 1998)描述了一个为期20年的旨在推动语言改革的草根女权主义运动,个人、女性群体和女性集体以及其他特别的语言活动者群体给政府、公司和出版社施压,要他们修改自己的语言惯用法。库帕(Cooper 1984)报道了该语言运动的早期影响,该运动还在继续进行中(Coates 2005;Lakoff and Bucholtz 2004)。不过,这些语言运动在各自国家也都遇到一定的阻力,例如,法语研究院和西班牙语研究院都竭力阻止本国的类似语言运动。

5.7 媒体与语言管理理论

把公共空间作为语言管理的一个域,这增加了语言管理理论的复杂性。因为公共域的参与者不管是从语言管理者的角度来说还是从潜在的语言受众角度来说都存在着变化大和数量多的问题。公共域的语言管理者可能不仅仅是语言现象的生产者,同时,也可能是那些想要控制公共域语言现象的内容和形式的各级权威部门,其中包括旨在执行语言政策的政府部门。此外,公共域的语言管理者还可能是大量的语言活动者,如设法使空中电波和因特网上的语言保持纯洁干净的宗教团体以及着力使少

第5章 公共域的语言管理

数民族语言能够进入公共域的少数民族语言团体。公共域的受众包括公共标识等的读者、广播听众、电视观众以及因特网的浏览者等,这些人同样千差万别,但只有语言管理者才有权来决定公共域语言管理目标的范围。现代技术的发展使得公共域的受众目标可以面向全球,也可以针对本土,这就使得该域的语言管理更加复杂。把公共语言空间视为一个单独的语言管理域,在理论上是有趣的,但在实践上,我们需要从更小的次域着手,进而分析公共域的语言管理,正如我们需要从单个的家庭着手来分析语言管理是如何进行的一样。

集权制国家一般都想方设法要控制好公共空间的语言使用。加拿大魁北克和西班牙加泰罗尼亚的语言活动者能够利用自己所属省或自治区的权力从事一些合理的语言管理工作,以便控制公共标识或媒体上的语言使用。但是,世界上任何国家似乎都难以严格控制好因特网上的语言使用。在民主国家,政府会在某些领域制定出一些基本的指导方针,例如,有关严禁使用猥亵语等不良语言的指导方针,但这似乎与言论自由形成矛盾,并使得言论自由成了一个复杂的问题。例如,美国阿拉斯加州的一位中学生因在学校组织的集体活动上展现了一块写有"为耶稣抽大麻"(Bong Hits 4 Jesus)①的牌子而受到校长的处罚,后来该生告校长违背了美国宪法中规定的言论自由权。之后,美国最高法院裁决校长并没有违反宪法中言论自由的条款,但这一裁决还是引起了不少人的意见分歧(美国《纽约时报》,2007年6月26日)。假如国家制定了核心的语言政策,政府就能够通过资助的手段来控制媒体,即政府只会资助那些符合国家语言政策要求的媒体。但在现实中,媒体一方面要面临经济因素的压力,另一方面要迎合受众的需要,以便受众愿意花钱购买媒体提供的服务或者赞助商愿意资助媒体。

尽管公共标识成了社会外部环境或者居住小区域(neighborhood

---

① 2002年1月,美国阿拉斯加州首府朱诺(Juneau)的几名高中生在观看冬奥会火炬传递时打出写有"为耶稣抽大麻"字样的条幅。学生弗雷德里克为此受到校长莫尔斯的处罚,该生起诉校方侵犯言论自由,即"莫尔斯诉弗雷德里克案"(Morse v. Frederick)。2007年6月25日,美国最高法院以五票对四票,判定校方胜诉,判决意见指出:校方为保护其他学生不受有害言论影响,可以处罚学生在学校组织的活动中宣扬吸食毒品的行为,这么做不违反宪法言论自由条款。但最高法院的判决并未解决所有的问题,后来双方还是庭外和解,校方支付弗雷德里克4.5万美元。

domain)的一部分,但它不能像其他媒体一样能够渗透到千家万户和各个工作单位中去。现代媒体(如书报杂志、广播电视、手机和计算机等)能与每一个人联系在一起,于是,个体可能会形成一个极其无限大的语言域,只要人类能够消除因语言差异而带来的潜在交际障碍,那么,这个通过现代媒体由个体形成的语言域便有可能控制人类的交际。

  在世界上,还有一些遥远的地方不受公共域语言的影响。例如,有些村庄没有任何公共标识,也不通电;有些地方没有任何广告栏;有些岛屿没有任何罐装食品和袋装食品;有些丛林没有任何无线电信号。尽管如此,公共语言空间越来越成为人们交流信息的一种手段,并为那些想要控制这些语言空间的人或机构(如空间的拥有者、广告商、政府)提供了介入的机会。尽管我们在公共域的语言管理方面还缺乏丰富的语言管理理论,但我们对公共域语言管理的这些探索为该领域研究方法的可行性提出了各种复杂的预设。

第6章 学校域的语言管理

毫无疑问,教育系统所实施的语言政策是语言管理领域中最重要的内容之一。除宗教机构(如基督教堂、清真寺和犹太教堂)之外,学校是最有可能与家庭在语言的使用模式上相一致或相冲突的地方。事实上,许多儿童都发现自己的家庭语言与学校语言存在很大的差异:家庭语言通常是当地语言中的一种口语变体或方言,而学校语言往往是本国的国语或官方语言。此外,许多儿童还发现家庭与学校也存在差异:在家里,家长鼓励儿童说话,而在学校,教师要儿童在课堂上养成教师不点名就不要说话的习惯。

这种家庭与学校之间的语言差异现象不仅存在于像非洲这样的欠发达的、多语的第三世界国家(Alexandre 1968;Brock-Utne and Hopson 2005)以及像加拿大拉布拉多(Labrador)①因奴人(Innu)这样的土著少数民族中(Burnaby and Philpott 200),而且,也存在于发达国家里。例如,据报道,百分之四十的比利时中学生认为他们存在家庭语言与学校语言不一致的现象,因为他们在学校学习的比利时官方语言——荷兰语和法语与他们在家庭使用的各种方言变体之间存在着一定的差异(Aunger 1993)。而且,随着全球移民现象的加剧,家庭语言与学校语言之间的差异很可能只会增加,而不会减少。

这种语言差异带来的影响是巨大的。首先,当师生之间无法理解各自的语言时,教与学都会受到严重的阻碍。其次,假如学生的家庭语言遭到校方的否认和忽视,甚至学生因使用了家庭语言而受到教师的惩罚,那

---

① 加拿大一个地区,位处大西洋沿岸,与一海之隔的纽芬兰岛组成加拿大的纽芬兰与拉布拉多。拉布拉多是该省的陆地部分,位于拉布拉多半岛的东北部。根据2006年的人口普查,拉布拉多的人口有约2.6万人,当中约百分之三十为原住民,包括因纽特人、因奴人和梅蒂人。

么这样的学生就会认为自己无知或者自己的父母地位低下。

不管是从历史上分析，还是从现实中观察，学校与宗教之间的关系都是密切的。历史上，大多西方教育都是从教会控制的学校开始发展的。现实中，大多宗教学校都是由伊斯兰教、希腊东正教、罗马天主教和犹太教等操控着。因此，许多宗教学校的教育体系，不管是过去的还是现在的，都非常重视那些有利于宗教经文阅读的语言（如阿拉伯语、希腊语、拉丁语、希伯来语、阿拉米语和梵语）的教学。不过，在西方，有些宗教学校对语言重视的目标发生了转变，它们起初是重视古典语言——希腊语和拉丁语，但在教育体系世俗化后，就转向重视与国家身份相关的语言。费什曼(Fishman 2002a;2002b)在注意到国家语言和民族语言的神圣性被世俗化后说了一句重要的话，即世俗的民族国家能够利用"神性道德"来推广国语。

当每一个问题都有大家一致认可的、唯一的"正确"答案时，教学似乎也就没那么难了。此外，由于学校有责任培养学生的语言读写能力，但其前提是每一种语言都有自己唯一的、正确的书写体系，因此，语言未来的走向是发展标准化，而标准化是不鼓励学校发展语言的多元化或多语化的。在家庭域，家长往往会鼓励孩子继续使用祖裔语言，以便保持语言的多样性，例如，家长对孩子说："你应该对奶奶说祖裔语言，但对我可以使用当地的标准语言。"但是，在学校域，教师却通常强调语言的统一性，实施单语制——使用得到国家认可的、学校教育的目标语言。多语教育能反映学生群体中的语言多样性，但这种教育体制目前还比较罕见。用加西亚等(García et al. 2006)在最近编写的一本书中的话来说，这种多语的教育体制是一种只能想象不能实现的东西。在当今世界上，学校用国语或国家官方语言进行单语教育是一种普遍现象。我们首先要解决的问题是，劝说教育机构(educational establishment)要考虑到多语教育可能带来的价值。

6.1　学校域的参与者

6.1.1　学生

从本质上说，学校就是一个致力于语言管理的场所。在这里，有两类主要参与者——学生和教师。学生接受教师在语言实践和语言信仰方面的塑造,而教师则负责塑造学生的语言实践和语言信仰。

学生和教师两类群体都是复杂多样的。各个教育阶段的学生都会随着许多重要因素(例如,年龄、性别、能力和动机)的变化而变化。学生对某种或多种语言变体的了解、使用和熟练程度也存在很大差异。学生越年轻,他们使用的语言模式就越可能反映他们家庭的语言使用模式。学生在家庭、居住小区以及其他地方的经历会使他们接触到各种语言实践,培养他们的语言信仰以及语言价值观,并促使他们努力改变自己原有的语言实践和语言信仰。所以,学校决不是与脑子一片空白的学生打交道,学生在上学之前就已经有了一定的语言能力,形成了一定的语言行为习惯,并建立了一定的语言价值观。学生也带着对某些语言政策的偏好来到学校,这是学校在制定语言政策时很少考虑到的因素(Barkhuizen et al. 2006)。不管教育系统是否承认,学生的这些学前语言实践和语言信仰都应该成为学校语言管理的基础。

当学校所有的学生都具有大致相同的语言背景和语言水平时,这类学校在语言管理上也许可以保持学生语言的同质性。但是,当学生来自多语社会中的各个组成部分时,这类学校在语言管理上就只能实施语言多样性的政策。显然,语言多样性为语言管理带来了诸多限制性的因素。在许多非洲国家,学生家庭语言的数量非常庞大,这成了学校不提供母语教学的原因。即使在具有多元化教学传统的印度,学校也只能从号称2000多种的语言变体中选择几种语言变体作为学校的教学语言。而且,即使学校选择一种地方语言而不是一种国际性语言作为学校的教学语言,学校也不可能保证这种地方语言是大多数学生的家庭语言。

6.1.2 教师

学校域中的第二个主要参与群体是教师。同样,每位教师也会因某些因素(例如,年龄、性别、学历、教学经验、社会地位和语言能力)的不同而表现不同。在教师队伍里,也存在着相对的同质性和多样性的问题。各国不同社区赋予教师的文化价值也存在很大的差异。在古罗马时代,教师被划为奴隶系列;而在有些国家的传统社区中,教师也是牧师。在许多国家,教师的工资都不高,而且,该职业被认为是适合婚前女性以及孩子已经长大成人的女性所从事的行业。此外,教师受到的尊敬程度与他们所从事的教育阶段有关,例如,大学教师比小学教师受到更多的尊重。

跟学生一样,教师也带着一套自己的语言信仰来到学校,他们对社会上所使用的各种语言及其变体都有自己的价值观。通常,教师都接受过培训,因此,他们都倾向于相信学校语言和官方语言具有更高的价值。少数民族成员可能与多数民族成员一样都赞同学校仅用强势语言作为教学语言的决定,并接受流传广泛的社区语言信仰,即强势语言有利于国家的民族团结和个人的经济发展。另一方面,有些教师从语言意识形态上支持语言的复活,他们把激进的语言活动者的激情带到了学校。例如,不管是奥斯曼帝国或英帝国控制下的巴勒斯坦犹太人社区的希伯来语学校,还是西班牙的 D 类巴斯克语学校(即巴斯克语为学校的教学媒介语,而西班牙语是学校的附加语),或者是新西兰的毛利语浸没学校,它们都出现过这种现象。

在区分自己的语言实践和语言信仰方面,教师不比其他常人好。使用阿拉伯语的教师都声称自己说的是标准阿拉伯语,而实际上他们使用的是有点偏向标准阿拉伯语的当地语言变体(Amara 1988)。法语教师肯定自己会发"il dit"(意思是"他说")单词中的/l/音,但实际上都没有发出来。教师在语言学习的连续体(continuum)中容易偏向克里奥尔语。但是,师生之间语言变体的差异可能会造成师生之间严重的紧张关系。

师生在社会、经济和语言方面都存在许多相同点或不同点,这些对于他们的语言的教与学都是非常关键的。20 世纪 60 年代,我首次访问美国纳瓦霍人保留地的学校时,那里的学生几乎全是纳瓦霍语使用者,上学前他们很少接触过英语,而那里的教师有百分之九十都是英语使用者,他们实际上根本就不懂任何纳瓦霍语(Spolsky 1970)。这种现象在发展中社会或者在那些有大量移民的社区中是司空见惯的,这反映了一个事实——招聘的教师通常只是比少数民族学生多经历了几年的学校教育。教师都是从小学毕业生中招募而来,然后经过一两年的培训后就上岗,因此,我们很容易找到使用当地语的教师。如果要这些教师修完大学课程,家庭语言与学校语言之间的差异就会更大,最后导致学生听不懂教师使用的语言。所以,在这种情况下,学校要做的第一件事是建立师生间的交际桥梁。

6.1.3 其他人员

学校还存在着其他潜在的重要参与者。首当其冲的是学校的专业行政人员,如中小学的校长和部门领导,大学的校长、教务长和院长,私立学校的老板和管理人员。这些人可能是从教师队伍中遴选出来的,他们替校外的管理机构负责学校教育政策的实施和语言政策的管理。由于行政人员的角色不同,他们一般与学生接触较少,但与校外相关的影响力较大的行政机构接触较多。通常情况下,这些行政人员是从其他地区调过来的,甚至还可能是侨民,因此,他们具有显然不同的语言实践和语言信仰。

第二个影响较大的群体是非学术性的后勤人员(support staff)——校车驾驶员、秘书、清洁工和厨师。这些人十有八九都是当地人。20 世纪 60 年代,在美国纳瓦霍人学校中,这些后勤人员是学校教工队伍中唯一能说纳瓦霍语的人,所以,他们能与学生及其家长用纳瓦霍语相互交流。由于这些后勤人员接受的教育比教师更少,所处的地位比教师更低,他们使用的语言变体反而更接近纳瓦霍学生所使用的语言变体。但是,后勤人员在学校的地位等级中处于较低的位置,这决定了他们所使用的语言变体的价值也比较低。不过,他们在学校担任着重要的中间人角色,以便把学校与社区或者教师与学生联系起来。

6.2 学校域的语言管理者

学校各种群体的参与者都把自己重要的语言实践和语言信仰带到了学校,但首要问题是,谁决定了学校的语言教学政策(language instructional policy)呢？这里的变化因素也非常大,因此,要对这个问题进行一般概述是有难度的。有些学校的语言管理主要是由学校内部的人来决定,即学校的人员(包括校长、教师以及其他相关专业人员)决定他们自己的教育目标和语言目标,并选择适合自己的教学方法来达到这些目标。

通常,有些校外的个体或群体会参与学校的语言管理活动,他们有权设立学校的教育目标和语言目标以及教学方法。在有些情况下,这些管理人员可能是学生的家长,因为他们是通过选举产生的校董事会成员,或者因为他们可以通过经济手段来影响学校的政策制定。在某些与宗教有关的情况下,学校要受到当地或外地宗教领导或宗教组织的监管。此外,有些通过民主方法选举出来的校董事会有权管理本区的好几所学校。有时候,学校的管理权被授予给当地的某个机构(如市委员会)。还有的时候,学校的管理权被中央化了,也就是说,学校由中央政府或联邦制国家的州政府或省政府直接管理。在殖民体制中,学校的管理权通常是被宗主国政府所拥有的。

一般而言,学校的教学计划是由几个不同层面的机构共同完成的,每个管理层面都可能对学校语言教学计划的制定和实施产生不同的影响。我将在本章的后面几节中对这些问题进行探讨,但在此,我们首先要确定有利于分析学校语言管理的维度。

6.2.1　自我管理学校

自我管理学校(self-managed school)是我们分析学校语言管理的一个维度。从理论上说,这是一种罕见的学校,因为它完全忽视学生家长的需求。众所周知,家长要为孩子的读书而选择学校,并给孩子支付学费。试想一下,一所这样的学校怎么能忽视家长的需求而做出有关课程教学和语言管理方面的决定呢? 从本质上说,学校教学语言的选择应该是根据学生和教师所使用的语言状况来决定的,语言教学计划的目标应该受到师生语言信仰的驱动,师生的语言信仰往往是根据自己对校外语言使用状况的感知而建立起来的,他们把不同的语言变体与不同的价值观联系起来。但实际上,自我管理学校需要依赖学生家长或一些当地机构的经济支持,而学生家长和当地机构都会要求学校增加一些不同的语言信仰和语言目标。私立学校除非能够得到完全不干预学校管理的信托基金机构的支持,否则,它们的语言管理也是有外部参与者的。

此外,由于虚拟学校(virtual school)的出现与发展,这使得自我管理学校可能会非常有趣。据报道,虚拟学校现在可以为美国50万学生提供在线课堂,其中有9万学生来自185个公立中小学(美国《纽约时报》,2008年2月1日)。虚拟学校的教学性质已经发生了很大的变化,其中一些完全是靠学费支撑起来的,对于这类学校的地位人们尚在争论中。我没有听说过任何专门为某些具体群体提供语言管理服务的虚拟学校,但随着时间的推移,这种现象有可能会出现。

6.2.2　地方管理学校

20世纪70年代,在美国纳瓦霍人保留地出现的合同学校(contract school)①是地方管理学校(locally managed school)的一个很好案例。有证据表明,这种地方管理学校将越来越多(LaRocque 2005)。美国的石点社区学校(Rock Point Community School)由当地选举产生的学校董事会管控着,董事会的所有成员都只会说纳瓦霍语,使用英语的校长在与董事会会谈时总是依靠翻译来进行,这并不是因为校长不懂纳瓦霍语,而是因为校长想给董事会成员一种独立的感觉。校董事会由学生家长以及当地纳瓦霍人社区的其他人员组成,这些成员都是由社区遴选出来的,他们完全有权聘用和解聘教师以及教辅人员(auxiliary staff),他们还有权批准课程计划(Holm and Holm 1990)。新西兰的毛利语浸没学校像新西兰的其他所有学校一样,每一所学校都有地方选举产生的董事会,其中有一定比例的成员是学生家长,董事会完全负责学校教师队伍的建设、课程计划的审批和校园基建的管理(physical plant)。

但是,独立的纳瓦霍语学校需要从美国联邦政府中寻求资助,于是,联邦政府可以通过资金来控制这些学校的政策制定。此外,这些学校还要受到所在州相关教育机构的管理。例如,在20世纪70年代,亚利桑那州的纳瓦霍语学校可以制定自己的语言政策,学校还建立了一个双语课程模式(Rosier and Holm 1980)。但截至20世纪90年代,亚利桑那州对纳瓦霍语学校的考试和文凭的要求越来越高,这种压力导致了纳瓦霍语学校不得不大幅度地弱化纳瓦霍语(Holm and Holm 1990)。在新西兰,毛利语作为国家官方语言的地位得到了宪法的认可,这使得毛利语学校有可能与新西兰教育部长达成协议,把毛利语学校建设为毛利语浸没学校。但是,这些毛利语浸没学校同时还必须接受新西兰教育评价办公室的检查(Education Review Office 1995)。

当学校的其他参与者有权影响到学校的语言政策时,语言管理理论的模式就需要考虑到这些人。最简单的例子是,有些学校直接受到学生家长的控制。在这种情况下,学校在一定程度上就成了家庭的延伸,当家

---

①　美国具有公立学校性质(即对所有学生开放),但通过合同由私立实体机构(如大学、基金会、社区组织和教师等)来操作的学校。

庭直接控制了学校的语言政策时(例如,有些儿童的教育主要是在家中进行的;有些富裕家庭为自己的孩子聘请家教),学校语言政策的走向则完全由学生家长说了算。此时,学生家长可能会强调他们常用的家庭语言,也可能会增加某个具有较高潜在价值的语言变体,例如,据报道,纽约的某些家长更喜欢雇用会说汉语的保姆,我的耶路撒冷朋友更愿意选择会说俄语的管家。

从家长控制的家庭教育转变到家长控制的学校教育是相当简单的,当一群具有相似教育观念和教育需求的家长相聚在一起,共同建立一所社区学校时,上述转变就可立即完成。这样的案例比比皆是,而且,每一种案例都有自己的特点和语言政策模式。例如,《塔木德经》说,犹太人父亲有责任教育好自己孩子的希伯来语,这种要求或许可以追述到很久以前。在历史上,犹太人家庭曾经流行使用阿拉米语或希腊语,而希伯来语作为祖裔语言不再作为自然的代际传承语言。在后来的发展中,《塔木德经》把这种教育小孩希伯来语的责任转移到了当地犹太人社区中,并要求每位社员分摊教师的聘请费用。在奥斯曼帝国统治时期的巴勒斯坦,一些犹太人村庄开办了用宗主国语言进行教学的学校,当一位法国慈善家停止为这些学校付费时,学生家长接管了这项工作,他们鼓励学校教师转用刚刚复活不久的希伯来语,并用希伯来语进行教学。另一个有关家长或社区控制学校的例子是新西兰始于 20 世纪 80 年代的毛利语复活教学计划。新西兰最初的复活教学计划是针对年轻的大学生而来的,后来新西兰又开展了针对学前儿童的语言巢运动,该运动更加令人激动、影响面更广。这是一个由家长控制,并得到家长支持的教学项目。大家都希望说毛利语的祖父母能为学前儿童提供一个毛利语浸没学习的环境。语言巢运动效果更好,影响更大,正是那些参与了语言巢运动的家长们协同学校教师以及一些社区的语言活动者共同创办了毛利语浸没学校(Māori philosophy school/Kura Kaupapa Māori),这些学校成了毛利语复活项目的核心(Smith 1997)。

据报道,最近 50 年左右美国阿曼门诺派社区也建立了同样模式的学校。美国大约有 20 万阿曼门诺派教徒,他们建立了 1500 所左右的私立学校,每一所学校都有自己或多或少的独立性,各自的语言政策有很大的差异。出于对现代化的挑战,这些学校形成了各自的语言意识形态,所以它们的语言政策模式也多种多样。多数学校是把英语作为学校的教学语言来对待的,因为英语是阿曼门诺派社员对外联络(包括口头和书面联络)都必须用到的语言,但也有一些学校使用德语方言进行教学,这些德语方言也叫宾夕法尼亚荷兰语或宾夕法尼亚德语。这些学校是否使用德语方言进行教学完全取决于学生家长和学生所在社区的保守程度。不过,这些学校也教授标准德语,因为这里的教堂和他们所使用的《圣经》都要用到标准德语。通常而言,阿曼门诺派教徒把宗教教育与学校的正规教育区分开来,他们认为宗教教育具有家庭教育和学校教育的双重功能,而他们的正规教育是由于受到20世纪50—60年代美国农村公立学校发展的影响才兴建起来的(Johnson Weiner 2007)。在拉丁美洲土著印第安人社区,他们建立了地方管理学校,这些学校享有课程建设权,这将有助于学校维持土著印第安人的传统文化和祖裔语言(López 2006)。

我们把学生家长看作是学校语言政策制定的重要参与者,这有助于我们理解为什么有些地方会有这么多不同类型的学校。不管是公立学校,还是私立学校,它们通常都要受到学生家长的控制或严重影响。例如,我们不难发现,以色列以阿拉伯语为教学媒介语的州立学校比政府政策所规定的时间早很多就开始了英语的教学,目的是为了与当地的私立学校竞争。私立学校往往是教会支持的,它们早就准备好要教授国际性语言。在有语言活动出现的地方,家长或社区控制的学校往往都表达了要重视祖裔语言或濒危语言的愿望。

6.2.3　外部管理学校

在学校,另一种常见的管理模式是宗教管理模式(本书第3章提到过)。在该类学校中出现了非常规的参与者,即宗教社区或宗教学校体系以及宗教中的个体领导——到国外传播基督教的传教士(missionary)、基督教的牧师(minister)、天主教的神甫(priest)、伊斯兰教的伊玛目(imam)和犹太教的拉比(rabbi)。传教士在创建宗教机构的同时通常也创建了学校,他们要大家接受把宗教经文翻译成当地语言的事实或者鼓励大家学习已有的宗教经文语言。传教士所传播的这些语言意识形态深深地影响到学校的语言教学模式,而且,事实上后来还影响到语言变体的标准化工作,因为这些语言变体都是由传教士选出来的。尽管最初发动爱尔兰语复活运动的人是新教教徒,但现在爱尔兰语的教学大都是在罗马天主教学校进行。

学校的外部管理一方面可能来自社区（因为每个社区都有自己的校董事会）、全市或全地区；另一方面还可能来自市政府、国家政府或联邦政府乃至帝国政府。为了更好地理解美国语言教育政策的复杂性，我们应该知道，美国有 1.5 万个学制（school system）或学区，每个学制都有自己不同的教学大纲。这些学制都要受到它们所在州的州政府或直接或间接的管理，因为美国宪法规定教育是各州自己管理的领域。但这些学制还是要受到美国联邦政府的管理，其管理可以通过以下两个途径来实现：一是利用联邦法院对某些有关宪法问题所做出的裁决的影响；二是利用联邦政府的干预政策和联邦资金的影响。因此，学校可能面临着许多来自不同层面的外部管理，而且，每个层面对语言需求和语言价值都有不同的语言信仰，它们在制定和实施语言政策时也都有自己不同的特点。

于是，各层面在管理同一所学校时产生冲突是常见之事。例如，学生家长可能喜欢一种语言，而教师却强调另一种语言；校长需要执行来自不同行政层面的政策；国家政府可能要剔除那些不适合某些地区的政策；联邦政府和州政府在管理方法上可能出现南辕北辙的现象；宗教团体也许不赞同政府的管理政策。例如，在美国的芝加哥，有一群学生家长打算把自己的孩子留在家里，不让他们参与联邦政府在每年三月份举办的各种测试，因为政府要求来美的新移民与本国土生土长的英语学生一起参加同样的标准化考试。美国伊利诺伊州有一个学区拥有一万名英语水平欠缺者（LEP），于是，该学区打算抗法，根本不组织这些考试（英国《每日先驱报》，2008 年 2 月 22 日）。

6.2.4　考试委员会与语言管理

学校的教学是在一个封闭的教室里进行的，外人很难观察到其详情，因此，教学中存在很大的变化空间。当然，这也增加了教师的权力，所以，人们觉得学校有必要建立一些复杂的控制系统，例如，听课系统、中央监控的电话和录像系统以及最常见的由校外人员执行的检查与考试系统。

考试系统以及考试委员会能够成为独立的行动者（Shohamy 2001；Spolsky 1995b）。许多考试系统最初都是模仿耶稣会士的做法（de La Salle 1720）而起步的，后来雅各宾派的世俗人员（secularizer）接管了耶稣会士的这种做法。这些考试系统都把考试看作是控制课程教学的一种方法。在法国和中国，考试系统内容丰富、影响巨大，它们严密地控制着课程语言和其他内容的教学(Suen and Yu 2006)。在英国,中学的考试受到各考试委员会的控制,这些委员会都是半独立的机构,但它们是以大学为基础的。英国的考试系统依赖于人们强烈的维持共同课程体系的共识。美国的考试模式比较多样化,在 20 世纪 20 年代,考试书是由私营出版社在某些知名大学的影响下发行的。但是,纽约州的大学董事会(New York State Board of Regents)独立自行。在目前就美国联邦政府想要控制教育问题的斗争中,具有争议的《不让一个孩子掉队法》已经对学校的语言政策产生了较大的影响,尤其是以下两个内容更是如此:一是该法不认可英语之外的所有语言,二是该法提出了具有误导作用的要求——所有的小学生(包括新移民小学生)需要参加同样的考试。考试工作本身就关系重大,但有些管理考试的人也插手语言管理的工作。当前,许多人都在探究各国学校的外部检查人员是如何影响学校语言管理的(Bhattacharya et al. 2007;Wall 2005)。

6.3 语言教育模式

上节所述情况增加了学校域参与者的数量,而且,这些参与者有可能成为语言教育政策的管理者,因此,他们的语言信仰需要值得重视。此外,我们也不可忽视语言活动者群体(如学生家长或社区成员)的存在,因为这些人总是试图影响学校或学校各个层面的权威人物。可见,一个人要对实践中发现的形形色色的语言教育模式进行基础的结构性解释并非难事。

最近,爱尔兰出现了语言信仰和教育信仰相互冲突的现象。2000 年做的一项调查显示,爱尔兰共和国有一半的天主教教徒把爱尔兰语看作是他们爱尔兰身份的基本要素,多数人认为,学校应该继续开设爱尔兰语。爱尔兰北部的新教教徒则几乎在所有方面都持与天主教教徒相反的观点。爱尔兰北部的天主教教徒支持爱尔兰语的力度不大(Ó Riágain 2007)。在爱尔兰的盖尔特克司特(即爱尔兰语使用区),爱尔兰语受到最好的维持,但对这里爱尔兰语使用者的田野调查发现,大家对家庭和学校应该对小孩使用多少爱尔兰语的问题却存在很大的分歧。大家的总体观点是认为爱尔兰语和英语的双语制比爱尔兰语的单语制要好(Ó Hlfearnain 2007)。自从《耶稣受难日协议》(Good Friday Agreement)[①]签订之后,爱尔兰公众就爱尔兰语在本国的地位问题又展开了新一轮的辩论。于是,爱尔兰共和国在以下三个方面取得了进展:《官方语言法》的通过;官方语言特派员的任命以及爱尔兰语在欧洲委员会作为"官方工作语言"地位的确立。在爱尔兰人口中,声称具有一定爱尔兰语能力的人在比例上也有所提高。然而,在爱尔兰语的教育方面,爱尔兰也还存在不少挑战:在小学教育中,对爱尔兰语的选择要求越来越高,对爱尔兰语的教学水平却越来越低。另外,爱尔兰的移民越来越多,例如,2002年,移民的增长率是百分之七,但2006年就涨到百分之十。移民的增长促使爱尔兰需要从根本上重新评价本国的语言教育政策(Harris 2007)。

麦基(Mackey 1970)在对双语教育类型学的开创性研究中,分析了导致学校语言教育模式复杂性的原因。由于双语教育这个术语在意思上和应用上都存在着许多变化的空间,以及由于该术语蕴含着大量的政治情感,因此,我一般尽量做到在没有给出定义之前回避使用该术语。或许,从单语教学媒介语和双语教学媒介语的角度来分析双语教育会更好些。麦基在其双语教育类型学的研究中提出了语言、教学的长度或级别、周学时、教学媒介语以及话题或科目等几个关键维度。因此,我们对双语教育的宽泛分类就可转变为两种:第一种是使用单语教学媒介语的双语教育与使用双语教学媒介语(即使用一种或两种教学语言)的双语教育;第二种是转移型或过渡型双语教育(即从一种教学语言开始,然后逐渐过渡到另外一种教学语言)与维持型双语教育(即从一种教学语言开始,然后过渡到两种教学语言)。

浸没教学(immersion program)就是使用母语之外的语言作为教学语言的教学(Fortune and Tedick 2008)。也就是说,小学生在家是使用家庭语言的,但他们在学校就"浸没"在一种新的语言环境中。最早的浸没教学项目出现在加拿大蒙特利尔的法语教学中(Genesee 1988),即在家使用英语的儿童浸没在学校的法语环境中。在新西兰的语言巢和毛利

[①] 亦译《贝尔法斯特协议》,是北爱尔兰和平进程中一个主要的里程碑。本协议于1998年4月10日(耶稣受难节)在北爱尔兰首府贝尔法斯特由英国和爱尔兰政府签订,并得到多数北爱尔兰政党支持。该协议认可了爱尔兰语和阿尔斯特苏格兰语的地位,认为它们是"北爱尔兰文化财富的一部分"。

语浸没学校中，在家使用英语的毛利人儿童浸没在学校的毛利语环境中（Nicholson 1990）。但是，对于不懂官方语言的儿童来说，学校仅用官方语言教学，这种现象有时被称作亚浸没教学（submersion）。如果浸没教学的目标是为了让学生掌握双语，使他们能够用家庭语言和官方语言表达学术问题，那这种浸没项目是"添加型"的（additive）。如果浸没教学的目标是为了让学生从一种语言转用另一种语言，那这种浸没项目是"替代型"的（replacive）。

在各种语言教育的模式中，语言之间会形成竞争关系，尤其是各种家庭语言变体（即当地语言或方言）与官方语言或国语之间的竞争关系。例如，在阿拉伯世界，多数人都使用当地的阿拉伯语口语变体——埃及阿拉伯语、伊拉克阿拉伯语、巴勒斯坦阿拉伯语、摩洛哥阿拉伯语等，但学校只教授现代的标准阿拉伯语，这是根据《古兰经》中所使用的阿拉伯语发展而成的一种变体。在比利时，学校教授标准的荷兰语或法语，而不是各地人们实际使用的这两种语言的各种方言变体。在海地，学校教授法语，而不是大家都使用的克里奥尔语。在瑞士的德语和法语使用区，学校教授高地德语，而不是当地人每天都使用的瑞士德语（Swiss German）。尽管学界已经对双言现象进行过经典的案例研究（Ferguson 1959；Hudson 2002），但同样的现象还是时有出现，标准语言与当地语言以及标准语言与方言的对立关系一直存在。在非洲很多地方，学校仅用一种欧洲语言（如法语、英语或葡萄牙语）来进行教学，而在家使用当地语言的学生就不得不学会这种欧洲语言（Djité 2008）。

家庭使用的当地语言变体通常没有书面形式，学校是学习书面语的地方，即官方语言的标准书面语。有些学校的教学语言和课本语言截然不同。例如，19世纪，东欧犹太人学校用依地语进行教学，但课本是用希伯来语和阿拉米语书写的。在世界许多地方，学校采用当地的语言变体进行教学，但课本却是用英语书写的。这种教育中的双语方式通常被一些人看作是很正常的，同时，也被一些人视为是不可接受的。

在教学语言过渡型的教育体系中，当地语言与学校语言之间可能存在许多连接点。一种模式是早期教育用当地语言进行，中学才逐渐过渡到唯英语的教学中。19世纪英帝国在印度殖民地实施的唯英语教育失败后便采用了这种模式。在各国的教育体系中，当地语作为教学语言的使用年限各不相同，不过，最近对非洲以及其他地方的一些研究共同表明,学校要使当地语言的教育达到良好的效果,六年是最低的要求(Alidou et al. 2006)。非洲一些国家的约鲁巴语(Yoruba)六年制小学项目也证明了上述观点,此外,该项目也说明小学把约鲁巴语作为教学语言的做法有利于教育质量的提高(Bamgbose 2005)。然而,还有许多国家的教育体系依然沿用法国和葡萄牙殖民时期的教育模式,这些国家还声明学校必须从开始就用标准的宗主国语言进行教学。

麦基的教育模式把语言教育的终极目标分为彻底转用学校语言和仍然维持家庭语言两种。该模式允许学校同时使用二至三种教学语言,例如,蒙特利尔的犹太学校使用法语、英语、希伯来语和依地语四种语言作为学校的教学语言。此外,印度的"三语方案"(即国家官方语言、邦级官方语言以及地方语言)是该国最常用的语言教育模式之一(Khubchandani 1997)。

学校语言教育模式的选择取决于那些能够控制学校语言政策制定的人物的教育目标或语言信仰。在这些人的教育目标或语言信仰中,一个关键的问题是对教学语言的决定。

6.4　教学语言

6.4.1　教育研究

关于学校在教育之初使用学生的家庭语言进行教学所带来的教育价值问题,人们一直争论不休,这也是语言教育政策领域最基本的问题之一。每个人对此所持的观点在一定程度上都取决于自己对儿童语言学习能力的语言信仰。有一种语言信仰认为少年之前的学生能够像婴儿习得母语一样轻松地学习一门新的语言。对于部分儿童来说,此话没错,但总体而言,目前的研究成果明确地表明,大多数学生在接受那些用新的语言作为教学语言的教育时都会在教育上有所损失。自从麦克纳马拉(Macnamara 1966)开始,至今已有不少发表的实证性研究都表明,用学生较弱的语言进行教学会带来诸多教学内容方面的问题。最近,美国、以色列、非洲以及其他地方的众多研究都证实了这一观点。但是,人们对这个领域的看法就像对进化论或全球变暖现象的看法一样,实证研究的数据似乎并不令人信服(Revel 1988,1991)。

自从20世纪60年代开始,美国曾经有一段时间盛行使用儿童的家庭语言为小学阶段的教学语言。然而,美国后来出现了一场攻击双语教育的政治运动,该运动导致美国的几个州都禁止了双语教育项目。美国联邦政府认识到自己所面临的困难,即想要控制教育,但美国宪法规定教育是州政府的事情。于是,克林顿总统所采取的对策之一是召开州长会议。几年后,当小布什总统推出《不让一个孩子掉队法》时,联邦政府常用的、并获得两党支持的方法是给学校设定成绩标准,这些标准都是通过学生的表现来体现,而学生的表现是通过各州政府所认可的测试系统来完成的。于是,美国联邦政府就会为那些取得较高成就的学校提供资金。这种想法简单而有吸引力,然而,实践证明情况是非常复杂的,逐渐地有不少人开始反对这种想法。不少教师抱怨说,他们以牺牲不用考试的科目为代价,把节省下来的时间全用于备考工作。此外,教师还提出了许多有关这些考试的信度和效度的严肃问题。大家对这个考试体系进行批评的一个主要焦点是移民小学生和少数民族小学生需要同英语为母语的小学生一样参加相同的考试。《不让一个孩子掉队法》非常关注学生的考试成绩,这给师生、学校和学区等都带来很大的影响,大众对该法案的再授权(reauthorization)行为议论纷纷,但焦点都集中在学生的考试成绩问题上。教育部部长或其发言人一般都会声称,数据显示该法案取得了成功。但对该法案的再授权行为表示反对的学界人士也通常会分析这些数据,并指出该法案既未取得成功,也远未达到学校增加学时后应该取得的成绩。尽管大家对该法的教育评价五花八门,但学术界对该问题有一点似乎是共同的:没有任何研究结果表明该法的实施取得了任何重要的成就。然而,正如人们就全球变暖和人口控制等问题的重要性进行政治性辩论一样,总有人会提出相反的论点,政府于是就能够把这个论点变成一个政论性的话题,而把有关科学发现的数据放置一边。事实上,这意味着人们在制定语言教育政策时往往忽视了教育方面的理由。于是,语言教育政策的最终决定似乎不是取决于学术辩论,而是取决于政治游说。

加西亚等(Garcia et al. 2008)曾经对这种现象做过一项调查,并试图对这个问题进行总结。美国对于本国存在英语语言鸿沟(language gap)的学生的称谓一直优柔寡断,经过很长一段时间的犹豫后,最近有了一个新术语——"英语语言学习者"(English language learner)。但加西亚等认为使用"新兴双语者"(emergent bilingual)术语似乎会显得更阳光些。

> 在美国今天的学前教育和基础教育阶段,人们最迷茫的问题之一是如何对英语水平不够好的学生进行教育……对这个问题进行分析研究后,我们会得出如下的中心结论:有关"新兴双语者"教育的研究与针对这些人的教育而实施的政策之间产生了越来越严重的背离现象(Garcia et al. 2008:8)。

在加西亚等著的《从英语语言学习者到新兴双语者》一书中,第一部分就指出有关"新兴双语者"的文献在定义和资料的收集方法等方面都存在前后矛盾的地方。在该书的第二部分,作者们追述了美国针对"新兴双语者"群体而制定的语言政策,这些政策都强调英语和标准化测试。在该书的第三部分,他们总结了研究现状和相关理论,并指出《不让一个孩子掉队法》与他们的研究结论是矛盾的。

这决不是美国政府对本国语言政策的最后一战,尽管教育工作者和公众对该问题表示出强烈的反对意见,但美国国会经过数月的慎重思考后,于2008年1月就该法案的再授权问题还是做出不予投票表决的决定,小布什总统似乎也任凭公众对这个问题的抨击。我们似乎可以这样认为,政策(包括学校的语言政策)与其说是一门科学,还不如说是一种政治。

6.4.2 发达语言

在讨论了学校语言政策的最佳模式之后,我们要考虑的第二个重要问题是有关语言的变体。每一种潜在的教学语言是如何发展起来的呢?对于教学语言的选择,有一个显著的选择范围,即从缺乏书写系统的以及非标准的地方语、方言、克里奥尔语或皮钦语(pidgin)到标准语或古典语(Stewart 1968)。在选择教学语言时,最好是选择具备以下几个条件的语言:具备书写体系(这是教育中的一个关键特点,因为读写能力是教育的首要目标);具备自己的词典和语法体系(这也是学校教师所要求的)以及具备表达现代术语的功能。费什曼(Fishman 2006)重申了他的观点:他反对那些宣称所有的语言都是一样的语言学家,这些人过度强调了语言共性的特点,他们还通过阐明语言培育的种类来支持自己的观点,因为语言培育是语言现代化建设中必不可少的环节。

假如我们去参观开始使用家庭语言作为教学语言的学校,那么,我们就会发现教学语言这个问题对于教育是多么的重要。当我们打算在小学用纳瓦霍语开展教学时(Spolsky 1974),我们面临的主要问题之一是纳瓦霍语中没有表达数学方面的词汇。例如,纳瓦霍语中没有能够简单表达数学中"分数"(fraction)的词汇。此外,有一次,我在毛利人学校听一堂一年级的毛利语课时,课堂上所发生的一件事情至今还记忆犹新:课堂上的教师与她在该学校担任语言助理的舅妈、陪我听课的学校督导以及班上的学生共同讨论用什么毛利语词汇来表达一个新概念。正是学校的教学语言这个问题为以下两种语言管理的相互发展搭建了重要的桥梁:一种是对语言使用者的管理,即克洛斯(Kloss 1969)称作的地位规划;另一种是对语言本身的管理,即克洛斯称作的本体规划。不过,布拉格学派用的术语"语言培育"也许会更加恰当些(Prague School 1973)。费什曼(Fishman 2006)认为,语言规划的这两个过程通常都具有相同的动机考虑,此外,它们之间还存在着一种非常根本的相互促进关系,因为当一种语言变体被赋予了一定的社会功能后,人们为了使该语言变体能够担当这些社会功能往往就会对该语言变体进行一定的建设工作,如开发该语言的书写体系,使该语言实现现代化或增加该语言的新词汇。

这就意味着,学校若想在教学中使用一种当地的语言变体或家庭语言作为教学语言就必须对由此带来的额外麻烦和语言培育所需要的费用有所准备。南非学校除了使用英语和阿非利堪斯语外,还需要使用宪法认可的其他九种语言,但由此带来的问题却很多,其中一个是学校为这些语言的学习而提供的教学资源非常有限。20世纪70年代,美国纳瓦霍人的双语教育计划幸亏得到了相关课题项目的资助,这些项目为纳瓦霍人提供了纳瓦霍语的书面材料或再版教学材料。新西兰的毛利语教育因以下三个原因而受到阻碍:毛利语没有现代的文字书写体系;学校准备的毛利语教材不足;没能把政府文件翻译成毛利语。19世纪欧洲的语言维持和复活项目(包括希伯来语复活运动)都很幸运,因为它们的领导人往往都是有文化的人,他们早就开始使用这些语言了。低水平的语言培育可以成为学校不使用家庭语言的原因或借口。

语言培育这一因素在较高层次的教学中担任着越来越重要的角色。要用家庭语言为小学低年级学生开发恰当的学科术语和教学材料是很难的,到了中学阶段这个压力就更大了,因为中学的课程更难(尤其是科学课),有更多的学术术语要表达。这在一定程度上解释了为什么北非阿拉伯国家虽然积极推动本国的阿拉伯语化运动(Arabicization),但还是愿意在中学阶段继续使用法语作为学校的教学语言。不管在哪里,任何使用非国际性语言的国家要在理科科目上使用国际性语言作为教学语言都会有一定的压力。在大学阶段,学校要求使用国际性语言的愿望更加强烈,于是,许多大学认为它们需要使用世界性语言作为教学语言(Ammon 2001)。这是马来西亚许多大学的一个主要论点,因此,这些大学又重新把英语作为本校理科课堂的教学语言(Gill 2006)。即使在类似以色列这样的教育体制中,几乎所有的大学在整个教育过程中都是用希伯来语来进行的,但大家在查阅理工科和社会科学方面的知识时还是希望看英语书籍(Kheimets and Epstein 2005)。

6.4.3 语言意识形态观

政策制定者仅从教育或语言的角度来决定学校的语言政策,这种做法是罕见的。通常,学校的政策都反映了学校控制者的意识形态和立场。从本质上说,学校都是保守机构,人们希望它们能把本国建立起来的传统价值传承下去。一般来说,学校的语言政策在一定程度上至少要受到国家语言政策的影响。最近,马来西亚学校的主要变化是它们的教学语言从马来语转向了英语,巴基斯坦学校则把科学和数学课上使用的教学语言从乌尔都语转向了英语。此外,南非、菲律宾和泰国的中央政府都出台了有关教学语言的政策。南非把当地语言作为学校教学语言的做法仅限在小学六年之内,然后就转向英语或阿非利堪斯语;菲律宾想恢复英语作为学校教学媒介语的功能;泰国计划推行英语浸没教学项目。美国推行唯英语运动并禁止双语教育,这些活动的中心是在美国的州政府,特别是那些进行了公投的州政府。可见,学校的教学语言成了国家语言政策的一个重要内容,并被认为是费什曼(Fishman 1991b)所创建的"代际语言差异级别表"中的关键一环,该表可用来检测濒危语言所处的状态。

印度南部的卡纳塔克邦(Karnataka)在1973年之前被称为麦索尔邦(Mysore),这里有关教学语言的斗争其实是利益冲突的表现。这是一个有趣的案例。卡纳塔克邦有约三分之二的人都使用卡纳达语,该语言也是印度1956年版的宪法所认可的语言,当初的邦界就是根据该语言和使用该语言的人口来划分的。因此,1944年的一部法律强调了卡纳达语,并规定它为该邦所有新成立的小学的指定性教学语言。但是,许多学校都置之不理,宁愿选择英语来作为学校的教学语言,因为当地的父母都认为英语有利于孩子今后在软件业寻找工作(卡纳塔克邦是印度软件出口的龙头老大)。2007年卡纳塔克邦有800所学校因为违反政府制定的政策而被取消合法地位,这种仅针对卡纳塔克邦的事件导致了政府和卡纳塔克邦独立的学校管理协会(Karnataka Unaided School Management Association)之间产生了很大的分歧,该协会代表了本邦没有获得任何政府资助的1100所小学。2007年,卡纳塔克邦高等法院支持政府制定的政策,并宣布本邦所有的学校都必须把教学语言从英语转向卡纳达语(《印度日报》,2007年6月25日)。

应用当地语言作为教学语言的努力不一定都能获得学生家长的赞同。例如,拉加—卡利姆(Rajah-Carrim 2007)采访了一群毛里求斯人(Mauritian),询问他们对本国政府推荐法语克里奥尔语为学校教学语言这一计划的意见,法语克里奥尔语是当地大约三分之二的人口所使用的语言,现在的学校是把英语作为教学语言来使用的,此外,学校还教授法语和一门与当地民族有关的东方语言,如阿拉伯语、印地语、汉语、马拉地语(Marathi)、泰米尔语、泰卢固语(Telugu)或乌尔都语,以便替代这些学生不用上的基督教课。尽管英语是该国从小学到大学各阶段的教学语言,但据报道,许多教师在课堂上都使用法语或法语克里奥尔语。最近,该国发动了一场政治运动,呼吁大家只使用法语克里奥尔语。从这个没有代表性的,但具有各种民族背景的采访来看,毛里求斯的这项语言政策得到的支持微乎其微,多数家长都认为国际性语言更有用。

6.4.4　语言功能的划分

教学语言是语言教育政策的重要内容,有些学校实行多种教学媒介语的政策,即根据教学周(school week)而交替使用两种或两种以上的教学语言,这给语言教育政策的管理带来更大的挑战。此外,教学语言的分配还可以根据科目而不是根据时间来决定。数学课和科学课更有可能使用国际性语言和发达语言(developed language)作为教学语言。学校和语言政策的制定者往往都认为,用英语教授科学科目可以避免因使用当地语言教授科学科目所带来的术语匮乏等问题。克莱恩(Clyne 1986)认为,当目标语言用于教授那些语言使用更少的科目时,学生就能更容易地理解该语言,所以，他建议澳大利亚可以通过使用外语来教授艺术、音乐或体育之类的课程，以便加强小学的外语教学。在有些学校的模式中，祖裔语言用来教授历史或地理课程，而其他科目的教学语言则转用本国的官方语言。

学校若在一天中使用不同的教学语言可能会产生许多意想不到的事情。过渡型双语教学项目（transitional program）就是：在学校教育的初级阶段，教师使用学生的第一语言（在理论上，第一语言就是家庭语言，但在多语地区，第一语言可能不是所有学生的家庭语言）教授所有的科目，然后，学校再逐渐增加本国官方语言授课的时间。在维持型双语教学项目（maintenance program）中，在学校教育的最后阶段教师仍将在一段时间内保持使用学生的家庭语言来授课。其具体操作方式或许是一天使用一次，以便学生巩固自己的家庭语言，或者是让一两门科目的教师依然使用学生的家庭语言授课。如果家庭语言是一种较少得到人们关注的地方语言或少数民族语言时，而且，当学校选用名望高的国语、官方语言或国际性语言作为教学语言时，那么，这些家庭语言就可能会从学校的课程中消失。不过，教师和学生私下里都还会使用这些家庭语言，而且，假如这些语言还能得到具有强烈民族意识的人们的支持，或者是，使用该语言的民族具有丰富的用该语言表达的传统文学，那么，它们还有可能作为一门课程在学校被保留下来。

6.5 附加语的教学

实际上，我们有理由把任何用学生家庭语言授课的教学都归类为丰富型的教学，而其他语言的教学则归类为第二语言或外语教学。语言教育政策有二个基本内容，第一个是教学语言的选择，第二个是附加语（additional language）的教学。在此，我们将探讨语言教育政策的第二个基本内容——附加语的教学。"附加"意味着"添加"，而不是与之相反的"替代"，例如，官方语言的浸没教学项目只培养学生的官方语言能力，甚至过渡型双语教学项目在官方语言的地位已经建立起来后也就不再关注学生的家庭语言了。学校采用何种语言政策取决于教育系统、社区和执政当局中语言管理者对相关语言变体的价值观。

通常，在单语社会中，人们更容易藐视或轻视家庭语言变体。这种现象可以在一些公众谈话中得到应验,他们把家庭语言变体看作是一种不值得教育系统关注的方言。另一方面,国际性语言和发达语言一般都比家庭语言变体享有高得多的地位,即使这些语言没有被选为学校的教学语言,但它们作为学校的一门课程通常也深受学生的青睐。现在,这方面最显著的例子就是英语。英语是大多数非英语国家(即英语既不是第一语言,也不是第二语言的国家)的第一外语。在一些地方(例如,瑞士的某些州和以色列),有人提议用英语代替它们的第二官方语言。在以色列的公立学校,英语受到的重视程度胜过本国名义上的第二官方语言阿拉伯语所受到的重视程度。

对于学校来说,要选择一门语言是个难题,而要选择语言的一种变体往往就难上加难了。在阿拉伯语世界,学校语言是古阿拉伯语或标准阿拉伯语,而不是家庭使用的当地阿拉伯语变体。在瑞士,法语区的儿童在学校学习的德语是高地德语(High German),而不是瑞士其他州的公民所使用的瑞士德语(Swiss German)。在新加坡,有人提议降低对书面泰米尔语的重视程度,而应把教学目标对准标准的口头泰米尔语,以便鼓励人们对该语言的维持(Saravanan et al. 2007)。一般而言,学校只教授一种语言的书面形式或标准形式。尽管在一些有关语言教学的意识形态(如直接法、听说法或交际法)的影响下,学校可能会增加口头语言的教学,但它们通常只占课程总量的一小部分。

6.6 外语教学

对于赫然贴上外语标签的语言教学来说,其蕴含的变化因素是很多的。首先是语言或语言变体的选择问题。在当今世界的许多地方,英语都是第一外语,不过,英语在亚洲遇到了汉语的挑战,在罗曼语国家遇到西班牙语或法语的挑战,在苏联地区遇到俄语的挑战。影响语言选择的主要原因可能是历史因素(如前殖民地国家)、地理因素(如主要的地区语言)和经济因素(如主要的经济伙伴),在这三者中,经济因素尤其重要。另外,学校域的参与者也是重要的影响因素,各种参与者可能有不同的语言信仰或语言价值观。具有强烈民族主义思想的中央政府可能更强调历史因素;学生家长可能更受经济因素的影响,他们只关注自己孩子今后择业和经济方面的发展;教育机构可能更想维持现有的教学模式,因为这样他们就有现成的教学材料、教学方法和教师队伍。

在英语国家,它们的传统外语是法语,若要用与它们更相关的其他欧洲语言、东方语言或中东语言来取代法语,它们就得花费不少精力。兰博特(Lambert 1994:54)对英语国家的外语传统教学模式进行了评论:"在英国和爱尔兰,它们的外语主要是选择法语,尽管它们两国,尤其是爱尔兰,试图扩大本国的德语教学。澳大利亚也想加强自己所处地区的亚洲语言的教学。美国与英国和爱尔兰一样,没有特别的理由来选择这种或那种语言作为本国的主要外语,于是,美国的外语教学没有特别清晰的语言目标,目前的主要外语是西班牙语,而法语和德语的教学有点下滑,日语的教学出现了上升趋势,但由于日语不是大语种,因此,我认为它的这种上升趋势长不了。"在欧洲以及世界的许多其他地方,大家把大多数精力都花在了英语的教学上。

对于各种教育系统来说,有关附加语的决定可能是由上级机关做出的,也可能是由学校自己做出的。最近一段时间以来,欧洲委员会和欧盟一直试图劝说各成员国要教授两门附加语,目的是为了增加英语之外的语言的教学。有些国家的语言传播机构,例如,英国文化委员会(The British Council)、法国的法语联盟(Alliance France)、德国的歌德学院(Goethe Institute)和日本国际交流基金(Japan Foundation),都试图影响别国的学制,以便使这些国家接纳它们所推广的语言。1985年的一天,我们与以色列的教育部部长会面,大家在一起讨论以色列的语言教育政策草案,部长说他收到了以色列驻法国大使从巴黎打来的电报,大使在该电报中作为公务提醒部长以色列和法国鉴定了一个协议——只要以色列的部分中小学开设法语课,法国的学校也就会开设希伯来语课。

学校一旦选好了外语教学的语言后,接下来的问题就是语言变体的选择。大多数语言都有变体,英语尤其如此。有些国家过去一直在争论学校是教授英国英语好,还是教授美国英语好。德国的大学过去既雇用来自英国的英语教师,也聘请来自美国的英语教师,以便为学生提供两种英语变体的会话课。当下,有关英语变体的争论视角拓宽了,它还包含了世界性英语的其他变体。

外语教学中的第二个常见问题是何时开始外语教学。在欧洲的各种教育体系中,过去一直都是中学才开始增设外语课程,但最近,学生学习外语的年龄有所下降(Bergentoft 1994)。现在对于外语教学的辩论话题主要转向了有关语言间相互冲突的价值观和语言信仰。有些人认为外语教学应该在国语教学已经达到根深蒂固的程度之后才开始。2007年,一位新上任的日本教育部长也表达了这种论点,他还提出了一些其他的传统主义思想。还有些人则持相反的观点,他们认为外语学习越年轻越好(Bongaerts et al. 1997),但学习者年龄与最终的学习效果之间的关系是非常复杂的(Birdsong and Paik 2008)。年长的学习者似乎学习效果更好,但这可能是以下原因的结果:他们采用了不同的学习方法;他们使用了为更年轻的学习者而编写的教材;他们与年轻的学习者都缺乏受过良好培训的教师。

2001年,中华人民共和国教育部颁布了包含如下内容的语言政策:学生应该从小学三年级而不是从过去的初一开始学习英语,并把英语作为一门必修课来看待[1]。这一决定的做出是基于以下五个原因:中国对英语的需求量越来越大;英语在中国的教育改革中举足轻重;自1978年开始,英语在中国的传播已经渗透到越来越多的地区;有证据表明,英语学习给学习者带来很多好处;该决定得到一位副总理的支持,该总理退休后写了一本有关教育的书,他呼吁学校重视外语教育。不过,在该政策的实施之初,许多问题很快就接踵而至,特别是英语教师和教材的匮乏问题(Hu 2007)。

总体而言,欧洲国家将继续提前外语学习的初始年龄。法国和荷兰5岁开始学习外语;奥地利、爱沙尼亚、瑞典、意大利、西班牙、拉脱维亚、克罗地亚、捷克共和国、波兰和葡萄牙6岁开始;英国7岁开始;斯洛文尼亚、比利时、希腊和欧洲的德语地区[2] 8岁开始(Enever 2007)。一些其他国家(如以色列和泰国)也表现出同样的想法。

6.7 语言教育政策的结果

学校的语言教学效果如何?要把这个问题回答清楚是非常难的,因

---

[1] 2001年1月,中国教育部颁布了《关于积极推进小学开设英语课程的指导意见》。该意见指出:2001年秋季始,全国城市和县城小学逐步开设英语课程;2002年秋季,乡镇所在地小学逐步开设英语课程。小学开设英语课程的起始年级一般为三年级。

[2] 指德国全境、瑞士和比利时的部分地区(即德语区)。

为它如同现实社会那样复杂。在给学生灌输标准语言方面,西方的教育体制通常被认为是最完善的。不过,莫泽(Moser 1999)报道说,英国有五分之一的成年人是"功能性文盲"(functionally illiterate)。据报道,英语国家的外语教学往往都不怎么成功,其他国家的外语教学也各不相同。欧洲委员会为了评价各成员国的语言教学水平而付出了很大的努力,最终,它制定了一个影响深远、作用巨大的《欧洲语言教学与评估框架性共同标准》(Council of Europe 2001b)。在世界的其他地方,各国学校在外语教学方面取得的成果各不相同,毫无疑问,这在一定程度上与各个学校通常用于附加语教学时间的长短有关。

学校在复活或维持濒危语言或弱势语言方面有多大的作用呢?我们首先来看一个重要的例子——爱尔兰。1918年爱尔兰自由邦(Irish Free State)①成立后,政府就开始要求学校教授爱尔兰语,并要求全社会像在单语社会一样来使用爱尔兰语。这与盖尔语联盟(Gaelic League)的做法正好相反,该联盟是推崇维持型双语教学项目。所有的数据表明,爱尔兰自由邦的此举取得了一定的效果——增加了人们对爱尔兰语的知识,可它并没有促进人们对爱尔兰语的使用。弗莱明和德布斯基(Fleming and Debski 2007)对六所中小学的语言使用进行了研究。这六所学校是两所在盖尔特克司特(即爱尔兰语地区)的爱尔兰语为教学语言的学校,两所在英语使用区的爱尔兰语为教学语言的学校,以及两所在英语使用区的英语为教学语言的学校。他们的研究结果表明:在盖尔特克司特之外,事实上所有的学生在与校外朋友交谈时都使用英语,但在爱尔兰语为教学语言的学校,有近一半的学生在学校与朋友交谈时都使用爱尔兰语;在盖尔特克司特的学校,有三分之二的学生在校内外都用英语与朋友交流,只有百分之十五的学生在学校与朋友交谈时一直使用爱尔兰语。

鉴于强大的政治和社会压力,加拿大不久就通过法律的手段使法语成为了本国的官方语言。根据法语浸没教学(Lambert and Tucker 1972)和毛利语浸没教学(Spolsky 2003a)的圣兰博特(St Lambert)实验表明,这些语言教学方法在增加目标语的知识方面取得了很好的效果,这跟西班牙的公立学校在支持加泰罗尼亚语的发展方面所取得的效果一样

---

① 1921年12月6日,英国和爱尔兰代表在伦敦签订条约,确定爱尔兰中的26个群组成自由邦(1922—1937年),属于英帝国的一个自治领地。

好(Strubell 2001)。没有学校的支持,语言维持是很艰难的,但仅仅引导大家广泛地使用还是不够的。对某些土著人的教育系统的研究表明,学校在濒危语言的维持方面能够起到很好的辅助作用(Spolsky 2007)。

6.8 学校语言管理的手段

为了更好地理解学校语言管理的运作情况,我们在此简单地分析一下一些学校语言管理的常用手段。前面,我们已经稍微详细地论述过了外语教学课程的体系、外语教育内容的安排、教学语言的选择以及外语学习的初始年龄。

6.8.1 教师层面

教师的选择与培训对于学校语言政策的实施有重大影响。拉波夫(Labov 1966)对社会语言中矫枉过正(hypercorrection)的研究表明,中小学的教师通常都来自于社会中、下层的女性,她们积极向上,而且,特别容易接受有关语言准确性和纯洁性的建构标准(establishment standard),这些标准将有利于标准语言的巩固。勒佩奇(Le Page 1968:437)描述了西印度群岛的教师对于被大家广泛使用的西印度群岛混合语言(如混合英语)与标准英语之间的区别是多么的无知;年轻教师"根本不知道他们自己对英语的掌握达到什么程度",而事实上,他们在上英语课时却使用了大量的当地语言。

19世纪,美国为了同化本国的一些非英语社区和学校而采取了一些措施。因为教师在一定程度上影响着社区和学校的语言使用,所以,宾夕法尼亚州在19世纪60年代就停止了用德语培训教师的做法,这比美国政府提出的所有的教学要用英语进行的要求早50年(Lewis 1980:144)。在苏联,20世纪20年代是列宁领导下的多语时期,使用当地语言的教师占了学校教师中相当高的比例。1925年,亚美尼亚加盟共和国有百分之八十的小学教员是亚美尼亚人,所以,学校用亚美尼亚语上课是完全行得通的(Lewis 1980:71)。在苏联,尽管用少数民族语言作为教学语言的做法一直持续着,但事实证明,要寻找到能用本国少数民族语言从教的合格教师还是有难度的。于是,列宁格勒大学开展了一个特别的针对本国少数民族学生的俄语教学项目,该教学项目的宗旨是培训仅来自苏联北方的民族学生的俄语能力,以便他们将来能够回到家乡对那里的少数民族学生教授俄语(Lewis 1980:137)。20世纪50年代后期,该教学项目的重点开始转向培训任何想把俄语作为第二语言来教学的未来教师(Lewis 1980:199)。

　　寻找和培训双语教师是双语教育中的一大挑战,其难度也许在纳瓦霍人的双语教育案例中能够淋漓尽致地表现出来。20世纪60年代后期,美国通过了《双语教育法》,该法为美国的双语教育项目提供了资助。纳瓦霍人的乱石示范学校(Rough Rock Demonstration School)(McCarty 2002)和石点社区学校(Holm and Holm 1990)都是当地双语教育项目的试点学校,可是,这两所学校都找不到足够的合格双语教师。在这里即使读完高中和大学的纳瓦霍人也屈指可数。于是,美国政府在20世纪70年代为纳瓦霍人推出了双语教师培训计划。该计划要通过各种政府项目来筹措资金,并委托纳瓦霍人保留地周边的大学来实施该计划。该计划的目标是培训1000名纳瓦霍人,以便今后充实纳瓦霍人的双语教师队伍。培训工作尽可能地在保留地进行,因此,大学教授必须驱车或飞行几百英里来到保留地授课。这样做是出于以下两个原因的考虑:第一,如果把这些未来的双语教师集中在大学城培训,有些人(如家里有孩子要读书的)就可能得不到家属的支持;第二,这些未来的双语教师如果在城市里待了四年可能就不愿意再回到保留地生活了。当韦恩·霍尔姆(Wayne Holm)开始在石点社区学校进行双语教师培训时,他为所有的教师配对。一个英语教师带一个纳瓦霍语助手,英语教师用英语授课,纳瓦霍人助手则用纳瓦霍语上课。几年后,这些助手已经完成了教师的培训任务,他们能够用两种语言授课了(Rosier and Holm 1980)。

111　　类似的案例还有南美的玻利维亚和非洲的莫桑比克。在玻利维亚的学校,约有一半的学生能够使用学校的正式教学媒介语——西班牙语,而西班牙语是这些学生的第一语言或第二语言。此外,学校有三分之二的学生能够使用本国33种土著语言中的一种。在莫桑比克的学校,不到四分之一的学生能够使用学校的教学媒介语——本国唯一的官方语言葡萄牙语,而葡萄牙语可能是这些学生的第一语言、第二语言或外语。本顿(Benson 2004)描述了在这两个国家从事双语教育的教师所遇到的各种挑战:教师工资低,学校条件差,校舍破旧,交通不便,学生上课率低。此外，教师的培训时间短，教师数量也少，所以，许多教师都缺乏熟练使用学校语言的能力。尽管这两个国家都在努力地发展本国的双语教育项目，但教师根本没有得到适当的培训，以至于不知如何处理工作中所遇到的社会、教学法、语言以及社区等方面的问题。

教育系统经常通过聘请本族语教师来设法促使学生从家庭语言转向学校语言，不管我们如何理解这种现象，但它反映了一种幼稚的语言信仰，即只有语言本族人才能教该语言(Davies 2003)。菲利普森(Phillipson 1992)认为，这种语言信仰主要用来灌输殖民语言政策，同时，还可降低当地语言的地位。有关这种教育项目的最激进的案例之一是美国在菲律宾的殖民实验，当时，菲律宾的教师和教材都是"用船从美国进口的"(Prator 1968:473)。这种方法也被用于美国统治时期的密克罗尼西亚(Micronesia)①。可是，美属萨摩亚情况却有所不同，在20世纪80年代，该国的一位开明州长决定给本州一个岛上所有学校的每个教室都配置一台电视机。于是，所有的学生都可享受到学校几位英语流畅的教师的授课。另外，此举还给岛上带来了一些没有预料到的变化，即村村已经通电，公路也已修通，岛上村民可以很方便地到达首都帕果帕果(Pago Pago)②。于是，现在每人都可进城学习英语。强势语言(如法国的法语)的推广计划都要求本国把教师派送到其他对象国家去。据艾哲(Ager 1999:177)估计，法国已招募两万多名法语教师派往前殖民地国家(特别是非洲国家)进行法语教学。相比之下，英国招募的英语教师人数只有6000多名。

可见，教师的培训、资格审查、招募和雇用是学校语言政策管理的重要内容。这些内容都可以通过以下三种方式来进行管理：中央集中化(该方式有利于通过语言来提高中央政府的权威)、授权委托化和地方多极化(该方式有利于管理的多样化)。

6.8.2　学生层面

管理学校语言的一个有效方法是设置入学的语言要求，这可以把没

---

① 太平洋三大岛群之一，以其浪漫的海岛风光、绝美的自然景观、独特的民族风俗，成为世界旅游热点地区。密克罗尼西亚是一个联邦名称，所以由多个国家组成。

② 位于太平洋图图伊拉岛(Tutuila)，是美属萨摩亚的首府，人口约1.1万(2000年)。旅游业、娱乐行业以及金枪鱼罐头制造业是该市的主要产业。

有达到一定语言水平的学生拒之门外,也可以鼓励学生学习某种被选的语言变体。在小学义务教育阶段,假如要设置任何限制的话,学校通常都采用属地原则。该原则的实施取决于人口群体的居住发展趋势,有些人口群体(如移民或宗教社区的成员)喜欢聚居在城市的同一地方。在美国,学校尽量减少种族隔离(school segregation)现象,例如,改变学校过去使用属地原则时所确定的属地界线,让接送小孩的校车开进所有学生所居住的小区。一旦学校(不管是公立学校,还是私立学校)要制定入学的标准,这些标准就自然会体现出学校选择学生的一种倾向,即学生在学术、社交和语言方面是否具备未来发展的条件。除非学校已经建立了一个为不符合学校要求的学生提供教育的特殊项目(例如,为移民学生提高学校语言水平而设立的特殊项目),否则,学校就会情不自禁地排除那些学校语言水平较差的潜在学生。

英国教育与技能部颁布的《2007年学校招生简章》指出,大多数学校都有足够的招生名额来满足学生的申请,但实际情况并非如此,地方教育机构或学校管理机构都会制定内容清晰和客观的"超额入学标准"(over-subscription criteria)。有些学校开设了与宗教信仰相关的课程或教学项目,若要听课一定要事先征求学校的同意,否则,学校不会对学生进行面试,学校也不会打听学生家长的第一语言是什么。精英中学(selective school)[①](如强调学术发展的文法学校)可以通过客观的能力考试(包括具体科目的能力考试)和水平考试来遴选学生,但普通中学(comprehensive school)不能只挑选成绩优秀的学生。

希尔曼(Hillman 2006)指出,当下影响美国学校制定招生政策的主要因素有三个。第一个因素是人们对教育的价值观。公立小学(common school)为来自不同社会阶层、宗教和种族的儿童提供教育,多数儿童也都是就近上学,但由于种族和家庭经济原因而形成的居住隔离最终影响了各个学校的生源构成。第二个因素是平衡各方的招生关系。自从20世纪60年代开始,美国废止了学校的种族隔离政策。从2007年开始,美国最高法院排除了那些考虑种族因素的招生计划。第三个因素是重视学校的多样性和差异性,这个因素是最近才开始被关注的。人们认

---

① 也译选择性学校,就是根据学生的学业成绩来招生的中学,与其相对的是普通中学,即接受所有的学生,不考虑学生的学业成绩。

为学生家庭的社会经济背景、种族和语言障碍在很大程度上都影响着学生的学业成就。希尔曼(Hillman 2006)通过分析一些典型案例后注意到,剑桥大学的文学硕士项目在评价学生的学业表现时并没有把语言作为一项标准来考虑,但语言却是被考查的因素之一。另一方面,旧金山联合学区在招生时会考虑六个因素,其中两个分别是学生的英语水平以及英语是不是学生的基本家庭语言。此外,学生的英语水平也是政府在下拨学校基金时权衡的四个因素之一。

在瑞典,学校招生时从不考虑学生的语言水平问题。"由于瑞典的英语学校受到瑞典政府的资助,所以,该校一定要遵守瑞典国家教育委员会制定的相关条例。从严格意义上说,居住在瑞典的外国儿童以及英语为母语的儿童在申请瑞典英语学校时都不会得到任何优先照顾。学生也不会仅仅因为出色的能力和水平而被录取(《瑞典哥特堡英语学校招生条例》)"。

在加拿大的魁北克,学校在招生时必须严格地执行法语要求的条例。《第101法》即加拿大的《法语宪章》规定,只有当儿童的父母原先在魁北克的英语学校上过学,这样的儿童才有资格上英语学校,否则都要上法语学校。这样做的目的是为了阻止魁北克的移民小孩都选择英语学校,而不选择法语学校的发展趋势(Bourhis 2001:112)。于是,魁北克英语学校的入学率开始下降,1995年的学生人数只有1976年的一半。其原因有二,一是因为大量的魁北克英语使用者迁离此地,二是因为该语言政策阻止了移民儿童进入英语学校。此外,在1976—1986年的十年间,从魁北克以英语为教学语言的大学里毕业的学生外迁现象严重,纯外迁率达到百分之四十(Bourhis 2001:121)。

6.9 惩罚与语言管理

加拿大魁北克省政府设法通过限制英语的教学来维持法语的发展。制定同样严厉语言政策的例子是土耳其对库尔德语(Kurdish)的法律限制,学生要是在学校被听见说了未得到法律公认的少数民族语言就要受到惩罚。麦卡狄(McCarty 2002:39—47)描述了许多有关纳瓦霍儿童因使用了母语而受罚的现象:纳瓦霍儿童常常被警察拖走,最后被带到寄宿学校,这些儿童被迫说英语,如果学生使用了一个纳瓦霍语单词就要受到英语教师或纳瓦霍女总管的惩罚,并用黄色的肥皂洗嘴,或者要求学生用牙刷擦洗地板。在英国威尔士的学校,在英语被强制推广的时期,任何人只要被人听见说了一个被禁语言的单词,就必须在脖子上戴一个树枝圈;如果该生在放学前没有找到下一个被罚者(即也使用了被禁语言单词的学生),就要接受用脖子上的树枝抽打的处罚。在新西兰的土著人学校,有些教师若发现学生说了毛利语就会惩罚这些学生,因为这些学校鼓励学生转用英语(Simon 1998)。诸如此类的故事都是有关一些学校在实施语言替代(language replacement)政策时所发生的事情。丹尼斯·巴伦(Dennis Baron)最近在他的博客(http://webtools.uiuc.edu/blog/view?topicId=1376)上报道了发生在美国的两则新闻。2007年9月,美国堪萨斯州威奇托县(Wichita)①的圣安妮天主教学校(St Anne Catholic School)严禁学生在操场上说西班牙语,可是,该校有75名学生的家庭语言是西班牙语。同年10月,美国内华达州埃斯梅拉达县(Esmeralda)②中学的一名教学督导罗伯特·奥毛赫(Robert Aumaugher)向学生家长建议——学生不要在校车上说西班牙语。2008年1月31日,美国公民自由联盟(American Civil Liberties Union)对这条校车乘坐规则表示了抗议,后来该规则被取消了。

6.10　学校域与语言管理理论

在大多数国家,学校都已成为组织化语言管理的基本机构,它们要设法改变学生原有的语言不足现象。学生自从入校那天起就要不断地承受来自学校的各种压力,如要改变自己原有的语言实践,并学会学校有关的语言管理者为他们选择的语言变体和语言变项。于是,学校域就容易出

---

① 美国堪萨斯州西部的一个县,面积1861平方公里,根据美国2000年人口普查,共有人口2531,其中拉美裔人口约占百分之十八。
② 美国内华达州西南部的一个县,西南邻加利福尼亚州。面积9295平方公里,根据美国人口调查局2005年数字,共有人口1276人(其中拉美裔人口约占百分之十),是全州人口最少的县。县名是西班牙语"绿宝石"的意思,据说源自早期开矿者以维克多·雨果《巴黎圣母院》中的吉卜赛女郎为其矿坑命名。该县在1900年代出现过淘金热,在1910年代末期矿床枯竭,经济亦随之衰落。

现以下两方面的冲突。一方面,学校要尽力纠正或压制学生从家里带来的语言变体(例如,我女儿的老师问我何时移居到以色列的,并对我一直要女儿也维持英语能力的行为感到吃惊,女儿的老师还问我:"您为什么不对您女儿说希伯来语?"),另一方面,学生对成人的价值观和成人所使用的语言变项进行抵制(例如,成人经常告诫学生:"不要使用那个俚语词汇")。

学校域的参与者在权威方面相差很大,基层的语言管理者(如教师)也要经受来自比自己权威大的管理者的压力,这些权威大的管理者可能来自学校域内部,也可能来自学校域外部,这使得学校域的管理模式变得复杂。由于语言管理具有如此重要的教育特点,所以,语言管理是形形色色的公众、雇员和语言活动者辩论和抱怨的话题。人们经常抱怨说:学校没能很好地教好学生的语法知识;学生经常拼不对单词;学生经常写不好句子;复活语言会发生不可逆转的变化。于是,人们甚至在语言问题不怎么被提出来讨论的场合(如报社的读者来信栏目和一些政论性演说)都经常对学校以及年轻一代学生所表现出的糟糕语言行为表示不满。

学校域可能是检验语言管理理论是否成功的最后一个领域,因为学校语言管理的根本目的是管理好学生的语言,但学校域的参与者和管理方式都很复杂,而且,我们很难评价学校语言管理的结果。

第7章 司法与医疗卫生域的语言管理

7.1 安全与健康

鉴于司法与医疗卫生机构有许多共同的特点,所以,我们可以把它们放在同一章进行分析。这两个领域都有两类截然不同的参与者,一类是控制该领域的专业人员,另一类是对该领域一无所知但又不得不来寻求帮助的公众。即使没有其他语言障碍的原因,专业语言与日常语言的差别也是个非常关键的问题。例如,律师、法官、警察、医生和护士通常都使用本国的官方语言或国语,而他们的当事人或病人则来自社会的各个阶层,其中不少人是使用少数民族语言的。有人曾经对英国的医患交流进行过研究,结果表明,医患双方中若有一方是外籍人员,这可能会给他们的交流带来困难,但如果医患双方均来自本国,他们的交流有时也会遇到障碍。在被调查的多数患者中,当他们从外籍医生的诊疗室走出来时都会问在场的护士,"刚才大夫说的是什么意思?"显然,专业语言与非专业语言之间本身就存在差异,当专业人员与当事人还存在交流障碍时,他们之间的交流障碍就会更大。可见,语言交际在这两个领域中都是非常关键的。在医院,医生必须明白病人对病情的描述,而病人也必须理解医生的嘱咐或建议;在法院,正义的维护首先需要警察、法官、陪审团、证人和被告在说话时能够相互听得懂。

无论如何,上述观点是来自外界的,但是,假如所有控制司法与医疗卫生机构的人员也持有这些观点,那么,司法与医疗卫生域就能对自己的语言使用进行自我调节。确切地说,司法与医疗卫生域在语言管理方面还做得不够负责任。医生往往对病人的描述充耳不闻,例如,有些社会语言学研究表明,医生趋向于把病人所叙述的病史搁置一边,寻找自己对病因的解释。当医生听不懂病人所说的话时,就希望病人的朋友或小孩来替病人翻译。同样,法官和警察大权在握,根本不在乎当事人的交际需求。

不过,司法与医疗卫生域也有例外现象,即它们重视本域的语言管理。一个著名的例子是美国加州圣迭戈的警察局,该警察局认识到有必要为当事人提供翻译服务,于是,成立了美国语言连线翻译公司。当初,该警察局的一名警察招募了一群志愿者,让他们为警察局提供电话翻译,以便帮助警察了解出事点的情况,这些出事点都是最近从东南亚来到美国的人所集居的地方。后来,这种翻译系统被美国电话电报公司(AT&T)所购买,该系统也就被商业化了。

人们越来越认识到有必要在法庭上也提供翻译服务,但有效的办法一时难以找到。世界各地几乎每天都有如下内容的报道:由于翻译不到位,法庭的判决要么被推迟要么被取消,或者定罪被翻供。在医疗卫生机构,医生依然主要是依靠现有的业余翻译人员提供帮助。由于世界各地(特别是西方国家)越来越关注那些不会说本国官方语言的公民的权利,因此,要求司法与医疗卫生域改变现状的压力主要来自外部。在本章中,我们会发现,该域有效的语言管理者往往来自域外,例如,国家政府通常会通过法律的形式来实施超国家层面所提出的权利声明。因此,司法与医疗卫生域的普遍状况是,要求处理域内语言问题的压力几乎都来自外部。

7.2 法院

司法领域的公共语言管理通常是通过法律和条例来实施的,但在本章中,我们将把重点放在法院、警察局和监狱的语言管理上,因为这些部门都是与执法行为有直接关系的单位。在这些部门中,言语交际非常重要,但它们各自的重要性体现在不同的程度和交际方法上。法院的主要任务是通过法律专业人士(如法官和律师)之间的结构性辩论来解释和实施成文法(written law),这些专业人员通过采用特定的形式来向原告、被告或证人提问,以便建构案件的事实基础和判断证据。这些证人尽管在自己的工作领域也许是非常专业化的,但在司法领域就未必如此了,不过,人们还是希望证人在法庭上能够按照司法专业人员的方式来回答问题。人类学家根据自己领域的专业知识发现法庭语言的使用规则和证据的法律表达与人类学领域的是完全不同的(Rosen 1977)。通常,法庭希望被告是一位保持安静的观察者,但被告往往构成了法庭言语活动中的另一方。陪审团也可能都是非法律专业的人员,但他们需要根据所听到的陈述内容进行判断;他们与案件的裁决有关,但在法庭中却担当着听众的角色。

法院的工作就是进行系列的言语互动活动:从正式的书面控告或罗列的口头指控开始;接下来就是大量的言语交际活动,而且这些言语活动的内容通常都被记录成书面形式以便构成审问的正式卷宗;最后是裁决或判决。法庭中的记录工作意味着司法域中需要增加一个额外的参与者——法庭记录员,但法庭记录员只有当法官有要求时才可以说话,例如,法官要记录员宣读前面记录的部分内容。现在,许多法庭都同时要求工作人员录音,以便核对记录是否正确。另外,法庭有时还要配备口译人员。

在法庭中被授权的参与者都是专业人员,他们对于自己所使用的特别的言语规则都接受过专业训练,他们可以给相关的门外汉提供指导,让这些外行使用专业人员规定好的方式来回答他们的问题(如回答"是"或"不是")。在法庭上,这些专业人员的权力显然是不平等的。法官总体负责,其余人都要听从他的吩咐;其他的法律专业人员(如律师)有权支配证人和被告。

法庭上使用什么语言通常在一个国家的宪法或有关官方语言的法律中是有规定的。改变法庭语言是一个政治问题。在西欧,法庭语言从拉丁语转变为当地语,这是国家语言发展中的一个里程碑事件。在印度,泰米尔纳德邦(Tamil Nadu)①政府于 2007 年决定马德拉斯(Madras)②高等法院可以使用泰米尔语和英语,这被认为是一个了不起的行为(印度《Zee 新闻》,2007 年 11 月)。

权力的不平衡可能导致潜在的不公平,当法庭上有些相关人员不懂或不熟悉法庭上所使用的语言时,这种不公平的现象就会大大加剧。尽

---

① 印度南部的一个邦,南临印度洋,东隔孟加拉湾与斯里兰卡相望,西与卡纳塔克邦、喀拉拉邦接壤,北接安得拉邦。面积有 13 万平方公里,人口有 6241 多万,居民主要是泰米尔族,官方语言是泰米尔语,首府是金奈(Chennai)。

② 1996 年以前,金奈被称为马德拉斯,该市的主要经济支柱是汽车工业、IT 科技和医疗工业。

管法院会把法庭上相关人员所说的话都录下来,然后转换成文字记录,以便案子上诉到更高法院时供相关人员参看,但法庭在遇到有些相关人员不懂或不熟悉法庭上所使用的语言时,法庭通常的做法是必须把法庭上所使用的任何非官方语言都翻译成官方语言,并把翻译材料(不管翻译是对还是错)都保留下来作为正式的记录。有一位律师曾经告诉过我这样一件让他吃惊不已的事件:当他若干年前刚开始从事律师工作时,他在法庭上看见一位具有爱尔兰血统的纽约法官用依地语同一位犹太证人进行对话,记录员由于不懂依地语于是什么也没记录到。最近,美国最高法院认为,法院可以拒绝以下类型的陪审团候选人,即那些懂得英语和西班牙语两种语言,但声称不会根据译员"误译"出来的证据,而会根据自己所听到的用西班牙语表达的证据来做出决定的人。一位持异议的法官认为,法院应该在开庭之前告知陪审员如下内容:他们若发现法庭上的翻译不准确,可向主审法官报告。这种现象后来再次出现在美国佛罗里达州,2006 年 8 月佛罗里达最高法院规定:"如果法庭上案件的各方都认为翻译是准确的,那么陪审员就不能应用自己的外语知识来怀疑法庭上的翻译是否正确。"最近,南非的司法部长表达了一种遗憾,即南非的法庭依然只是英语和阿非利堪斯语的天地,该部长支持南非非洲人国民大会党(ANC)①所提出的法庭语言政策必须修改的观点(《南非日报》,2007 年 6 月 13 日)。译员是法庭审判程序中一个重要的额外参与者。法庭中的其他参与者都必须遵从译员的翻译材料,但译员的翻译是否准确呢?他们的翻译能力却通常都没有受到任何人的质疑。

7.3　民权

法院提供翻译的做法并不是法院的自觉行为,而是出于一个日益普及的概念——被告也享有民权。现在,人们普遍接受了所有被告都有权知道自己被指控的内容以及审判时所发生的一切,但在实际操作中各地还存在许多差异。美国的《民权法》(即 1791 年美国宪法通过的前十条修正案的总称)在第六条修正案中确立了被告的如下权利:被告有权"得知

---

① 简称非国大,自 1994 年至今是南非最大的政党和执政党。

控告的性质和理由;同原告证人对质"。这两点都要求被告具备听懂原告和证人的语言能力。当法院接受了类似的原则后,法院的语言政策就直接受到外部机构所做决定的管理,例如,国家层面或地区层面的宪法或立法都对法院的语言政策带来影响。同时,法院还可能受到超国家机构(详见本书第11章)所制定的语言政策的影响。

一个早期的影响法院语言管理的决定是1362年英国政府颁布的《法庭辩护法令》(English Statute of Pleading)。该法令本身是用法语书写的,但它却规定英国的一切法庭诉讼必须用英语进行,也就是说,在法庭上用英语取代大多数英国民众都不懂的法语,不过,该法令要求法庭记录依然使用拉丁语。这一法令在很大程度上并不是为了维护每位英国民众都有了解自己案件被审判过程的权利,而是为了宣告英国的英语使用者所控制的政权越来越大,他们有权利反对使用诺曼法语的征服者(Ormrod 2003)。但是,大约300年后,即1650年,克伦威尔所组建的议会(Cromwell's Parliament)才接受"把所有的法律书籍都翻译成英语"的法令,可见,要改变语言实践是要花费很长时间的。该法令主要是针对法庭程序而提出来的,但它也要求"今后的法令都应该用英语书写"。英国的法律界并不喜欢这一法令,所以,英国斯图亚特王朝在1660年复辟之后就废除了该法令。英国把法律语言改变为英语的第三次尝试是1731年通过的立法,该法要求英国所有的法律程序和法令都"只用英语表达,而不用拉丁语和或法语书写……法庭程序应该使用常见的英语手写体记录,但必须清晰可辨。这些内容正是英国议会在通过法案时往往比较关注的问题"。上述三个法令的目的都是为了让民众更好地理解法律和利用法律。一直到19世纪中叶,英国至少有一个法庭还在继续使用法语进行法庭记录。

在世界上,只有到了20世纪,民权的思想才致使法庭普遍提供翻译服务。联合国大会所通过的《公民权利和政治权利国际公约》(International Covenant on Civil and Political Rights)第14条指出:

  任何人在受到刑事指控时至少都应该得到以下权利的保证:
  (a)及时地得到通知,并用他或她所理解的语言详细地告知他或她被指控的性质和理由。
  (f)假如他或她不理解或不能在法庭上使用规定的语言,他或她有权获得免费的翻译帮助。(联合国大会 2200A(XXI)号决议,1966年12月16日通过,1976年3月23日开始实施)

20世纪60年代,许多前殖民地国家独立后都在本国的宪法中出现了与上述内容类似的条款。

在本书探索的语言管理域模式中,联合国属于超国家组织域,尽管超国家组织语言政策的执行依赖于各民族国家对它的接受程度,但超国家组织语言政策的要求事实上已经使它自己成了国家语言管理的事情。民权是超国家的事情,它来自于国际组织的总原则,而且,是由国际组织提出来的。但由于国际组织有关民权的各个声明和宪章都是通过条约的形式来呈现的,而条约的作用又取决于主权民族国家对它的批准和实施,所以,世界各地有关民权条约的执行情况各不相同。

美国国会于1978年通过了《法庭口译法》(*Court Interpreters Act*)①,1988年对该法进行了修订。根据美国宪法第五、六修正案,联邦法庭需要提供法庭口译人员。1979年,美国有2.6万个诉讼案件需要口译服务,1988年则达到4.6万个(Benmaman 1992)。在针对纳粹头目所进行的纽伦堡审判(Nuremberg Trial)②中,口译工作非常成功,媒体报道也很广泛,这促进了欧洲法院口译服务或类似服务的发展。20世纪70年代是世界各地主要民权运动的肇始期,该运动的内容是促进社会对种族、宗教、少数民族以及妇女权利的认可。同样在这个时期,许多国家越来越赞同语言与人权和民权关系密切的观点(详见本书第214页及后面的几页)。

以前,人们时常可以看到有关法庭因缺乏翻译而带来不公平裁决的报道,但民权运动促使人们认识到法庭中存在的语言问题。当法庭中的被告无法与其他相关人员交流时,或者说,当被告不明白法庭进程中所发

---

① 1978年10月29日美国总统卡特签署的,该法规定美国的联邦法庭必须为任何有语言障碍的当事人提供口译服务。

② 指的是1945年11月21日至1946年10月1日间,由第二次世界大战胜国对欧洲轴心国的军事、政治和经济领袖进行数十次军事审判。由于审判主要在德国纽伦堡进行,故总称为纽伦堡审判。纽伦堡既是纳粹的摇篮,又是纳粹的坟墓——纳粹从纽伦堡兴起,又在纽伦堡接受审判。在这场审判中的被告共计22名,均为纳粹德国的军政首领。在这次审判中首次使用了同声传译的技术,法庭提供英语、德语、法语和俄语四种语言的口译服务。

生的事情时,这就可能导致法庭的误判。在美国,有一个非常受人关注的案件:一位来自南美的年轻妇女被指控为杀婴犯,可是,她在法庭上说的是美洲印第安语,而不是西班牙语,法庭因找不到相关的译员而无法裁决。为了遵守公平原则,美国司法界有许多案子都因为翻译不到位或缺乏翻译而被推翻或撤销。其他国家也开始认识到这个问题。在阿拉伯联合酋长国,一位乌干达妇女被指控谋杀了HIV检测为阳性的丈夫,法庭判了她十年的监禁,但该判决后来遭到更高一级法院的否决,原因是法庭没有为该妇女提供翻译服务(阿联酋《海湾新闻报》,2006年11月)。1992年,有五位日本人在澳大利亚的墨尔本机场被拘留,因为海关人员在他们的行李中发现了13千克的海洛因。后来,这五位日本人的律师说,在对这五位日本人的审讯和审判过程中译员的翻译水平很差,以至于当场的人都错误地认为这五位日本人在撒谎(日本《朝日新闻》,2006年2月)。2001年,在美国新泽西州,一位被判为谋杀罪的犯人获得了一次重新审判的机会,因为他在上次的审判时没有得到足够的翻译服务,从而无法明白别人对他指控的证据。2005年,一位被告被指控犯有谋杀罪,但最后又被宣判无罪。原因是该法庭的志愿者译员翻译不合格,由于此人没有接受过法律方面的专业培训,在关键时候没有清楚地对被告宣读米兰达警告(Miranda warnings)①(美国《新闻快线》,2005年11月)。在利比亚,由于法庭译员的一个翻译错误而导致五位护士和一位医生被判死刑。"recombinant"原本是指一种具体的HIV重组病毒,但该译员把它翻译为"转基因重组体",这意味着那是一种人造细胞。2002年,在美国的新罕布什尔州,有一个人因打了自己的女婴而被指控犯有虐童罪。但是,2005年1月,此人要求重新审判。原因是在上次的审判中,他被译员的翻译搞混了,以至于无法理解别人说了些什么。2007年7月,一位美国法官驳回了对一个强奸犯的指控,因为法院无法找到一位懂得利比里亚国内一种方言的翻译,没有翻译就会使案子出现无限期的推迟。类似

---

① 指美国警察(包括检察官)根据美国联邦最高法院在1966年米兰达(一美国公民)诉亚利桑那州案的判例中,最终确立的米兰达规则。在讯问刑事案件嫌疑人之前,必须对他们明白无误的告知:他们有权援引宪法第五修正案,即刑事案件嫌疑犯有"不被强迫自证其罪的特权",而行使沉默权和要求得到律师协助的权利。现在,世界上采用普通法系的地区都吸纳了这项警告的精神,以保被扣押人士的权利及司法的公正。米兰达警告的主要内容是"你有权保持沉默,你所说的一切将被作为呈堂证供。你有权请律师,如果你请不起律师,法庭可以为你代请一名。"

的故事每天都在世界各地的媒体中被报道,这些报道支持了法庭应该提供翻译服务的观点。

当司法系统要为法庭语言的使用制定规则时,它们其实就是在进行语言管理。一方面,美国的法庭都赞同以下做法:警察在审问被告前必须告知被告有权保持沉默,此外,警察也必须允许被告在被审问前咨询律师。另一方面,人们通常都要求法庭确认被告具备理解米兰达警告的能力。二战后,有些国家的宪法上开始出现了有关人们有权知道自己为什么被指控的内容。司法系统下一步要做的事情是要求法庭为所有的被告提供翻译服务,并把被告在法庭上所说的话都翻译成官方语言。最近,有些案子经上诉再审后,原有的法庭判决被推翻了,原因是经过比照证人的原始录音和翻译记录后,人们发现这些法庭上的翻译存在着质量问题。于是,法庭开始考虑增加一种新的专业人员——法庭译员,这些人与法庭上的速记员或记录员同等重要,他们都是在法庭上准确地记录庭审过程中的相关信息,因此,我们必须把法庭译员也看作是司法域中相关的参与者。

在美国加州,一个有关司法公正的委员会(Commission on Access to Justice)于 2005 年报道了美国非英语使用者居民在司法领域所面临的种种困难。为了解决这些困难,美国不少州都对法庭的译员进行了专业培训,并授予他们证书。在加州,首席大法官(the Chief Justice)赞同一个旨在扩大法庭译员的计划。该计划将每年为加州的法院培训法庭译员,对测试合格的译员授予证书,翻译的语言多达 100 多种(美国《大都会报》,2005 年 5 月)。在美国,联邦法庭可为全国合格的海地克里奥尔语、纳瓦霍语和西班牙语译员颁发证件。在美国各个州,法院对法庭译员的要求各不相同。有些州(如华盛顿州、加州和新泽西州)要求法庭译员掌握几门语言,还有些州对法庭译员则根本没有合格证书的要求。美国州级法院译员证书联合会(The Consortium for State Court Interpreter Certification)有 39 个成员州。该联合会提供 14 门语言的考试,2007 年全美有 20 个州的法庭对译员有合格证书的要求。2004 年,美国法庭译员每小时的平均工资是 20.54 美元,年薪是 4.272 万美元。美国现有 1.8 万人从事法庭译员的职业,并计划在十年内做到每年增加百分之十至二十。2000 年,美国联邦法院每日支付 305 美元给那些按日获得津贴的译员。在口译工作量大的法院,它们都想设立全职的法庭译员岗位,不过,这些岗位几乎都是为从事西班牙语和英语互译的译员而设立的。

121　　　美国着力解决法庭上语言问题的这一举动是出于美国宪法上所提出的民权概念的考虑。2000年8月,美国时任总统克林顿签发了《13166号总统行政命令》,该命令的副标题是《为英语水平欠缺者改善服务渠道》,这进一步扩大了美国《民权法》的影响。美国联邦机构以及其他接受了联邦资助的组织都需要按照该行政命令来制定计划,思考如何为英语水平欠缺者提供必要的服务(Brecht and Rivers 2005)。尽管美国各地对该行政命令的实施情况各不相同,但这可能是各地保护非英语使用者民权的主要原因(Spolsky 2006)。欧盟也制定了类似的语言政策,以便保护少数民族语言使用者的民权,但欧盟把"少数民族语言"术语的解释权让给了欧盟的初始成员国(Nic Shuibhne 2001)。

　　　其他国家的法庭也会提供口译服务。从1970年(尤其是20世纪90年代)开始,日本就不断地出现了来自许多国家的移民。截至2000年,在日本各地政府登记注册的外国居民达到170万人(Taki 2005)。日本法律规定,日本的所有法庭调查和公审工作都必须用日语进行。日本的民权运动者以及法律机构注意到这一规定给不懂日语的人带来了许多语言障碍问题。为了解决不会说日语的证人在司法领域所遇到的语言问题,日本警察提高了自己的外语能力。截至2000年,日本有3400名警官接受过外语培训,进而可以充当本行业的译员工作。此外,日本警察还雇用了5300名来自外单位的译员。日本法庭也开始雇用口译人员。到1997年为止,在遇到被告不懂日语的公审中,其中百分之八十五的都使用了法庭译员。各国司法界下一步要做的是如何提高法庭口译的质量,如何加强法庭译员的专业培训,如何改善法庭录制采访和案件庭审的水平,以及如何把法庭的翻译费用转嫁到公诉人身上。

　　　小语种给法庭的翻译工作带来了更大的挑战。在澳大利亚,原住民法律服务中心(Aboriginal Legal Service)指出,在澳大利亚西部的司法系统中存在着许多司法不公现象,这些都是由于这里的司法系统缺乏获得认证的懂得土著语言的译员(澳大利亚《墨尔本世纪报》,2005年11月16日)。在美国,一位区法院的法官要求重审一宗纵火案,因为在上次审判中法庭译员说的是西亚美尼亚语(western Armenian),而被告说的却是东亚美尼亚语(美联社,2005年11月30日)。在马来西亚司法界,泰米尔语译员的短缺问题已经得到解决,但懂得汉语方言的译员却寥若晨星,有些律师只能自己带私人译员来帮助解决一些民事案件的审理工作(马来西亚《新海峡时报》,2005年6月6日)。在美国的科罗拉多州,有一位危地马拉人被指控犯了强奸罪,此人使用一种危地马拉的方言——坎霍瓦尔语(Kanjobal)。根据《民族语》杂志(2005)资料,该语言在危地马拉大约有4.85万的使用者,在墨西哥大约还有一万的难民使用者。最后,法院只好请一位懂得该语言的译员从洛杉矶飞到科罗拉多(美国《格利里论坛报》,2005年1月27日)。印度报道了一则这样的案件:印度的科亚(Koya)部落有十名成员在监狱里等待审判,可是,他们等待了两年,法庭还迟迟无法开庭,这些人都变得憔悴不堪了,法庭无法开庭的理由是缺乏懂得该部落语言的译员(印度《加尔各答电讯报》,2006年11月29日)。

在那些提供了法庭译员的国家,用于法庭翻译的费用近年来迅速攀升。在苏格兰,法庭为那些被指控犯了罪的外国人提供法庭翻译服务,法庭现在用于翻译的费用是三年前的四倍(英国《苏格兰人报》,2008年1月4日)。在英国,中央政府授予本国盖尔语地区自治权,但这意味着中央政府所要支付的费用也增加了。在威尔士,立法机构把威尔士语在人们公共生活(包括法庭事务)中的地位提高到与英语的地位同样的高度(Huws 2006)。据报道,北爱尔兰事务办公室(Northern Ireland Office)[1]非常关注《圣安德鲁斯协议》(St Andrews Agreement)[2]中通过的《爱尔兰语言法》所带来的实施费用问题。据英国广播公司估计,2006年英国用于法庭翻译的费用超过一个亿。2007年,英国的社区与地方政府大臣(Secretary of State for Communities and Local Government)也抱怨说,英国的法庭翻译费用太高,要求政府对该政策进行修订。

2004年,美国北卡罗来纳州用于法庭口译服务的费用超出了该州当初的预算,超出的费用达到80万美元左右。此外,其中许多法庭译员在资质方面都未得到本州相关部门的认可。于是,北卡罗来纳州最近出台了一项新政策,该政策规定法庭译员不能与各区的法院直接签订聘用合同,而需要经过州相关部门的同意才能签订聘用合同,并还要遵守统一的聘用条件。2006年,美国艾奥瓦州用于法庭口译服务的费用是30多万

---

[1] 英国政府的一个部门,下设三个机构。该办公室的主要的任务是保证北爱尔兰权力下放工作的顺利进行,在英国中央政府代表北爱尔兰的利益,在北爱尔兰代表英国中央政府。

[2] 英国政府、爱尔兰政府和北爱尔兰的一些政党就北爱尔兰的权利下放问题所签订的一个协议。该协议于2006年10月在苏格兰的圣安德鲁斯签订。

美元。近年来,美国南卡罗来纳州的贩毒交易日益猖獗,跨国的犯罪分子也越来越多,2000 年需要翻译服务的被告是 1985 年的七倍。根据美国明尼苏达州法院行政管理办公室(Minnesota Court Administrator's Office)的消息,该州 2007 年用于法庭口译的总费用达到 330 万美元,这个数字比五年前增长了百分之四十(美国《薇诺娜每日新闻》,2008 年 2 月 4 日)。法庭聘用译员不仅增加了法庭的费用,而且还给法庭带来了许多其他方面的挑战。例如,美国俄克拉何马州的公诉人和被告律师都指出,假如被告的英语水平很差,那么,法庭上就会出现语言障碍现象,这将增加案件在准备阶段和审判阶段所花费的时间和费用(美国《马斯科吉日报》,2006 年 7 月)。因此,法庭中提供口译服务的做法会减缓法庭的审判进度。当法庭提供手语翻译时,法庭的工作进程就会像"一只年老体弱的蜗牛一样在缓慢中进行"(美国《纳舒厄电讯报》,2006 年 5 月),但法庭只有这样做才能保证辩护律师和被告间的交流畅通无阻。

现在有人提出谁该为法庭的口译服务费埋单的问题。《爱尔兰时报》报道说,爱尔兰国家种族与跨文化咨询委员会(National Consultative Committee on Racism and Interculturalism)对一位区法官的讲话表达了担忧。该法官说,外国被告人应该为自己得到的口译服务埋单(《爱尔兰时报》,2005 年 5 月)。现在有关法庭口译费支付的抱怨越来越多:要是外国移民都能够掌握自己居住国的官方语言就好了,或者说,要是人们都待在自己的母国就好了,那么我们就能节省许多翻译方面的开支。

有时,法庭仅聘用一位能够与证人或被告进行交流的译员是不够的,而且,译员还需要在法律语言和法律程序方面接受一定的培训,以便他们一方面能够对从未接受过任何训练的外行(即证人或被告)解释清楚许多复杂的法律概念;另一方面又能够为法律工作者就相关的外国文化行为提供一些合理的解释。加拿大安大略省高级法院的一位法官抱怨说,现有的法庭译员人手不够,而且缺乏专业素养(加拿大《环球邮报》,2005 年 11 月 18 日)。在南非,东伦敦市(East London)①司法部的地区办公室拒绝支付伊丽莎白港(Port Elizabeth)②各法庭中唯一的、官方的尼日利亚籍

---

① 南非开普省港市,位于南非东南部布法罗河口,濒印度洋。该市有船舶修理、机械、制革、纺织、卷烟、水果罐头等工业。另"East London"亦指英国伦敦市东区。
② 南非的一个港口城市,位于南非东南沿海,濒临印度洋的西南侧。现已改名为曼德拉市。

法庭译员的工资,因为此人没能获得南非比勒陀利亚(Pretoria)[①]资格委员会颁发的外语资格证书(legalbrief.com,2005年3月)。在美国,各地的法庭遇到越来越多的英语为非母语的当事人,这促使了各州的法院去采取各种措施,例如,南卡罗来纳州高等法院为法庭译员制定了专业行为的实施细则(美国《查尔斯顿新闻》,2005年5月)。

现在,越来越多的国家都开始在司法界为不懂本国官方语言的当事人提供口译服务。在斯里兰卡,尽管僧伽罗语(Sinhala)是当地的行政语言,但该国宪法规定人们有权"用泰米尔语或英语向警察或治安官汇报有关的犯罪行为"。阿富汗2003年宪法草案第135条规定,人们"有权在法庭上使用母语,并有权获得翻译服务"。欧洲委员会于2001年敦促马其顿政府允许该国的阿尔巴尼亚人在法庭上使用自己的母语。1995年,玻利维亚宪法规定,法庭要为不懂本国官方语言的人提供口译服务。中国法律允许本国的少数民族在法庭上使用汉语或少数民族语言。格鲁吉亚宪法要求法庭为不懂本国官方语言的当事人提供口译服务。伊拉克宪法草案要求法庭使用阿拉伯语或库尔德语。爱尔兰《官方语言法》包含了以下内容:"人们有权在法庭审判过程中使用爱尔兰语。"立陶宛宪法规定:"立陶宛共和国的法庭审判要用本国国语——立陶宛语(Lithuanian)进行",但该宪法同时也规定:"对于不懂立陶宛语的人,法庭有义务保护这些人的权利,并使他们有权通过翻译来参与法庭的调查和审判工作。"

然而,世界上有关法庭语言的争议问题依然存在。罗马尼亚相关法律规定:本国的少数民族语言使用者有权在法庭上使用自己的母语,法庭需要提供翻译服务;此外,假如法庭各方都同意,法庭审判可以用相关的少数民族语言来进行。然而,罗马尼亚的匈牙利族人则担忧所有涉及法庭审判的材料都必须用罗马尼亚语来书写。俄罗斯与乌克兰就乌克兰的语言政策问题而争执不已。乌克兰东部的一个法庭裁决,某地方政府决定给予俄语特殊地位的行为是违法的(美联社,2006年7月26日)。但是,俄罗斯外交部在自己的官方网站上发表声明指出,乌克兰在法律程序上抑制俄语的行为违背了生活在乌克兰2000万左右俄语使用者的权利

[①] 又名茨瓦内,是位于南非豪登省(Gauteng)北部的城市,亦是南非的行政首都。该城建于1855年,以布尔人领袖比勒陀利乌斯(Pretorius)的名字命名。市内种满不同的花草树木,故亦有"花园城"的美誉。

(俄新社)。马其顿也存在类似的现象,该国司法域的语言选择一直是国内的一个敏感问题。

124　　在当今世界,随着大中城市语言数量的不断增加以及语言状况的日益复杂,我们必须考虑到这种可能性:不懂当地语言的新移民很容易被怀疑为从事某种非法活动的嫌疑人。因此,司法系统的压力越来越大。在这种情况下,语言管理背后的压力主要有三个。第一个是语言管理域内部的压力:人口结构的变化(尤其是移民带来的人口结构变化)导致全国的社会语言状况越加复杂。其他两个是语言管理域外部的压力:由于众多国际协定的影响,人们日益广泛地接受了如下语言信仰——被指控犯了罪的人有权明白整个司法程序的进程;中央政府或地区政府所做出的有关语言管理的决定必须符合民权要求——为不懂本国官方语言的当事人提供口译服务。在大多数国家,多语现象都日益增多,司法领域无法满足由此而带来的各种交际需求,或者说,法庭中出现了越来越多的不懂本国官方语言的当事人,这些现象都会给法庭带来诸多外部压力,这些压力是基于以下两个原因:一是民权得到世界的认可;二是各国需要实施这些民权政策。

7.4　警察局

　　上述压力也同样出现在公安领域,该领域的参与者可以粗略地分为警察、盗贼、受害者和证人。警察在多语环境中首先遇到的一个问题是判断犯罪现场中所遇人物的社会地位。如果警察无法与这些人交流,又怎么能判断谁是受害者?谁是罪犯?谁是无辜的旁观者和可能的证人呢?20世纪70年代,美国加州圣迭戈开始出现了来自越南和柬埔寨的移民,但是警察感觉到越来越难以在疑似的犯罪现场迅速获悉谁是受害者,谁是加害者,因为警察不明白这些人所说的话。于是,警察干脆把在场的所有人都拘留起来,并把他们都带到警察局,然后,再寻找翻译人员来了解详细情况。后来,圣迭戈警察局成立了一个由口译志愿者组成的电话翻译系统,警察在该系统的帮助下便可在现场进行初步的案件调查。在该系统的基础上发展起来的语言连线翻译公司现在也可以为商业和旅游业提供翻译服务,而且,这些领域的业务量比警察领域的业务量还更大,但无论如何,该公司为公安领域在解决语言管理中出现的应急语言问题提供了一种额外的应对方法。

电话翻译服务最初是为警察而开发的,不久,这种方法就扩散到其他领域。从一开始,相关的私营企业就对这种电话翻译服务情有独钟,因为当实践经验可以表明每种语言的需求量时,这种口译服务的出现就可以使许多相关的单位不再需要去雇用懂得多语的电话接线员,单位也就节省了这方面的费用。现在,电话翻译服务业发展迅速,目前有好几个新的公司都可以提供类似的电话翻译服务。"美国国家翻译服务公司(National Interpreting Service)是世界上最大的、发展最快的电话翻译服务提供商的子公司,该公司的全部股份都由一家公司所拥有。该公司成立于 1984 年,其顾客来自世界 20 多个国家,现在每日处理成千上万单的口译服务生意。由于技术的支持,公司有几千位专业口译人员可以每年帮助几百万人克服交际中的语言文化障碍。美国国家翻译服务公司的顾客有医院、警察局和移民局等。"

由于社会多语现象越来越频繁,警察局需要提供的口译服务也越来越多,警察局为此而支付的费用也就越来越多,警察局不得不为此而担心。韩国警察可以用 13 种语言告知外国嫌疑犯他们所享有的权利。在这 13 种语言中,其中包括英语、汉语、日语、俄语、越南语、泰国语、印度尼西亚语、蒙古语、乌兹别克语和法尔西语。近年来,英国警察局为提供口译服务而支付的费用再创新高,这主要是由于大量的移民不断涌入英国。

因此,警察局现在需要在队伍中培养懂得外语的成员。纽约警察局有 470 名雇员通过了超过 45 种语言的考试,其中包括阿拉伯语、乌尔都语、印地语、普什图语(Pashto)、法尔西语、达里语(Dari)和旁遮普语。此外,纽约警察局还有 4000 人正在等待考试(美国《纽约时报》,2005 年 3 月 2 日)。在德国,雇用掌握多种语言的警察也变得越来越重要。有一年,柏林警察局要招收 200 名新成员,但其中百分之十的名额是给少数民族的,特别是那些能够流利地使用土耳其语、阿拉伯语、波兰语、塞尔维亚—克罗地亚语和俄语的少数民族成员。在美国,夏洛特—梅克伦堡市(Charlotte-Mecklenburg)警察局于 2000 年组建了一个国际业务处,该处由六名警官组成,他们都能流利地使用英语和西班牙语,此外,他们还能说越南语、老挝语(Laotian)、法语、德语和阿拉伯语(美国《北卡罗来纳有线电视新闻 14》,2005 年 1 月 15 日)。

当下,美国有越来越多的警察都参加了美国手语培训班,因为警察即使懂得多门语言,但是,当他们遇到失聪人士时,也无法进行交流(美国《费城日报》,2004年12月4日)。美国得克萨斯州威奇托县的失聪人群要求威奇托警察局雇用获得州级认可证书的手语翻译(《威奇托鹰日报》,2005年11月16日)。在美国得克萨斯州的圣安东尼奥市,失聪人群网(Deaf Link)是一个以因特网为基础而发展起来的翻译服务,它为当地的失聪人群和警察局提供相互交流的渠道(美国得克萨斯《警官日报》,2006年5月17日)。有报道说,南非和上海都能为警察提供手语翻译。

对于一个不懂所在国官方语言的人来说,甚至在他或她被定罪和宣判入狱后,语言问题依然存在。在英国,"监狱和移民局至今都无法根除因语言不同而带来的交际失败,这些交际失败都容易引发涉及外籍囚犯的丑闻事件。一位监狱的看管人员说……与外籍囚犯交流相当困难。据某些狱警报道,因为电话翻译服务的费用太昂贵,监狱无法承受这些费用而不会使用电话翻译服务"(英国新闻联合社,2006年9月)。

7.5 医疗卫生机构

在撰写《语言政策》(Spolsky 2004)一书时,我是从一个医疗案例开始的。该案例讲述了一个这样的故事:德国一家医院因为担心一位移民患者听不懂医嘱而可能带来术后并发症就拒收了这名需要接受心脏手术的移民患者。在医疗界,还有许多类似的缺乏科学语言管理的故事,例如,因为医生无法听懂患者的语言而没能记载准确的病历,最终导致患者在医院受到不公平的对待;由于病人看不懂药品说明书或听不懂医生说的话而致使病人被误诊或吃错药;在一些人命关天的医患交流中,医院利用患者的小孩来充当译员;国外受训的医务人员回到国内后,在与当地的病人交流时经常产生沟通上的困惑。就类似的医疗故事,我们可以轻而易举地写一章或者一本书,甚至系列丛书。美国拉美裔人士健康咨询委员会坐落在新墨西哥州的阿尔伯克基市(Albuquerque),该委员会的主席琳达·阿马斯(Linda Armas)说:"由于美国拉美裔人的母语不是英语,他们中的不少患者便无法与医疗人员交流,而且,这些人又比较贫穷,他们没有购买医疗保险,也缺乏教育,因此,这些人患慢性病的比例更高,出现其他健康问题的概率也更大"（美国《新墨西哥人报》，2006年2月5日）。就在同一周的早些时候，一项研究表明："美国每年因医疗事故而导致9.8万人死亡，假如医疗单位能够提供用患者的语言书写的处方单（prescription label），这可能会减少一些医疗事故。"（美国《贫民与服务不足者卫生保健杂志》，2006年2月）据2007年的一项研究推算，美国有一半的药店都不能为不懂英语的顾客提供足够的翻译服务。

尽管这种研究方法可能很有诱惑力，但我对此还是先克制一下，而尽量把医疗卫生领域内一种行之有效的语言管理计划描述清楚。每一个医疗卫生体系都有自己的医患交流角色。在美国纳瓦霍人当中，当患者被诊断需要接受某种特别治疗时，医务人员会对患者举行一个时间不短的用语言表达的仪式，患者只要在适当的地方做出简单回答即可（Reichard 1963）。西医认为，医生诊断病情的第一步是看病历，接下来是体检。在体检过程中，医务人员需要进行常规提问（如"我压这里时痛吗？"）和动作指导（如"请转向另一边，并抬起胳膊！"）。当医生完成这些程序并获得足够的信息之后，便开始叫患者去做相关的检测，然后，医生根据检测结果再给患者进行诊断。

医疗卫生机构及其专业人员越来越意识到本系统内由语言障碍所带来的交际问题。为此，美国卫生及公共服务部于2001年3月颁布了《国家医疗卫生领域的语言文化服务标准》终结报告，该标准的第四条指出："医疗卫生机构必须在本系统的各个环节中为英语水平欠缺的患者或消费者提供免费的、及时的和不间断的语言辅助服务。"此外，医疗卫生机构经常收到人们的投诉：医疗卫生系统为了使医生和护士能够与不懂英语的移民患者进行交流而滥用儿童，让儿童来做临时译员。

但是，即使受过翻译训练的翻译人员在医疗卫生系统做翻译也时常感到力不从心，除非他们接受过某些具体医学和疾病知识的训练。徐某等（Hsu et al. 2006）对美国的一群华人移民进行过研究，这些人都是糖尿病患者，患病时间至少一年（亚裔美国人比高加索裔美国人患二型糖尿病的风险高出百分之五十）。那些出生在美国或年幼时就移民到美国的华人更喜欢使用英语，而成人后移民到美国的华人则更喜欢使用中文。在糖尿病知识的测试方面，前者的成绩比后者的要高得多。后来，他们每人都得到一本用中英双语书写的有关糖尿病的书。在第二次的糖尿病知识测试中，只有更喜欢使用中文的华人移民在成绩上有所提高。医生在给患者进行诊断时受到医疗卫生资金或医疗保险公司所设置的时间限制，医生给患者的平均诊断时间是15分钟。此时，医生若通过翻译来与患者交流，然后再做出诊断，15分钟是远远不够的。此外，医院的护士和营养师也需要懂得一些患者的语言和文化知识，以便他们能够根据患者的文化（如饮食习惯）以及用患者的语言书写相关的文字材料。

在医疗卫生领域，有效的语言管理取决于需求的本质，但移民现象使得该领域的语言管理更加复杂。美国有一家商业电话翻译服务公司专门从事医疗卫生方面的翻译服务，现在该公司可以提供150种语言的口译服务，而且，可以做到全年无休、每日24小时的服务。据称，该公司能在45秒之内把医疗卫生领域的专业人士与相匹配的翻译联系上，并提供双音频电话服务，于是，医生和患者就能够通过曾经接受了特别训练的医疗卫生翻译人员进行对话。该公司在收费方面做到一视同仁，即所有的语言和所有的时间段都是同样的价格。美国电话电报公司也提供同样的翻译服务，但收费价格不同，它平均每分钟收费两到三美元。美国北加州的有些医院正在筹建视频翻译（video-based interpreting）系统。

诚然，医疗卫生部门为了给患者提供翻译服务而大大地增加了运行成本。2005年12月，美国丹佛医疗卫生部门报道说，他们为不懂英语的患者提供了160种语言的翻译服务，共花了一百多万美元。此外，美国加州医疗卫生计划部门的代表说，他们共花费了1500万美元用于医疗卫生部门提供合格的译员，以便取代过去常见的儿童译员。

2006年9月，美国纽约州的卫生厅（NYSDH）制定了有关医疗卫生部门提供翻译服务的管理细则。该细则为医院制定服务标准，并要求医院做到以下三点：提供业务熟练的译员；把一些重要的表格翻译成其他常见的语言；即使存在语言交流的障碍，也要保证患者能够得到及时的治疗。医院可以采用多种手段来解决语言沟通的问题，例如，懂得双语的医务人员、译员、懂得几种语言的志愿者以及电话翻译公司。医院不要使用患者的家庭成员来做翻译。医院必须用患者更熟悉的语言来显示有关患者病情的图表。该管理细则还规定，医院在急诊时，10分钟之内要为不懂英语的患者找到译员，住院部和门诊则在20分钟之内要为不懂英语的患者找到译员。

如同司法部门一样，医疗卫生领域的语言管理最初也是来自域外的影响因素，一个是来自政府民权和人权部门的压力，另一个是医疗卫生部门由于无法与患者沟通而面临法律诉讼和保险索赔的威胁。通常,当国家尚未找到一个满意的方法来为语言少数群体(包括本国公民、合法移民及非法移民)提供医疗卫生服务时,这种外部压力就容易出现。对于公共资金严重匮乏的地区来说,要做到每日 24 小时内都为当地的语言少数群体提供多种语言的合格译员是很难的,这需要人们在寻找解决办法时充满想象力。

7.6 司法和医疗卫生域与语言管理理论

我们现在或许要问,司法与医疗卫生域对本书提出的语言管理理论模式有何修改意见?毫无疑问,主要有以下两个方面的内容。一方面,司法与医疗卫生域体现了外部因素对域内语言管理的重要性,另一方面,它反映了人们内在的不断变化的语言信仰。在美国,人们能感觉到民权运动对议会表现和总统行动的影响,人们对少数群体的态度也在不断地发生变化,这似乎促使了人们能够接受有些人要求警察局、法院、医院和诊所为不懂英语的人提供语言服务的行为,尤其是美国总统签发的《13166号总统行政命令》,这是美国当前为实施语言民权最好的范例。在欧洲,《公民权利和政治权利国际条约》(*International Covenant on Civil and Political Rights*)的签订给司法与医疗卫生域的语言管理施加了一定的压力。此外,现在几乎世界各地的社会语言生态都发生了很大的变化,使用不同语言的人口数量在不断的增加,于是,司法与医疗领域假如找不到解决语言交流障碍的实用方法,它们的工作效率就会受到严重威胁。因此,司法与医疗领域的语言管理面临着现实的和意识形态的双重压力。

司法与医疗卫生域提供了组织化语言管理的经典案例。语言管理域的参与者以及相关的观察者都已经认识到语言交际的问题,其本质广为流传,问题的解决需要国家的行动和超国家组织的关注。解决该领域问题的方案取决于该语言管理域内外各种参与者之间的复杂关系及其相互影响的结果,但要严格限制乌托邦式的解决方案:为各种可能出现的状况都提供有效的口译服务。

第8章 军队域的语言管理

8.1 军队的通信需求

陆军、海军、空军及其他军种因各自的性质特点不同而都有自己独特的交际需求和交际问题,于是,它们都需要制定各自的语言政策。刚开始时,我们或许会认为军队域是一个严格讲究实用性的管理域,一切都得从实际的角度来考虑,从而做出有效的有关语言交际的决定,但军队域其实也存在着外部影响因素和象征性影响因素。

通常,军队的语言管理取决于许多额定参数。首先是军队中的组织结构问题,军队中最小的战斗编队与大型的整合编队各自都需要有不同的语言管理方式。我们也许只是简单地通过指挥官的级别来区分军队中这些不同的组织结构。在有些军种的编队里战士们使用着多种语言,此时,各小队的中士至少需要掌握两种语言,一种是能与上级(如连或团)的指挥官沟通的语言,另一种是能与下属(即士兵)交流的语言(本文中,我使用的这些部队军衔和术语可能不是很严谨,原因是不同的时间段以及不同的军种对这些军衔和编队术语都有不同的含义)。一般来说,多语部队中军士或士官(non-commissioned officers)的作用与工厂中工头的作用在很大程度上是相同的。也就是,军士需要把从上司那儿收到的命令传达到普通士兵中去,上司是用强势的官方语言下达命令的,而军士则要用当地语言下传命令。那么,"中士的语言问题"(sergent's language problem)可能是:一方面中士要让所有的士兵都说一种共同的语言;另一方面中士要听得懂自己的直接上司(即指挥官)用另一种语言所说的话。

在军队组织结构的另一端,将军或元帅指挥着庞大的军队,下面各战斗单位的人使用着不同的语言,例如,在多国联合组成的军队中,这就要求各个战斗单位的指挥官要么都使用一种共同的语言,要么就使用合格的翻译。通常,"将军的语言问题"(general's language problem)是将军能够与下属编队的指挥官进行交流。

军队通常还存在两种其他的交际需求。第一种是了解敌人的语言,其基本目的是为了获取情报。我们称之为"间谍的语言问题"(spy's language problem)。第二种是了解部队驻扎地所使用的语言,我们称之为"占领者的语言问题"(occupier's language problem)。

现在,"间谍的语言问题"更加复杂,因为人们普遍认为学习或掌握一门语言或文化在很大程度上取决于学习者对目标语言使用者的正面态度,甚至还取决于学习者融入目标文化的欲望。根据这种观点,我们有理由怀疑精通敌人语言的人对本国的忠诚度。我们无须像侦探小说迷那样来区分各种不同的忠诚。从实用的角度出发,一个人外语水平的高低往往取决于他或她居住在该语言使用国的时间长度,或者取决于配偶的语言,若配偶是目标语的使用者,这有利于自己对该目标语的学习。因此,反情报机构会根据一个人的生活经历以及流利的外语水平来筛选他们的怀疑对象。也许这有助于说明美国国防、情报和外交机构为什么在招聘阿拉伯语和普什图语工作人员时都表现出非常谨慎的态度。现在,美国军队在伊拉克境内所使用的翻译人员大多都是来自非军方的合同工。另一个问题是美国军队决定在一般情况下都不会使用同性恋译员,这些人即使在语言上合格也不会被录用,因为他们紧张的时候往往经受不住敲诈,进而带来不安全因素。

"占领者的语言问题"实际上是一个经济问题,解决这个问题有两个显著的办法,一是给士兵教授被占领地的人们所使用的语言,二是强迫被占领地的人们学习占领者的语言,如日本在二战中所占领的朝鲜半岛以及其他地方就采用这种办法,但这两种办法都代价昂贵,而且需要以长期占领为前提,如苏联在其所占领的地方都具有这两个特点。军队占领与征服之后所出现的殖民化现象不同,前者也许被认为时间太短而无法保证投资的回报率,因为这种投资是需要长期介入才能见效的。

与上一章的司法与医疗卫生域相比,我们会发现,大多数的军队语言管理都取决于域内的各项有关决定,军队域的语言管理有一个优势,即军队中的权威显然是根据军衔来界定的。在本章接下来的内容中,我们将探讨一些军队中的原型案例(prototypical cases)。

8.2 古罗马军队里"中士的语言问题"

亚当斯(Adams 2003)在其有关古罗马双语制的权威研究中,用了一章的篇幅来描述古罗马军队在埃及的语言使用情况。多语(polyglot)现象在古罗马军队中不足为奇。在埃及的古罗马军队中,有来自巴尔米拉(Palmyrene)①的士兵,巴尔米拉是叙利亚在公元1世纪被古罗马所征服时的一个城市。这些巴尔米拉士兵不愿失去自己的身份,依然在古罗马军队中保留着巴尔米拉语(Palmyrene)的使用,但他们也学会了另外一门语言——希腊语或拉丁语,于是,他们就成了双语人。在古罗马军队中担任外国援军的军官都要掌握两门语言——拉丁语和一门当地语言,所以,战士自己不懂得拉丁语也关系不大。在古罗马军队中,军官都有被罗马化(Romanization)的趋势。在拜占庭帝国②的军队中,有些命令的传达是用拉丁语进行的,但军队的士兵却使用希腊语。在埃及,古罗马军队的许多口令都改用希腊语来操作,但消息的传送却用拉丁文来进行,因为使用希腊语的士兵比使用拉丁文的士兵更多。

亚当斯(Adams 2003:599)认为,拉丁语并不是古罗马军队当时驻扎在埃及的官方语言。尽管军队中的士兵有不少学习拉丁语的机会,但从现有的档案资料来看,当初古罗马军队使用的官方信函和各种收条既有用拉丁语书写的,也有用希腊语表达的。士兵的花名册也都是用拉丁语和希腊语两种语言书写。亚当斯最后总结说,虽然希腊语可以在驻埃及的古罗马军队中使用,但拉丁语还是军队中的超级语言。尽管希腊语是

---

① 叙利亚中部一个重要的古代城市,位于大马士革的东北方。这里处于1—2世纪几种文化的交汇处,是商队穿越叙利亚沙漠的重要中转站,也是重要的商业中心,至今还保存了许多纪念性建筑。巴尔米拉是该城的希腊语名字,来源于它最初的阿拉米语名字,意为"棕榈树"。

② 拜占庭帝国(395—1453),也称东罗马帝国,是一个信奉东正教的君主专制国家。位于欧洲东部,领土曾包括亚洲西部和非洲北部,极盛时领土还包括意大利、叙利亚、巴勒斯坦、埃及和北非地中海沿岸。是古代和中世纪欧洲最悠久的君主制国家。拜占庭帝国共历经12个朝代,93位皇帝。帝国的首都为新罗马(Nova Roma,即君士坦丁堡)。1453年,被奥斯曼土耳其攻入君士坦丁堡(即伊斯坦布尔)而灭亡。

多数士兵所使用的语言,但军队中的常规命令(stereotyped orders)都是用拉丁语进行的。当时的各种碑文和给皇帝的奏折都是用拉丁语书写的,这象征着"军队机构的罗马性(Romanness)"。

在古罗马军队中,有些编队的工作完全是用希腊语来进行的,只是偶尔时刻编队才强制性地使用拉丁语。有证据表明,古罗马军队中的德国人、巴尔米拉人、色雷斯人(Thracian)①、非洲人和凯尔特人都在学习拉丁语。这些证据是从古罗马军队在埃及的希腊语使用者那里获得的,因为这些人作为办事人员必须使用拉丁语书写的材料,但是他们的拉丁语水平不如自己的希腊语水平高。此外,希腊语公民在使用拉丁语时所犯的语言错误也证实了同样的事实。尽管罗马帝国当初没有制定任何"显性的官方语言政策",但还是希望自己的公民都学会拉丁语,希腊语使用者也不例外。于是,"军队毫无疑问成了罗马帝国时期最大的拉丁语学习的潜在对象,部队中许多希腊语和其他当地语的使用者都在学习拉丁语,双语现象也随之蔓延开来"(Adams 2003:761)。

8.3 其他国家军队里"中士的语言问题"

解决中士语言问题的方法是把语言的责任落实在每位士兵身上。这就是法国外籍兵团(French Foreign Legion)②所实施的语言政策。法语是法国外籍兵团所使用的语言,部队中所有的命令都用法语下达。在兵团的基础训练中,部队还提供一些法语课程的教学,但要求士兵都学习法语,学习时间通常是一年。法国驻各地的大使馆都会通知所在国潜在的志愿兵:法语知识不是征募的必备条件,因为外国士兵在入伍后的接触中可以习得这种语言。然而,法国的征募手册却指出:士兵入伍前掌握一定

---

① 色雷斯(Thrace)是位于黑海以西、爱琴海以北的巴尔干半岛的一个古国(现分属土耳其、保加利亚和希腊)。后来,罗马人将色雷斯吞并,作为帝国的一个行省。色雷斯人使用色雷斯语(Thracian language),该语言已成为死语言。

② 法国的正规部队,自1831年组建后法国外籍兵团便参与法国大小战事,拥有相当重要的功绩。外籍人士在服务满五年以后可以申请法国国籍,在确认受到足够同化后便可取得国籍。不愿意放弃原有国籍者,在契约结束后也可以得到法国居留权。外籍兵团是多国籍人士的成功组合,原籍法国公民者仅占兵团成员比例之百分之二十五至三十五。目前大部分外籍兵团现役军官是法国人,其中约百分之十为升迁的前任兵团成员。

的法语知识非常有用；来自中国或日本的士兵在学习法语方面困难最大。如果士兵和指挥员都不能流利地使用法语，他们就得依靠非正式的译员来充当翻译。

以色列国防军(IDF)对于军队的语言教学更加重视，尤其以色列于1948年独立后不久以及后来的不同时期更是如此。例如，在20世纪90年代，有成千上百万的俄语使用者以及7.5万来自埃塞俄比亚的犹太人开始移民到以色列。于是，以色列军队中有很高比例的士兵都来自新移民，这些人的希伯来语知识非常有限，甚至一无所知，而军队中所有的命令都是用希伯来语进行的。从早期的传闻中得知，中士每说完一句话都不得不等待自己的命令被翻译成十种不同的语言。于是，有人立即提议以色列国防军需要建立一个教育军团(Education Corps)，让它来负责军队中基础希伯来语的教学工作。当我于1960年在以色列国防军当义务兵时，该项目已经与一个基础教育项目整合在一起了，其目标是为每位服役战士进行相当于小学水平的基础教育，教学语言是希伯来语。在以色列国防军的某些地方，这种培训是通过强化课程的形式完成的，而在其余地方，这种培训是在正常的入伍培训和义务兵期间完成的。在以色列国防军中，所有的新兵入伍后都要接受希伯来语读写能力的检测，通过该考试是士兵进入高级课程阶段和提升的必备条件。培训课的教师是年轻的女战士，她们都是高中毕业生。这些人乐意花两年时间以教师的身份当义务兵，但她们在教学前都接受过非常基本的教学培训，她们的教师是来自师范学院但处在预备役阶段的讲师。在1960年之前，以色列国防军也提供具有中学水平难度的课程教学。在以色列的案例中，军队解决中士语言问题的办法是与政府的移民整合政策相协调的。

当部队(如罗马军队)中某一编队的大多数士兵都使用同一种语言时，部队可能就会制定出一种与众不同的语言政策。在英国统治印度的时期，人们都希望印度军队中的英国军官学会自己部下的语言，但语言交际的主要负担都通过有军衔或无军衔的印度中层军官来承担，而且，他们的军衔都有相应的印地语名称，如上校(subedar/captain)[①]、上尉(jemadar/lieutenant)、中士(havildar/sergeant)、下士(naik/corporal)和二等兵(sepoy/private)。大家都期待这些中层军官能把英国军官下达的命令

---

① 括号内第一个单词为印地语名称，第二个单词为英语名称，本页同。

传递给印度兵。截至1864年,人们普遍认为印度斯坦语(Hindustani)(也被叫作乌尔都语)是英印军(British Indian Army)中的媒介语或军营语(camp language)。那时,人们对于是否需要区分印地语和乌尔都语的问题曾经产生过分歧:一位英印军中的高级官员认为军队需要把他称作的"通用语言"作为对军官考核的基本内容之一,并认为这些军官没有必要学习这两种语言变体以及印度南部的所有语言(Ragila et al. 2001)。事实上,英国政府对于英印军中语言学习和语言规范两大问题进行过大量的讨论。

印度独立后,英国统治的印度军队被分成三部分。第一部分是印度军队,第二部分是巴基斯坦军队,第三部分是英国军队的廓尔喀旅(Brigade of Gurkhas)①。根据英国军队最近的语言政策,部队要为廓尔喀旅的士兵开设英语课程,这些课程"可以帮助廓尔喀旅的士兵在军事专业的词汇学习方面打下扎实的基础,这对于廓尔喀士兵未来的发展将有直接的关系"。英国军队的廓尔喀语言学习中心(Gurkha Language Wing)现在可以为廓尔喀新兵和老兵提供各种英语课程的教学,并为英国军官提供尼泊尔语(Nepali)课程的教学。

可见,在军队域这个层面上,语言管理追求的是语言的实用性,其压力(即军队的交际效率)主要来自域内。

8.4 加拿大军队的双语制

加拿大军队的语言政策是个例外,因为其发展动力来自军队之外。加拿大武装部队最近40年的语言管理在本质上都受到地方上以下语言意识形态的影响,即认为加拿大通过建立可操作的、能被大家所接受的双语制体系可以处理好国内英语和法语之间的冲突关系。1966年4月,加

---

① 由来自尼泊尔山区的廓尔喀人及英国陆军联合组成。这支充满神奇色彩的部队以其纪律严明,英勇善战而闻名于世。廓尔喀人成为雇佣军的历史,可以上溯到18世纪。他们天生勇敢剽悍,善使库克利弯刀(Kukri)。1815年,英国皇家军队中有了第一支由廓尔喀人组成的战斗营,他们曾被派驻在亚洲各地(如印度、马来半岛和中国香港),现英国本土还有一支。这些人无限忠诚地为英国效劳,他们的薪水却要比同等英籍军人的低得多(但高于他们在自己家乡的收入),而且,廓尔喀旅的主要指挥官历来都由英国人担任。

拿大总理莱斯特·皮尔逊(Lester Pearson)①就国内双语制的原则问题发表了富有历史性的讲话。不久,加拿大的国防部参谋长就组建了一个特别工作小组(task force),其目的是为了确保军队中的法语士兵与英语士兵在职业生涯中具有同样的发展机会,进而遏止军队中法语士兵的流失现象(Letelier 1987)。

1967年秋天,加拿大国防部成立了双语事务秘书处,由该秘书处提出措施以便执行国家制定的双语政策。秘书处提出了许多建议,现列举以下三个:第一,是在各部队所在地为军队子弟创建法语学校;第二,是在魁北克筹建用法语进行的军队贸易培训中心;第三,是在陆、海、空军中组建法语编队。这些建议于1967年年底上报到加拿大国防部委员会,但未得到全部通过。后来,这些建议又上报到加拿大内阁,在等待内阁决定的期间,军队已经为各个编队选择好了正式的法语名称。同时,反对这些建议中许多细节的声音也开始出现在军队的各个指挥层面上。加拿大军队在收到总理有关批准该语言政策总则的信件之后,于1968年4月做出了相关的命令。该命令清楚地指出,军队为了确保"军事交际的有效性",编队以上的部门以及所有的空军编队都要使用英语,即使在法语是强势语言(predominant language)的时候也不例外。同时,军队还批准了一个内容详细的语言方案。在加拿大武装部队中,具有双语能力的人达到百分之二十八。但是,在加拿大,具有双语能力的人是指本族语是法语,同时又具备一定英语水平的人。而本族语是英语,同时又掌握了法语的人过去不被认为是双语人,现在依然是这样。因此,在加拿大,双语人的地位需要得到确认,语言资源需要得到重视。为此,加拿大军队制订了相关的语言计划:为法语水平尚待提高的法语士兵提供法语教学;军队将尽早地为想要学习法语的英语士兵也提供法语教学。法语有望成为某些军事基地和编队的工作语言。

莱特利尔(Letelier 1987)曾经领导过加拿大军队的一个双语编队,他后来描述了在实施上述语言方案中所遇到的实际困难。1968年中期,莱特利尔从加拿大武装部队退伍,但一年以后,他再次入伍。不过,此时

---

① 莱斯特·皮尔逊(1897—1972),加拿大第14任总理,1957年获诺贝尔和平奖,主要政绩有:正式建立了全民医疗体系;引入学生贷款;实行双语制;推广全国养老金制度和确立枫叶旗为加拿大国旗等。

他的法语技能大有长进,因为他退伍后在法国待了一段时间。1971年,他成了加拿大军队中双语制和双文化研究与培训中心的主任。这个新部门主要负责术语的界定、翻译服务的保障、语言规划的研究和语言的培训。莱特利尔在这个新岗位上发现,在上述语言方案的实施方面存在着严重的问题,其中的关键问题是法语使用者和英语使用者在各个分队和各个军衔中的平衡问题。另一个问题是如何使军官培训学院实施双语制。直到莱特利尔退伍时,这些问题都尚未得到解决。事实上,加拿大军队的双语委员会于1977年出台了一个极其重要的报告。

伯尼埃和帕里西奥(Bernier and Pariseau 1994)曾经描述过加拿大武装部队从1969至1987年期间所实施的语言政策,他们给这篇文章取了一个副标题,即"军队的官方语言:国防部跟着联邦政策走"。伯尼埃和帕里西奥指出,军队在实施中央的语言管理政策时存在着很大的难度,因为加拿大军队是一个非常复杂的指挥性结构,其各种编队分散在全国各地以及海外。1971年,加拿大军队要求每个军区都任命一位具有中校(lieutenant colonel)军衔的协调员负责本军区的双语制和双文化工作。1977年,加拿大官方语言专员署所做的一个调查发现,这些协调员职责不明,许多有助于改善军队语言状况的建议几年以后都未能得到充分的实施。1987年,加拿大军队的语言状况依旧,问题尚存。

根据加拿大军队1972年制订的计划,该计划的主要目标之一是要让加拿大武装部队中的法语使用者人数达到一定的比例。这个计划还包括制定一个复杂的干部提拔政策,该政策会特别考虑到不同语言的代表性。但事实上,仅有一小部分人的提升是根据语言来考虑的,这只能算是一种"偏离"现象了,因为还有许多军官都认为他们在提升方面都被完全忽略了。直到1987年,这个问题依然还是非常敏感的。军队最初的计划是创建一些额外的法语编队,但军队内部对于哪些人可以被纳入法语编队则存在着分歧。根据加拿大军队1972年制订的计划,军队要在1990年之前把百分之五十的法语使用者调到法语编队中去服役。然而,到1987年为止,军队中只有百分之三十的人在法语编队中服役。

从1967年开始,加拿大军队在提供基本的培训时把英语使用者和法语使用者分开来进行。但是,军队遇到的一个主要问题是需要建立用两种语言进行的技术和军官培训体系。在培训的第一阶段,军队为无线电技术人员提供了培训课程。在接下来的十年中,军队还增加了其他专业

语言管理

课程的培训。但是,军队培训机构的一个主要困难是要找到懂得英法双语的专业教师。逐渐地,培训机构遇到的问题接连不断,但可以用法语教学的课程也越来越多。然而,截至1980年,该培训项目已经处于混乱之中,法语使用者在培训课中只有凭借自己的英语水平来听讲了(Bernier and Pariseau 1994)。

在加拿大皇家双语及双文化委员会(Royal Commission on Bilingualism and Biculturalism)①成立时期,该国军校的双语制是单渠道的,即只有法语使用者学习英语的渠道,没有英语使用者学习法语的渠道。有人提议这些军校需要实现真正的双语制。1969年,军队要求新入伍的成员是英法双语者,并努力增加英语军校中的双语现象。20世纪70年代,加拿大军校中法语学员的比例有所增加,但这主要是在加拿大圣让(Saint-Jean)②皇家军校(CMR)。1976年,加拿大金斯顿(Kingston)皇家军校(RMC)开始努力招募法语使用者学员,并尽可能多地提供法语授课的课程,学校希望六年后成为一所双语军校。截至1979年,该校的法语使用者占到学员总数的四分之一,此外,学校还制定了相关的语言政策。例如,在每周所有的会议上和列队检阅时都交替使用法语和英语。不过,学校还继续提供许多只用英语授课的课程。然而,1980年制定的《加拿大军队官方语言计划》乐观地认为,把加拿大所有的三所军校都有效地变成双语学校的目的是可以实现的。尽管圣让皇家军校中法语和英语学员之间的比例达到二比一,但金斯顿皇家军校法语学员的比例仍然比希望的要低,法语授课的数量也依然有限。

伯尼埃和帕里西奥(Bernier and Pariseau 1994)指出,加拿大武装部队为了满足某些语言政策的要求而为军人提供了翻译服务。该项翻译工作最初是外包给了本国的百姓,但这些人不得不提高自己军事方面的知识,以便能够翻译有关军事技术方面的材料。由于军队的编号和缩写名称等也都需要翻译,所以,后来有人提议军队组建一个自己的中央翻译编队。20世纪70年代初期,军队开始考虑机器翻译的可能性。随着时间

---

① 在加拿大第14任总理皮尔逊的领导下于1963年成立的,其目的是调查和汇报加拿大的双语及双文化现状,并提出发展措施。该委员会共有十位委员,他们分别来自加拿大的十个省。

② 法国和加拿大有多处地名叫圣让,此处是指加拿大魁北克省东部的一个小城,位于蒙特利尔之南50公里的地方,小城因皇家军校而闻名。

的推移,尽管有大量的材料已经得到翻译,但尚未达到军队中法语编队所提出的翻译需求。20世纪80年代,部队努力地完成了以前积压的翻译工作,并保证双语服务的提供。然而,管理的分散导致语言教学项目的监管不足。截至1987年,加拿大军队的命令和指示都是用英法双语发布的,但军队中的技术翻译依然是一个严重的问题。

加拿大军队早期遇到的这些困难表明,军队的双语政策是不成功的。因为该政策的目的不是为了满足加拿大国防军的实际需求,而是为了缓解来自国内法语少数群体的政治压力和魁北克的独立威胁,于是,加拿大的时任总理强令军队实施双语政策,并把它看作是政府行为的一部分。该政策受到加拿大军队各个指挥层面的阻挠,有些编队则把双语制看作是军队使命中不必要的东西,事实上,这些行为阻碍了该政策的发展。20年之后,大家似乎赞同该语言政策属于失败案例的观点,尽管官方依然强调双语制的重要性。现在,只有高级军官,即上校(colonel)和海军上校(captain)以上的军官以及高级军士才需要掌握英法双语,但这些人都在英法双语方面接受过重点培训。目前加拿大军队的总体状况是四分之三的人是英语使用者,他们的双语水平较低,剩余的四分之一是法语使用者,他们通常都是流利的英法双语使用者,并在需要双语知识的岗位上任职。

加拿大案例为我们在下文即将进行的分析提供了有力支持,因为它说明语言管理的出发点若与本域的交际需求毫无联系的话,那么这种语言管理就会存在巨大的难度。诚然,军队是一个层级性极强的单位,大家都认为指挥官会传达政府的命令,但当指挥官发现这些命令与他们所执行的任务无关时,他们就会抵制这些命令,这不足为奇。也许有人要问以色列的国防军为什么愿意接受政府下达的移民接纳目标并投入不少资源用于移民战士的希伯来语教学呢? 这是因为单语制军队在作战功能上很有价值。同样,加拿大的国防军也乐意为军队中法语使用者的英语学习创造条件,使他们成为双语人,然而,加拿大的国防军却不愿意违背本国基本上以英语为强势语言的语言意识形态。

8.5 美国军队在两次世界大战中的语言管理

2005年1月,美国国防部副部长签署了一项语言管理计划(US Department of Defense 2005)。该计划的制订是为了配合国防部一个有关提高美国军队外语能力的决定,而该决定的出台是为了支持美国国防部2004年的《国防战略》。该战略提出了以下四个总体目标:提高军队"基本的外国语言和文化技能";挖掘军队开发"外国语言和文化资源"的巨大潜能,而不能仅仅停留在对外国语言和文化的基础掌握上;为军队培养一批精通外语阅读、写作、听力和口语的语言专家;完善军队对外语专业人员从雇用到提拔的监控过程。

当然,美国部队也存在着更早的语言政策管理行为。美国的前线部队在第一次世界大战期间曾经利用美国印第安人士兵来充当密码收发者(code talker),第二次世界大战期间则有过之而无不及。此外,在二战中美国武装部队还充分发挥部队中那些能够流利地使用敌方语言(enemy language)士兵的作用。例如,美军中有一群士兵是来自德国的难民,他们首先被送到位于美国马里兰州里奇营(Camp Ritchie)的军事情报训练营(Military Intelligence Training Camp)接受培训,在欧洲战场开辟之后,他们就能被派去审问德国战俘。除此之外,美国军队在二战期间还招募过第二代美籍日本移民(Nisei),这些人主要来自夏威夷,而且,往往是从日裔美国人囚禁营(internment camp)①中招募来的。因为珍珠港事件爆发以后,美国政府把居住在本国太平洋沿岸(包括夏威夷)的日裔美国人都驱赶到囚禁营,以便集中管理。这些被招募进来的日裔美国人组成了美军的第100营(battalion),他们在欧洲战区表现卓著。美国战争部(War Office)②军事情报处也招募过大量的日裔战士,让他们来从事军队的日语口笔译工作。美军招募的第一批35位日裔战士在旧金山的普雷西迪奥(Presidio)要塞接受培训,他们正好赶上瓜达尔卡纳尔岛战役(Guadalcanal campaign)③。后来,该语言培训机构搬迁到明尼苏达州,

---

① 1942年珍珠港事件后美国政府对约11万居住在美国太平洋沿岸的日裔美国人的扣留、转移和囚禁,直到二战结束美国才陆续解散这些集中营。1942年,罗斯福总统下达了《9066号行政命令》,这份命令声明,整个太平洋沿岸的所有日裔美国人都可以被命令转移。1988年,美国国会通过了由里根总统签署的法案,代表美国政府向拘禁事件道歉,并向拘留的日裔美国人和他们的继承人支付了总计超过16亿美元的赔偿。

② 英语也可是 The United States Department of War,是美国联邦政府的一个部,负责军队事务。战争部成立于1789年,1949年改为美国国防部。

③ 太平洋战争中的一场重要战役。围绕着瓜岛的争夺,日美双方在六个月的时间里进行过大小海战三十余次,双方损失惨重。瓜达尔卡纳尔是中途岛之后日本的再次失败,也是日本从战略优势走向劣势的转折点。

到二战结束时,该机构已经培训出 2000 名语言专业人员。麦克诺顿(MacNaughton 1994)报道说,第二代美籍日本裔语言专业人员在太平洋战役中起了非常重要的作用,这些人为美军后方的指挥总部和前线的作战部队都提供了信息方面的服务。

在第二次世界大战期间,美国国会曾经向军队提议军队可以利用大学来为新兵提供部分专业培训。例如,美国陆军专业培训计划(The Army Specialized Training Program)[①]就是通过校园来为新兵提供外语和区域研究等专业技能培训的。不过,该培训计划尽管宣传得很好,但最终效果不怎样。人们认为,该计划中外语和区域研究方面的培训在性质上如同加拿大国防军所执行的双语运动,这是受域外因素影响而导致语言政策失败的又一案例。最近,基弗斯(Keefers 1988)和卡多齐尔(Cardozier 1993)对美国陆军专业培训计划中的外语和区域研究项目进行过重新评价,他们指出军队当初认为该培训项目作用不大,而且还觉得该项目实际上已经影响到军队的战斗力,因为该项目要从许多重要的岗位上抽走 15 万高素质的新兵。不过,该项目对大学却有一个好处——解决了战时高校生源不足的问题,同时,该项目也的确为那些接受培训的新兵提供了一个暂缓的机会,他们可以推迟被送往陆军正规编队(大多数人都是这种结果)的时间,因为这些编队根本用不上他们所学的外语和其他特别的专业技能。尽管许多学员后来都从这段外语培训的经历中受益匪浅,但在欧洲战役的最后日子里,由于部队需要增援,所以,这些学员在部队里没有几个人,甚至就没有一个是作为外语专业人才被派往前线的。

美军在第二次世界大战的紧急关头暴露了美国所存在的外语教学严重不足的问题,这主要是受到国内追求现实性思想的影响。早在二战爆发的十年前(约 1924—1928 年)《美国现代语言教学调查报告》就指出了国内令人遗憾的外语教学现状,并提出了相关的整改建议。鉴于大多数的美国大学生只花两年的课堂时间学习一门外语,而且,上课时每周只有三节课,该报告的几位作者都认为,最明智的方法是把美国的外语教学目标从早期直接教学法(direct method)所追求的听、说、读、写四种基本技能减少到一个基本技能——读,因为阅读能力是能在这种比较有限的时

[①] 美国军队在二战期间建立的一个培训项目,旨在满足军队战时对初级军官以及具有一定技能士兵的需求,培训地点放在许多大学里进行。学员经过 18 个月的强化训练并达标后就送往部队,学习的专业包括工程、科学、医学、心理学以及外语等领域。

间里得到提高的(Coleman 1929)。由此带来的结果是,多数大学都不再对外语的口语教学感兴趣。这种实用性的决定符合美国的熔炉哲学,美国在第一次世界大战后就形成了民族中心主义和孤立主义的氛围,这导致了美国双语教育项目的终结,本来这些双语教育项目有助于鼓励大家对本国语言资源的维持。因此,早在20世纪40年代初,美国军队就开始为全球战争而做准备,但军队的指挥官迅速意识到军队中缺乏能够熟练使用多种外语的人才,因为许多军事行动都需要用到外语信息。另外,这些指挥官还发现,美国当时的外语教学机构在教学能力上还非常有限,它们无法满足军队的需求,它们也无法开发新的教学方法。

  对于军队中存在的上述外语问题,最有效的解决办法是利用本族语的使用者,例如,美军中的德裔战士和日裔战士,不过,这些人依然被看作是来自敌方的外国人。因此,这种方法也存在一些问题。一方面,人们对于这些人的忠诚度尚存疑问,我们称此为"间谍的困境"(the spy's dilemma):假如一个人对敌方的语言如此地熟练,我们怎么能完全相信他或她呢?另一方面,美国对亚裔士兵还存在不少偏见,尤其是一个还存在种族隔离现象的军队里(MacNaughton 1994)。在这种背景下,美国国防部愿意接受那些主要由国会议员提出来的观点。这些议员们提出在陆军专业培训的某些方面军队有必要到各大专院校去招募新兵,于是,学校的健康男性学生都被征入伍,校园空空荡荡。

  这种来自域外的压力会对域内的语言管理产生一定的影响。美国国防部由于受国会的影响于1942年12月18日成立了美国陆军专业培训处(Army Specialized Training Division)。该处的培训项目有三个不同的部分组成。第一是工程师的培训,第二是医务人员的培训,第三是语言管理者的培训。该培训处由赫尔曼·比克马(Herman Beukema)上校直接指挥,其使命是培养具备美国武装部队可能涉及的所有外语及相关领域知识的战士。截至1943年8月30日,美国军队为部队各地有关语言和区域研究的培训学校共开发了大约19个不同的课程体系(Lind 1948)。

  1943年4月,美国陆军专业培训处开始了其第一个培训项目——外语,有1.5万的无军官衔的受训者在全国各地的55所大学接受外语培训。培训处当初没有设置任何形式的外语能力考试(但十年后开始有了),军队的用人单位就根据这些受训者在美军通用外语分级测验(Army General Classification test)中的表现来判断他们在为期一年的培训中所达到的外语水平,然后,再依据外语水平来进行人才的选拔(Agard et al. 1944)。培训处在设置外语教学课程时参照了美国学会理事会(American Council of Learned Societies)为社会上的外语强化项目而设置的教学课程。美国学会理事会的外语强化项目要比军队开设的外语培训课程早两年,而且,它的成立还得到过洛克菲勒基金会的两次资助,每次五万美元。该外语强化项目的宗旨是为美国培训"特别"外语人才,担任该外语强化项目主任的是美国语言协会秘书米尔顿·科恩(Milton Cowan)。美国学会理事会设置的课程的目标是培养学员掌握目标语的口语形式和地方变体,他们的这种行为不仅反映了美国结构主义语言学家崇尚实际需求的思想,而且也反映了美国结构主义语言学家在意识形态上的反叛精神——因为在此之前的哲学前辈以及学派对手都极其关注语言的书面形式和文学体裁(Cowan and Graves 1944)。

美国陆军专业培训处的外语教学项目采纳了语言学家的如下教学理念:外语教学的具体目标是教会学生说某门外语。在原则上,任何教学方法都是可以接受的,只要该教学是"强化性的",即给新兵学员提供每周大约15小时面对面的课堂教学。在该外语教学项目中,有一位教师名叫迈伦(Myron 1944)。他在一次讲座中指出,尽管美军的外语教学项目正在如火如荼地开展着,但他自己很清楚"世上没有像军队现在所使用的这种外语教学方法",这只是一种命令行为而已,要求外语教学重视口语的流畅性。迈伦原先在大学教授法语,如今在部队为美国陆军专业培训计划教授法语。迈伦发现大学教学更加自由,而且,他还发现军队的学员对外语学习普遍持有一些错误的观点。例如,有些学员认为大家之所以对外语学习具有强大的动力是因为军队具有严厉的纪律,这也许有点太理想化。此外,他还详细地描述了他作为一名传统的法语教师为了适应环境的变化而不得不做出的各种改变。

围绕该军队外语教学项目的广泛宣传(Angiolillo 1947)所导致的一个直接结果是,外语教学机构与经历过该军队外语教学项目的语言学家之间产生了分歧。对于这种新的外语教学方法所取得的成功,社会上对它的报道褒贬不一,这使得人们对它的评价显得更加小心谨慎。1943年11月,美国现代语言协会召开了教育发展趋势委员会大会,洛克菲勒基金会人文部主任助理威廉·贝里恩(William Berrien)在会上把美国西北大学埃尔顿·霍金(Elton Hocking)提出的建议传递给大家,该建议是请一组专家来评价这种新的外语教学方法。在洛克菲勒基金会的资助下，评价小组于1944年2月16日成立并开始了他们的工作。但是，就在评价小组开展工作仅仅两天后，美国战争部宣布美国陆军专业培训计划将于1944年4月1日停止执行。美国在欧洲的部队正在为诺曼底登陆而做准备，因而这方面的增援工作比语言专家显得更加重要。该评价小组中有三位是实地调查人员，他们有过在美国陆军专业培训计划中工作的经历。他们花费了两天的时间用于准备他们将要调查的内容纲要。在接下来的六周中，评价小组中有六位成员调查了全国40所具有代表性的外语培训机构。他们在这些机构里听了427个班级的课，涉及16门外语的教学；他们访谈了各培训机构的项目主任、教师和学员代表；他们还与培训机构所在的大专院校的行政人员和教学人员进行了随谈。评价小组的报告（Agard et al. 1944:25）谨慎地总结说，学员是第一次接触目标语，培训结果"毫无疑问是非凡的，肯定也是好的，而且，令项目的负责人感到非常满意，使学员普遍感到满足"。不管在哪里，该计划的培训机构都运行得很好，因此，评价小组没有详细地说明有多少培训机构已经达标。此外，根据评价小组的报告，有"较高比率"的学员已经掌握了目标语，他们能够用目标语流利地表达自己的想法，也能够在正常情况下理解本族语使用者所使用的语言。

　　除了这个姗姗来迟的评价报告外，美国没有任何机构和个人对美国陆军专业培训计划所取得的成果进行过更加综合的全面评价。艾加德和他的同事（Agard et al. 1944:17）在对该计划进行了分析后指出，美国陆军专业培训计划对外语口语缺乏恰当的测试手段。大多数的评价都是泛泛而谈或者东一榔头西一棒子，评价者都是根据一些间接材料，如安乔里罗（Angiolillo 1947）所记录的有关该培训计划的各种印象和趣闻逸事，来发表个人观点的。这次的部队经验也首次给教育行政人员提出了挑战——把平常的外语教学整合为强化训练的做法具有一定实用价值。要把这一想法变成常规的教学行为需要花费数年的时间，例如，从蒙特利尔起源的语言浸没教学法尽管已经成了军队和政府领域进行外语培训的模式，但还很难在普通学校中进行推广。

　　此外，美国还有一个外语培训项目似乎更加成功。二战后，美国海军的日语培训项目逐渐地发展为美国国防语言学院（Defense Language Institute），该学院不久就成了美国军队教授外语的主要机构。在军队高效的管理之下(这不是域外因素的影响下而发展起来的计划),该学院已经能够满足美国国防部提出的各种外语培训需求,但该学院也存在一些不足之处,如校园用于外语教学的基础设施还不够扎实,今后发展这些基础设施所需要的时间、人力和财力尚未得到解决。

8.6　美国国防部在全球战争时代的语言政策

　　1957年,苏联第一颗人造卫星"斯普尼克"(Sputnik)号的发射震惊了美国,于是,美国开始关注到,本国的外语教育一直存在着发展滞后的现象。1958年,在一群国会议员的共同努力下,美国通过了《国防教育法》(NDEA)。在与数学、科学和外语科目的相关人员交谈和咨询后,美国推出了改进本国有关这些领域的教育的计划(Clowse 1981)。外语教学是美国《国防教育法》中的重点内容之一,所以,全国各地都在尝试增加学校外语教学的数量和提高学校外语教学的质量。在《国防教育法》的影响下,美国做了较大的努力来开始为本国的外语教师介绍一种新的"灵丹妙药"——听说教学法(Audio-Lingual Method)。许多大学都支持本校的俄语及其他外语的强化教育项目,并为语言和语言学专业的研究生提供奖学金。直到冷战结束,这些教育项目的收效都不大。然而,一些国会议员,尤其是情报机构,依然呼吁大家要努力分析各州教育部门失败的原因,以便满足国家对外语人才的需求。

　　《国防教育法》给美国带来的影响之一是《国防教育计划》(NDEP)的制定,该计划为美国许多大学的高级外语教育项目的诞生提供了资助。美国参议员麦克卢尔(McClure 1983:118)后来承认说:"是我创造了这个令人震撼的题目——《国防教育法》。假如大家认为其中有什么措辞不当的话,那是因为大家从实际和智力的角度上对教育的目的有不同的理解。教育的目的不是为了保卫国家,也不是为了建造大炮和战舰,而是为了保卫人们的心灵和发展人们的精神。尽管这个标题有些耸人听闻,但它的确起了很好的作用。你怎么能攻击它呢?"

　　不久,美国有关外语教育的第二个计划接踵而至:

　　《国家安全教育计划》(NSEP)是根据戴维·博伦(David Boren)

起草的《国家安全教育法》(NSEA)而制定的。《国家安全教育法》后经修订(公共法,102—183),其编号是50 U.S.C.1901(见下)。时任美国总统乔治·布什于1991年12月4日签署了该法案。《国家安全教育法》要求国防部长制订《国家安全教育计划》,并提供以下三种资金援助:第一,为美国本科生到对国外学习提供助学金,但目的国必须是对美国国家安全至关重要的国家或地区。第二,为美国专攻外语和区域研究的研究生提供奖学金,但这些外语和区域必须是对美国国家安全至关重要的。第三,为美国高等教育的研究机构开展有关国家、外语和国际领域的学习计划提供发展基金,但这些国家、外语和国际领域必须是对美国国家安全至关重要的。此外,《国家安全教育法》还要求国防部长创建"国家安全教育委员会"(NSEB),以便为《国家安全教育计划》的实施提供全面的指导(National Security Education Program,http://www.ndu.edu/nsep/index.cfm?pageID=168andtype=page)。

美国国防部建立了有关外语教学的旗舰项目,这些项目对美国具有特别重要的意义,它们的目标是培养具有专业外语水准的研究生,但这些外语必须是美国国防机构认为对美国非常重要的语言。美国国防部的另一个计划是与大学联合建立了第一个人文研究中心——马里兰大学高级语言研究中心。该中心是仿效美国科学与工程领域的某些研究机构的模式而建立的,其目的是为美国国防部的各个分支机构提供相关领域的高端研究成果。但是,马里兰大学高级语言研究中心的发展受到两个因素的严重影响。一是该中心要求所有的工作人员严守秘密,二是该中心难以找到合格的,而且不受自己所学外语知识及经历影响的研究人员。

美国国防部的下一个主要发展目标是制定和实施《国防部外语改革指导方针》(Department of Defense Language Transformation Roadmap)(US Department of Defense 2005:21)。该指导方针为军队语言政策的重大变革制订了一个计划。该计划的第一段就说明了其制定的基本理论基础:"美国后9·11时代的军事行动要加强军队的现实性,也就是说,国防部需要做好以下几点:极大地提高各部门对某些紧急语言和方言的认识,促进他们对这些语言和方言的学习;加强各部门对这些紧急语言和方言的使用,以便他们提高自己的工作能力和各自领域的技能;培养各部门的语言搜寻能力,以便他们一俟通知马上就能扩大自己的语言搜寻路径。"美国在阿富汗和伊拉克的重大情报失败都跟语言能力不足有关,这很快引起了美国相关部门的注意,并敦促他们要寻找到应对措施。

根据《国防部外语改革指导方针》而制订的计划,美国国防部要求其每个部门、指挥所和机构在2002年年底之前都检查自己部门对语言专业人员(口译人员、笔译人员、密码语言学家、审问人员以及区域研究专家)的要求。一年以后,美国国防部对美国国防语言学院外语培训中心进行了检查,结果表明该中心需要提高研究生的外语水平。2004年5月,在美国国防部的每个主要机构中都任命了一些高级的语言权威军官,这些人便构成了国防部语言指导委员会的高级人物。

《国防部外语改革指导方针》的制订始于以下预设:美国未来将会继续卷入各种冲突中,与一些使用美国小语种的国家或人群形成敌对关系,而且,掌握这些小语种将有助于美国维持与一些国家的同盟关系,有助于美国维护地区稳定,还有助于美国进行军事领域的多国合作行动以及美国在冲突解决后所进行的多国合作项目。世界"潜在的冲突地区"以及潜在的合作伙伴都在其范围上呈现出扩大或上升的趋势。

2006年11月,美国的《伊拉克研究小组报告》重点讲述了这个急待解决的语言问题:

> 我们在伊拉克所做的一切,不管是军事上的还是民用上的,都由于美国人缺乏对当地语言和文化的了解而受到种种阻碍。我们在巴格达的大使馆有1000名工作人员,但只有33人能够使用阿拉伯语,其中仅有6人达到流利的程度。(《伊拉克研究小组报告》,http://8.7.97.203/isg.pdf)

有时候,区分部门性语言政策和全国性语言政策是很重要的。从美国的《国防部外语改革指导方针》,我们能清楚地发现,在军队域的语言管理中变革的根本最终还是取决于政府制定的国防语言政策。不过,《国防部外语改革指导方针》的问世不是美国政府制定的语言政策所导致的结果,而是美国国防部从非语言政策中得到了一些有关语言方面的启示后所做出的一种解释。美国总统及其支持者发起了一个似乎可以保证在军事上打击国际恐怖主义威胁的语言政策,但他们并没有制定全国性的语言政策。

美国的政府部门和一些国会议员继续为制定全国性语言政策而努力。2006年1月,时任美国总统的小布什发动了"国家安全语言计划(NSLI),这是一个通过教育来进一步加强美国在21世纪的安全和繁荣的计划,尤其是要通过教育来加强美国在外语技能方面的发展"。正如《国防教育法》所宣称的那样,语言是国防问题,用更时髦的术语来说,语言是安全问题。语言不仅是美国联邦政府需要重点考虑的问题之一,而且也是美国宪法赋予联邦政府管辖的内容之一,根据美国宪法,联邦政府有权处理有关国防和州际商业方面的问题,但无权干预教育问题。一年之后,随着美国国会政治格局的变化,参议员丹尼尔·阿卡卡(Daniel Akaka)举行了一个政府行动(Government Operations)分委会的听证会,以便处理国家的语言问题。在该听证会上,国防部代表带来了一份长达22页的发展报告,其中论述了美国从幼儿园到大学的外语教学计划,即从幼儿园开始教授外语,到了大学阶段学校提供外语教学的旗舰项目。教育部的代表则有一份八页的报告,该报告主要讲述了国家安全语言计划的教育项目。阿卡卡参议员是美国国家外语协调法案(National Foreign Languages Coordination bill)的发起者之一,该议案的目的是为美国目前在语言政策方面经常失败的领域提供联邦政府层面的领导与协调。2007年5月,美国国防部宣布在国家外语服务团(National Language Service Corps)试点运行,这是一个拥有1000名员工的民用组织,由国防部管理,该组织都是由志愿者组成的,他们"为许多美国的地方政府、州政府和联邦政府的部门和机构提供各种各样的外语服务"。该组织最初招募的是懂得以下十大外语的志愿者,"这十大外语都是对美国的国家安全和福利发展十分重要的语言,它们是豪萨语、印地语、印度尼西亚语、中文、俄语、索马里语(Somali)、斯瓦希里语、越南语……"

同时,我们必须注意到,假如我们把美国国家安全语言计划的所需费用与美国在伊拉克和阿富汗所需要的外包翻译费用进行比较的话,美国国家安全语言计划的资金是相当小的。用于美国国家安全语言计划的费用是1.14亿美元,而且,其中几乎没有任何扩张货币(new money)①。

---

① 与货币创造(money creation)同义,是指银行和非银行机构或个人通过信贷关系共同作用,使得在银行体系内流通货币量扩大的金融行为。

美军在伊拉克和阿富汗所签订的一个五年期的外包翻译合同就需要46.5亿美元(美联社,2007年4月12日)。此外,美国国防高级研究计划署(Defense Advanced Research Projects Agency)①至少花费了2200万美元用于便携式翻译设备的研究。

8.7　军队域与语言管理理论

在分析了这些与军队域相关的语言管理案例后,我们不难发现军队域在其组织结构方面具有其他管理域所不具备的优势。军队中的某个部门一旦认识到某项语言管理有需求时,就能向其下属单位发出命令,并很快就能取得一定的效果。只要语言政策的动机被视为与军队的需求有关系,尽管军队域所遇到的语言管理阻力比那些管理比较松散的语言域所遇到的语言管理阻力要难得多,但出现的概率却要小得多。事实上,有时候军队域还试图影响其他语言管理域,这种事情不乏其例。譬如,美国国防部做出努力想要控制美国的外语教育;中国台湾的"陆军司令"胡镇埔呼吁台湾要提高整体公民的外语水平(中国台湾的英文版《中国邮报》,2007年1月15日);以色列国防军极大地影响着以色列的阿拉伯语教学。不过,军队域的影响还是要受到一些限制的。例如,美国宪法规定联邦政府无权干预教育,因此,与国防相关的语言教育项目可以添加到学校的课程中去,但不能改变学校的课程。当一个语言计划不具有军队性,而只带有社会政治性的时候,不管军队多么努力,该计划成功的希望是比较渺茫的。例如,加拿大政府试图劝说其国防军要在实施国家的双语政策方面起带头作用,并要军队在这方面走出军队域,结果却如上文所描述的那样,难以令人满意。

军队域进一步证实了本书所提出的管理域方法的有效性,并有助于我们厘清因为各种语言域相互影响而导致的语言管理的复杂性,例如,各种外部因素会影响到一个语言域的语言管理,此外,一个语言域也许会影响到其他好几个语言域的语言管理。由于军队域一贯的雷厉风行的做

---

① 美国国防部属下的一个行政机构,负责研发用于军事用途的高新科技,成立于1958年,其总部位于维吉尼亚的阿灵顿(位于首都华盛顿附近)。

法,军队能够集中其资源并把其内在的权威应用于语言管理及其他目标上。当然,军队域也存在大型机构组织通常所遇到的惯性思维,但从本质上说军队域的语言管理要容易些。

在下一章中,我们将转移到权责清楚的政府域,并在该章的后面分析民族国家的语言管理,民族国家的语言管理曾经是语言政策研究的唯一焦点。

第9章 政府域的语言管理

9.1 引论

一般而言，对语言政策、语言规划或语言管理的研究，就是对民族国家语言活动的研究。最近，该领域的一些研究著作，如开普兰和巴尔道夫(Kaplan and Baldauf 1997:6)合著的《语言规划：从实践到理论》，已经开始关注众多的基层政府机构、教育机构、半官方组织以及非官方组织的语言管理。不过，这些著作的重点自然还是放在中央化政治机构的语言管理上，理应也是如此。希夫曼(Schiffman 1996:2)也指出，一项语言政策不但要能够运行于国家层面，而且也应能适用于地区层面，但在地方各级行政层面、教育系统以及民间机构上可以有所不同。在希夫曼的研究中，他详细论述了法国、印度和美国三个民族国家以及印度的泰米尔纳德邦(Tamilnadu)和美国的加利福尼亚州两个地区单位(territorial unit)的语言政策。尽管肖哈米(Shohamy 2006)从本质上把语言政策看作是隐性语言意识形态的具体表现，但她把政府、教育机构、媒体以及其他维护官方语言霸权地位的人都视为政策代理(policy agent)。在本章中，我们不可避免地要谈到政府层面的语言管理，这是一个明显存在着"权威"概念的语言管理域，我们把"权威"看作是可以合法行使的"权力"。诚然，不少语言管理工作都包括劝说的内容，但正如我们在军队域中所看见的那样，最简单的语言管理状况应该是：公认的语言管理者能够有理由期待自己所下发的指示能得到执行；政府应如同指挥员一样有权力来实施自己制定的语言决策。

在本章之前所论述的各个语言管理层面和语言管理域中，我们也都能找到有关权威的论述。在传统的家庭中,父母拥有权威,这被认为是理所当然的事情。不过,也有一些例外的情况。例如,纳瓦霍人认为地位并不意味着权威(Young 1978);西方中产阶级在广义上都认为父母在家庭中应该规劝孩子,而不是命令孩子(Bernstein 1971);在移民家庭,孩子通常被社会迅速同化后就开始忽视父母的权威,甚至还想影响父母的观点。

在宗教机构,人们也认为领导者有权来决定本领域的语言政策,而且,他们也许能够控制祷告语言或布道语言的使用,但他们不能保证宗教会众都理解该语言。所以,宗教机构必须为那些听不懂布道语言的宗教会众提供翻译或者为他们制定有关宗教语言的教育项目。在工商业领域,最需要对自己的语言进行调整的是卖方(Cooper and Carpenter 1976)。在职场上,除非法庭干预,雇主往往会要求雇员掌握某种具体的语言,他们解决这一问题的最简单方法是根据语言技能的要求来招聘合格员工,或者是为现有的员工制订语言培训计划。在法庭上,法官在语言选择和语言翻译方面的权威长期以来一直没有受到任何挑战,在许多国家,这种情况至今依然如此。但是,现在人们对人权或民权的意识得到了提高,这影响到法院的语言政策,另一方面,高等上诉法院(appeal court)要求各级法院能够为不懂法庭语言的相关人员提供合格的翻译。同样,警察的权力一度说一不二,他们可以根本不顾及说其他语言的人的权利,但这种行为在民主社会正在受到挑战。学校也有类似的情况,学生(尤其是小学生)除了对教师的权威表现出毕恭毕敬外别无他法。当然,也有学生不听话的时候,此时,如果学生没有听懂教师用官方语言讲授的内容,有些聪明的教师通常会有所准备,即再用学生的语言来解释一遍。换句话说,正如商人、媒体人、警察、法官、医生及其他医疗人员一样,教师为了满足师生交际通畅的需求,其权威也会受到一些抑制。总之,从语言域的视角对语言管理进行研究的方法使得我们能够区分由内部压力而导致的各种不同的语言管理状况,这些压力均来自同一语言域中更高层面的管理机构,目的是为了改善语言政策。

在政府的每一个层面,其权威是隐性的,但又是根本的。根据权威的含义来划分的话,政府域的主要参与者是管理者和被管理者。当然,如我们将要在下文中见到的那样,政府的权威在很多领域都具有绝对性。我们不难发现,在各种政治体制中都存在着权威的层级性(hierarchy)。首先,在理论上一个国家最高的权威应该是从宪法(授权法院解释宪法)到中央政府(下设不同级别的各种权威机构,并授予它们行政权、立法权和司法权);其次,根据宪法或法律,中央政府下设地区政府或区域政府;最后,根据宪法或法律,地区政府再下设各级地方政府。

各级政府都有权管理自己的公民,它们各自的公民是根据地区或区域来划分的。例如,根据美国宪法,美国联邦政府有责任和权力来负责本国的安全事业和州际之间的商务发展,但无权干预由各州政府各自负责的本州的教育事业和商务活动。例如,当有人把被绑架的受害者从一个州转移到另一个州时,这就成了一个联邦层面上的犯罪;当贸易活动发生在州际之间时,联邦政府就有权介入。正如西班牙政府给本国的某些地区一定程度的自治权一样,英国政府也在逐渐实行权力下放的政策,这给了威尔士、苏格兰和爱尔兰的地区立法机构越来越多的权力。这种权力下放的做法往往为解决多语民族国家的语言地位问题提供了一种不错的方法。

9.2　本章结构

本章将分析民族国家范围内的各级政府——从中央政府到地方政府,并探讨各级政府中所出现的某些特定的语言决定或语言活动。政府的语言管理活动可以分为以下多种形式。第一种是上级政府把语言管理的权力授予给下级政府的做法,我们称此为权力下放法。我们认为,属地原则是各国政府为了缓解来自本国少数民族的压力而经常使用的一种方法,即把某一属地的管理权下放给管理这一属地的地区政府,以便这些地区政府在某些领域(其中包括语言管理领域)实行自治。权力下放的另一种形式是把有限的权力授予某些具体的宗教或民族社区。奥斯曼帝国米利特[①]体系(Ottoman millet system)就是其中一例,该体系认可希腊东正教、亚美尼亚人、犹太人以及叙利亚东正教各自法庭的权力,这些法庭有权审判它们各自的教徒或成员。同样,在英帝国统治巴勒斯坦时期,政

[①] 奥斯曼土耳其语词汇,指奥斯曼帝国内的宗教团体。米利特的概念与自治地方相似,自治地方在欧洲惯常用作统治少数族群。在奥斯曼帝国,米利特用作特别指那些专为少数族群自治而设的属人法法庭。奥斯曼帝国政府对这些法庭甚少做出干预。

府要求巴勒斯坦的犹太人社区和阿拉伯人社区实施各自的教育体系,并授予这两个社区一定的权力。英国坎特伯雷(Canterbury)大主教曾经提议政府给予本国穆斯林伊斯兰教法①法庭(Muslim Sharia courts)一定的自治权,但遭到公众的抗议(英国《泰晤士报》,2008年2月11日)。

第二种是有关语言地位的决定,即有关语言各种功能的决定。人们一提到语言功能的划分,往往就会想到"国语"或"官方语言"之类的概括性术语(cover term),而这些术语通常都没有一个明确的含义,所以,人们在语言政策中用到这些术语时也是有些含糊的。在语言政策及其他相关领域,一个常见的辩论话题是英国有官方语言吗? 或者是,新西兰除了本国法律指定的毛利语和手语外还有其他官方语言吗? 但有时候,"官方语言"一词有准确的含义。例如,新西兰1987年的《毛利语语言法》规定,在司法程序中,当事人在口头上可以说毛利语,但在书面上不可以使用毛利语。同时,该法还提出建立毛利语语言委员会。"官方语言"通常被认为包含以下四大相关功能:一是政府的某些特定机构在召开会议时以及政府的公务员在执行行政活动时对内所使用的语言;二是公务员在与本国公民以及国际人士交流时对外所使用的语言;三是政府及非政府机构与组织(如学校、新闻与娱乐媒体、工商业)所使用的规定性语言;四是公民在一些特殊情况下所使用的规定性语言,例如,土耳其长期禁止在本国使用库尔德语,土耳其的库尔德人只好使用土耳其语。再如,佛朗哥时期西班牙压制本国的巴斯克语和加泰罗尼亚语,而这些语言的使用者只好转用西班牙语。

第三种是语言的培育,即做出各种有关语言培育的决定,例如,进行文字的拼写改革,或者建立专门负责语言现代化和标准化的机构或组织,如语言研究院和专业术语委员会。

显然,要描述有关各国政府语言管理的全貌是非常复杂的,但通过数字来体现各国之间差距的做法可以简化这种描述。例如,全世界大约有

---

① 音译为沙里亚,意为道路,是一套以伊斯兰教教义为准则的法律,根据《古兰经》和可靠圣训的内容,对人民日常生活和行为做出法律规定,因此又被称为伊斯兰法律。19世纪之前,大部分伊斯兰教的学者学习伊斯兰教法并应用为法律理论的基本原则,他们既是学者又是法官,所以伊斯兰国家亦没有律师这回事,律师的权力交由当事人和被告自己在庭上辩护,一切案件最终都交由法官裁决,速审速罚,判案亦以化解冲突,不至令双方日后留下积怨,保障穆斯林社会和谐为主。

60个国家没有制定自己的宪法(但民族国家的数量在不断变化中,宪法也在不断的制定或修改中),而且,还有不少国家的宪法对本国的语言使用根本没有任何提及。同样,也有许多政府(特别是基层政府)对语言政策和语言管理根本不感兴趣。尽管其余的政府肯定对语言政策和语言管理格外认真,但它们的做法与我们在上文对政府的语言管理活动所描述的几种情况都不太吻合。一般而言,人们往往都趋向于关注和研究中央政府有关语言政策和语言管理的偶发现象(marked case),也许,这使得我们忽视了对语言政策和语言管理中普遍现象(即其他较低层面的政府与公民对语言问题的关注)的研究。不过,这种研究兴趣的缺失现象也许正好解释了为什么一小群人(如美国"唯英语运动"的支持者)就能够轻而易举地把他们自己的意志强加给一些地方政府乃至许多州政府。

9.3 多语国家的压力

结构主义语言学家认为,国家的各级政府对语言的通常做法应该是采取不干涉的政策。假如我们从结构主义语言学的这个观点出发,我们就会发现政府干预语言的偶发现象往往是因为语言之外的压力而引起的。多语的社会语言生态就是导致政府干预语言管理的一种类似压力(Calvet 1987),其结果有两种可能。第一是应用属地管辖权(territorial authority)来管理不同的语言地区,例如,比利时、瑞士和印度都是从复杂的语言生态中建立起来的民族国家。第二是把本国各种语言的使用者都混居在一起,例如,美国、以色列和越来越多的欧洲国家都是由众多移民构成的多语国家。人类一方面进行军事征服和殖民化运动,另一方面又出现大规模的移民现象。这些都给政府所治理的社会带来了语言的交际问题,要解决这个问题就需要语言管理。这种压力是否需要解决以及如何解决,在一定程度上取决于以下两个方面,一个是语言少数群体内部的活动状况(Williams 2008);另一个是外界对语言少数群体需求的认可程度。但是,我们似乎可以这样认为,与其说语言管理是双语制或多语制广泛使用的独立原因,还不如说语言管理是双语或多语现象广泛出现的结果。具有讽刺意义的是,如果语言复活运动(如新西兰的毛利语和爱尔兰的爱尔兰语复活运动)成功的话,导致双语言语社区形成的真正原因就是语言复活运动,而语言复活运动是一种语言管理。此外,民主国家似乎更可能感觉到少数民族自治甚至独立的压力,而非民主国家更可能遏制住少数民族的这些自治甚至独立的要求。

政府域中的无标记压力(unmarked pressure)或常见压力来自单语制的建立,因为单语制有利于提供最有效的交际手段,可以避免许多交际问题,还可以维护中央政府的权力和全国统一的身份认同。这种交际目标最符合颜诺和诺伊斯图普尼(Jernudd 1987;Neustupný 1970)所提出的交际模式——语言管理是为了解决语言问题。维护中央政府的权力是许多语言管理学者,如菲利普森(Phillipson 1992)和肖哈米(Shohamy 2006)解释语言管理的基础。我们已经注意到其他三种鼓励双语制或多语制发展的压力:第一种是宗教机构和少数民族为了使自己的宗教语言和民族语言能在社会中获得一席之地而施加的压力;第二种是为发展经济全球化背景下的国际业务而提高外语能力的需求所带来的日益强大的压力;第三种是因军事活动和军事征服的目的而提出的语言能力需求所带来的压力。

在本章中,我们将追述各级政府的各种语言管理活动,首先从最高阶层的宪法(最起码理论上是这样认为的)开始,然后逐渐过渡到地方政府。

9.4 宪法层面的语言管理

有些国家(如英国、新西兰和以色列)尚未颁布宪法,但大多数国家事实上都制定了宪法性文件,从而确立了国家的基本法(Jones 2001)。在这些国家当中,有一大群国家(约57个)根本没有在本国的宪法里提及国语或官方语言的内容,但其中有11个国家(有些是前英国的殖民地国家)在其宪法上提出了立法委员必须懂得一门或多门语言的具体要求。由于宪法和国家都在不断的变化中,本节提到的一些相关数字只能算作是大概的数据。

有些国家虽然没有涉及语言的宪法条款,但它们事实上有语言法,从而可以表明它们的语言政策或部分语言政策(Leclerc 1994,1994—2007)。丹麦和冰岛分别要求居住在本国的外国公民学习丹麦语和冰岛语。卢森堡法律规定,卢森堡语(Luxemburgish)为本国的国语,但增加法语和德语为本国的官方语言。墨西哥法律规定,本国的公告必须用规范的西班牙语来表达。荷兰要求本国的行政领域都使用荷兰语,但也给予弗里斯兰语(Friesian)一定的交际功能。挪威要求本国的文件既要用博克马尔语(Bokmäl)或挪威国语书写,也要用尼诺斯克语(Nynorsk)或新挪威语书写。波多黎各法律规定,英语和西班牙语为本国的官方语言。瑞典和新西兰都制定了给予本国少数民族语言一定地位的法律,前者提到的语言是萨米语(Sami)、芬兰语和闵基利语(Meänkieli),后者提到的则是毛利语和新西兰手语。美国分别于1991年和1994年企图把英语确立为本国的官方语言,但均以失败而告终。以色列也曾经试图把阿拉伯语从本国官方语言的名单中剔除出去,但最终还是失败了。

根据大多数机构对语言数量的统计,世界上存在着大约6000种语言(Grimes 2000),其中大约100种语言得到了国家政府(如宪法、基本法或一些其他政府行为)的认可,被列为国家的官方语言。对于那些在宪法上还没有任何语言条款也没有制定语言法的国家,我就利用了维基百科上的官方语言列表(Wikipedia Foundation)、美国中央情报局编写的《世界概况》(Central Intelligence Agency 2007)以及众多国家的政府网站来收集有关数据。世界上,大多数国家(约90个)在官方语言上是采用单语制,约30个国家是采用双语制,约10个国家是采用三语制或多语制。英语是世界各国最常用的官方语言,约51个国家把它列入其中,但只有4个国家在宪法上表明英语是本国的唯一官方语言。此外,还有17个国家也把英语当作是本国唯一的官方语言,但没有宪法声明。这反映了如下一个事实:由于英国没有颁布宪法,也没有制定法律来确定本国的官方语言,因此,不少英国的前殖民地国家在独立后也纷纷仿效这一做法。有12个国家在宪法上把英语列为本国的第二官方语言;还有11个国家也把英语列为本国的第二官方语言,但没有得到宪法的支持;另有7个三语制国家把英语作为本国的第三官方语言。

相比之下,有18个伊斯兰教国家在宪法上把阿拉伯语作为本国的唯一官方语言,有两个国家在宪法上把阿拉伯语作为本国的第二官方语言,在这两个国家中,其中一个是以色列。以色列允许本国的阿拉伯语学校使用阿拉伯语作为学校的教学语言,最近以色列还成立了阿拉伯语研究院(Arabic Language Academy)。伊斯兰教国家一般在其宪法上都会有一个包含以下内容的条款,即伊斯兰教是国教,阿拉伯语是国语,……是本国首都。这些国家的少数民族语言从未得到过正式的认可。

法语也往往出现在单语制国家中。前法国殖民地国家独立后都采取法语为本国唯一官方语言的政策,有18个国家把法语作为本国官方语言的唯一选择。尽管法语作为国家的官方语言之一也出现在三个双语制国家中,但那是因为这几个国家在独立时都是由英法的前殖民地整合而成的。

第四大常用的官方语言是西班牙语。有17个国家在宪法上采纳西班牙语为本国的唯一官方语言,它们主要是位于拉丁美洲的前西班牙殖民地国家。这些国家在19世纪初独立,它们在选择本国的官方语言时对本国土著语言的兴趣不大或者根本就没有兴趣。直到20世纪90年代,这些国家才开始关注这些土著语言。把德语和葡萄牙语作为官方语言的国家各有6个。还有13门语言作为官方语言出现在两至三个国家中,其余的官方语言则只出现在一个国家中。

世界上有一半多国家的宪法都包含了一至两条有关本国国语或官方语言内容的条款,有63个国家指定了一种官方语言。此外,有七个苏联加盟共和国确认了单一的国语,另有八个苏联加盟共和国确认了一种官方语言以及一种或一种以上的国语。"国语"(用于苏联加盟共和国)这个术语似乎与"官方语言"术语在意思上大同小异。如果说"官方语言"与"国语"之间有区别的话,那么,"国语"似乎是指具有重要意义的本土语言,而且被赋予了一定的象征意义,而"官方语言"(仅对前殖民地国家而言)往往是指前殖民语言。全世界有17个国家认可两种官方语言,有时还增添一种或一种以上的国语;有三个国家认可了三种国语或官方语言;有一个国家(即南非)在其宪法上列举了11种官方语言;比利时认可了四种官方语言,它们分别用于本国的不同地区;有五个国家声称,它们认可本国所有的地方语言为本国的官方语言。

倘若我们认为(这种观点似乎有道理)英美两国是世界上没有宪法或宪法中没有提及任何有关官方语言的国家的典型代表(但在这两个国家中都存在着一种强势语言),那么,我们或许就可以做出如下结论:第一,这些国家主要是依靠一种官方语言来进行交际的;第二,尽管这些国家的人口状况和全球化现象都在不断变化,并可能由此而增加社会的多语现象,但这些国家的这种官方语言实际上最近都已经被纳入了本国的成文宪法(written constitution)中。修改宪法不是轻而易举之事,多年来,美国的"唯英语运动"一直试图把唯英语为官方语言的条款加入美国宪法中,但结果都未能如愿。法国宪法当初也只是在受到《马斯特里赫特[①]条约》(Maastricht Treaty)的威胁以及担心英语成为欧共体的官方语言时才增加了相应的语言条款。

宣称某种语言为本国的官方语言,这只是语言官方化的第一步。这些国家紧接着就面临着以下两个问题:官方语言中的"官方"两字是什么意思？有关该语言的宪法条款或法律条款是如何实施的？一般说来,官方语言用于政府机关内部的交流,例如,立法、行政机关的口头和书面活动(如立法会议、内阁会议、会议记录、法律表达以及公务员之间的口头和书面交际),这些只是我们一种有根据的猜测。除非法律法规有具体的语言使用要求;否则,人们就可以认为,官方语言就是政府与公民交流的语言,公民在与政府机构交流时通常应该使用该语言。同时,政府也可能要求公立学校选择官方语言为学校的教学语言,政府的大众媒体也需要使用该语言。假如一个国家有两种或两种以上的官方语言,人们就会希望政府能够就这些语言的使用差别问题制定出具体的使用规则——是按照属地原则来使用,还是按照功能原则来使用。

然而,有许多国家的宪法的确包含了一条或几条总则之外的语言条款,详细说明了有关用语言少数群体的语言与语言少数群体成员交流的条款。我们在此进入了与语言有关的人权或民权领域,这是一个我们在研究超政府机构(supragovernmental institution)以及国际宪章时需要详细考虑的话题(详见本书第11章:超国家组织域的语言管理)。在此,举例说明也许会让大家更加清楚。第一个例子是有关我们相当常见的宪法条款。当某人在接受警察调查时或在法院受到指控时,正如本书第7章(即司法与医疗卫生域的语言管理)中所讨论的那样,他们有权明白调查或指控的内容是什么。这种条款出现在大约40个国家的宪法里,其中有一些是前英国的殖民地国家,例如,巴哈马、巴巴多斯(Barbados)[②]、多米

[①] 荷兰东南部城市,位于马斯(Maas)河畔,近比利时边界,1992年欧盟在这里签署了著名的《马斯特里赫特条约》,一时此地名声大噪。

[②] 加勒比海最东面岛国,首都布里奇顿(Bridgetown),官方语言为英语,17世纪30年代成为英国殖民地,1966年独立,现为英联邦成员国之一。

尼加、斐济、肯尼亚、尼日利亚、塞舌尔(Seychelles)和津巴布韦，另一部分是深受苏联影响的国家，例如，阿尔巴尼亚、车臣(Chechnya)、格鲁吉亚、立陶宛、罗马尼亚、斯洛伐克和土库曼斯坦。中国和蒙古的宪法也包含了类似的条款。

　　第二个例子是有关宪法中对语言需要特殊对待的主要领域，即有关详细论述少数民族和语言少数群体权利的条款，其内容时而笼统时而具体。苏联集团国家从列宁时期开始就在各自的宪法上保留了这些条款，这些国家是亚美尼亚、阿塞拜疆、白俄罗斯、保加利亚、克罗地亚、格鲁吉亚、哈萨克斯坦、吉尔吉斯斯坦、拉脱维亚、马其顿、波兰、俄罗斯、塞尔维亚、斯洛伐克、斯洛文尼亚、乌克兰和乌兹别克。这些条款也存在于奥地利和匈牙利的宪法中，它们是第一次世界大战后作为部分协议条款(treaty provisions)的内容被添进宪法的。最近，拉丁美洲国家(如巴西、哥伦比亚、厄瓜多尔、莎尔瓦多和巴拿马)的宪法开始出现了有关认可本国少数民族语言的内容。在非洲，以下国家的宪法都出现了对本国少数民族语言认可的条款：喀麦隆、刚果(金)、刚果(布)、加蓬、埃塞俄比亚、纳米比亚、南非和乌干达。挪威宪法有一个有关本国萨米语认可内容的条款。芬兰宪法认可本国的萨米语和罗姆语少数民族语言，并把它们与芬兰语和瑞典语官方语言一起来看待。在亚洲，宪法中包含少数民族语言条款的国家有中国、印度、印度尼西亚、蒙古、尼泊尔、巴基斯坦和菲律宾。

　　有些国家或组织通过其他宪法条款来保证本国少数民族语言的特殊待遇。美国在其宪法或《人权法案》中都未提到语言问题，但是美国联邦政府和联邦法院经常利用民权作为根据允许私立学校使用英语之外的语言进行教学，或者为不懂英语的人提供一定的渠道，使他们能够获得民政服务。在欧洲，签署了《欧洲地区语言或少数民族语言宪章》的欧盟成员国都必须确定本国的土著少数民族语言，并为这些语言的使用者提供系列的指定的特殊待遇。而且，想要加入欧盟的候选国还必须为本国的非土著少数民族语言(如波罗的海国家的俄语以及其他国家的罗姆语)提供同样的支持。

　　尽管如此，但上述这些宪法或法律上确定的权利要实施起来就更加复杂。在民族国家，这取决于政府对这些权利维护的资金投入、公务员对这些权利的接受程度以及法庭对涉及这些权利案件的裁决状况。例如，在喀麦隆,1996年的宪法宣称本国的土著语言要得到推广,然而,十几年后,库义加(Kouega 2007:88)报道说,喀麦隆没有采取任何措施来实施这一宪法条款。对于那些在宪法或法律上声称要实行双语制或多语制的国家,情况也是如此。法律与实践上的差距为许多详细研究语言政策的专著和学术期刊论文的撰写提供了广阔的天地。

人们对某一具体语言政策的解释往往是历史性的。当我们关注拉丁美洲国家独立的年份时,我们就会发现其中存在一些明显的连锁现象。拉丁美洲的前西班牙和葡萄牙殖民地国家在19世纪初纷纷独立,但它们通常都还保留着西班牙语或葡萄牙语的官方语言地位。直到20世纪90年代,这些国家才修订本国的宪法,旨在认可本国尚未被消灭掉的土著语言的权利。第一次世界大战结束后,从奥斯曼帝国或奥匈帝国独立出来的国家普遍都采用了前帝国的语言,但它们通常又受到协议政策(treaty policy)的限制而必须认可本国的少数民族。大多数英国殖民地国家在20世纪60年代晚期独立时并未另外确定本国的官方语言,而是继续沿用前殖民语言。但是,非洲有些国家由于具备强势的土著语言或者由于是英法两国前殖民地的整合,而选用两种语言为官方语言。在中东,前英国殖民地或托管地(mandate)都普遍接受了伊斯兰教的语言模式,即一种语言和一种宗教。以色列独立后,在其官方语言的名单中依然保留了希伯来语和阿拉伯语,但取消了英语。在亚洲,新独立的国家通常都选择本国历史悠久的本土语言(territorial language)作为国家的官方语言。非洲的前法国殖民地国家也在20世纪60年代纷纷独立,但它们继续把法语作为本国的唯一官方语言。不过,马达加斯加是个例外。该国独立后把本国的土著语言马达加斯加语(Malagasy)一并与前殖民语言法语都指定为本国的官方语言,2007年的全民公决又将英语增列为该国的官方语言。法国在中东和北非的殖民地独立后都把官方语言从法语转为阿拉伯语,但法语在北非的中等教育和高等教育中依然被广泛使用,并占据重要的地位。法国在亚洲的殖民地独立后则重新树立了自己祖裔语言的地位。1991年苏联解体后,原先的各加盟共和国都设法确立自己本国祖裔语言的地位,使其与原先的强势语言俄语一起成为本国的官方语言,或者干脆取代俄语,但那些寻求加入欧盟的国家需要认可本国的少数民族语言,其中包括俄语。伴随着捷克斯洛伐克和南斯拉夫的解体,各新成立的国家都需要从自己的本土语言中选择和发展国语。

9.5 中央与地方

发生在中央政府层面的有关语言政策的争论与冲突往往最能吸引新闻界的报道和学术界的研究。事实上,严格的语言管理行为是随着民族国家的成长以及语言逐渐作为凝聚国家身份的核心而出现的。人类很早就认识到语言间的差异:《圣经·以斯帖记》(Esther)①中描述了波斯的语言政策——用不同的地方语言把信息传送到波斯帝国的各个地方;巴比伦帝国开始起用懂得多门语言的记事员;古罗马军队由于整合了来自不同地方的军队而采用了多语政策;各大宗教都有自己的宗教语言,而且这些语言享有特殊地位。但是,国家语言身份的深刻影响本质上是随着以下三个现象的出现才开始体现出来的:第一个是16世纪的宗教改革运动以及新教教会开始接受地方语言的行为;第二个是印刷出版业的发展以及由此推动的、并有利于提高大众读写能力的全国地方语言的标准化工作;第三个是16世纪由于领土争端而引发的民族感情的发展。当我们在阅读莎士比亚的作品时,就会发现里面有以英语为骄傲以及对其他民族和语言歧视的内容。例如,在莎翁的历史剧中,人们经常拿威尔士语和法语来开玩笑。因为这是英国反对威尔士独立司法的肇始期,也是英国政府积极鼓励人们使用英语以便取代幸存的盖尔语的时期。

在中央化(centralization)的组织行为方面,法国或许是最好的例子。卡迪纳尔·黎塞留(Cardinal Richelieu)为了确保国王的权力而发起了一场运动,其中一个内容就是建立法兰西学术院(Académie française/French Academy),旨在使法语的标准化工作按照巴黎法语的模式来进行(Cooper 1989)。法国大革命后不久,雅各宾派(Jacobins)吃惊地发现,法国只有大约百分之二十的人口懂得并使用法语。他们认为,只有人人都使用法语时,社会平等才有可能实现。于是,他们立即出台了积极的语言政策,以便挫伤乃至消灭许多依然还在使用中的其他法语变体。他们采用的方法是,法国所控制的所有地方都必须使用法语。该政策不管是在宗主国法国,还是在其殖民地国家都得到了执行。尽管法国由于担心

---

① 《圣经》中的一个犹太人,由于貌美,她被波斯国王亚哈随鲁(Ahasuerus)选为王后,她利用自己对国王的影响力使被俘的以色列人免受迫害。详见《圣经·以斯帖记》。

相关的宪法条款会对《马斯特里赫特条约》的内容以及对欧共体的发展带来负面影响，所以一直到1992年才在本国的宪法中增添确保法语地位的宪法条款，但在整个19世纪和20世纪，法国都一直在努力地通过发展单语制来保证国家的中央化。

西班牙也是在独立初期就声明了卡斯蒂利亚语（Castilian）①的地位和纯洁性。这一声明是其早期语言政策的延续，因为西班牙在15世纪末就开始了对本国的穆斯林和犹太人进行大规模的驱逐和改造运动。西班牙在其新世界（即拉丁美洲）的殖民地国家曾经实施了一项无与伦比的计划，即消灭当地的土著语言，以便使西班牙语免遭它们的影响，并可以保持自己的纯洁性。在佛朗哥（Franco）独裁期间，中央化是西班牙本土的核心特点，佛朗哥政府积极主动地压制加泰罗尼亚和巴斯克两个地区的自治。但是，在20世纪，西班牙由于实行了民主统治，中央化现象开始弱化。

德国是执行"一个国家，一个民族和一种语言"意识形态的又一主要国家。俾斯麦（Bismark）在19世纪就图谋把众多独立的使用德语的国家和地区联合起来，并把它们都归入他的中央政治控制之下。当希特勒在20世纪中叶接管了苏台德（Sudetenland）②和奥地利时，俾斯麦的这一想法最终得到了实现。奥匈帝国一直是个多语之地，但德国通过领土、语言和血脉把大家团结起来了。这一行为符合并支持了德国人对民族主义的各种浪漫概念（Fishamn 1973）。

由于受到"一个国家，一种语言"意识形态的影响，19和20世纪新成立的民族国家都普遍面临着遴选或创造一种与众不同的标准语言的任务。挪威是这方面的一个典范国家，因为该国克服重重困难创造了一种新的国语，从此挪威再也不用像以前那样需要对丹麦和丹麦语表现出顺从的态度。挪威在创建新国语时遇到的唯一问题是如何从众多的挪威语

---

① 卡斯蒂利亚的语言，通常意义上所指的西班牙语即卡斯蒂利亚语。它是西班牙及整个拉丁美洲各国（除巴西、海地）的官方语言。卡斯蒂利亚是西班牙历史上的一个王国，由西班牙西北部的老卡斯蒂利亚和中部的新卡斯蒂利亚组成。它逐渐和周边王国融合，形成了西班牙王国。

② 捷克共和国西北部地区，与德国接壤。该地区一战后划归捷克斯洛伐克，后成为纳粹扩张主义政策的目标，1938年割让给德国，1945年归还给捷克斯洛伐克，捷克斯洛伐克解体后归属捷克。

方言中形成一种国语,正如豪根(Haugen 1966)在《语言冲突与语言规划：以现代挪威语为例》(这本书实际上催生了语言规划学科的诞生)的书中所描写的那样,挪威最终提出了一个独特,但富有成效的妥协方案:挪威国语推出两种不同的书面语言变体,所有的学生都必须学习这两种语言变体,但大家依旧可以在校使用自己的方言,并彼此相互尊重。

可见,从本质上说,民族国家最常见的语言管理方法是实行权力的中央化,即根据单一国语来形成单语霸权的局面,并拒绝少数民族语言担当任何重要的角色。这种语言政策超出了20世纪60年代语言规划者所提出的解决语言问题的简单方案(Fishman et al. 1968；Neustupný 1970)。换句话说,在国家独立之初我们可以通过国家的各级政府或者政府的某些成员来选择国语,并使之成为掀起中央化权力运动的着力点。

上述现象反映了语言的两大功能,即交际功能和身份确认的象征功能。当然,这两者不是那么容易可以被区分开来的。对于后者来说,其目标不是为了解决语言的交际问题,而是为了确保国家官方语言的力量问题,并把国家官方语言看作是中央化管制过程中的一个对象。当我们面临来自少数民族以及边缘化人口的强大压力时,假如我们能够寻找到另一种通用的解决办法,我们对语言的这两大功能就会更加清楚。这种通用的解决办法就是属地制。属地制的作用是把管理对象分成不同的地区,每一个地区都有权发展自己的,并能满足象征功能的单语体系。

9.6　属地法

当一个国家存在多语现象时,实行属地制(territorialism)的管理方法往往是一个不错的选择。因为许多新成立的民族国家都是通过联邦制把原先各自独立的,并具有自己语言变体的地区联合起来而形成的。瑞士联邦是由许多半独立的州组成的,在印度独立之前,瑞士是利用属地法(territorial solution)解决多语问题的最好案例(McRae 1975；Nelde et al. 1992)。瑞士联邦宪法规定,每州公民都有权参与本州大多数管理领域中地方政策(如教育政策和语言政策)的决定。现在,有不少人普遍认为,瑞士是个双语制国家,其实这种观点是完全错误的(Lüdi 2007)。因为瑞士公民都会说自己所在州的语言，即德语、法语、意大利语和罗曼什语(Romansch)四大语言中的一种；意大利语和罗曼什语的使用者通常还能够流利地使用德语；但是，法语和德语的使用者对本国其他语言的水平，如同欧洲一些单语制国家的第二语言水平一样，不敢恭维，而且，他们学习本国其他语言的愿望还逐渐地受到全球化以及由此带来的对英语需求日益高涨现实的影响(Harlow 2004；Stotz 2006)。瑞士由许多面积不大的行政区域所组成，全国有 26 个州，它们的面积大小不一，最小的不足 40 平方公里，最大的达到 7000 平方公里。这些州的人口数量也相差甚大，从 1.5 万到 125 万不等。历史上，每一个州都曾经是主权国家，直到 1848 年瑞士联邦的建立，这些现象才结束。瑞士的这一历史根基使得瑞士在根据属地原则实施多语制时就显得更加简单容易。

比利时是另一个根据属地原则实施多语制的典型国家。由于该国存在多个大传统(Great Tradition)①(Fishman 1969)，而每一种大传统都有一种与之相关的语言，这就给这个国家带来了诸多问题。尽管比利时事实上是根据佛兰芒语的各种方言、法语和德语把全国划分成若干个地区的，但该国的官方语言政策只认可三大标准语言——荷兰语、法语和德语，对各种方言却视而不见(Covell 1993；Deprez 2000)。比利时的这一语言政策带来诸多负面影响，其中之一是许多学生抱怨学校教的语言与他们在家说的语言不同。在比利时的历史上，法语曾占据主导地位，但荷兰语依靠使用者数量上的优势以及民主政治的日益凸显，采取逐渐要求的方式，最终获得了与法语同等的待遇。于是，比利时采取了属地妥协的办法，把全国划分为法语、荷兰语和德语三个单语区(但其中有些城镇允许另一种语言享有一定的地位)以及一个双语区。在法律上只有布鲁塞尔是双语区——荷兰语和法语，但事实上并非如此简单。有不少现象表明，属地法也并非是万能的。例如，2007 年 9 月，比利时大选之后的三个月，政府尚未成立，而佛兰德斯(Flanders)要求与比利时完全分离并独立的呼声越来越多(美国《纽约时报》，2007 年 9 月 21 日)。

此外，政治联盟或政治妥协等其他历史因素也会影响属地法的实施。当芬兰摆脱瑞典的统治而独立后，还依然保留了瑞典语的特殊地位。在

---

① 指一个社会中占优势的文化模式，是某种优势文明的文化形态表现于宗教、文学、艺术等的传承规模，是与地方性社区的小传统相对而言的。

芬兰的大多数地方，芬兰语逐渐取代了瑞典语而成为芬兰的学校语言和政府语言。但这种现象并未出现在芬兰的南部沿海地区，那里的瑞典语使用者依然是当地人口中的多数。因此，芬兰人在学校往往都会学习芬兰语和瑞典语两门语言(Lautomaa and Nuolijärvi 2002)。芬兰每次人口普查后都会对本国的言语社区进行重新分类。统计结果表明，芬兰的瑞典语社区的数量在下降，从 1922 年的 32 个跌落到 2002 年的 3 个，而移民人口的数量却在增加，这也加快了芬兰的瑞典语使用者地位的下降(McRae 2007)。

在芬兰的奥兰群岛(Åland)①，当地政府一直施行地方单语制(territorial unilingualism)的语言政策(McRae 2007)，其详情见奥兰群岛政府在网络上公布的材料(http://www.aland.ax/alandinbrief/index.htm)。奥兰群岛是芬兰境内一个由数千个小岛组成的地区，其中 65 个岛有人居住，共有人口 2.6 万。奥兰群岛最初是属于瑞典的，但 1808—1809 年战争之后，就被割让给俄国，并成为芬兰大公国(Grand Duchy)②的一部分。随着俄罗斯帝国在 1917 年的解体，芬兰宣布独立，并拒绝接受奥兰群岛居民所提出的要求回归瑞典的请求，但允许奥兰群岛实施限制性的自治。1921 年，国际联盟就奥兰群岛的问题提出了一个妥协方案，即保持芬兰对奥兰群岛所拥有的主权，但《芬兰自治法》要保证瑞典语言和文化在奥兰群岛的维持，允许奥兰群岛建立自治体系，并向瑞典保证该地区将保持非军事化和政治中立的特点。后来，芬兰还对该自治法进行了修订。根据《芬兰自治法》，瑞典语是奥兰群岛的唯一官方语言。这意味着，奥兰群岛的州政府、地区政府和市政府都要使用瑞典语。芬兰政府机构下发给奥兰群岛的出版物和颁发的文件都必须用瑞典语书写。奥兰群岛的公立学校都必须把瑞典语作为学校的教学语言，英语是学校的必修课，而芬兰语、法语和德语则是选修课。奥兰群岛的"户籍权"(right of domicile)包

---

① 位于波罗的海，波的尼亚湾入口处，是芬兰的一个自治省，岛上通用瑞典语。省府玛丽港是全省的最大城市。奥兰的自治地位由国际联盟于 1921 年确认，后来又在芬兰加入欧盟时签订的条约确认。芬兰法律规定，奥兰政治中立，不设军事设施，其居民获豁免在芬兰国防军服兵役。

② 以大公为国家元首的国家。大公是欧洲国家的爵位之一，低于国王，高于公爵。大公是世袭的，掌握国家最高权力。大公国出现于欧洲中世纪封建割据时期。现今仅存的自称为大公国的只剩下卢森堡大公国。

含政治上的选举权和不动产的拥有权。芬兰公民只要自己的父母中有一方拥有这种户籍权,就能获得政府授予的这种户籍权。奥兰群岛的移民只要在此居住五年以上,并能证明自己达到了足够的瑞典语水平,便也能获得这种户籍权。弗朗西斯·赫尔特(Francis Hult)在与我私下交流时告诉我,移民的瑞典语水平可以通过雇主证明、面谈或语言测试来检测。

印度是另一个利用属地法解决本国语言问题的主要国家。该国所采取的第一步是把自己分成两个国家——印度和巴基斯坦①。这是根据显著的宗教差异而做出的决定,并以100万人的性命以及1200万人的迁居为代价才实现的,这是20世纪最严重的"种族清洗"案例之一。这种以人口和政治为主要对象的划分法后来也影响到语言的变化,如印度斯坦语(Hindustani)被分为印地语和乌尔都语。一种曾经为大家所通用的语言被划分为两种不同的语言变体,而且,为了解决各自的语言交际问题,印度和巴基斯坦分别采用了不同的语言管理模式。奈科瓦皮尔(Nekvapil 2008)对这些语言管理模式进行过理论研究。尽管新独立的民族国家在语言政策的制定时在一定程度上是为了推出统一的交际语言,但其根本目的还是为了宣称自己与其他国家是不同的。所以,这是一个利用政治权力来建立具有象征性价值的语言霸权的案例。

印度是一个极其多语的国家,19世纪80年代的调查显示,印度有179种语言和544种方言。1961年的人口普查表明,印度有1652种语言名称,它们被归类为大约200种语言。1948年,印度宪法认可了11种官方语言,外加英语,并尽量把各邦的划分与语言的划分协调起来。印度有五个邦和两个联邦直辖区或联邦属地(union territories)都把印地语作为自己属地的官方语言,有11个邦各自认可了一种主要语言作为自己属地的官方语言。当年的印度宪法宣称,英语将逐渐地退出印度舞台。但是,为了在一定程度上阻止印地语的强势发展,尤其是由于全球化的蔓延,英语在印度的地位却在缓慢上升。在英国统治时期,印度制定了三种不同的教育模式:在大都市中心,建立以英语为教学媒介语的从小学到大学的

---

① 印度原来是个更大的国家,包括今天的印度、巴基斯坦和孟加拉国。由于殖民主义的入侵,成为英国的殖民地。20世纪上半叶,印度在圣雄甘地的领导下把英国殖民主义者赶出了印度。但是,英国为了自己的利益,1947年支持印度和巴基斯坦分立,分别成了独立的国家,并留下了克什米尔问题。

语言管理

贵族学校;在中小城市,建立双级教育体制——基础教育阶段采用当地语言作为教学媒介语,而中等教育和高等教育阶段则采用英语作为教学媒介语;在农村地区,只有小学,没有中学和大学,学校使用当地语言进行教学。但是,印度的教育状况非常复杂,因为所有的邦都有许多少数民族语言,而且,其中有些邦的少数民族语言数量相当大。

印度独立之后,其语言管理受到以下三种相互竞争观点的影响:认可土著语言的重要性;认识到用母语进行教育的价值;为政治团结确定一种官方语言。许多教育家都想把母语教育仅限在有书写体系的语言中,但语言少数民族成功地传播了母语就是家庭语言的观念。印度最终的妥协结果是"三语方案"(three language formula):家庭语言用于小学和初中阶段的教学;在中小学期间,学生需要学习印地语,现在印地语已成为学校正式的教学媒介语、全国的交际广泛语言和印度国家团结的语言;英语是高等教育、知识分子和国际交流等领域所使用的语言。该政策在印度的不同邦有不同的解释,有些邦增加了梵语或地区语言作为本邦的第四种语言。截至20世纪80年代中期,在印度200种语言中实际上只有67种语言被用于教育中,而英语依然得到广泛的传播,主要原因有两个:一个是不使用印地语的邦都拒绝接受印地语为本国的国语,从而转向使用英语;另一个是英语作为全球性语言的经济价值日益凸显。也许正是印度语言状况的复杂性才使得印度能够同时出现多语制和民主现象。

巴基斯坦原先是靠乌尔都语把全国统一起来的,但后来又因语言问题而遭受进一步的分裂。1947年巴基斯坦刚独立时,按照宗教分界线孟加拉(Bengal)①被一分为二(即西孟加拉和东孟加拉),分别属于印度和巴基斯坦。后来,东孟加拉(即东巴基斯坦)与西巴基斯坦(即现在的巴基斯坦)开始出现摩擦,最初是从语言开始的。由于东巴基斯坦对西巴基斯坦的不满情绪日益高涨,外加印度的支持,东巴基斯坦发动了武装起义,最后建立了独立的孟加拉国。在孟加拉国的1.14亿人口中,有1亿人使用孟加拉语。巴基斯坦境内,现在还使用着72种语言,英语被列为国家的官方语言,而乌尔都语是国语。然而,巴基斯坦使用最广泛的语言是信德语(Sindhi)。

---

① 印度次大陆东北部一地区的总称,包括恒河(Ganges)和布拉马普特拉河(Brahmaputra)三角洲。

9.7 新型属地制:地方自治与权力下放

在众多的民族国家中,以地区为根据地的少数民族语言群体所拥有的权力越来越多,这体现在这些少数民族语言群体争取到或被授予语言选择的自主权。但我们有必要再次强调:正如我们在上文看到的印度情况那样,语言问题只能遵从政治问题,而不能引导政治问题,而且,语言只能作为行动的一种动力,而不能作为行动的一种原因。加拿大是这种情况的一个典型案例。加拿大在历史上曾经既是英国殖民地,也是法国殖民地,所以,当法国殖民者被击败而退出加拿大后,加拿大还依然保留着英法双语的社会语言生态特点。魁北克原本是法语为强势语言的地区,但由于许多说英语的移民涌入魁北克(尤其是蒙特利尔),致使魁北克成了双语地区。截至20世纪40年代,加拿大于1867年独立时制定的宪法保障了这些不同的英法教育体制,而这些教育体制又促进了英法不同言语社区的维持。例如,加拿大有小规模的法语新教宗派(French Protestant sector)、小规模的英语天主教宗派(English Catholic sector)、大规模的法语天主教宗派(French dominant Catholic sector)和英语新教宗派(English dominant Protestant sector)。加拿大的新移民(其中许多是来自意大利的天主教教徒)儿童都选择英语学校,这一事实对加拿大的法语使用者是一个警告,即法语使用者的权力和语言正受到英语的威胁。语言与宗教密切相关。由于加拿大的商界大多数都被使用英语的新教徒所掌控,因此,加拿大的法语天主教教徒为了适应加拿大的大部分地区和北美社会的环境而需要成为双语人。如我们在上一章所注意到的那样,加拿大的双语人往往被认为是学过英语的法语使用者。

20世纪60年代,加拿大魁北克发生了一场"寂静革命"(quiet revolution)①,其目的是想改革魁北克省的选举制度,并使当地的工业国有化以及法语的高等教育现代化。魁北克罗马天主教的教育没有接纳法国大

---

① 指加拿大魁北克在20世纪60年代社会迅速变革的一段时期。变革内容包括社会的世俗化、地方福利的建立和分离主义与联邦主义政治势力的重组。在魁北克政府接管之前,教育事务与社会福利均由罗马天主教负责。寂静革命之后,省政府建立了教育与医疗部,扩大了公共事务范围,加大对教育和基础建立的投资,对电力公有化。

革命所提倡的教育世俗化理念,而是保持了法国大革命前的教育模式,即让古典大学(Collège Classique)来培养优秀的法学和神学毕业生,并竭力劝阻自己的毕业生进入北美商界。在 1970 年的选举中,魁北克民族主义开始展现自己的力量,即数个法案后来都相继得到通过,法语成了魁北克的官方语言。《第 101 法》使得法语成了魁北克省大会(provincial assembly)和法院的唯一工作语言。在教育领域,只有父母一方曾经在魁北克的英语作为教学语言的小学接受过教育的儿童才能上魁北克的英语学校,这有效地阻止了魁北克新移民英语教育的扩大。魁北克的法律要求本省的商界在公共场合只能使用法语。为了执行这些法律条款,魁北克成立了一个专门的政府机构(参见本书 230 页)。国家分裂的威胁迫使加拿大联邦政府接受了魁北克的这些地方语言政策。尽管加拿大联邦政府一直努力地在制定全国性的双语政策,但其主要影响还是仅限在魁北克省。据报道,目前魁北克的法语天主教徒比 1970 年以前魁北克的法语天主教徒在经济上、社会上和政治上都更加成功(Ghosh 2004;Larrivée 2002)。威廉姆斯(Williams 2008:357)总结说,魁北克在"公共语言域内……对法语的广泛立法"方面很成功,但我们很难说它在私营企业方面也同样成功。另外,加拿大联邦政府的反映是,宁愿认可法语的地位,也不允许魁北克独立。

　　伴随佛朗哥独裁终结的是西班牙政府允许本国的一些主要地区实行有限制的自治。西班牙 1978 年制定的宪法允许以下"历史"地理区实行一定程度上的自治:巴斯克、加泰罗尼亚、加利西亚(Galicia)①、纳瓦拉(Navarre)②和安达卢西亚(Andalusia)③,同时,该宪法也赋予另外十个地区自治权,但自治的权限更小。巴斯克、加泰罗尼亚和加利西亚在佛朗哥独裁时期之前就已经实行了自治,因此,这些地方是首批利用西班牙权力下放政策的地区。加泰罗尼亚可能是最大的受益地区。加泰罗尼亚语

---

① 位于西班牙西北部的自治区,包括拉科鲁尼亚、蓬特韦德腊、卢哥和奥伦塞省,首府为圣地亚哥—德孔波斯特拉。该地区使用加利西亚语,它和葡萄牙语十分相近。

② 西班牙北部一个自治区。最初的纳瓦拉是一个独立王国,位于西班牙东北部和法国西南部,1515 年上纳瓦拉(Upper Navarre)与西班牙合并。1589 年,由于国王恩里克(Enrique)三世继承法国王位,成为亨利四世,下纳瓦拉(Lower Navarre)与法国合并。

③ 西班牙最南的历史地理区,也是西班牙南部一富饶的自治区。南临大西洋、直布罗陀海峡和地中海。该地区因太阳、诗人、美丽的传统、特殊的民间艺术、悠久的历史和阿拉伯祖先的遗产而享有盛名。

具有悠久的历史和深厚的文化基础,并发展成为一种本体建设完善的现代语言,因此,西班牙第二共和国赋予它第二官方语言的地位。但是,这种现象在佛朗哥上台后就戛然而止,佛朗哥政府试图要抑制国内的地区身份和地区政权,因此,严禁人们在公共场合使用加泰罗尼亚语。然而,大量的西班牙语使用者出于经济原因而移居至加泰罗尼亚,他们在政治和经济方面都受到加泰罗尼亚语使用者的支配。当加泰罗尼亚于1979年获得自治权后,就开始发动了一项恢复加泰罗尼亚人身份和权力的运动,同时也开展了包括以下内容的语言运动:加强加泰罗尼亚语的本体建设,提高加泰罗尼亚语使用者的读写能力,推广加泰罗尼亚语在西班牙语使用者中的使用。1983年通过的有关"语言规范化"的法律使得加泰罗尼亚语在所有的政府域内都享有与西班牙语同样的地位,并促使政府建立西班牙语言政策总署(Directorate General of Language Policy),以便实施新的语言政策。由于西班牙语使用者依然受到宪法的保护,所以,泰罗尼亚语的规范化运动还得谨慎进行(Strubell 2001)。2006年,马德里和巴塞罗那签署了一个新协议,宣称加泰罗尼亚语是加泰罗尼亚的官方语言,但并未给予加泰罗尼亚征收所有税种的权力,但巴斯克和加利西亚拥有这种权力。

　　西班牙允许自治的第二个地区是巴斯克,这是一个由于佛朗哥独裁而曾经遭受打击最大的地区。1982年,新组建的巴斯克自治政府通过了一项基本法,呼吁巴斯克语要像西班牙语一样得到标准化和规范化。但是,事实证明这些要求遇到很大的挑战,如传统上人们大多都只在口头交际时使用巴斯克语,而且,该语言的自然代际传承主要出现在小城市和乡村。由于佛朗哥对巴斯克语的压制,后来西班牙出现了巴斯克语教师荒。巴斯克政府教育厅一位负责语言政策的高级官员(Mateo 2005)在一份有关语言政策的报告中指出,在1936年至1939年期间,巴斯克被认可为该地区的官方语言,但后来,巴斯克语则一直受到压制,直到1979年《西班牙自治法》的通过巴斯克语才有发展的机会。从此,巴斯克的语言活动就主要集中在巴斯克语的培育方面,如编写通用词典、语言手册、语法书籍和标准词典,建立地名语料库和发展术语委员会。但是,巴斯克的语言活动在教育方面也花费了很多精力。2002年,巴斯克有近一半的学生是在巴斯克语学校接受教育的,西班牙语在这些学校只是作为一门课程而出现。不过,西班牙语依然是巴斯克"年轻人社会交流中的强势语言"

(Mateo 2005:13)。在2000—2001学年中,巴斯克有将近四万成年人在121所巴斯克语学校学习巴斯克语,但在水平方面能够达标的人甚少。巴斯克建立了巴斯克语广播电台和电视台,但它们都面临西班牙语和其他语言广播电台和电视台的激烈竞争。总之,巴斯克语的生存状况依然非常脆弱。

在西班牙的瓦伦西亚(Valencia)①自治区,加泰罗尼亚语和卡斯蒂利亚语之间的竞争一直存在,但加泰罗尼亚语所取得的成就来得非常缓慢(Archilés and Marty 2001;Arroyo 2002;Casesnoves Ferrer and Sankoff 2003;2004a;2004b)。西班牙的第四个重大自治社区是加利西亚,这里使用的地区语言是加利西亚语,使用者有大约300万人。该语言现在与加泰罗尼亚语和巴斯克语一样已经获得了欧盟的认可。自从实行自治以后,加利西亚地方政府就不断地面临着来自加利西亚语言活动者的压力,这些人要求当地政府加强加利西亚语的发展。最初,加利西亚语言活动者要求学校就像教授卡斯蒂利亚语言和文学一样来教授加利西亚语言和文学,但1995年加利西亚地方政府出台了一项新的法令,要求当地学校要用加利西亚语教授加利西亚语之外的两门课程,这占学生课程总数的三分之一。地方政府声称,大多数当地的公立学校都能达到这一标准,但这一法令不适用于私立学校,当地有百分之二十七的儿童上私立学校(Ramallo 2007)。加利西亚议会最近通过了一项有关语言规范化的新计划,该计划将把加利西亚语授课的百分比提高到百分之五十(《欧洲语言报》,2005年2月9日)。

从上述每个案例中不难发现,属地划分必然产生新的政体,这些政体往往都是在极不利的条件下设法把单语霸权强加在那些有点不太愿意学习当地语言的人身上。最近,英国也采用了权力下放的政策,也给属地的少数民族及其语言某些权力。在有关权力下放的问题上,辩论时间最长和竞争程度最激烈的是《爱尔兰自治法》(Irish Home Rule),这是英国议会在整个19世纪一直关注的事情。在20世纪早期,英国建立了爱尔兰自由邦,从而使这个问题得到一定程度上的解决。但在21世纪,北爱尔

---

① 西班牙城市,位于西班牙东南部,东濒大海,背靠广阔的平原,四季常青,气候宜人,是地中海西岸的一颗明珠,现人口约80万。瓦伦西亚是商业、文化、影视、博物馆、音乐和贸易的集合地,是国际和先锋设计的中心,也是最富魅力的欧洲展销会和各种会议的承办城市之一。

兰依然是英国一个主要的棘手问题。同时,英国最近同意威尔士和苏格兰在一定程度上实行地方自治。历史上,英国一些使用盖尔语的边缘岛屿在各个时期都是独立王国,后来,它们要么被征服和被殖民,要么在詹姆士一世(James I)登上英国国王宝座时根据《联合法案》与英国合并在一起。尽管最近的DNA研究表明,苏格兰人、爱尔兰人、威尔士人和英格兰人之间的基因差别很小(Oppenheimer 2006;Sykes 2006),但苏格兰人、爱尔兰人和威尔士人的民族身份观念根深蒂固,并形成了他们强烈的文化民族主义的基础,权力下放政策为这种民族主义思想最终得到释放提供了机会。

这种现象在威尔士尤其突出。这迫使地方政府更加努力地来管理当地语言,特别是越来越认可威尔士语的地位(Williams 2007)。要重新建立威尔士语的地位首先要依靠民间活动或地方政府活动,权力下放政策使得威尔士议会有权为威尔士语的复活提供官方支持。1989年,英国政府成立了一个半官方语言管理机构——威尔士语言委员会(Welsh Language Board)。此外,英国政府还采取了许多措施来提高威尔士语的地位,其中一个措施就是1988年通过的《教育改革法》(*Education Reform Act*),该法使得威尔士语成了威尔士所有学校的一门核心课程。1993年,《威尔士语言法》(*Welsh Langugae Act*)使得威尔士语言委员会成了一个非政府部门的合法组织,其主要任务是让人们在公平的基础上对待威尔士语和英语。在威尔士,大约有40个地方政府制订了当地的语言计划,威尔士语言委员会要求其余的地方政府也要制订类似的语言计划。各级政府都为部分计划的实施提供了专项拨款。自从1999年英国实行权力下放的政策以后,英国政府的威尔士办公室(Welsh Office)以前所担任的许多角色现在都转移到威尔士国民代表大会(National Assembly of Wales)①的身上。威尔士语言委员会受威尔士国民大会的管辖,而威尔士国民大会又受英国文化部长的控制。威廉姆斯(Williams 2008)指出,威尔士的主要问题之一是要有人来负责语言计划的实施。他认为,地方语言计划的成功取决于地方政府、地方语言办公室和威尔士语言委员

---

① 由1997年威尔士权力下放公民投票后,英国国会通过《1998年威尔士地方政府法案》(*Government of Wales Act 1998*)时实现。除了英国保守党之外,威尔士各政党、社会各界全部赞成权力放下,兼成立威尔士国民议会及其行政机关。

会之间的合作。另一个关键问题是英国内政部（Home Office）制订的语言计划。英国内政部是英国政府的一个职能机构，主要负责英国公民日常生活方面的事务，也包括威尔士公民的日常生活事务。英国内政部提出的语言计划于2002年得到批准，但该计划的上报时间比要求的时间晚了三年，而且该计划的实施也非常缓慢，这些都是由于内政部负责民政事务管理的高级成员们对该计划热情不高。要改变这种状况，只有调换文化部长和改变警察、消防和医疗急救领域的服务压力。有关因语言问题而带来人际关系紧张的报道时有发生，例如，路标（sign-posting）上的语言选择问题以及火车站广播时所使用语言的顺序问题，有人抱怨说："假如你想听完广播里的威尔士语，列车早就开走了。"

此外，威廉姆斯（Williams 2008:197）还描述了权力下放是如何使得苏格兰议会有可能实现"盖尔语复活的艰巨任务，并使盖尔语成为一门充满活力的社区语言"。但现在的一个问题是大家对苏格兰语（Scots）的定性看法不一，许多人都把苏格兰语看作是当地的一种英语方言，而且，盖尔语的维持状况也令人勘忧。2006年，苏格兰议会通过了《盖尔语语言法》。该法仅处理苏格兰地区有关盖尔语的事务，它没能像威尔士语言委员会那样可以通过几个英国政府机构来管理那么大的范围。此外，该法还促使了盖尔语发展委员会（Bòrd na Gàidhlig）的诞生，该委员会的目标是为了增加盖尔语的使用人数和提高盖尔语的政治地位。现在英国正在制订《国家语言规划》，其中包括一些法律上的语言计划，为此，苏格兰27个地方政府机构也要求递交类似的语言计划。

在北爱尔兰，天主教和基督新教两个宗教群体相互竞争，暴力事件时有发生，两派相持几十年后，现有迹象表明他们正在达成妥协。这里也存在着语言问题，天主教派声称他们认可盖尔语，而基督新教派则认可阿尔斯特苏格兰语（Ulster Scotch）。到目前为止，北爱尔兰民政服务的不完善以及权力下放后所形成的政治僵局一直阻碍着这里的语言政策发展。《耶稣受难节协议》促使两个爱尔兰全民机构的成立——爱尔兰语推广论坛（Foras na Gaeilge）和阿尔斯特苏格兰语委员会（Tha Boord o Ulstèr-Scotch），但它们至今仍未得到法律上的支持。

新型属地制的要点是，同意某地区在一定程度上实现自治就意味着允许自治地区制订地方的语言管理计划，以便可以实现在国家语言计划中难以被接受或被实施的语言政策。属地原则减轻了民族国家的中央政府在处理地区语言时所遇到的困难。但是,语言政策的实施取决于语言管理域中重要的参与者以及一线的政府官员对该语言政策的接受程度。

人们对于地方自治与权力下放的属地制语言管理充满希望,但是里面存在的问题也不少。2007年3月,欧洲委员会部长理事会(Committee of Ministers of the Council of Europe)①收到一份来自英国专家委员会的报告,该报告描述了《欧洲地方语言或少数语言宪章》在英国的实施情况。大约三年前,欧洲委员会就该宪章在英国的执行情况进行了第一次审查,并提出了一些整改建议。但是,该报告的专家委员会严厉地批评了英国政府对这些建议所表现出的缓慢行为,特别是对英国"中央政府与得到下放权力的地方政府和地区之间的协调依然不足"现象进行了评论(Council of Europe 2007:62)。

9.8 属地制的变异:民族国家的解体

当代,国家解体现象较多,若根据权利下放的逻辑来推论,国家解体或许也可以被看作是一种权力下放的形式。第二次世界大战之后,殖民统治的终结显然就属于这种现象,因为国家权力从欧洲的帝国政府转移到了新独立的国家身上。尽管菲利普森(Phillipson 1992)以及其他人都曾抱怨说,从殖民帝国中新独立的国家仍不能或不愿意充分地利用独立后所获得的自由,但政治上的独立致使这些国家可以对本国的语言如同对本国的其他政策一样进行全国性的管理和控制。

苏联的解体是这种现象的又一案例。如同苏联之前的俄罗斯帝国的语言政策一样,苏联的语言政策也是由中央政府控制的。但在列宁时代,苏联开始考虑认可一些少数民族的语言,并把这种行为看作是通向共产主义的捷径。当斯大林颠覆列宁的民族政策,并开始一个有关俄罗斯化(Russification)的强化项目时,苏联的中央化思想变得更加明显。斯大林发动的该强化项目不但包括全国推崇俄语的内容,而且还进行大规模的人口迁移,以便形成多语地区,最终使俄语成为这些多语地区理所当然的

---

① 欧洲委员会的最高决策和执行机构,由各会员国一名代表(通常是外交部长)组成。

通用语(Lewis 1972)。苏联中央政府在阻止国家解体时所采取的早期措施之一是努力恢复波罗的海各共和国的地方语言的地位。但是,经过和平演变之后,几乎每个新独立的国家都声称本国的地方语言将与俄语处于同样或者更高的地位,尽管当时各国政府(如乌克兰)的大多数工作人员都更习惯使用俄语来处理工作问题。于是,许多加盟共和国的独立在语言方面带来的结果是形成了许多小小的语言巴别塔,确立了许多国语的地位。

尽管每个新独立的国家都经历了一个不同寻常的过程,但它们的一般模式首先是宣称地方语言与俄语享有同等的地位,然后是尽力把地方语言的地位抬得更高。由于在波罗的海各个共和国中有许多来自苏联各个地方的人,这些人都是俄语使用者,而且在当地人口中占有很大的比例,这就减少了爱沙尼亚语、拉脱维亚语和立陶宛语的用途,也降低了它们的地位。这些国家独立后都制定了恢复本国地方语言地位的政策,以便把权力移交给以前受压迫的群体,它们这样做只是为了满足欧盟对想要加入该组织的国家的要求。但是,欧盟并没有指出是土著少数民族还是移民少数民族的语言需要得到保护,因为这原本是欧盟对初始成员国的语言要求,而且,欧盟也没有给任何候选国决定哪些少数民族的语言可以得到认可的特权。

拉脱维亚经历了几百年的外国统治后,19世纪发动的民族主义运动致使拉脱维亚语不得不与德语和俄语形成竞争。从19世纪70年代起,拉脱维亚的政府、学校和法庭只许使用俄语。当拉脱维亚于1918年独立时,拉脱维亚语被确定为本国的主要语言,但仅有七种少数民族语言得到了认可。截至20世纪30年代末,大多数拉脱维亚人都能说拉脱维亚语。当1940年苏联统治拉脱维亚时,许多拉脱维亚人要么被驱逐出境,要么主动移居国外,取而代之的是来自俄罗斯、乌克兰和白俄罗斯的移民。在苏联的语言政策中,俄语成了拉脱维亚的强势语言,这种现象一直延续到1989年。据说,截至1989年,三分之二的拉脱维亚族人及大多数其他民族的人都能流利地使用俄语。甚至在独立前,尽管拉脱维亚语被宣称是拉脱维亚的国语,但官方语言依然是俄语。1991年,拉脱维亚共和国成立,拉脱维亚语的地位也随之得到加强。1994年,法律要求归化移民必须掌握拉脱维亚语。在拉脱维亚的总人口中,仅有百分之五十二的人属于拉脱维亚族。1989年,在拉脱维亚的俄罗斯族人口中,有百分之二十的人懂得拉脱维亚语,而到了 1995 年,则有百分之五十的俄罗斯族人懂得拉脱维亚语(Druviete 1998;Hogan-Brun 2006)。在 20 世纪 80 年代,爱沙尼亚族人占爱沙尼亚总人口的百分之六十二。在立陶宛,尽管立陶宛族占全国总人口的百分之八十,但人们可以在"人口众多和集中居住的少数民族社区"用各自的母语作为学校的教学语言。我们注意到,这种做法也是属地原则的一种应用。在爱沙尼亚,百分之六十的中学课程必须用爱沙尼亚语来讲授。在拉脱维亚,国家打算终结那些得到政府资助的少数民族语言的教育(Ozolins 2003;Tsilevich 2001)。

类似的语言情况也出现在苏联的穆斯林加盟共和国中(Landau and Kellner-Heinkele 2001)。尽管欧盟的语言政策要求新独立的,并想加入欧盟的国家必须认可本国的少数民族语言,但国家的独立毕竟给了这些国家一个管理自己语言政策的机会。因此,语言管理域内涵与外延的改变首先需要这些国家做出内部决定,若想要加入超国家组织,就必然会有域外的影响。

捷克斯洛伐克和南斯拉夫的解体也带来了类似苏联解体后所出现的语言多样化现象,随之而来的通常是政治和暴力斗争,并伴随着"种族清洗"现象。正如印度的独立以及与巴基斯坦的分离导致了印度斯坦语被分裂成印地语和乌尔都语一样,捷克斯洛伐克的分裂也致使捷克和斯洛伐克不同的民族身份得到了恢复,而南斯拉夫的塞尔维亚—克罗地亚语被分裂成或被重新分裂成三种不同的语言:塞尔维亚语、克罗地亚语和黑山语(Montenegrin)①。

随着苏联的解体,捷克共和国于 1993 年独立,这恢复了自 1918 年捷克斯洛伐克成立以来就一直模糊不清的民族界线。在两次世界大战期间,捷克斯洛伐克政府试图把两种可以相互沟通的捷克语和斯洛伐克语混合在一起,统称为捷克斯洛伐克语,作为该国的国语。在捷克斯洛伐克作为少数民族的德国人和波兰人在人口总数上一直保持不变,但在第二次世界大战后,当 250 万的德语使用者被赶回德国时,捷克斯洛伐克的德

---

① 也译为蒙特内哥罗语。在南斯拉夫社会主义联邦共和国,黑山与塞尔维亚、克罗地亚、波斯尼亚同样都使用一种称为塞尔维亚—克罗地亚语的官方语言。在联邦分裂的过程当中,虽然各族群在语言上的差异极微小,但是大家都称自己的语言是独特的,并分别叫作黑山语、塞尔维亚语、克罗地亚语和波斯尼亚语。黑山于 2006 年独立之后,在一些政治团体进一步推动之下,2007 年黑山的新宪法中将黑山语定为官方语言。

语使用者人数大减。1993年,捷克在其最初的宪法上宣布,捷克境内各地区的捷克族和斯洛伐克族社区都可以使用各自的捷克语和斯洛伐克语,但不久,捷克政府就按照民族和语言的原则来划分地区。新成立的捷克共和国有大约百分之八十的人是捷克族人,其余的则为摩拉维亚人(Moravian)、斯洛伐克人、罗姆人、波兰人和德国人(Neustupný and Nekvapil 2003)。在新成立的斯洛伐克共和国中,有大约百分之八十六的人声称自己是斯洛伐克族人,百分之十一的人是马扎尔人(Magyar)。斯洛伐克语是斯洛伐克共和国的官方语言,该国的少数民族语言有匈牙利语、保加利亚语、克罗地亚语、捷克语、德语、波兰语、罗马尼亚语、鲁塞尼亚语(Ruthenian)和乌克兰语。任何市政府只要有百分之二十以上的某一少数民族人口,该少数民族的语言就可在那得到使用(Simon and Kontra 2000)。2007年,欧洲委员会部长理事会向斯洛伐克提交了建议书,呼吁斯洛伐克政府要审查本国通过的《国家语言法》中所强加的一些限制条款,尤其是有关地区语言或少数民族语言在法庭的使用权利,以及允许妇女采用或使用地区语言或少数民族语言来表达自己姓氏的权利。同时,欧洲委员会部长理事会还呼吁斯洛伐克政府要提高本国少数民族语言的教育,特别是少数民族语言教师的培训以及少数民族语言广播和出版物的提供。斯洛伐克的地区语言和少数民族语言是该国文化遗产中不可或缺的一部分,它们需要出现在学校的课程中和社会的媒体里。斯洛伐克要提供罗姆语教育,开发用罗姆语教授的课程,取消把罗姆儿童集中招收在某些特别学校的做法。此外,斯洛伐克的各个教育阶段都要提供鲁塞尼亚语的教育(Council of Europe 2007)。由此可见,国家独立后政府有了更多的权力,这也许解决了斯洛伐克语所遇到的问题,但这又给政府带来了其他少数民族语言所遇到的问题。这再次表明,语言管理的域外参与者一直在设法阻止各个国家向国语单语霸权的方向发展。

在铁托领导下的南斯拉夫社会主义联邦共和国被看作是以下三种不同文明的交汇处:西欧的天主教文明、拜占庭和斯拉夫的东正教文明以及阿拉伯与土耳其的伊斯兰教文明。南斯拉夫中央政府认可了六个加盟共和国,它们的主要人口分别是塞尔维亚人、克罗地亚人、斯洛文尼亚人、黑山人、马其顿人和穆斯林。这些人都可以在联邦政府框架内找到一个加盟共和国作为自己的母国。另外,南斯拉夫还有以下八个享有文化权和语言权的少数民族:阿尔巴尼亚族、匈牙利族、罗姆族、意大利族、鲁塞尼亚族、捷克族、斯洛伐克族和土耳其族。南斯拉夫的第三大群体是其他少数民族或族群成员，如奥地利人、希腊人、犹太人、德国人、波兰人、俄罗斯人和乌克兰人，等等。在南斯拉夫解体后的一段时间内，有些加盟共和国宣布独立，剩余的则组成了南联盟，但现在它们分别成了六个独立的民族国家，这在本质上反映了南斯拉夫联邦中存在的民族语言模式。这六个独立的民族国家分别是波黑、克罗地亚、黑山、马其顿、塞尔维亚和斯洛文尼亚，最后是虽然独立但尚未得到国际普遍承认的科索沃。波黑宣布波斯尼亚语、克罗地亚语和塞尔维亚语为本国的官方语言；克罗地亚把克罗地亚语作为本国的官方语言，并在某些程度上认可本国的少数民族语言；黑山的官方语言是黑山语，有人认为黑山语是塞尔维亚语的一种方言；马其顿共和国声称马其顿语为本国的官方语言，并认可本国的阿尔巴尼亚语；塞尔维亚选择塞尔维亚语为本国的官方语言，采用西里尔文书写体系，并认可国内的部分少数民族语言；斯洛文尼亚规定斯洛文尼亚语为本国的官方语言，并在有些政府层面也把匈牙利语和意大利语作为本国的官方语言；科索沃的官方语言是阿尔巴尼亚语、塞尔维亚语和英语(Bugarski 2001)。

　　南斯拉夫案例清楚地说明了采用属地制管理语言的优缺点。把多语的民族国家划分为若干个更小的单位来进行管理，这样可以减轻国家语言管理的一些压力，还可以满足一些人口数量较多的少数民族在建立国家的同时也想管理自己语言的愿望，但所有这些少数民族的语言管理都要以国语发展为前提。然而，即使没有移民潮和全球化所带来的语言和民族的复杂化现象，不少新独立的国家通常也会有大量的有关少数民族语言的问题亟待解决。我们会发现，这些新独立的国家继续沿用属地原则，在本国的宪法或法律条款中认可那些人口多、分布广的少数民族语言。从理论的角度来说，属地制可以被看作是一种通过重新划分语言管理范围，以便简化语言管理的行为。在一个国家中，只要存在地理中心，就自然会形成各种不同的语言区，属地制管理就有存在的可能。而且，在那些历史上曾经实行过属地制管理的地方，人们对它还念念不忘，并扎根于他们的语言意识形态中。然而，重要的是，我们在对待属地制语言管理时应该避免语言中心论，因为属地划分还涉及政治、民族、宗教等因素，不是语言反应(linguistic reflex)导致属地划分，而是属地划分引起语言反应。

9.9 中央政府对语言的管理

一个民族国家的宪法和其他基本法通常都蕴含了语言政策的内容，但关键的是它们要能够得到实施。而且，如上文所述，世界上大约有一半的国家并没有利用宪法来表明本国的语言政策。在许多情况下，这可能意味着政府对本国现有的语言实践模式感到满意或不在乎。

此外，政府对本国语言还可以有其他干预措施，这可以在各国的法律、条例和财政预算分配上获得线索。莱克勒克（Leclerc 1994—2007）收集了许多国家的语言法，他列举了以下信息：阿尔巴尼亚从1994年至1996年出台了许多有关学校语言政策的法律；阿尔及利亚制定了三部有关阿拉伯语地位的法律，2005年又出台了一个有关公立学校和私立学校都要把阿拉伯语用做学校教学语言的条例；安道尔在1999年通过了一部语言法，规定加泰罗尼亚语为本国的官方语言；比利时出台了13部（或个）有关语言的联邦法和公告，此外，比利时的法语社区和佛兰芒语社区共颁发了10个语言法令和条例；加拿大通过了29部联邦语言法和省级地方语言法；中国于2000年通过了《国家通用语言文字法》；克罗地亚于2000年通过了三个有关本国少数民族语言的法案；丹麦最近颁布了三部语言法，其内容都是有关丹麦的外国成人和双语儿童的丹麦语教学，这可能是为了表示丹麦政府对移民的关注而出台的新成果；西班牙有12部有关语言的联邦法以及20部有关语言的自治区法；爱沙尼亚制定了四部（或个）基本语言法和语言条例；美国出台的语言法有已经废止的《双语教育法》、2001年通过的《不让一个孩子掉队法》、《13166号总统行政命令》以及众多的把英语作为本州官方语言的州法；芬兰有六部语言法，其中两部是有关萨米语的；法国颁布了22部（或个）语言法和语言使用条例；匈牙利制定了基本语言教育法和几部少数民族语言法；意大利颁布了许多全国性和地区性的语言法和语言使用条例；拉脱维亚于1989年通过了《基本法》，规定了拉脱维亚语为本国的官方语言，该法于1999年得到修订，2000年该国又通过了一个语言使用条例，允许其他语言在一定功能上发挥其作用；立陶宛制定了官方语言法和少数民族语言法；马耳他于2003年通过了《马耳他语言法》，建立了国家语言委员会；摩尔多瓦于1989年通过了语言法，指定摩尔多瓦语（Moldova）为本国的官方语言，

2001年通过了少数民族语言法,确保了少数民族的权利;新西兰通过了《毛利语语言法》;波兰于1999年通过了语言法,确保了波兰语的地位;罗马尼亚于2004年颁布了语言法,保护了罗马尼亚语的纯洁性,2005年颁布的语言法保护了20种得到认可的少数民族语言;英国近年通过了一些有关移民和归化内容的法案和条例,此外,还颁布了一些威尔士、苏格兰、北爱尔兰以及马恩岛(Isle of Man)的语言法;俄罗斯制定了一系列的后苏联时代的语言法,如2004年的语言法声称俄语是俄联邦的官方语言;塞尔维亚、斯洛伐克和斯洛文尼亚均通过了有关本国官方语言和少数民族语言的法案;瑞典于2000年通过了两个有关萨米语、芬兰语和闵基利语的法案;瑞士颁布一些有关本国官方语言的联邦法以及各州大量的有关语言的法案和法令;土耳其在2003年颁发了有关语言教学的条例,2004年通过了有关广播电视语言使用的管理条例;乌克兰于1989年通过了语言法,规定了乌克兰语为本国的官方语言,2004年通过了少数民族语言法,认可了十种土著语言的地位。尽管上述数据尚不够完整,例如,以下内容均未提及,2007年新西兰的法律规定新西兰手语为本国的官方语言;根据2007年的以色列法律,以色列建立了阿拉伯语研究院,但这些数据可能足以使我们对语言法做出一些暂时性的结论。

国家语言法或联邦语言法往往都涉及语言地位的确定、全国性官方语言的建立以及少数民族语言有限地位的保证等内容。地区(如省级或州级)政府通常利用地区自治的形式来颁布语言法,以便提高本地区语言变体的地位。许多语言法都与语言教育政策有关,特别是与学校教学语言的确定有关。语言法偶尔也涉及有关语言培育或语言管理机构建立的内容。但是,我们在此再次强调,人们在研究语言法时要注意以下两点:语言法并不能包含一切语言现象;对大多数国家来说,不管它们制定了什么样的语言政策,但这些语言政策最终都不是依赖语言管理的具体行为来执行的,而是通过语言实践和人们的统一认识来实施的。

9.10 语言拼写和语言改革

当人们在严格地谈论语言的培育或本体规划时,政府却往往是出于某些政治目的而试图改变语言的某些方面(通常是语言的书写体系、正字法或词汇),然后轻而易举地就可进行语言的地位规划。其中最有名的此类案例之一是凯末尔·阿塔图尔克(Kemal Ataturk)发动的土耳其语的重大改革。青年土耳其党人(Young Turks)于1908年发动的语言运动旨在净化土耳其语。由于伊斯兰教和奥斯曼帝国的影响,土耳其语中有不少来自其他语言的元素,该语言运动就是要剔除这些非土耳其语元素。当青年土耳其党人执政时,他们在20世纪20年代晚期发动了一场大规模的语言运动,目的是要把土耳其语的书写体系从波斯—阿拉伯字母(Perso-Arabic script)转换到以拉丁语为基础的字母体系上,为了清除土耳其语中成千上万的源自波斯语和阿拉伯语的词汇,然后用土耳其本土词汇或其他外语借词(尤其是来自法语的借词)来取代这些被清除的词汇。土耳其的这次语言净化运动带来了一个意料之外的结果,即土耳其普通人使用的口头语和官方正式使用的书面语之间依然存在较大的鸿沟,而且,古典土耳其语和现代土耳其语之间需要靠翻译来沟通(Lewis 1999)。

另一个此类案例是挪威,该国对于国家独立后的新国语问题存在两种截然相反的语言意识形态,这导致了挪威采用了两种相互竞争的语言拼写系统。

语言改革绝非易事,民主国家更是如此。1948年,以色列希伯来语委员会(Hebrew Language Council)(即以色列语言研究院的前身)提出了一套有关希伯来语拼写系统的改革方案。20年后,以色列语言研究院采纳了这一方案,但广大民众和报纸媒体都没能及时跟进,因此,以色列目前的希伯来语检测软件提供三套希伯来语的拼写系统。

政治差异对于语言的拼写改革影响重大。中国大陆使用简体汉字,而中国台湾则使用繁体汉字。朝鲜和韩国也使用着不同的书写系统①。白俄罗斯国内使用白俄罗斯语书写系统和苏联时代引进的各种俄语书写系统,前者是根据塔拉斯科叶维奇(Tarashkyevich)②于1918年出版的语法书而提出的书写系统,后者则遭到反对者的谴责,认为使用俄语书写系

---

① 事实上,朝鲜语和韩语都使用谚文字母书写,它们的主要差异在于语调(朝鲜语比较直硬,而韩语比较柔和)和词汇(朝鲜语外来语少,而韩语有比较多的外来词)。
② 塔拉斯科叶维奇(1892—1938),白俄罗斯的政治家和语言学家,是白俄罗斯20世纪初发动的现代白俄罗斯语标准化运动的创始人。

统是俄罗斯化的表现(Brown 2005)。苏联的语言政策适用于国内所有的少数民族语言,从 20 世纪 40 年代到 1950 年,苏联政府要求国内的少数民族语言使用者在使用自己的本族语时都用俄语字母来拼写所有的俄语借词(Grenoble 2003:53)。

有关荷兰语拼写改革的争论也前后持续了 100 多年。荷兰并没有采纳比利时于 1864 年提出的拼写改革方案。后来,有人分别于 1954 年和 1963 年提出了不同的妥协方案,但人们对于这些方案分歧很大,荷兰和比利时两国政府也直到 1994 年才最后接受这些方案。1901 年召开的德国全国大会标志着德语拼写改革的正式开始。1955 年,德国各联邦州(Länder)①的教育厅长都同意把"杜登参考出版物"作为德语拼写和标点符号使用的官方模本。1986 年,一个德语国家联合委员会提出了系列小型改革方案,1996 年德国各联邦州的教育厅长都接受了这些方案,并从 1998 年开始实施,但后来遭到公众的抗议和法律界的反对(Johnson 2002)。

上述案例以及类似的案例都集中反映了语言管理中的一个核心问题,即制定语言政策相对容易,但实施语言政策绝非易事。

9.11 地方政府

我们在上文已经探讨了中央政府以及联邦制国家得到权力下放的州政府或者自治区政府的语言管理。地方政府对语言管理偶尔也会有所表现。

维基百科解释了地方政府概念的复杂性:

> 在现代国家,地方政府通常比国民政府(national government)拥有更少的权力。地方政府一般都有征税的权力,但这些权力可能还受到中央立法机构的限制。在有些国家,地方政府受到中央政府税收的部分或全部补助。地方自治(Municipal Autonomy)的问题

---

① 德国最高一级的行政区划,德国是一个由 16 个联邦州组成的联邦共和国。Länder 是德语词汇,相当于英语的 State(州)。

语言管理

是公共行政和公共管理中的一个关键问题，它涉及地方政府所拥有的权力或应该拥有的权力以及为何拥有这些权力。各国地方政府的情况相差很大，它们即使有相似的行政划分，但术语的使用也往往不同。常用的地方政府名称有州、省、邦，地区、县、郡、自治州，自治市、市、区、教区、乡、镇、自治村镇和村。然而，在那些还没有建立合法地方政府实体的国家里，所有这些名称的使用往往都显得不正式。

在英国，"英格兰和威尔士选出了两万多的委员用以代表地方的社区和人民，这些代表在410个地方政府工作。这些地方委员会管理着200多万人，负责大约700项不同的工作任务。"美国有50个州，每个州都有自己的州长和立法机构，每个州也都有自己的地方政府机构。例如，纽约州有大约60个县①，每个县下面又设许多市、镇、村等地方政府。

德国由16个联邦州组成，每个联邦州都有自己的立法机构。在16个联邦州内，有323个县(Landkreise)和与其平级的116个独立市(Kreisfreie Städte)，它们共同构成439个区。每个区都是由一个当选委员会和一名执行主任来管理，而执行主任由委员会选出或者直接由民众选出，执行主任的角色相当于美国县长(county executive)的角色，管理地方政府的行政工作。县在某些具体领域(如公路、医院和公共设施机构)起着基本的行政管理作用。自从2006年3月1日起，德国有12320个基层政府(municipality)，这些也是德国最小的行政单位，市也属于基层政府。基层政府由当选的委员会和一名市长来管理，市长则由委员会来选举或直接由民众选出。基层政府有以下两大政策责任：第一，他们需要实施由联邦政府或联邦州政府下达的各项计划，例如，青年计划、教育计划、公共卫生计划和社会援助计划；第二，德国的《基本法》保证德国的基层政府"有权在法律设定的权限内根据自己管理的责任来管理当地社区所有的事情"。例如，许多基层政府都发展了自己社区的经济基础设施。当地政府通过支持当地的艺术家，建立艺术中心和建设艺术市场来发展文化活动。当地政府也为这些活动提供公共设施，例如煤气、供电和公共交通。

澳大利亚有六个州和三个自治领地，每个州都拥有立法权。澳大利亚的当地政府都归州政府管理，当地政府的功能仅限在"社区设施(如图

---

① 根据维基百科资料(2014年)显示，美国纽约州有62个县。

书馆和公园)的建设、当地公路的维修、当地规划的制定和地方服务(如垃圾处理)的提供"。

法国的行政区域划分可从以下三个层级进行:法国有 22 个大区(Région)①和四个海外大区(Régions d'outre-mer)——留尼汪岛(Réunion)、马提尼克(Martinique)、瓜德罗普(Guadeloupe)和法属圭亚那(French Guiana);法国有 96 个省(département)和四个海外省(départements d'outre-mer)——留尼汪岛、瓜德罗普、马提尼克和法属圭亚那;法国有 36 679 个基层政府,法语叫作市镇(commune)。

日本自从明治维新起,就已经建立了简单的地方政府体系。首先,日本把全国划分成 47 个一级行政区(prefectures)②。然后,每个一级行政区由若干个市、町和村构成。在日本的北海道、长崎和冲绳,一级行政区政府由好几个分支机构组成,它们有时被称为"郡"或"支厅"(Subprefectures)。

在地方政府层面,语言政策的内容包括以下三大领域。第一,政府内部工作语言的选择:国家可能已制定相关的语言政策,明确了立法活动(尤其是国家层面的立法行为以及地方相关委员会的行为)中所使用的语言以及政府部门内部运作所使用的语言,即政府部门雇员所使用的语言。第二,在政府所管辖的范围内有关公民交际所使用语言的选择:法律法规使用哪种语言或哪些语言来颁布?政策使用什么语言来出台?公民能使用什么语言来称呼当选官员和政府行政人员?第三,政府管理公民所使用语言的行为:学校使用什么语言作为教学语言?学校教授什么语言?什么样的语言变体受到禁用或使用后会受到惩罚?什么样的语言变体受到推崇?各个层次的政府都有必要制定有关如何处理前面两大领域的语言政策。第三大领域的语言政策最有可能出现在国家政府层面上,其次是出现在地区政府或自治区政府层面上,但它们需要经过一些努力才能获得修改国家语言政策的机会。不过,第三大领域的语言政策也有可能出现在地方政府的层面上。

那么,我们首先以地方政府语言管理的例子来解释上述三大领域的

---

① 法国最大的行政划分,省是比大区低一级别的行政区域,每个大区包括数个省,每个法国省又被分割为数个区(arrondissement),每个区再划分为县(canton),市镇是最小的行政分划,对应一个乡村或者城市。

② 指日本的 1 都(东京都)、1 道(北海道)、2 府(大阪府和京都府)和 43 个县。

政策。我们以下的工作设想是,地方政府将通过语言管理来处理好当地的内部语言问题。假如当地存在多语现象,地方政府就必须为政府内部的语言交流以及政府为公民提供服务时所使用的语言交流确定官方语言或工作语言。此时,影响语言选择的主要因素可能是语言的实用性和交际性,这些语言要能够反映当地的社会语言生态。但有时影响语言选择的主要因素也可能是语言信仰和语言意识形态,因为有些人在语言信仰中对语言的未来结果有种理想化的观点,而且,有些人的语言意识形态易受到当地或外部利益集团或机构的左右。地方政府的语言政策通常对地区或中央政府的语言政策也有辅助作用,但少数民族人口较多的地方除外,因为如果某地方的少数民族人口达到一定的百分比,此时,人口因素就能为该少数民族增添额外的力量。要改变人们的语言实践,简单的办法可能是依赖当地影响深远的语言意识形态。不过,有些个案可能也会促使整体状况的改进。

据报道,2006年9月美国田纳西州的纳什维尔市(Nashville)①正在考虑这样一项提议,即各市政部门用英语处理各项事务,同时也严禁市政部门用其他语言来为民众提供服务。这似乎是美国唯英语运动的地方表现,该运动在联邦政府层面已经失败,但在州政府和地方政府层面却取得了一些成功。纳什维尔市的这一语言提案赤裸裸地反对了美国联邦政府的如下语言政策,即各政府部门需要为本国英语水平有限的公民提供其他语言渠道的服务。该提案在本市的立法委员会中得到通过,但遭到市长的否决。美国内华达州的一个小城市也出现了类似的情况,即新当选的帕伦普市立法委员会(Pahrump Town Board)一致同意废除2006年11月通过的把英语作为本市官方语言的法令(美国《纽约时报》,2007年2月15日)。内华达州的美国公民自由联盟(the American Civil Liberties Union)②曾经威胁说要起诉帕伦普市立法委员会,但该委员会中的四位成员(其中三位都是投赞成票的)在2007年1月就离开了该岗位。

2006年美国加州的沃基(Waukee)市立法委员会提出了一项有关容忍多语现象的措施,投票结果一致赞同政府为本市提供电话翻译服务。

---

① 美国乡村音乐的发源地,在美国有很大的影响,成了乡村音乐的代名词。

② 美国的一个大型非营利组织,成立于1920年,总部设于纽约市,其目的是为了"捍卫和维护美国宪法和其他法律赋予的这个国度里每个公民享有的个人的权利和自由"。

同样，2007年美国西雅图市长签署了一个行政命令，即政府将采纳一项在全市范围内提供翻译服务的新政策，以便帮助英语水平低下的人们可以享用市政府提供的各项服务。该语言政策的出台旨在提高本市的口笔译服务水平，为此，各地方政府机构要为不懂英语的市民提供以下重要文书的翻译帮助：有关市政府对各项便民服务所做出的解释、有关各种涉及市民生活的同意表和投诉表、有关各种涉及个人权利的通告以及有关免费提供众多语言（如西班牙语、越南语、粤语、汉语、索马里语、他加禄语和韩语）服务的通知。市政府提高的各项口头和笔头翻译服务都将是免费的。

为了实施加拿大不平衡的国家双语政策，渥太华市政府计划指定3500个工作岗位在2007年5月底之前实行正式的双语制。《渥太华太阳报》(Ottawa Sun)报道说，双语岗位的指定将影响五分之一的渥太华市政府雇员，渥太华市政府有大约1.7万的雇员。但那些已经在这些岗位上工作却不会说、不会看或不能写法语的人还是能保住自己的饭碗。一旦渥太华开始实施官方双语政策，单语候选人若要申请需要双语能力的岗位就必须学习法语。

2006年，翻译服务的问题成了纽约的一个重大争论话题。纽约有100万左右的中小学学生，其中百分之四十多的人生活在家庭语言并非英语的家庭中。于是，纽约市教育局开始为需要帮助的家长翻译学校文件，常用的八大语言是西班牙语、汉语、乌尔都语、俄语、孟加拉语、海地克里奥尔语(Haitian Creole)、韩语和阿拉伯语。2005年12月，纽约市立法委员会通过了一项提案——要求纽约的公立学校为学生家长增设翻译服务。由于需要巨额的费用，以及由于该提案将违反《纽约州教育法》，纽约市长于2006年1月否决了该提案。一个月后，为了支持纽约市立法委员会的行动，有人组织人们在市政大厅的阶梯上进行游行，后来，纽约市长和立法委员会经过谈判后最终达成妥协。

英国的布里斯托尔(Bristol)市立法委员会设立了翻译服务处，以便不懂英语的人也能看懂政府的相关文件，并在立法委员会会议上提供口译服务。该委员会登记了100名当地口笔译人员的信息，以便可以为民众提供12种主要移民语言、所有的欧洲语言以及许多其他所要求语言的翻译。英国的不少地方政府机构都制定了类似的提供翻译服务的语言政策，并把该内容视为民政服务内容的一部分，但主要是由于提供这些翻译服务所需费用高昂，此类语言政策的一种负面影响开始出现。例如，据报道,2007年6月,英国社区与地方政府大臣鲁斯·凯利(Ruth Kelly)为政府高昂的口笔译费用而担忧。英国地方政府机构每年的翻译费用是2500万英镑,法院每年的翻译费用为3100英镑,英国国民医疗服务体系(National Health Service)每年的翻译费用则高达5500万英镑。她认为,译员成了"外国人在英国的支柱,这不利于他们融入英国社会"(英国《太阳报》,2007年6月11日)。同时,据报道,她反对把路牌翻译成波兰语,并反对英国卫生部为年轻的移民妈妈提供古吉拉特语、越南语和乌尔都语的医疗信息(英国《每日邮报》,2007年6月18日)。

美国旧金山由于担忧网站上提供的翻译质量而在2006年9月成立了一个特别行动小组,以便确保翻译更加准确。据报道,中国北京也采取了类似的行动来提高公共标识的翻译质量,北京成立了一个语言管理机构,旨在使北京的交通标识牌的英语翻译标准化。中国上海也在关注本市的各种翻译状况,例如,上海组建了一支由50名专业手语译员组成的队伍;上海还成立了一个警官分队,他们可以用八种外语来回答外国人的电话咨询;上海为了2010年的世界博览会而正在招募一些主要语种的外语专业人员。

但是,一些国家的地方市级政府也开始出台一些更加具有政治性的政策。在瑞典的马尔摩(Malmö),有两个当地的政治人物提议当地学校要严禁外语教学,以便教师可以集中精力给数量庞大的移民学生教授瑞典语。在乌克兰,有些地方政府就俄语的地位问题进行了激烈的争论。乌克兰总统尤先科坚持认为乌克兰语(Ukrainian)应该是本国唯一的官方语言,这正是2004年乌克兰爆发"橙色革命"(orange revolution)的核心之一,也正是"橙色革命"把他推向了总统宝座。乌克兰的东部和南部是俄语使用区,这里的许多地方立法委员会和地区行政机构,如塞瓦斯托波尔(Sebastopol)和卡尔可夫(Kharkov)市立法委员会,都宣称俄语为它们的地区语言。

世界各地移民现象的增加给一些国家(尤其是这些国家的城市)带来了人口和语言方面的重大变化。在这方面,从农村到都市的移民与从一个国家到另一个国家的移民一样,它们都是影响城市人口和语言变化的重要因素。这种人口和语言的压力尤其得到城市立法委员会的认可,因为城市对多语服务的要求越来越多。在那些教育是由地方政府来主管的国家,人们对当地教育改革的需求是特别强烈的。埃克斯特拉和亚格默

(Extra and Yağmur 2004)对欧洲许多城市的多语制进行了开创性的研究,他们详细地描述了哥德堡、汉堡、海牙、布鲁塞尔、里昂和马德里六座城市的语言状况。他们的研究表明,这些城市的语言状况日益复杂,这给当地的教育系统带来了巨大的压力。一般来说,学校不会使用儿童的家庭语言或社区语言进行教学。

大多数的市政府都要负责本市街道和交通标识的建设。公共标识是语言景观中的一个重要领域(Gorter 2006),在多语地区,语言的选择和学习顺序是一件非常具有乐趣的事情(Spolsky and Cooper 1991)。由于权力下放,英国的威尔士政府要求所有的路牌都应该用威尔士语和英语书写。在那之前,路牌上威尔士语的使用取决于地方政府的决定。在以色列,城市的公共标识由当地的市政府负责,以下两个告到法院的案例足以证明这一切。案例一发生在以色列的拿撒勒(Nazareth)[①]市,市政府通过了一个有关语言使用的条例,该条例要求本市所有的通知栏在用其他语言书写的同时也都必须附上希伯来语。但市政府在一个法庭案例上却同意本市阿拉伯语区的售楼广告标识中只用阿拉伯语书写。案例二发生在以色列的海法市,市政府在法院的听证会上同意本市的公共标识上除了希伯来语和英语外再增加阿拉伯语。巴克豪斯(Backhaus 2007)研究过日本东京的多语公共标识,研究结果表明了东京市政府是如何制定有关公共标识语言使用政策的,如指明了在游客众多的地方公共标识上的日语和英语的使用办法。这些有关公共标识上语言使用的规则都记录在《东京官方标识手册》上(Tokyo Metropolitan Government 1991),后来《外国人城市指南》对这些问题又进行了更深一步的研究(Tokyo Metropolitan Government 2003)。

可见,地方政府的语言管理有以下两大主要领域:第一是需要做出有关语言实用性方面的决定,因为地方上有来自各地的人,他们使用着不同的语言,或者由于该地方有许多使用不同语言的游客。这些决定的做出虽然也受到国家语言政策的影响,但主要还是受到域内因素的影响。一个显著的例子是,若某城市被选为奥运会的举办地,那么,该城市的公共标识需要得到修改,该城市还要提供翻译服务。第二是关系到可能无法

[①] 原巴勒斯坦加利利(Galilee)地区南部一历史城镇,在今以色列北部,在福音书中作为玛丽和约瑟夫的家乡被提及,与耶稣的童年有紧密的联系。

实施的有关语言地位的象征性决定,这些决定都是由地方政府做出,而地方政府比地区和中央政府更容易受到语言活动群体的影响。一个典型的案例是,有些威尔士市委员会最早提倡在街道的标识上使用威尔士语。另一个案例是,几个美国城市的市委员会(city council)采纳了唯英语的语言管理条例。

9.12 国家语言政策之难度

属地原则之所以应运而生,是因为它可能有利于解决大多数民族国家中由多语现象而带来的语言问题。除此之外,还有其他解决多语问题的办法吗?从本章前面几个部分我们已经知道,甚至在按照民族语言来划分行政区域的民族国家里,也还有众多的语言少数族群未能得到应有的重视。当然,这种现象也同样发生在中央集权制国家(unitary state)。综观大量移民给美国、英国、法国、甚至爱尔兰(据说都柏林的汉语使用者超过了爱尔兰语使用者)所带来的语言管理方面的挑战,我们不难发现,在这些国家的人口中总是有一部分人(主要是新移民)没能掌握好所在国的官方语言。要提出解决这个问题的实用方法并不难,例如以下三个办法都可行:政府可以为那些不懂本国官方语言的人提供学习本国官方语言的机会;政府可以为不懂本国官方语言的人提供有效的信息渠道,以便他们能够享用各种基本的公民服务(如警务、医疗、法律、求职和教育);政府可以为某些语言少数族群提供语言传承的机会,使得他们能够实现把自己的祖裔语言传授给孩子的愿望。当我们把关注点转向现实时,我们会发现实际的语言政策状况与理论的截然不同。世界上能够为了本国的公民服务而用土著语言和移民语言提供便捷信息渠道的国家并不多。在美国,直到《13166号总统行政命令》之后才开始提供用本国土著语言和移民语言表达信息的渠道,但事实证明,为所有的新移民语言使用者都提供翻译服务是很难的,所要的费用也是高昂的。在英国,警务部门为大家提供翻译服务而需要的成本很高,其费用超出了财政预算,现在英国政府提出停止为本国移民提供免费的英语教学。在全球,有许多儿童都不得已在使用自己母语之外的语言作为教学语言的学校就读,虽然实证研究不断表明双语教学具有很大的价值和需求,但双语教学还是非常少。尽管有证据表明许多商业机构因没有为顾客提供多语服务而丧失了很多赚钱的机会,但它们还是我行我素。有些国家之所以支持本国移民的祖裔语言教育项目,是因为迫于社会的巨大压力。不过,许多民族国家都禁止或不提倡这种祖裔语言教育项目。有些国家虽然制定了多语政策,但在它们的语言实践中,大多数精力都放在了国家强势语言霸权地位的建设上。

可见,国家层面上的语言管理是极其复杂的。政府域的语言管理包含以下三个相关次域内容:政府机构(如立法、行政或司法部门)的内部运作、政府机构与公民间互动关系的建立以及政府机构对人们普遍使用的语言所进行的管理行为。在这三个次域的内容中,个个都非常复杂。一般来说,尽管有些国家有时能把立法会议的内容翻译成本国宪法认可的少数民族语言,但是立法者在公开开庭期(public session)上发言时还是更喜欢使用全国性的官方语言(national official language)。有些国家在遴选政府服务部门的工作人员时设定了国语水平的要求,这不足为奇。多数国家的公务员在处理国内事务时都使用单一的语言,通常是全国性的官方语言,但偶尔也有人使用前殖民语言或世界性语言。为了实施双语政策,政府(如加拿大政府)需要鼓励公务员成为双语人,或者要求所有的新进公务员都必须掌握两门语言,如斯里兰卡自2007年7月开始执行这一语言政策。国家公民通常应该达到以下基本的国语水平:能够读懂政府文件,能够填写正式表格,以及能够与公务员(如警察和医疗工作者)进行交流。在一些特殊情况下(如本书上一节所描述的英国威尔士的状况),政府偶尔会做出某些努力,以便能够关照那些不具备基本的国语水平的公民。此外,多数国家的政府除了制定学校语言政策外,都会让私营企业和公民来决定他们自己的语言政策。不过,有些国家的政府着手大幅度地改变本国公民的语言实践,例如,中国推广普通话的教学,南美国家长期禁用本国的土著语言,苏联加盟共和国想竭力改变俄语在本国的强势地位。

在早期的《语言政策:社会语言学中的重要论题》一书中(Spolsky 2004),我曾经提出,在独立的民族国家中,其语言政策的制定取决于以下四个主要因素:国家的社会语言生态(即语言实践)、一套有关语言和国家身份的语言信仰或语言意识形态、全球化及由此推动的国际性语言(尤其是英语)推广的影响以及人们对土著或移民等语言少数族群权利关注所带来的压力。在看完兰博特(Lambert 1999)和费什曼(Fishman 1971)的文献后,我根据国语和大传统的数量把国家划分为单语国家、双语或三语国家以及马赛克型或多语国家。我们已经在本章中讨论了双语或三语国家的案例，这些国家都认可两种或三种大传统，而且，这些大传统都有其相应的语言。此外，这些国家通过划分语言使用空间或通过划分具有政治动机的属地来寻找解决语言管理的办法。无论如何，所有的证据似乎都支持了如下观点——在中央政府控制下的国家域语言管理的主要目的是为了实现单语制。

9.13 单语制国家与多语制国家所面临的压力

冰岛是单语制国家的典范。据报道，该国人口有 30.7 万，但他们几乎均是说冰岛语的单语人，大家都把冰岛语作为第一语言来使用，并把冰岛语作为"生活中各个领域的强势语言"来看待（Vikor 2000:125）。这种强烈的单语制现象来之不易，因为冰岛曾经遭受丹麦 500 年的殖民统治，而且，当下还要面对全球化和英语所带来的压力。目前，冰岛的语言管理有两大主要方向：一是加强冰岛语的培育，维持冰岛语的纯洁；二是制定保护冰岛语的政策，抵制英语潮的来袭，因为现在许多冰岛人都掌握了英语（Hilmarsson-Dunn 2006）。于是，最近冰岛把本国的语言实践、语言信仰和语言管理整合起来，共同维持令人满意的单语现象，要让社会免遭学校的影响，因为学校开设了丹麦语和其他外语的教学。不过，在 21 世纪，这些措施似乎还远远不够。尽管冰岛在不断努力地开发和提供冰岛语的软件（如视窗 Windows XP 软件支持冰岛语的使用），但英语正在缓慢地侵蚀冰岛的技术、教育和通信领域，而且，在最近几年中，冰岛接纳的移民在数量上急剧上升，这导致外国移民在冰岛（尤其是在冰岛的餐馆和酒吧）随处可见。

法国是一个更加复杂的、典范的单语制民族国家。该国具有强烈的语言意识形态和严格的语言管理。自从卡迪纳尔·黎塞留在 17 世纪把巴黎法语（Parisian French）树立为法国统治下全国的唯一语言和团结语言之后，法国就一直面临中央化和同质化的压力（Cooper 1989）。法国大革命加强了国家的中央化和同质化行为。当雅各宾派掌权后就给全国人民灌输中央化和同一化的国家需要得到一种通用语言支持的语言信仰。诚然，法国花了一个世纪的时间，才把法语作为教学语言的小学教育提升为全国的义务教育。法国又花了一个世纪的时间，才成功修订法国宪法，并使法语成为法兰西共和国唯一的官方语言。法国在其征服的领土如阿尔萨斯（Alsace）以及所有的海外殖民地上，都实施"唯法语"政策（French-only policy），各地的地区语言都一律遭到排挤。法国以1635年成立的法兰西学术院为起点建立了一套分工精细的行政管理机构，现在，这些机构已经发展到十几个，它们都是与语言有关的政府机构以及负责维持法语地位和法语纯洁的委员会。法国要求所有的公务员在参加与国际关系有关的活动中都使用官方术语，而且只能使用法语（Ager 1996）。

法国在语言意识形态上是单语制国家，因此，法国中央政府所有的语言管理活动实际上都是针对这一目标来开展的。法国的这些行为在一定程度上不太符合欧盟有关少数民族语言的政策，于是，法国在语言实践方面出现了一些例外现象。许多法国的地区语言，如巴斯克语、布列塔尼语、加泰罗尼亚语、奥克西唐语（Occitan）和科西加语（Corsican），都可以作为学校的一门课程科目，但每周最多只能开设三个学时。自从1970年开始，这些语言都已被纳入了大学学士学位选课单中。这些语言已难以成为人们的家庭语言，其主要原因是不断变化的社会经济状况——工业化、大众交际手段的发展以及乡村孤立现象的打破（Bourdieu 2001；Strubell 2001）。尽管受到这些外来压力的影响，法国长达250年的语言管理开始显现出自己的作用，但法国1994年颁布的《杜蓬法》对法国的语言管理支持很大，该法巩固了法国有关法语霸权的法律和管理条例。不过，法国的法语单语制依然面临着巨大的压力：首先是来自英语全球化所带来的国家内部和外部的语言竞争；其次是来自国内数量不断上升的移民，特别是来自阿拉伯语国家的移民，因为他们拒绝融合；第三是来自国内有关某些地区语言的活动，但这个压力相对更小些。

若仔细观察，我们会发现，大多数持有单语制语言意识形态的民族国家最终都面临各种压力。在非英语国家，人们最显著和最常见的抱怨是英语对本国语言的威胁。但是，这些国家通常也面临来自本国土著和移民少数族群或独立前殖民语言的压力。许多新国家独立后都宣称将实行单语制，遵守"一个国家，一个民族，一种语言"的原则，使用一种语言，但这种语言绝不是殖民列强引进来的语言。这些现象同样适用于19世纪末以及两次世界大战后独立的国家，而且，这些现象同样也适用于由于西班牙和英国实行权力下放而获得自治的地区以及由于苏联、捷克斯洛伐克和南斯拉夫的解体而新独立的国家。

尽管大多数的法国前殖民地国家至今还在政府和学校领域继续使用法语,但有些国家尽力选择本土语言作为国家的官方语言。构成马格里布(Maghreb)的北非伊斯兰国家享有共同的大传统,具有相似的社会语言史。穆斯林在9世纪征服北非后就在那强制灌输阿拉伯语,压制土著语言,但当地的柏柏尔语各种变体却作为口头语言得到保存。法国在19世纪征服北非后则把法语强制性地应用于学校和政府部门。随着北非国家在20世纪60年代的独立,法国殖民者和犹太人被赶出北非。这些国家的新宪法都宣布阿拉伯语为本国唯一的官方语言。于是,北非发动了一场阿拉伯语化运动,并取得了不同层次的成功,如阿尔及利亚是推广阿拉伯语最成功的国家,而突尼斯和摩洛哥则在很大程度上还保留着法语的使用。这些国家重新认可了大量的柏柏尔语少数民族。有些非洲国家逐渐地用非洲语言来取代法语的官方语言地位。例如,几内亚在20世纪70年代开始使用母语来取代法语的官方语言地位,但经过一段时间的试用后,几内亚在20世纪80年代又恢复了法语在本国的地位(Yerendé 2005)。马达加斯加也是如此,该国经过20年对马达加斯加语的使用后于1992年又恢复了法语作为本国学校教学语言的地位。在2007年的马达加斯加全民公决中,大家要求增加英语作为本国的官方语言。在非洲的其他地方,前法国殖民地国家依然保留了法语的官方语言地位。在亚洲的前法国殖民地国家,恢复本族语的运动更加成功。在老挝和柬埔寨的高等教育和国际交流领域都存在法语和英语的竞争关系(Clayton 2006)。

在国际上,大多数国家在各自的宪法上都宣称本国只有一种全国性的官方语言,但宪法上也认可本国少数民族语言的权利。在许多拉丁美洲国家,西班牙语或葡萄牙语(仅在巴西)作为官方语言得到了这些国家宪法上的认可,而且,西班牙语或葡萄牙语事实上已经是这些国家的通用语言、官方语言和教学语言。最近,这些国家也采取了一些措施来保护本国的少数民族语言,特别是土著语言(拉丁美洲的土著语言使用者约占这里总人口的百分之十)。此外,拉丁美洲还有许多其他不同的语言,除乌拉圭是单语国家外,其他拉丁美洲国家都有7—200种不同的土著语言。可是,土著人处于更低的社会和经济地位,而且,大多都是文盲。不过,近年来拉美各国开始启动一些项目,以便支持本国土著语言的维持。

不知是否与这些国家的英文单词的首字母有关系,印度、印度尼西亚和以色列以及意大利都是以英语字母"I"开始,这些国家都进行了相同的基于语言意识形态的尝试——建立国语的单语霸权地位。尽管印度宪法认可本国历史上的多语制,并着手通过属地原则的办法来解决国内的多语问题,但印度国大党的最大希望是树立印地语的核心地位。可是,国大党的这一打算因印度国内其他语言群体的阻止和英语的传播而落空。意大利在全国统一以后就着手建立标准的意大利语,并以此作为全国各地众多方言使用和发展的基础,然后逐渐用标准意大利语取代这些方言。同样,以色列也想方设法用现代的希伯来语单语制来取代传统的犹太人多语制,尽管现代希伯来语是复活的语言、充满活力的语言、重新本土化的语言和相当现代化的语言,但在其推广的过程中,许多祖裔语言和少数民族语言都受到挤压。

印度尼西亚刚独立时有 400 多种语言,其中 15 种语言在 1972 年还有 100 多万的使用者,但印度尼西亚在建国初期却选择了一种使用人数较少的语言作为国语,该语言就是马来语,后来重新命名为巴哈萨印度尼西亚语(Bahasa Indonesia),简称印尼语。印尼语成了印度尼西亚"一个国家,一个民族,一种语言"模式中的"一种语言"。印度尼西亚从 1600 年一直到 1942 年都被荷兰统治,1942 年开始则被日本占领。在 1600 年至 1942 年间,印度尼西亚政府只许荷兰人、基督徒和军人子弟才可以接受教育,不过,19 世纪中叶当地儿童也开始有接受教育的机会,但仅限在小范围的小学教育,学校的教学语言主要是地区语言,但偶尔也用当地广泛使用的通用语——马来语。20 世纪,印度尼西亚政府为部分当地学生建立了一些小学,但必须用荷兰语进行教学。1928 年召开的印度尼西亚青年大会做出了一个决定性的语言管理决定,即选择马来语作为国语,并重新命名为巴哈萨印尼语(Alisjahbana 1976)。印度尼西亚做了各种努力来培育印尼语,但在日本占领期间取得了突破性的进展,那时荷兰语受到禁止,印尼语和日语被宣布为印度尼西亚的官方语言。日本人允许印尼语的培育,并于 1942 年 10 月建立了印尼语委员会,以便开发印尼语的术语和语法,然后,把术语表发送给各个学校。日本占领终结以后,印度尼西亚的新宪法宣布巴哈萨印尼语为国语。在这之后的四年中,荷兰人试图重新占领这个原先的殖民地,并打算建立州级行政单位,它们可以使用各自的地区语言,但巴哈萨印尼语将不再被使用,否则,就成了抵抗荷兰

语言管理

人的象征。1949年印度尼西亚共和国作为一个独立国家得到大家的认可。1952年,印度尼西亚政府接管了所有荷兰语作为教学语言的学校,从此,所有的学校都用巴哈萨印尼语教学。接着,印度尼西亚出台了有关语言标准化和现代化的高压政策,其中包括语言拼写的改革和术语的开发。印度尼西亚出版了正式的标准语法书和词典,并使之定期发行。巴哈萨印尼语在印度尼西亚的大众媒体中得到广泛的使用。当地的地区语言在小学最初的两年中还可以继续使用,这样做是基于如下事实:在印度尼西亚,依然有很高比例的人把当地语言作为自己的第一家庭语言来使用,他们仅在学校或社区中学习印尼语。开普兰和巴尔道夫(Kaplan and Baldauf 2003:99)总结说,巴哈萨印尼语的崛起使之成为印度尼西亚有效的、被广泛接受的国语,这是"一个政治和语言方面的巨大胜利"。同时,他们对印度尼西亚的语言发展还提出了九条建议,这些建议与鲁宾(Rubin 1977)当年所列举的几乎相同。这九条建议的内容如下:需要继续加强印尼语的培育和传播;需要根据地区语言变体来发展标准语言变体;需要划分语言的正式功能与非正式功能;需要加强英语以及其他国际性语言的教学;需要支持祖裔语言的维持;需要丰富语言读写能力展现的环境;需要解决学校英语文本匮乏的问题;需要强化教师的语言培训;需要增加学生专业领域之外接触英语的机会。持续不断的政治无能和经济萎靡使得印度尼西亚难以解决上述问题。尽管印度尼西亚有五分之四的人懂得巴哈萨印尼语,但仅有三分之一的人把它作为自己的主要语言(Montolalu and Suryadinata 2007)。

　　日本和泰国是另外两个单语制国家,它们都具有唯一的大传统,并在语言政策中开始认可本国潜在的多语事实。两千多年以来,日本实际上一直是一个单民族国家,但其语言却一直受到外来因素的影响,特别是日语的词汇和部分书写体系都受到汉语的影响(Kaplan and Baldauf 2003)。随着日本在19世纪末与西方接触的增加,明治时期的主要语言改革开始转向一些更加极端的提议,如语言文字完全实行罗马字母化,甚至转用英语(Coulmas 1990)。尽管日本宪法没有提及语言问题,但大家都理所当然地认为所有的日本人都必须使用日语。日本的民族主义导致了不少事件,其中包括第二次世界大战,在这个时期,日本把日语强加给朝鲜半岛、伪满洲以及其他被占领地方的人们。最近,日本在单语观念上有了两个突破。一个是日本认为自己需要加强英语及其他外语的教学;另一个是日本开始认可本国其他语言使用者的身份,这些人包括朝鲜或韩国移民以及其他国家的移民、外籍工人甚至本国的土著少数民族。

人们普遍认为泰国也是一个单语制国家,它具有唯一的大传统,共同的宗教——佛教。不过,如斯莫利(Smalley 1994)所言,泰国的现实未必如此。事实上,泰国使用着 80 种不同的语言,其中许多可被视为泰语(Thai)的变体。标准泰语是泰国的官方语言和国语,泰语与佛教一样成了泰国的一种象征性符号。然而,在泰国,把泰语作为一种本族语来使用的人却不多,大多数人都是在学校学会这种语言的。为了对外交流——国际政治、海外高等教育、国际媒体、文化和旅游,英语是泰国小学的必修语言。尽管泰国在语言意识形态上显然属于单语制国家,其他语言的使用者都接受了泰语的霸权地位,但泰国在语言实践上是一个多语国家。在泰国,只是最近才有人谨慎地提出如下一条建议:更好地认可泰国南部穆斯林所使用的马来语将有助于解决泰国目前的政治动乱。

不管我们是否喜欢国家这个概念,世界上的国家依然存在着。全国性的官方语言作为国家的一种流动性象征以及作为人们交际的一种有效方式,它所拥有的价值是巨大的,难怪现代民族国家,不管什么种类的民族国家,它们所面临的主要压力是发展单语制。但是,民族国家的这种做法也会遭到两股反对的力量——语言活动者和超国家组织,前者往往会选择不同的语言作为自己活动的理想目标,而后者虽然没有对民族国家进行直接管理的权力,但它们开始极力赞成并推广语言多样性和多语制的理念。为了更好地理解民族国家层面上的语言管理,我们需要更加仔细地分析国内的语言活动者以及国外的超国家组织。

第10章 语言活动者群体域的语言管理

10.1 幕间休息：当代语言管理模式的小结

在看完上一章有关民族国家政府域的语言管理后，或许本章第一节是一个可用来总结目前所论述的语言管理理论模式的适当地方。首先，我把组织化语言管理看作是某些人的一种行为，这些人拥有权威或索要权威，以便可以改变一群人的语言实践或语言信仰。组织化语言管理是一种政治行为，它源自人们的这样一条信念，即现有的语言实践或语言信仰还不够充足或还不够理想，它们需要得到改变。组织化语言管理表现为人们对语言、语言变体或语言变项的选择，它取决于两种或两种以上的语言、语言变体或语言变项之间是否存在，或者是否让人感觉到存在重大的冲突，而且，人们指望通过不同的语言选择来解决这种冲突。

第二，如卡尔韦（Calvet 1998）所说的那样，我也认为我们在研究语言管理时不应仅在民族国家的层面上进行，还必须在得到大家认可的各级社会层面上进行，因为这些社会层面可以形成不同的语言管理域，它们都是人类社会的重要组成部分。民族国家层面之外的语言管理域包括家庭域、宗教域、居住小区域、工作域、司法与医疗卫生域以及军队域，等等，每一个域都是社会语言生态系统中的一部分，它们相互关联。正如奈科瓦皮尔（Nekvapil 2006:100）所说的那样，语言管理既包含国家层面的"宏观规划"（macroplanning），也包含国家层面之下的"微观规划"（microplanning），这两类规划事实上是相互影响和相互作用的。这种以语言管理域为中心的研究方法，将有助于我们区分以下两种语言管理：一种是域内参与者的语言管理（如家庭域中的父母，学校域中的教师，以及宗教域中的牧师或传教士),另一种是域外因素影响下的语言管理(如最常见的是政府试图控制家庭、学校或教堂的语言实践)。

第三,我认为语言管理是一种偶发现象,其动因可能是为了解决人际间的交际障碍,也可能是出于对非语言因素的考虑——认为有理由和有必要干预现有的语言秩序。人际间出现的交际失败或交际障碍促使颜诺和诺伊斯图普尼(Jernudd and Neustupný 1987)提出了语言管理的模式。人们对非语言因素的考虑通常是为了寻求或维护权力。肖哈米(Shohamy 2006:44)在严厉谴责语言政策制定过程中的"隐性议程"(hidden agenda)时,她把语言政策看作是人们"组织、管理和支配语言行为的基本机制","因为在人类的权力、表现和争辩斗争中,各种政治议程都少不了语言的使用",于是,语言就成了"人类管理自己及其行为的工具"。她赞同菲利普森(Phillipson 1990,1992)的观点,菲利普森认为全世界之所以普遍接受英语作为通用语的角色,是因为语言帝国主义的结果。语言帝国主义属于斯古纳伯—康格斯(Skutnabb-Kangas 1988)提出的语言主义的一种,是指"有些人根据语言来划分不同的人类群体,然后在这些群体之间进行不平等的权力和资源(包括物质的和非物质的)分配,他们为了使这一行为合法化,并使之能够得到实施和繁衍,就利用了语言意识形态、语言结构和语言实践"(Phillipson 1990:41)。菲利普森又把他自己对权力维度(power dimension)的认识在一定程度上归功于卡尔韦(Calvet 1974:54),因为卡尔韦在其著作中强调了殖民语言政策中的权力维度,他指出:"方言是被击败的语言,而语言是政治上成功的方言。"

卡尔韦(Calvet 1998:19)在其最近出版的一本书中提出,他称作的语言战争已经出现在人们从语言意识形态上对自然的语言多样性现象的解释中。人们认为自然的语言多样性导致多语现象,而多语现象通常都被看作是人类的祸根。例如,《圣经》和《古兰经》都是通过多语来惩罚人们的巴别塔行为,从而宣扬了单一语言具有优越性的语言信仰。对伊斯兰教来说,这种单一语言当然是阿拉伯语。古希腊人也持有同样的语言观,他们根据单一的希腊语把世界上的人划分为希腊语使用者和野蛮人(即非希腊语使用者)两类。16世纪,约阿希姆·杜贝莱(Joachim du Bellay)[①]在

[①] 约阿希姆·杜贝莱(1522—1560),文艺复兴时期法国诗人,为七星诗社成员,主要著作有《保卫与发扬法兰西语言》(1549)等。

参与法国人和德国人之间有关谁的语言更接近巴别塔之前语言(pre-Babel language)①的争论中认为,法语的优越性胜过所有的其他语言。17世纪,有学者认为事实上享有这种独尊荣誉的语言应该是荷兰语,该语言属于低地德语(Low German)的一种变体,其使用者是从阿勒山(Mount Ararat)②上迁居下来的,因此,他们所使用的语言没有受到因巴别塔事件而导致的多语混淆现象的影响。18世纪晚期,安托万·里瓦罗尔(Antoine Rivarol)认为,法语在使用的普遍性和优越性方面都是首屈一指的。

然而,以豪根(Haugen 1987)为代表的一派对多语现象却持相反的观点,他们认为多语现象不是祸而是福,他们的主要宗旨就是尽量维持语言的多样性。不过,民族国家和民族主义者很少持这种态度。卡尔韦(Calvet 1998:51)认为,民族主义者在对待多语现象时往往是谴责自己语言之外的任何语言:

> 他们把语言间的差异看成是语言间的从属关系,认为强势语言之外的语言都是低级语言,甚至像古希腊人一样不把它们看作是语言。人类打一开始就有语言墙(wall of languages)的阻隔,而且,各自不同的宗教或世俗语言意识形态一直连绵不断地传授给后代。正如我们所看见的那样,多语之间的矛盾其实在很大程度上是一场认识上的斗争,它可能出现在社会的各个领域,最后由国家机器通过更加实际的方式来得到解决。

根据卡尔韦(Calvet 1998:66)的研究,语言管理或语言规划出现在因多语而产生冲突的地方,多语本身是所有社会中的一种自然现象,是"一种被大家所熟知的命运"。语言管理出现在社会的各个层面,首先是出现在家庭层面。卡尔韦提供了塞内加尔、马里和尼日尔三国有关家庭语言选择的数据。他认为家庭能够反映它们所处社会的语言冲突,语言在社

---

① 根据《圣经》故事,人类在建造巴别塔之前只使用一种语言,那叫亚当语言(Adamic language),即亚当和夏娃所使用的语言,有人认为该语言就是希伯来语。

② 坐落在土耳其厄德尔省的东北边界附近,为土耳其的最高峰,距伊朗国界仅16公里,而距亚美尼亚国界也仅32公里,甚至可眺望亚美尼亚的首都埃里温(Yerevan),其因基督教的圣经《创世记》一篇中记载,著名的诺亚方舟在大洪水后,最后停泊的地方就在阿勒山上,因此也使得阿勒山在欧洲、西亚的基督教世界远近驰名。

会上的声望和影响势力是家庭语言选择的决定性因素。市场是通用语出现的催化剂,语言声望的大小或人们对该语言爱憎的程度决定了人们是使用该语言还是回避该语言(Calvet 1998:88)。但是,当卡尔韦认识到语言管理可能影响到社会大大小小的各种单位时,他认为,语言政策就是处理好语言和"社会总体生活之间的关系,更确切地说,是处理好语言和全国人民生活之间的关系",因此,语言政策与"国家息息相关"(Calvet 1998:114)。

卡尔韦认为,语言和民族国家之间的联系非常紧密,处理不好就容易引发"战争",因为每个国家都想要完成以下各种可能实现的任务:管理好当前的多语现象;培育好国语,以便使之更好地用来作为国家的象征;选择一种统一的语言书写体系;发展一种官方语言,并使之现代化。卡尔韦以厄瓜多尔为例对此进行了解释,厄瓜多尔的土著人想要通过语言维持来保护自己的身份。在类似的各种案例中,里面都蕴含着强烈的政治维度(political dimension),人们都把语言政策看作是一种寻求或维护权力的标志。肖哈米(Shohamy 2006:25)进一步地指出,随着民族国家的建立,语言本身"从一种自由的交际方式变成了一个封闭的停滞系统。从民族国家的早期开始,语言和文化都是国家机构中的重要工具"。

在社会语言生态方面,我认为以下案例比上述案例还要复杂。由于社会上的大多数组织或单位都出现了广泛的语言变异,以及由于大多数国家甚至都出现了更大范围的语言变异,而且这种语言变异因受全球化和移民现象的影响而一直在增多,因此,尽管越来越多的国家政府不愿意但也不得不面对语言管理的需求。当我们在阅读《圣经》中的《以斯帖记》时,就会发现古波斯(Ancient Persia)与其下属王国和所辖领土之间制定了一项语言交际政策,古波斯的下属王国和所辖领土的人们可以用自己的本地语言与古波斯人进行交谈,古波斯会提供翻译人员以便保证会谈的进行。古希腊人由于持有单语的世界观,他们认为世上每个人都应该学习他们的语言。阿拉米语在古代的传播以及后来阿拉伯语在伊斯兰各征服时期的推广都表明当时的阿拉米人和阿拉伯人跟古希腊人一样具有同样的语言观。后来,西班牙、法国和葡萄牙在它们各自的殖民地上也采用了同样的语言观。不过,还是英国最早在印度开始仿效这种做法。当英国在印度殖民地实施的语言政策失败后便开始重新考虑单语方法,并试图控制多语政策,即赋予当地语言一定的功能,但这些语言的使用要受到一定的限制。十月革命以后，苏联的新一代领导者也面临着同样的语言政策困境。列宁采用了严厉而实用的方法，他认为，认可各加盟共和国国语地位的做法比坚持认为人人都要使用俄语的做法更好，这可以使苏联更快地实现社会主义。但斯大林执政后采用了与此相反的语言政策，不过，该政策也同样实用。斯大林怀疑乌克兰的粮食生产之所以歉收，是因为列宁当初同意乌克兰实行自治所造成的。于是，苏联后来的语言管理重点是推广俄语，提高俄语的象征性功能，进而实现中央集权制。

因此，我认为，如果一个国家尚未普及个人的多语能力或者一个国家尚无被大家所接受的通用语，那么，国家语言管理的目标应该是处理好由多语现象所带来的交际问题，并且，首先不可避免地要从语言管理域内部的实用方法开始。倘若某个民族语言群体想通过语言霸权的方法来获取权力，然后，驱使国家采取措施来确保该语言的单语霸权以及国家的象征含义，那么，这些国家的语言状况可能就会变得更加复杂，如斯大林领导时期的苏联和独立后的印度就出现了这种情况。而且，这种复杂情况与以下几个时间段里诞生的新国家为了创建一种统一的国语所导致的情况有所不同，这几个时间段及事件是19世纪和20世纪早期的民族解放运动、20世纪中叶殖民帝国的瓦解以及20世纪90年代苏联的解体。上述现象也促使人们理所当然地认为单语制是人类的一种理想状态，各国的差异就在于语言的选择。于是，我区分了本质实用型和民族主义驱动型两种语言政策，前者纯粹是为了使语言词汇现代化或者改革语言书写体系，后者可能还受其他因素的影响，例如，在中国，汉语一直采用方块字的书写体系；在苏联，政府坚持要求本国的少数民族语言使用西里尔字母书写；在阿塔图尔克统治下的土耳其或当下的冰岛或法国，它们都分别实施过语言净化政策——语言词汇大调整或语言现代化改革。换句话说，我认为国家的语言政策会受到权力愿望的影响，但这并不是本人不假思索就做出的结论，因此，在每一种情况下我们都需要寻找到除语言实用性之外的任何主要动机的证据。

总之，如艾哲（Ager 2001）所指出的那样，我也相信各级政府域以及其他各个层面的管理域所号称的语言管理者都可能具有许多不同的理由来采用各自不同的语言政策。语言管理的挑战在于明确政府的哪些部门或人员对语言管理的过程具有实际的影响作用（详情见本书第12章）。遗憾的是，我们对这方面的研究还非常有限，所以，我们在此不得不使用一个没有确切所指的代词"他们"来指"政府"。

然而,当我们对国家层面的另一个非常重要的参与者群体进行调查时,我们或许就能把语言的管理工作做得更好些。这一群体就是那些试图想通过游说政府来支持某一种或数种语言,进而影响国家语言政策制定的语言活动者。我们在本章将要研究的并不是由国家政府组建的正式的语言规划组织(Domínguez and López 1995;Rubin 1979),而是由民间志愿者构成的各种协会,这些协会的目的是想要影响国家的语言政策。由国家政府组建的正式的语言规划组织将在本书的第12章中进行探讨。在国家或国家独立前的语言管理域上,存在操作体系。在这个语言管理域上共有三类参与者:第一类是语言活动者,这些人可能是未来的语言管理者;第二类是语言活动目标语或其他语的使用者,这些人是或主动或被动地想要加入这些语言活动;第三类是权威人物,这些人想要接管语言管理的任务。在本章中,我们将根据已有研究文献中的描述对一些语言活动案例进行分析。

10.2　希伯来语的复活

我从以色列的希伯来语案例开始,这个案例我在好几处都进行过探讨(Spolsky 1991b;1995a;1996;Spolsky and Shohamy 1999;2001),而且,肖哈米(Shohamy 2006)对这个问题也进行过研究。

希伯来语主要的发展路径如下。东欧犹太人从罗马征服时期开始到后来的犹太国被毁时期结束一直维持了三语的社会语言生态。第一种语言是希伯来语,确切地说,是希伯来语和阿拉米语的混用体,它主要用于犹太人的宗教经文和宗教祷告,同时,还是大多数犹太人扫盲用的语言。第二种语言是世俗犹太语言,这是犹太人在社区日常生活中所使用的一种语言,它有许多变体,如在东欧被叫作依地语。第三种语言是特有的寄居国语言,该语言主要用于犹太人与当地政府民政部门的交流以及与非犹太人社区的商务活动。在19世纪末,上述每种语言都有自己所特有的犹太人使用群体。跨境地方语是西欧犹太人所使用的语言,他们渴望融入当地社会,也被允许融入当地社会;得到复活的希伯来语是犹太复国主义者所使用的语言,他们支持重建领土民族主义(territorial nationalism)

的思想,这意味着他们要返回巴勒斯坦;依地语是犹太传统主义者所使用的语言,他们反对变革,此外,那些崇尚自己文化的非领土民族主义(non-territorial nationalism)者也使用依地语。上述领土与非领土两种意识形态上的民族主义运动存在着重叠的地方,所以,1908年许多参加切尔诺夫策依地语盛会(Tshernovits conference)①的人都能用依地语和希伯来语两种语言书写(Fishman 1991a;Glinert 1993),他们都接受了含有以下观点的决议:依地语和希伯来语一样重要,希伯来语只是犹太语言中的"一种",而不是"唯一"。但希伯来语的支持者对此难以接受,他们拒绝把依地语看作是犹太语言的一种侨民语言(diaspora language)②。

但是,希伯来语的这些支持者是谁呢?首先是一群理论家和学者,其中最著名的是艾利泽·本·耶胡达,他把有关希伯来语的运动看作是他个人犹太复国主义的自然延续。本·耶胡达成立了好几个语言活动组织。1883年,他在巴勒斯坦组建了一个名叫"以色列复活"(Tehiat Yisrael)的秘密组织,该组织的目的是复活奥斯曼帝国统治下的巴勒斯坦犹太人所使用的语言。该组织的成员无论在哪里相互之间都使用希伯来语交流。1888年,本·耶胡达成立了第二个组织——语言净化组织(Safah Berurah),旨在推广成人所使用的希伯来语。1890年,他建立了一个由四人组成的"语言委员会"(Vaad Halashon),旨在使希伯来语标准化。在这些组织中,没有一个能够维持到一年就夭折了(Chomsky 1957:234—239)。

其次是一小群依地语使用者移民,他们回到以色列后居住在几个不同的乡村,但他们决定让自己的孩子学习希伯来语。1894年,他们在里雄莱锡安(Rishon le Zion)③为四五岁的儿童建立了一所学前教育学校,

---

① 切尔诺夫策是现在乌克兰东南部的一个城市。1930年,该市人口有大约11.2万人,其中约百分之二十七为犹太人。1908年8月30日在此举行了首届依地语大会,与会者讨论了以下十个问题:依地语的文字拼写、依地语的语法、依地语中外来词和新词的处理、依地语词典的编撰、年轻犹太人依地语的习得、依地语出版物、依地语剧院与演员、依地语作家的经济地位、依地语演员的经济地位和依地语的认可。此次大会对于依地语和犹太人意义重大,影响深远。

② 20世纪80年代社会语言学中新出现的一个术语,是指使用同一种语言,并且具有共同文化认同的人因散居世界各地而使用的各种语言变体。

③ 简称里雄,是以色列中区的一座城市,紧靠特拉维夫的南面,属于特拉维夫大都市区的一部分。它是以色列第四大城市,拥有大约22.1万人口(2006年)。该城市与我国的天津市结为友好城市。

教学内容都用希伯来语进行。1896年,该校开始招收三岁儿童。1898年,该校所有的科目都用希伯来语进行。刚开始时,该校把一位教师派送到耶路撒冷的伊夫林娜·德·罗斯柴尔德学校(the Evalina de Rothschild School)①接受培训,这所学校采用英语教学。当这位教师完成培训回到村庄后于1898年开设了当地的第一家现代希伯来语幼儿园。在后来的几年中,类似的幼儿园就接二连三地开设起来了。

第一个支持希伯来语复活运动的正式组织是希伯来语教师协会(Hebrew Teachers Association),该组织成立于1895年,主张学校要选择希伯来语为教学语言,并采用西系犹太人的希伯来语语音系统,但允许德系犹太人的希伯来语语音系统在小学的第一年使用,而且也允许用于祷告。该协会的第二次会议直到1903年才召开,召集人是来自俄国的犹太复国主义者领导梅纳赫姆·乌西施金(Menahem Ussishkin)②,他在第一次世界大战后就迁居到巴勒斯坦。此次大会确认了希伯来语为以色列学校的教学语言,并采用直接教学法来接受希伯来语。此外,与会者也同意采用德系犹太人的文字系统和西系犹太人的语音系统。尽管希伯来语的本体发展缓慢,但截至1905年,有报道称儿童已经在校外开始使用希伯来语,并把希伯来语带回了家。

之后,希伯来语的复活运动取得了以下两大重要进展。第一是新一波犹太复国主义者移民回到以色列后的希伯来语教育发展迅速。这批犹太人是以色列基布兹(一种集体农场社区)的缔造者。出于对语言意识形态和语言实际性的考虑,这些人在以下诸多重要方面改变了自己的生活:他们放弃自己的私人财产,以集体生活的方式过日子,大家在社区餐厅一起吃饭,把孩子送到社区的儿童之家。他们都遵循在公共场合只使用希伯来语的说话原则。这就意味着,大家除了在私人卧室外的任何地方都

---

① 罗斯柴尔德家族,原本是一个在德国生活的犹太裔家族。18世纪末期,罗斯柴尔德家族创建了整个欧洲的金融和银行现代化制度。在奥地利和英国,罗斯柴尔德家族成员先后被王室赐予贵族身份。19世纪中,罗斯柴尔德家族是全世界最富有的家族。罗斯柴尔德家族曾对锡安运动的发展和以色列的建国立下了汗马功劳。至今以色列尚有为数众多的以罗斯柴尔德为名的街道和城镇。伊夫林娜·德·罗斯柴尔德(1839—1866)是英国社交界名人,该家族的一员,去世后,她丈夫为以她的名义捐建医院,1854年,她父亲在耶路撒冷建立了巴勒斯坦的第一所女子学校,该校后改名为伊夫林娜·德·罗斯柴尔德学校。

② 梅纳赫姆·乌西施金(1863—1941),出生在俄罗斯,1889年毕业于莫斯科理工学院,是犹太复国主义和犹太国家基金的领导者,曾担任第一次犹太复国主义大会秘书。

要使用希伯来语。第二是希伯来语学校在以色列城市的推广状况发展喜人。以色列城市(如特拉维夫、耶路撒冷和海法)有越来越多的世俗犹太人(secular Jewish),他们都愿意接受希伯来语学校的教育。另外,巴勒斯坦的劳工运动于1907年通过投票做出了一项重要的政策决定,即以色列的官方学术期刊以后只能用希伯来语出版,而不再像以往一样使用依地语发行。

希伯来语教师协会在1913年的巴勒斯坦语言战争①中起着重要的作用。德国有个名叫德国犹太人援助协会(Hilfsverein der deutschen Juden)的组织,其目标是推动技术欠发达国家犹太人的发展。该组织已经在巴勒斯坦建立了许多以希伯来语为教学媒介语的中学,并计划筹建一所理工学院。1913年,该组织宣称即将成立的理工学院将使用德语而不是希伯来语作为学校的教学媒介语,理由是希伯来语无法表达许多科技上的概念。该声明立即遭到巴勒斯坦希伯来语学校师生的强烈反对,他们游行示威,要求该组织尽早同意在大学的科学课程上也使用希伯来语教学。事实上,这所理工学院(即坐落在海法市的以色列理工学院)直到该语言战争十年后(即1924年)才建立。

在奥斯曼帝国统治时期,巴勒斯坦的少数民族社区可以自由地运行自己的教育体系,任意地选择教学语言。面对这种情况要把希伯来语建设为巴勒斯坦的官方语言实属不易,但相关人员从英国犹太复国主义者的政治活动中颇受启发,这在希伯来语作为官方语言的建设过程中是很重要的一点。1918年出版的《英国犹太人新闻周报》(特刊)对发生在巴勒斯坦的语言战争进行了最详细的报道,如同报道英国将军艾伦比(Allenby)及其带领的军队进入耶路撒冷打击溃败的奥斯曼帝国军队那样详细。这本19页的特刊小册子(Cohen 1918)以事故报道的形式描述了该语言冲突:由土耳其警察陪伴的德国领事官员进入了耶路撒冷的犹太人学校,并强迫教师从希伯来语转用德语。同时,一位来自威尔士的英国议员(他曾是英国的一位陆军上校,他儿子是艾伦比军队中的一员,但在埃及服役时被人杀害)询问了本国的战争部长(minister of war)②有关耶路

---

① 指德国犹太人援助协会在1913年要在巴勒斯坦建立第一所用德语作为教学语言的技校,这一事件使得支持德语的一派和支持希伯来语的另一派之间产生了纷争。

② 英国的战争部(War Office)于1964年转为国防部(Ministry of Defence)。

撒冷的情况,如英国军队占领耶路撒冷后是否扣留了那里的德语教师?该部长回答说,据可靠消息,耶路撒冷的犹太人都说希伯来语,英国军队已经得到指令——要把希伯来语看作是耶路撒冷的一种官方语言,它与英语和阿拉伯语享有同等的地位。当国际联盟把巴勒斯坦的管辖权授予英国时,希伯来语的地位便得到了保证,而且,希伯来语问题被正式地纳入了英国女王1920年的《枢密院令》(Order-in-Council)的立法内容。1948年,新独立的以色列国依然保留了这一政策,只是简单地修改了其中的一些内容,如取消了"法律中任何有关需要使用英语解释"的内容。我猜想,在这些关键事件的背后,哈伊姆·魏茨曼(Chaim Wcizman)[1]是个关键人物,如他与乌西施金曾经劝说1913年的犹太复国主义大会支持希伯来语大学的创办,他们两个人当时都反对筹建中的理工学院未来将使用德语教学的计划。在巴勒斯坦发生语言战争的期间,魏茨曼已经成了一名英国公民,并担任英国海军研究实验室(British Admiralty Laboratories)主任之职。由于魏茨曼经常与英国的政治家保持接触,从而促成了《贝尔福宣言》(Balfour Declaration)[2]的出台,英国在该声明中许诺给巴勒斯坦犹太人的"……民族之家"(National Home)提供支持。因此,我们似乎有理由认为是犹太复国主义运动和像魏茨曼这样的人推动着希伯来语官方化的进程。可见,在希伯来语复活运动的背后非官方的政治活动起了举足轻重的作用。

在巴勒斯坦的语言战争期间,希伯来语委员会的工作被迫中断,因为许多成员都被奥斯曼帝国的土耳其人放逐到大马士革,其余的则逃到美国和德国。1920年,巴勒斯坦的形势发生了变化,这些流亡海外的希伯来语委员会成员又返回了以色列,他们克服天气寒冷的困难开始每周召开两次会议,并花费大量的时间用于开发商业、木工和厨具等方面的希伯

---

[1] 哈伊姆·魏茨曼(1874—1952),一位犹太裔化学家、政治家,曾任世界犹太复国主义组织会长,第一任以色列总统(1949—1952),并是魏茨曼科学研究所的创建人。他出生在俄国,毕业于瑞士弗莱堡大学化学系,曾在日内瓦大学和曼彻斯特大学执教,1910年加入英国籍,1917年协助贝尔福勋爵写出了《贝尔福宣言》。

[2] 英国的中东政策和以色列建国历史上的一个重要文件,全文如下:"英皇陛下政府赞成犹太人在巴勒斯坦建立一个民族之家,并会尽力促成此目标的实现。但要明确说明的是,不得伤害已经存在于巴勒斯坦的非犹太民族的公民和宗教权利,以及犹太人在其他国家享有的各项权利和政治地位。"亚瑟·贝尔福(1848—1930)是英国时任外务大臣,对该决议的通过功不可没。参加该宣言谈判的犹太方面主要人士之一是哈伊姆·魏茨曼。

来语术语(Saulson 1979:57)。同年,希伯来语委员会的主席艾利泽·本·耶胡达和大卫·耶林(David Yellin)①向犹太复国主义运动的领导层写信,要求增加资金来支持越来越多的有关希伯来语的语言活动,而且,委员会成员也增加到 23 位。1922 年,该委员会改名为希伯来语研究所(Hebrew Language College),他们向负责语言管理的英国高级专员署写信,旨在阐明希伯来语标准化的重要性,并要求所有不涉及国家秘密的官方文件在翻译时都应该向该研究所咨询(Saulson 1979:62-65)。在后来的 20 多年中,该研究所的主要工作是负责希伯来语术语的开发。1948 年以色列建国以后,这项任务就被移交给希伯来语研究院(Hebrew Language Academy)来承担,后来,该研究院在这方面表现不俗。

另一个支持希伯来语复活的草根组织是以色列希伯来语保护军团(Legion for the Protection of the Language)。该组织成立于 1923 年,由乌西施金领导。自从成立以后,该组织就不断地发起运动,反对希伯来语的两大主要敌人。他们分别是乌西施金在该组织的一次大会上所抨击的利用英语来显示其社会精英地位的犹太人以及被乌西施金甚至更加猛烈谴责的使用依地语侨民语言的犹太人。该组织曾经成功地阻止了一个想在希伯来大学为依地语设立教授一职的方案。

在希伯来语复活运动的最初 50 年中,主要的倡导者是来自民间的草根语言活动者、来自学界的志愿者以及犹太复国主义运动的政治领导,但在英国控制巴勒斯坦时期,当地的犹太少数族群社区及其教育等机构对希伯来语的接受态度也非常重要。当时,大多数的巴勒斯坦犹太人都接受了这些倡导者的观点,而一小部分反犹太复国主义运动的极端正统派社区成员则未能接受,他们认为希伯来语过于宗教化而不愿在日常生活中使用它。

随着时间的推移,巴勒斯坦犹太人社区对英国的统治表现出越来越多的抵抗特点,尤其是在英国政府发表了不利于犹太人的《白皮书》之后。该《白皮书》威胁说英国要关闭犹太人移居巴勒斯坦的通道,而且,发表的时间就在欧洲犹太人社区正在遭受纳粹的毁灭打击之时。于是,巴勒斯坦犹太人社区的"国家委员会"(National Council)开始筹建地下政府。

---

① 大卫·耶林(1864—1941),出生在耶路撒冷的一个名门之家,当过教师,耶路撒冷的副市长,后成为希伯来语运动的领袖。

他们的主要活动之一是组建地下军队,此外,他们还制定系列的政策指令,以便树立希伯来语在犹太人中的强势地位(Shohamy 2007)。

1939 年 8 月,犹太复国主义运动中央委员会出台了《犹太人社区希伯来语保护与推广指令》,并开始了一个包含如下内容的理想化项目:巴勒斯坦犹太人必须使用希伯来语,不管在哪里,他们都只能使用希伯来语;巴勒斯坦犹太人必须使用纯正的希伯来语;新来的移民必须立即开始学习希伯来语;所有的巴勒斯坦犹太成年人都只有通过了希伯来语的测试后,才能接受用人单位的考核和雇用;所有巴勒斯坦犹太人的私人名字都必须希伯来语化(Hebraized);巴勒斯坦犹太人社区的新闻报纸只能用希伯来语出版;巴勒斯坦犹太人只能使用希伯来语的日期表达法;巴勒斯坦犹太人社区应该建立希伯来语法庭。1941 年,该中央委员会还出台了一些更加理想化的宣言。例如,巴勒斯坦的每个城镇都要确定一个自己的希伯来语日(Hebrew day);巴勒斯坦所有的企业、专业机关和医院都要设置希伯来语管理机构;严禁巴勒斯坦犹太人社区用希伯来语之外的语言出版任何报纸;巴勒斯坦犹太人社区所有的街道名称都要希伯来语化;巴勒斯坦所有的食品都要贴上希伯来语标签。这些做法与加拿大魁北克省政府为保护法语所采取的措施别无两样。在上述宣言发表仅仅一周之后,犹太复国主义运动中央委员会又出台了一个文件,里面提出了更多的语言计划,并希望各地市长能够执行。例如,他们在计划中增加了有关希伯来语学习动机的内容;要大家传播有关希伯来语学习的口号;要求各单位都任命若干位希伯来语监督员;要聘请希伯来语专门机构来监督人们的语言使用。此外,他们还将制订行动计划,以便敦促所有用希伯来语之外的语言发行报纸的单位都要转用希伯来语来发行;关闭所有用希伯来语之外的语言上演戏剧的剧院。两周后,犹太复国主义运动中央委员会发文声明,他们发现了一些违规者或违规单位,指出了这些人或单位的违规行为,并要求他们做出整改的承诺。例如,一所学校用英语教授某些课程;国家管弦乐队在彩排中没有使用希伯来语来进行;一家出版社使用希伯来语之外的语言出版一本烹饪书;一家咖啡店老板使用了不良希伯来语;一家广告公司使用双语为一部歌剧做宣传。

另外,犹太复国主义运动中央委员会还努力地劝说英国政府要鼓励大家多使用希伯来语公共标识。他们发现仅海法市就有 128 个公共标识存在着希伯来语使用上的错误。他们还派送志愿者到各家各户统计希伯来语的使用人数。事实上,从法律的角度来说没有任何机构或单位获取了权力来实施上述各项计划,但公共舆论的道德力量在促使人们这样做,有时甚至还能听到这样的报道:有人为了反对人们在公共场合使用希伯来语之外的语言而使用暴力。

假如我们只是简单地区分自上而下(即从政府开始)和自下而上(即从草根开始)两种语言活动之间存在的差异,那么,我们就可以说在以色列于1948年建国之前希伯来语的复活与复兴行为完全取决于自下而上的语言活动。虽然这种说法看似简略,但它里面蕴含的内容却更加复杂。在希伯来语这场自下而上的语言复活活动中主要涉及以下几类人物或组织:首先是个体的语言活动者,如艾利泽·本·耶胡达和大卫·耶林,他们不时地成立各种委员会、组织和机构,以便支持和实现他们的思想。其次是政治领袖,如哈伊姆·魏茨曼和梅纳赫姆·乌西施金,他们要么独自要么与原有的或新成立的组织一起劝说外国政府或个体官员把希伯来语提升为他们国家的官方语言,并广泛使用它。第三是各种组织,它们在希伯来语的复活过程中担任着重要的角色,现列举以下四例。第一个组织是希伯来语委员会,它发表了众多的宣言,并从几个语言爱好者发展为羽翼丰满的语言研究院;第二个组织是希伯来语教师协会,它培养了一线的希伯来语老师,为希伯来语的教学提供了核心支持;第三个组织是以色列希伯来语保护军团(Legion for the Protection of the Language),20年来它似乎一直是希伯来语主要的宣传机构和语言使用的志愿实施者;第四个组织是英国托管巴勒斯坦时期的希伯来语全国委员会(Vaad Leumi),该组织通过言教和身教两种方式来鼓励犹太人要在自己的社区实现希伯来语霸权的理想,并建立了自己的语言执行机构,它在以色列建国前的主要任务之一是为英国托管巴勒斯坦后期的学校规划语言教育政策,在以色列独立前不久该组织还决定未来以色列的学校要采用阿拉伯语或希伯来语教学,具体选择哪种教学语言要取决于学校当地的语言使用状况。

以色列建国以后就再也没有一个机构来接管有关希伯来语运动的工作,其实,这项任务被摊派给了众多的政府机构,让它们继续这场有关希伯来语意识形态的斗争。以色列教育部和军队是执行国家隐性的希伯来语霸权政策的两个主要单位,它们都尽力地从新生或新兵开始教授希伯来语,并保证本系统的各个机构和部门在工作时都使用希伯来语。以色列内政部也与地方语言委员会合作，共同鼓励大家使用希伯来语人名。

尽管以色列建国以后还有些人以个体的身份不时地提议修改国家的语言政策（如想剔除阿拉伯语在以色列的官方语言地位，均以失败而告终），但据我所知，以色列从此再也没有志愿团体还在从事有关本国语言地位这方面的工作。然而，在最近十年，一个以色列阿拉伯少数民族民权组织（Adalah）已经把语言问题告到了法庭，他们要求以色列的街道路标也使用阿拉伯语，并反对地方政府禁止广告栏中仅用阿拉伯语的政策。该组织在劝说政府为阿拉伯语建立语言研究院方面也起了一定的作用。同样，以色列从此也不再有为依地语或拉地诺语的地位而存在的志愿组织，但以色列政府在确认希伯来语的霸权地位不再受到这些犹太语言的威胁后，几年前就同意为依地语和拉地诺语建立研究机构，并支持它们的发展。

10.3 民族主义者的语言活动

有些人认为语言规划和语言管理仅仅发生在民族国家的层面，这些人往往都缺乏草根组织在举行语言活动时所表现出的丰富性。豪根（Haugen 1966）对挪威语的经典研究清楚地表明了这一点。当挪威于1814年独立时，有些语言学者提出挪威也要实现语言独立。首先，大家对挪威语的标准众说纷纭，但努德·努森（Knud Knudsen）和伊瓦尔·阿森（Ivar Aasen）两位学者提出了相互矛盾的建议：努德·努森于1856年出版了一本有关挪威语的语法书，其内容主要是根据受过教育的奥斯陆人对挪威语的用法而编写的，而伊瓦尔·阿森于1848年出版了更加基础的挪威语词典和语法书，其内容更偏向于挪威语的民间方言。大家对这两位学者提出的建议褒贬不一，尤其是当支持第二种建议（即伊瓦尔·阿森的建议）的反对派左翼党于1885年开始执政时，有关这两种建议的辩论变得更加激烈。于是，左翼党制定了两种建议都接纳的语言政策，从此挪威就面临着两种挪威语变体相互竞争的困境。在整个20世纪，有关这两种语言变体的政治冲突一直存在，但最后双方达成协议，建议两种语言变体都使用，并要求学校对这两种语言变体都进行教授。挪威至今还存在着一个支持尼诺斯克语的挪威语组织(Noregs Mållag),该组织声称有1.03万成员,他们分散在全国各地大约200个分支机构中。早在1868年,挪威就成立了第一批有关尼诺斯克语的协会,而挪威语组织本身是在1907年才成立的,其最近的主要业绩是2003年成功地劝说美国微软公司开发尼诺斯克语版本的Office(办公软件),这为挪威40万左右的尼诺斯克语使用者带来方便,这些使用者为此还曾经以罢课来相威胁。

在另一个斯堪的纳维亚国家丹麦,该国大约在1800年的前后几十年中成立并发展了各种丹麦爱国社团,这些社团主要在哥本哈根,但其他地方也有(Engelhardt 2007)。它们的目标是促进本国经济的增长,促使大众教育的发展以及推动本国人权意识的进步,但它们不反对政府的权威。丹麦人的国家身份往往是通过反德情绪来体现的,哥本哈根有三分之一的人是德语使用者。这些社团敦促石勒苏益格(Schleswig)[①]的丹麦语区并入丹麦的管辖范围。这些爱国社团与19世纪的民族主义者不同,它们认为爱国主义是一种态度,它与血统、语言或民族特点关系不大。此外,这些爱国社团对农民的看法不好,而19世纪的民族主义者则把农民看作是国家传统的陈列室。这些爱国社团在拿破仑战败后就消失了,取而代之的是民族主义运动。

另一个在国家独立前就存在的经典的民族主义语言运动组织是爱尔兰的盖尔语联盟。该组织是由一位名叫道格拉斯·海德(Douglas Hyde)的清教徒于1893年组建的,其基本目标是维持爱尔兰语在爱尔兰的使用。欧劳艾尔(Ó Laoire 1996:53)认为,该组织的具体目标不是要把爱尔兰语发展为爱尔兰的全国性语言,而是要让传统上使用爱尔兰语的地方(即爱尔兰西部的盖尔特克司特)继续保持这一传统。负责爱尔兰语意识形态推广的其他领导也认为,推广爱尔兰语不是为了使其取代英语,而是为了使爱尔兰语能够在爱尔兰的社会双语状态中得到维持。盖尔语联盟后来得到不断壮大,现已发展了593个分支机构,但大多数的支持者都是来自爱尔兰的中等收入群体(MacNamara 1971)。随着爱尔兰自由

[①] 地处北海与波罗的海交界,曾为重要的商贸枢纽,连接东欧、北欧、莱茵河畔及大西洋沿岸各地区的中转站,包含现今丹麦南部70公里和德国北部60公里领土的地区。1920年,德国战败后,经过公投,石勒苏益格的北部归于丹麦,北部居住的主要是说丹麦语的丹麦人,他们支持丹麦;而南部归于德国,南部居住的主要是说德语的德国人,他们主要支持德国。

邦在1922年的建立,盖尔语联盟的议事日程则由爱尔兰自由邦政府接管了,但爱尔兰从社会双语制转换成了爱尔兰语单语制,这表明了新独立的国家反对英语的态度。欧劳艾尔(Ó Laoire 1996)和其他人都已经阐明了这项激进的语言政策是如何难实现的,该语言政策导致爱尔兰的学校不得不把爱尔兰语列入必修课程名单,但这并没有扩大爱尔兰语的使用范围,结果是甚至在盖尔特克司特的爱尔兰语维持都难以为继(Ó Riágain 2001)。

一个离现在最近的凯尔特语活动者组织是威尔士语协会(the Welsh Language Society),该协会成立于1962年,据说筹建该组织的灵感来自广播上一次有关威尔士语言状况的讲座。威尔士语协会推崇非暴力的直接行动,据报道威尔士有大约1000人因为语言运动而被拘留和指控。该协会的目标之一是使威尔士语应用于政府部门以及私人和志愿者领域,进而把威尔士语提升为本地区唯一的官方语言,这已超出了1993年《威尔士语言法》的内容,该法宣称威尔士语与英语具有同等的地位。该协会呼吁全社会要提高威尔士语在学校作为教学媒介语的地位,其中包括大学对威尔士语使用范围的扩大。他们自称该语言运动取得了不少成就,如威尔士双语路标的使用以及威尔士语电视频道的开播。

苏格兰也有一个类似的语言活动组织,名叫盖尔语社团(The Gaelic Language Society)。这是一个慈善性组织,成立于1984年,是在苏格兰事务办公室(Scottish Office)①的动议下成立的。苏格兰事务办公室原是英国政府的一个部级单位,1999年苏格兰议会成立后,这个办公室则由苏格兰执行局(Scottish Executive)所取代。2003年,苏格兰执行局相应地成立了一个负责苏格兰盖尔语的半官方组织——盖尔语发展委员会,其宗旨是为当地政府提供有关苏格兰盖尔语方面的咨询,并促进苏格兰盖尔语的发展。

苏格兰语言协会(Scots Language Society)和苏格兰语言中心(Scots Language Center)诞生于同时代,但它们分别支持不同的民族语言。这两个语言活动者组织的目标都是为了鼓励人们在苏格兰使用苏格兰语——莱兰兹语(Lallans)②或低地苏格兰语(Lowland Scots)。

---

① 英国政府的一个部门,负责苏格兰地区的各种事务,其中包括语言教育。该部门成立于1885年,1999年则由苏格兰执行局所取代。

② 苏格兰语的一种地方变体,Lallans就是Lowlands(低地)的含义。

康沃尔语协会(The Cornish Language Fellowship)是英国又一个语言活动者组织,其宗旨是促进康沃尔语的复活,该组织所选择的成员多数是康沃尔语委员会(the Cornish language board)的成员,因为该委员会已经采用了由肯·乔治(Ken George)提出的康沃尔语新标准(即康沃尔语复活后的标准),该标准得到大多数年轻一代的康沃尔语使用者的认可,2000年康沃尔语的使用者估计达到300人。

有些国家在建国前就存在某些知名的草根语言运动,这些运动都以"第一届会议"为起点而逐渐发展壮大(Fishman 1993)。1830年比利时从荷兰独立后,荷兰出现了佛兰芒语运动(Willemyns 1993)。起初,该运动由数量不大的一群知识分子和语言爱好者(language enthusiast)组成,他们主要居住在比利时的安特卫普市和根特(Ghent)市。后来,他们内部因以下三大问题而产生了分歧:第一,是否保持与比利时的分离关系;对罗马天主教应持什么样的态度;与荷兰北部在语言文化的融合方面应持什么样的立场。但是,他们都认为有必要与法语在比利时的强势现象做斗争,因为法语是比利时事实上的官方语言。佛兰芒语运动的首批目标之一是发展佛兰芒语的标准正字法,1844年由该运动成员提出的正字法体系获得了官方的认可。1849年,比利时佛兰芒语言文化社团的一个协调机构组织了一次大会,该会议致力于荷兰语及其文化的发展。荷兰语主要用于学术性文章的撰写,而佛兰芒语则用于政论性文章的书写。该会议做出的主要实用性决定是编撰一本荷兰语大词典。在后来诸多的类似大会上,这些语言运动开始注重了行动实用性的和政治性的整合。到19世纪末,比利时语言运动的政治斗争变得更加严重。在两次世界大战期间,这些语言运动没有召开任何会议,但在1949年,比利时成立了荷兰语联盟(Nederlandse Taalunie/Dutch Linguistic Union)组织。

达斯—顾普塔(Das Gupta 1977a:181)指出,在以色列和印度尼西亚两个国家希伯来语和巴哈萨印度尼西亚语都是各自民族主义者在民族复活过程中统一选出的语言。但是,在印度,19世纪晚期出现了各种与语言相关的协会,它们之间竞争激烈,并"在不断竞争与合作的传统中变得强大"。1971年,达斯—顾普塔采访了四个印地语协会的上层领导,其中多数都已超过56岁,这是印度退休的标准年龄段。他们有一多半的人都具有硕士学位,只有四分之一的人没有完成高中学业。他们全部都是具有高种姓的印度人，通常有相对丰厚的收入，其中三分之二的人是专业人员或作家。在达斯—顾普塔所采访的人中，大多数在语言之外的协会也非常活跃。这些协会主要与文学、文化或教育有关，它们不介入政治事务。多数协会都认为有必要把本国的土著语言提升为官方语言，并说明了此举的理论依据。同时，它们也强调语言和文学能力的发展目标。据报道，这些协会相当民主，而且，协会的领导事实上都是从非常小的团体中提升上来的。大多数人都认为自己所属的协会"派系观念强烈"，而且，这些派系的划分不是根据语言意识形态来进行的，而是按照个人爱好来操作的。大多数人认为要让印地语取代英语，并成为印度的国语，这是协会最重要的目标；百分之四十的人认为学校教学语言与机关行政语言的选择至关重要；三分之一的人强调语言培育的重要性。多数人认为除了乌尔都语协会外印度还有一些其他语言协会也反对印地语，不过，这些语言协会本质上都是地区性的协会。语言协会的活动一般包括大众会议和利用大众媒体所举办的相关活动。现在的协会成员大多也是国大党的成员，因为这些协会需要得到他们的支持。协会成员一般对官方的语言规划机构都表示不满。达斯—顾普塔（Das Gupta 1977a）总结说，印度独立后，语言活动的重心从志愿型的协会转向了行政型的机构，它们所承受的压力大多来自国家，而不是印地语。

  印度最早的语言协会之一是印地语推广社团（Nagari Pracharini Sabha/Society for the Promotion of the Nagari Script and Language），该组织成立于1893年，是由瓦拉纳西市（Varanisi）[①]的一群中学生创建的，瓦拉纳西是印度北方的一座印度教圣城（Mehrotra 1993）。由于受到乌尔都语支持者的暴力威胁，该组织的会议都是在校外举行的。组织成员一致同意成员之间的内部交流都应该使用印地语，并极力推广印地语，要在一切可能的地方建立分支机构。该组织只接受男性成员。1893年，该组织召开了第一次大会，此时仅有12位成员，但到同年年底就有了82位成员，100年后就发展到近1000名成员。该组织的重点是推广印地语文字书写系统[②]的使用。

---

  ① 又名贝拿勒斯（Benares），是印度北方邦城市，位于恒河河畔。人们认为该城史前就已有人居住，并是世界上少有的从史前时代到现代持续有人居住的城市，是印度教的一座圣城。
  ② 指天城文或梵文字母。

194　　莫汉蒂(Mohanty 2002)描述过印度尤卡拉奥里亚语协会(Utkala Bhassodipani Sabha)的建立,该组织于1867年在印度的克塔克(Cuttack)①市诞生,其宗旨是发展奥里亚语(Oriya)②。不久,该协会就卷入了与孟加拉语支持者之间的激烈争辩之中。理由是印度孟加拉邦的代理总督颁发了一道有利于奥里亚语的命令,但该命令遭到当地孟加拉语支持者,尤其是加尔各答学校教材协会(Calcutta School Book Society)③的持续抵制。1871年之前,印度奥里萨邦(Orisha)的地方学校一直是使用奥里亚语进行教学。这场政治争辩一直持续到1936年,而奥里萨邦则被认为是印度的一个另类。在印度于1948年独立后,奥里萨成了印度的一个邦,奥里亚语成了该邦的官方语言。印度许多类似协会都是由中学生发起的,以色列希伯来语保护军团中的积极分子也是来自中学生。

　　孟加拉国的独立运动据说是始于1952年2月21日发生的学生游行,学生抗议巴基斯坦政府把乌尔都语强加给孟加拉人。自从孟加拉国于1971年独立后,2月21日(这一天用孟加拉语表达是"Ekushey")一直是值得孟加拉国人民庆祝的一个纪念日,同时,这一天还被联合国教科文组织称为"国际母语日"(International Mother Language Day)。

　　印度尼西亚也出现了几个由中学生和师范学院学生发起的青年运动,这些人都是印度尼西亚民族主义运动的先驱(Moeliono 1993)。莫利欧诺(Moeliono 1993)列举了七个发生在1915至1925年期间的此类青年运动。此外,荷兰还出现了一个由印度尼西亚学生所发起的青年运动。1926年4月底,这些来自全国各地的印度尼西亚青年联合起来共同组织了在巴达维亚(Batavia)④召开的首届印度尼西亚青年大会。在此次大会上,他们把印度尼西亚人界定为荷属西印度群岛上所有的土著人。尽管此次大会没有就本国的共同语问题做出任何决定,但大家都认为爪哇语(Javanese)和马来语是最适当的候选对象;还有人建议采用马来语作为

---

　　① 也译库塔克,是印度奥里萨邦的一城市,位于该国东部,是三角洲上运河的运输枢纽,为地区性贸易与文化中心。
　　② 来源于梵语,是印度最古老的语言之一,也是奥里萨邦的官方语言,该邦百分之八十四的人口都能使用这种语言,但他们也能理解和使用印度语,乌尔都语以及泰卢固语。
　　③ 英属印度时期加尔各答的一个地方组织,成立于1817年,其宗旨是用主要语言(如英语、印地语、乌尔都语和孟加拉语等)出版教材,以便为全国各地的学校(包括伊斯兰学校)提供合适的教材,促进印度教育的发展。
　　④ 印尼首都雅加达的旧称。

本国的共同语,不过,要把马来语改名为印度尼西亚语,但最后的决定要等到下一届大会召开时才能做出。在这期间,这些青年人做出了各种努力来团结各个组织,并建立政党。当第二届印度尼西亚青年大会于1928年10月底召开时,这些组织的大多数领导都是二十几岁的青年人,组织的大多数成员还是中学生。出席会议的人员达到750人左右,会议由荷兰的武装警察小分队维持秩序。经过两天的辩论后,大会通过了一项决议,呼吁大家采用马来语,但改名为"巴哈萨印度尼西亚语",并把它作为本国"团结的语言"。当然,大会讨论还是用荷兰语进行的。

1875年,南非成立了南非荷兰人协会(the Genootskap van Regte Afrikaners/Fellowship of True Afrikaners)。这是一个秘密组织,会员都是一群有宗教信仰的南非荷兰人,他们喜欢把《圣经》翻译成南非荷兰语(Holliday 1993)。他们用南非荷兰语出版了周报。1890年,南非语言联合会(South Africa Language Union)成立,旨在培养大家的国语知识和国家身份。1896年,南非召开了首届南非荷兰语大会,出席的代表约90人。在会议上,有人提议出版一本英语—南非荷兰语的双语词典,但该提议最后被撤销,因为这一行动可能有助于英语在南非的推广。此外,会议决定成立一个语言委员会,以便筹备编撰南非荷兰语词典和语法书。会议还决定发行一本用南非荷兰语书写的文学月刊。此次大会虽然把有关《圣经》翻译的决定权留给了教堂,但会议指出南非荷兰语必须是教堂语言。同时,大家还认为南非荷兰语必须成为学校的教学媒介语,并要求开发适当的用南非荷兰语编写的教材。南非荷兰语并未得到南非知识界的支持,知识分子更喜欢使用荷兰语。在英布战争(Anglo-Boer War)[①]之后,许多地方上的南非荷兰语协会纷纷成立。1909年,南非在布隆方丹(Bloemfontein)[②]召开了一次大会,并在大会上成立了"南非语言、文学和艺术研究院"(the South African Academy for Language, Literature and Art)。南非荷兰语运动往往与宗教、教育和民族主义混合在一起。

[①] 英国同荷兰移民后裔布尔人建立的两个共和国——德兰斯瓦尔共和国和奥兰治共和国为争夺南非领土和资源而进行的一场战争,又称南非战争或布尔战争。历史上一共有两次英布战争,第一次发生在1880年至1881年,第二次发生在1899年至1902年。

[②] 南非的城市,与比勒陀利亚和开普敦一起并称南非的三个首都,不仅是南非的司法首都,也是自由邦省的首府。布隆方丹位于一片干燥的草原上,海拔1395米。

10.4 毛利语的复活

新西兰毛利语的复活(Hohepa 2000)也是作为草根运动开始的(Spolsky 2003a)。1973年,新西兰一个激进的毛利青年运动组织发动了一个请愿会,要求政府制定更加科学的毛利语政策,并在此请愿会上征集到了三万人的签名。20世纪70年代末,另一个有关毛利语独立的运动也非常活跃。上述两个毛利语运动都为新西兰政府决定建立怀唐伊①仲裁机构(Waitangi Tribunal)铺平了道路。该仲裁机构的任务是为1840年签署的《怀唐伊条约》的实施失败寻找弥补对策。该仲裁机构发现,《怀唐伊条约》的确写明了政府有责任保护毛利语(Waitangi Tribunal 1986)。于是,新西兰议会于1987年通过了《毛利语语言法》,把毛利语提升为国家的官方语言,并建立了毛利语语言委员会,以便促进毛利语的发展。

在新西兰的毛利语教育发展过程中,也存在着一个从草根层面到政府层面的过渡期。这里简述三个重要的有关毛利语发展的语言活动。第一个语言活动是特阿塔浪伊毛利语运动(Te Ataarangi)。该语言运动始于1979年,旨在推广一种独特的毛利语教学法,其独特性表现为古氏积木(Cuisenaire rods)②的使用。该语言运动的宗旨是鼓励毛利语的使用,并向社区的成年人教授毛利语(Gattegno 1976)。该语言运动的教学项目一直为参与者提供免费的毛利语教学,其开创者是卡塔里纳·马泰拉(Katarina Mataira)以及去世的恩戈伊·皮海浪伊(Ngoi Pewhairangi)(Mataira 1980)。特阿塔浪伊毛利语运动在20年中培训了2500多个教师和实习教师,接受过毛利语教学的学员超过三万人。

第二个语言活动是毛利儿童学前语言巢。该计划是1979年在一次毛利语教师大会上最初提出来的,一年后召开的老年人毛利语大会也同

---

① 新西兰北岛东北部的一个村镇名,位于群岛湾边。1840年英国殖民者迫使原土著毛利人酋长在此签订条约,使新西兰沦为英国殖民地。

② 由一位比利时的小学老师古辛纳(Cuisenaire)所研发,他将彩色积木(或木条)应用在数学教学上,其学生在学数学时因有了积木的辅助,更容易了解老师所教授的东西,并能在此种教学法中得到乐趣。后来,埃及教育家加地格诺(Gattegno)把古氏积木应用于语言教学,发展出以学习者为中心的默示教学法(The Silent Way)。

意该计划。两年后,在离惠灵顿不远的地方开设了最早的两个语言巢,截至同年年底整个新西兰已出现了大约 50 个类似的语言巢项目。每个项目都有 20 名至 40 名学生,项目由学生家长负责,项目的集合点是教堂、毛利人集会地(marae)①、空闲教室或私家住宅。该语言活动的最初宗旨是为了让祖父母直接把毛利语传授给他们的孙子女(Benton 1989; King 2001)。新西兰毛利语事务部提供国家信托(National Trust)资金,但该语言活动的管理权于 1990 年移交给了教育部。参加每个语言巢的家庭都会得到国家信托的特别资金,并得到教育部的儿童早期教育证书。1994 年,语言巢已有 800 多个,参与的儿童达 1.4 万人。

第三个语言活动是"毛利语浸没学校"(Kura Kaupapa Māori)运动。这是语言巢运动的一个发展,表现了毛利人儿童家长不再满足于常规教育系统中提供的毛利语作为教学媒介语的教学。于是,不少学生家长开始筹建独立的毛利语浸没学校。1985 年,第一所毛利语浸没学校成立,一年后又有两所这种学校诞生。1989 年的新西兰《教育修正法》使得这些学校能被纳入国家的教育体系。截至 1997 年,新西兰有 54 所类似的学校,它们都由地方选举出的学校董事会来掌控,为将近 4000 名学生服务。这些学校由地方负责,开设独立的课程体系,提供毛利语浸没教学,但这些学校现在既得到政府的支持,也受到新西兰教育评价办公室(Education Review Office)的监督,与其他学校没有两样。

在新西兰,毛利语的复活从草根运动开始,并得到草根组织的支持。这些组织既包括组织化的特别利益集团,也包括学校管理的正规组织。而学校管理的正规组织在一定程度上都被融入到常规的公立教育体系中。事实上,怀唐伊仲裁机构所做出的有关毛利语保护的决定以及《毛利语语言法》的通过从本质上支持了毛利语的整个复活运动。

10.5 澳大利亚的语言活动

20 世纪 80 年代,职业的语言研究专家和草根的少数民族语言组织

---

① 毛利人部落社交和宗教仪式等活动的庭院或空地,往往呈长方形或矩形,四周用石头或木桩围住。

进行了难得的合作,他们成功地刺激了澳大利亚政府对语言政策方面的兴趣,从而导致澳大利亚政府出台了系列的有关语言政策的文件以及配套的语言管理活动。克莱恩(Clyne 2001)曾经对澳大利亚的少数族裔社区的族群进行过研究,认为他们为澳大利亚联邦政府接受由楼必安可(Lo Bianco 1987)起草的多语教学项目提供了重要的支持。克莱恩(Clyne 2001:369)指出,这些少数族群学校意义重大,例如,1997年这些学校利用工作日的下午以及周末用73种语言为9万学生(其中包括汉语学生2.2万人,阿拉伯语学生1.2万人,希腊语学生1.2万人)提供了课外的补充教学。此外,在澳大利亚数量庞大的私立中小学中,有一些也教授民族祖裔语言(ethnic heritage language),例如,克莱恩的研究中就提及以下民族祖裔语言:阿拉伯语、希伯来语、德语、依地语、希腊语和科普特语(Coptic)。澳大利亚的公立学校也教授民族祖裔语言。1987年澳大利亚制定了《国家语言政策》,其主要影响是许多大学建立了语言政策研究中心,但值得关注的是,该政策没有持续多久,后来就被目标更精确的《澳大利亚语言与扫盲政策》(1991)和《澳大利亚学校亚洲语言战略》(1994)两个文件所取代,前者强调英语的教学,后者则重视与澳大利亚本国经济密切相关语言的需求(Lo Bianco and Wickert 2001)。

10.6　美国的语言活动

美国对大量民族组织(ethnic organization)的关注可算作是美国对语言忠诚所做的早期研究的内容之一,这些民族组织支持了移民群体中的语言维持(Fishman 1966)。要描述当时这些民族组织的整个图景显然是非常复杂的,但对它们进行一定程度上的概括是完全可能的。一般而言,美国早已形成的熔炉哲学意味着美国移民群体的先驱大都成了"新移民美国化的最有效宣传员",因为这些移民先驱都劝说自己的同胞移民"放弃自己原先的生活方式,学习英语并加入美国公民行列"(Fishman 1966:366)。但是,这些移民(尤其是民族宗教移民)的主要例外行为是建立了自己的母语学校。总体来说,美国的这些民族组织为第一代移民的语言维持提供了支持,但是,却为第二代移民的英语转用提供了帮助。同样,美国的民族出版业也逐渐英语化了。

在语言维持方面,有两个移民群体被认为是相当成功的。第一个是"在心理、社会和文化方面与美国核心社会的机构组织、发展过程和价值观念保持了最大化距离"(Fishman et al. 1966:396)的那些移民。此类典型的例子是19世纪使用德语的原教旨主义派(如阿曼门诺派)和当代使用依地语的哈西德派移民。第二个是那些不断有新移民输入的群体,突出的例子是20世纪60年代的乌克兰人移民,他们建立了自己的教区学校,并成立了民族互助会。

当然,从那之后,美国源源不断的移民主要是来自南美的西班牙语使用者。正是这些人的支持,才使得相关机构组织能够利用民权来催生美国的《双语教育法》,并在20世纪70年代制定了强势的有关语言维持的教育项目,使之可以应用于墨西哥、波多黎各和古巴等拉丁美洲国家移民最集中的地方。由新来的亚洲移民以及其他的土著语言使用者群体(如集中在美国路易斯安那州和美国东北部的法语和克里奥尔语使用者以及遍布全美各地的印第安人)所构成的社区组织,也能够利用这种计划来为扭转语言转用而付出努力的人提供支持。

一个反例是来自草根的语言运动——唯英语运动。当美籍日裔塞缪尔·早川一会(Samuel Ichiye Hayakawa)于1976年在加利福尼亚州当选为参议员后,他提出了一个宪法修正案,旨在使英语成为美国的官方语言,但他的提案被美国国会婉拒。1983年,当他从参议员的岗位卸任后,便开始组建美国英语组织。现在,该组织自称有100多万会员,并在1996年成功地游说美国众议院通过了他提出的把英语变成美国官方语言的议案。但该议案因没能得到参议院的批准而最终流产。美国英语组织在州级层面的游说活动要比在联邦层面的游说活动更成功。尽管美国宪法尚未把英语列为本国的官方语言,但是美国大约有24个州已经通过了唯英语法,把英语列为本州唯一的官方语言。此外,美国还成立了两个类似的组织。一个是成立于1986年的英语第一组织,它有15万会员。该组织的宗旨是为唯英语立法而积极游说,反对美国总统《13166号行政命令》以及各种支持双语教育的政策。另一个组织是儿童英语组织(English for the Children),它是由加利福尼亚州一个名叫罗恩·翁兹的商人于1997年组建的。该组织在1998年成功地游说加利福尼亚州通过了《227号提案》,该提案禁止在加利福尼亚州实施双语教育。在美国的其他州也发动了类似的语言运动。具有讽刺意义的是,美国最成功的语言活动群体似乎是那些因联邦政府支持多语制而反对政府的人。

10.7 语言活动的志愿者阶段

尽管语言政策领域的许多专家学者都强调语言政策制定过程中的"自上而下"特点,他们把国家语言政策的制定视为中央政府以及支持中央政府的社会精英为维持其权力而付出的一种努力,但我想在本章中概述社会中大量存在的有关语言活动的草根一族或"自下而上"的语言活动者群体。虽然这些草根语言活动者没有权力管理语言,但他们有可能成功地支持和传播某些语言信仰或语言意识形态,从而为政府的语言管理铺平道路,而且他们还可能通过游说的方法成功地影响某些语言的立法和某些语言管理的决定。传统的语言管理模式是,语言管理由民族主义者组织(nationalist organization)来负责,它们对某一特定的语言进行管理。当一个国家独立后,该组织的角色就会被该国的某个部门所接管。一旦它们管理的语言在地位上牢不可破时,该组织的许多相关功能也就会被淡化或消失。但在某些地方,由于多语现象由来已久或正在兴起,那里的语言冲突依然严重或正在凸显,因此,语言活动者组织(activist organization)也就有存在和发展的空间。尽管在这些组织中有许多都不仅仅处理语言问题,但语言选择依然是族群运动(ethnic mobilization)的一个重要内容。那么,这些语言活动者就成为国家语言管理中的重要参与者。

10.8 土著和移民少数民族社区的语言活动

在本节中,我将分析几个有关社区语言活动的案例,它们与本章前面所描述的语言活动大同小异。但是,这些社区语言活动与其说跟希伯来语及其他民族主义活动相像,还不如说与毛利语活动更接近,因为希伯来语及其他民族主义活动只是自治乃至独立运动的一部分而已,而毛利语活动并没有要把自己从边缘群体变成主流群体的愿望。这些活动之间的差异并非像楚河汉界一样一目了然，但它们代表了一种渐变的状态。有两类具有相同语言问题的少数族群，但它们可能会遇到不同的解决办法，正如当下欧盟对待少数民族的政策所特别表现出来的特点一样。这再次表明，它们之间的差异是渐变的，而不是绝对的。少数民族群体可以划分为土著少数民族群体和移民少数民族群体。

土著少数民族群体通常被看作是权力相对较少的弱势群体，他们声称自己是所在土地的最早定居者，当今这片土地的社会主流人口是后来才到达的，这一观点也得到了大家的认可，而移民群体则被界定为比社会的主流群体更晚到达某片土地的人。根据上述定义，新西兰的毛利人声称自己是新西兰的土著人，这一观点得到了大家的认可，而新西兰的其他波利尼西亚人（如萨摩亚人和汤加人）则被视为新西兰的移民。然而，使这个问题更加复杂的是如下事实：新西兰种族关系协会专员乔利斯·德布雷斯(Joris de Bres)指出，三个波利尼西亚政体——库克岛、纽埃岛(Niue)①和托克劳群岛(Tokelau)②，在法律上被认为是"新西兰王国"的一部分，它们的公民也是新西兰的公民。乔利斯·德布雷斯认为，这意味着这些地方的语言也是新西兰的土著语言，他们的语言与毛利语一样应该享有特别的地位（新西兰人权委员会新闻稿，2007年9月28日）。在南非或印度，由于民族和语言众多，人口与历史复杂，即使认清了这些民族的差异性，其作用也不大。但印度所谓的部落群(Tribal Groups)也许能被看作是与土著群体享有同等地位的少数民族，他们如同国内那些长期受歧视的少数民族一样也需要获得特别的对待(Ishtiaq 2000)。同样，难民和其他避难寻求者有时也应该比其他移民得到更优惠的待遇。

让我们通过一些案例分析来更好地理解上述观点。例如，我们看看一个国家的传统土著社区被一个新群体所殖民和霸占的情况。在英国定

---

① 位于太平洋中南部库克群岛中的一椭圆形岛屿，周围有珊瑚礁环绕，面积260平方千米，人口1400多人，种族属波利尼西亚人。讲纽埃语(Niuean)和英语。多信奉埃克利西亚纽埃教。纽埃是新西兰的自由联合国。

② 位于太平洋中部的岛群，由阿塔富、努库诺努和法考福三个珊瑚岛组成。面积12平方千米，人口2000多人，主要为波利尼西亚人，讲托克劳语和英语。1877年为英国保护地，1949年为新西兰属地，1965年8月实行自治。

居者来到新西兰之前,那里的毛利人居民生活在各个部落区,他们接受各自传统首领的领导,大家使用着共同的语言,但各区之间的语言有些微小的差异。毛利人在与西方传教士接触的早些时候,有些部落首领就鼓励大家要使用和发展自己的语言书写体系,要用毛利语印刷《圣经》和其他材料。首先,学校的教学要用毛利语进行。然而,在19世纪60年代,欧洲人在新西兰定居的规模和速度都在加大。不久,新西兰政府就做出决定,要求毛利人的民族教育体制向英国式的教育体制转变。刚开始时,政府是鼓励毛利人这样做,后来则坚持毛利人要这样做,而且,该决定还得到一定比例的毛利人领导的支持。在接下来的半个世纪中,越来越多的毛利人离开了自己的部落村庄,开始迁往城市居住。到20世纪中叶,毛利人部落组织尚在运行,毛利人的集会地本是毛利人村庄的中心,它作为部落成员的识别标志依然被大家所接受,而居住在城市的毛利人则构成了城市中一个独特的民族或种族群体。他们的语言维持在某些情况下可以通过毛利人教堂来实现,否则,他们就只有依靠家庭关系以及与部落村庄的联系来维持毛利语。

　　毛利语的复兴是一个民族运动,它不是某个部落政府或社区的行为。有趣的是,毛利语浸没教育(如儿童学前的语言巢或小学的毛利语浸没学校)的组织活动不是各部落的责任,而是学生家长或家族的义务(Smith 1997)。当学校想要为参观者举行正式的欢迎仪式时,问题就开始出现了。因为仪式必须由当地部落的首领才能举行,而这些学校的教师和家长通常都来自外地。

　　然后,事情并未到此结束。语言只是毛利族复活运动的动态内容之一,更加核心的焦点是土地资源,这在土著人的各种声明中是常见之事。怀唐伊仲裁机构是新西兰根据1975年的《议会法》所建立的永久性咨询委员会,以便为毛利人在土地和资源的恢复以及适当补偿的申请等方面提供建议。《怀唐伊条约》是毛利人维权的一个基本文件,它是由维多利亚女王的一个代表以及毛利部落的众酋长于1840年共同签署的。因此,毛利人自然可以提出自己的声明,并要求得到补偿。这带来的一个结果是,毛利人部落可以重新强调自己的重要性,并鼓励毛利人个体重视自己的身份。但是,真正把这些资金用于毛利语复活项目的部落目前只有一个,是一个坐落在新西兰南岛的毛利人部落,这里的毛利语使用者已所剩无几。

10.9 土著人的语言教育案例

随着20世纪60年代民族复活运动的开展，人们开始关注某些被遗忘的少数民族的需求(Fishman et al. 1985)，这对北欧的萨米人来说具有重要的影响作用。萨米人是遍布北欧各国(Nordic nations)的一个少数民族。希尔沃宁(Hirvonen 2008)在20世纪60年代曾经提醒过我们，北欧各国在独立之初就已经开始努力地拯救萨米人及其文化。拯救活动的核心是动员学校提供以萨米语为教学媒介语的教学，以便确保学校为本(school-based)的扭转语言转用的活动能有所帮助。挪威萨米语的状况与新西兰毛利语的状况类似，学校之所以使用萨米语教学，是因为这样可以使萨米人逐渐挪威化(Norwegianization)。挪威仅在1959年才出台一项有关萨米语使用的条例，该条例允许挪威的学校使用萨米语。从那以后，萨米语在挪威的法律地位得到了缓慢而平稳的提高。同时，挪威还发动了一系列有关萨米语的政治活动，如1989年萨米人议会的成立、挪威宪法的修订以及1987年通过的《萨米语语言法》。在挪威萨米人居住区，儿童有权享有用萨米语进行的教育，而且，只要有三名或三名以上的儿童提出用萨米语进行教育的要求，学校就必须满足他们的这一要求。这种教育项目得到萨米语课程体系的支持，该体系也把萨米语学校界定为挪威教育体系中不可分割的一部分。1998年有关萨米语的深化改革增加了挪威全国各地的萨米儿童的个体权，他们有权学习萨米语；在非萨米人居住区，只要有十名或十名以上的萨米儿童提出用萨米语进行教育的要求，学校就必须满足他们的这一要求。于是，挪威现在有越来越多的学校提供萨米语的教学，也有越来越多的学生学习萨米语，其中不少学生还不是萨米族人。从表面来看，挪威的萨米语教育似乎取得了很大的进步。然而，希尔沃宁(Hirvonen 2008)认为，我们若仔细地分析就会发现，人们对萨米语的态度并没有发生根本性的改变，萨米语在学校和社会的地位依然很低。大多数的萨米语教育项目充其量能算作是双语教育中的一种微弱形式而已。这些教育项目对于该语言及其文化并没有真正的多大作用，它们只是一个徒有其表的框架，还需要不折不扣地实施。

南美洲案例有些不一样。除了征服中东和北非，并在这些地方传播阿拉伯语的伊斯兰帝国外，南美洲的西班牙和葡萄牙入侵者在消灭当地的土著语言方面比世界上任何其他语言征服者都工作得更卖劲,取得的成果也更大。尽管阿拉伯语国家对当地土著语言的丧失没有表现出丝毫的后悔迹象,但在拉丁美洲已经出现了语言态度的逆转,他们开始认可本国语言少数民族的权利(Hornberger and King 2001)。这种表现也许太迟了,因为要纠正长达若干个世纪的语言政策所带来的影响是十分艰巨的。而且,南美洲土著语言的数量也非常庞大。尽管土著人仅占南美总人口的百分之十左右,但随着南美各国所出现的重大语言变化,据报道南美现有大约17个国家实施了双语教育政策,不过,这些双语教育往往都仅限在小学部分年级的母语使用上,有的则要求(但尚未实现)在整个小学阶段都实施双语教育政策。所有这些双语教育项目都是在公立学校执行的,其目的有时是为了满足某些土著人的要求,但这些双语教育项目往往要依靠国际机构的支持才能进行。而且,这些双语教育项目通常还处在补偿性或补救性教育的阶段,但它们也在一定程度上表明南美土著群体所取得的政治上的胜利。不过,洛佩兹(López 2008)发现这些双语教育项目存在一个出乎意料之外的问题,即非土著人反对双语教育项目的建立,而土著人首领及其社区则对这些双语教育项目的效果表示怀疑。洛佩兹(López 2008:45)注意到:"不利于这种双语教育的连锁反应开始从这些多民族社会的各个层面凸显出来。"在这方面,南美国家的土著语案例与新西兰的毛利语案例形成了鲜明的对比,南美国家的土著人双语教育项目使社会的各个层面以及社会的各个族群都产生了同样的矛盾心理。这或许能够解释为什么南美各国的双语教育项目对于当地土著语言的拯救收效甚微;同时,这些双语教育项目当初是作为动员各少数族群和社区的卖点,而今却向土著群体和语言少数族群证实这些双语教育项目价值不大。

现以墨西哥的纳诺族(Hñähñö)为例来说明土著人迁居城市后的教育状况。墨西哥的纳诺族大约有30万居民,他们生活在墨西哥的高原中心地带,是墨西哥第六大的土著人群体。现在有不少纳诺族人生活在墨西哥城的各个区里,有的时间长达几十年(Recendiz 2008)。土著人移居城市已成为全世界20世纪人口结构状况的主要特点之一,于是,城市人口的混居使得生活在城市的土著人失去了与原始居住村庄的联系,而那里才是这些大地之子(tangata whenua[①])可以保障自己各种权利的地方。

[①] 一个新西兰毛利语词汇,翻译成英语是 people of land(大地之子)。

在某种程度上说,这些移居城市的土著人已经同时具备了移民和土著人所享有的较低社会地位的特点,但他们比这两种人的地位还要低。而且,正如里博莱多(Rebolledo)所说,那些移居到城市并扎堆居住在一起的往往是穷人和弱者。对于移居在城市的土著人来说,城市的学校及其教育仿佛跟外国的一样,显得那么陌生,加上他们自身的贫穷以及与众不同的文化等因素促使许多城市里的土著小孩辍学。里博莱多描述过一个规模不大的此类学校,该校尽力地克服这些困难,但最终因没有一个教学员工懂得这门土著语言而没有得到任何有关双语教育项目的优惠政策。

10.10 拯救土著濒危语言

我为本节标题的选择颇费了一番周折。本节最初的标题是"支持濒危语言的维持",后来,我又把它改为"阻止语言丧失"。我对这个问题的纠结可以追溯到多年前在墨西哥城举办的美国人类学会(AAA)年会的一次学术讨论会上。当时,许多当地学者在发言时都提到要拯救北美印第安语,并认为当务之急是要确保博物馆藏有北美印第安语的词典或语法书。那时,我刚开始接触有关纳瓦霍语的语言维持和语言丧失的社会经济状况。拯救考古首先是要根据考古现场的工程状况或建筑图纸来设置考古时间表,以免错过考古的最佳时期,然后,再根据设置的考古时间表来记录考古遗址。同样,拯救语言就是要在某种语言的最后一位使用者去世之前收集到有关该语言的描述性资料。"语言的最后一位使用者现象"(last speaker phenomenon)可以说是人类语言学家在拯救濒危语言时所表现出的漂亮一击,因为他们通过这种方式编撰出来的语法书和词典经得住人们的各种挑战,但对于人类以及多年来默默地致力于这种即将丧失的有关人类语言知识之源研究的学者来说,"语言的最后一位使用者现象"也可以说是一种悲哀。

在上述两种拯救中,其背后都蕴含着以下思想:认为被拯救的对象具有一定的独特性和极高的价值,从而可以丰富该领域的多样性。尽管在诺姆·乔姆斯基(Noam Chomsky)之前就有人在研究语言的共性,最后在他的影响下该领域才取得了丰硕的成果,但语言学家都认为,以前有关语言结构的论述需要得到一些更正后才能解释人类目前所发现的语言变体现象。在20世纪60年代的一段时间里,美国的生成语言学家似乎都在根据自己所使用的英语来研究普遍语法,但不久学界又指出,任何理论都必须经得起所有语言的检测。正如生物学中的理论模式应该能够解释所有的已知生物物种一样,语言理论也必须能够解释所有的已知语言变体现象。20世纪90年代,人类突然认识到,语言正在以惊人的速度在消亡。这意味着,在当前世界上6000种左右的语言中有很大一部分是难以熬过21世纪的(Krauss 1991)。这给人类带来了一种危机感,事实上,是给人类带来了一种恐慌。鉴于许多语言尚无书写体系,那么有关这些语言的所有资料都将随着语言的消亡而消失,随之而去的还有这些语言中所蕴含的独一无二的知识财产,这些财产应该是世界众多语言财产中的一种。

这里所使用的论据来自持以下观点的语言运动,它们认为语言的丧失将破坏语言生态的多样性,正如物种的消失会威胁生物的多样性一样。现在,人类认识到,动植物消失的主要原因是由于人类和自然环境的改变。因为人类毁林造田或毁林造市,这些地区的大批动植物都遭受到灭顶之灾。同理,当弱小语言的使用者移居到城市或别的国家时,或者当城市由于交通的便利和媒体的发展而离弱小语言的使用者越来越"近"时,这些弱小语言的使用者就会开始转用其他更强大的语言,而弱小语言的消亡正在迅速地威胁着语言的多样性。

上述现象的出现可以被看作是语言管理中的一种特别挑战,但这与处理因多语现象所带来的语言交际问题截然不同。在本章的其他小节中,我探讨过某些解决方法。在下一章中,我将分析国际盟约的发展,因为国际盟约提倡以下主张,即任何语言使用群体自然都有维持自己文化(包括祖裔语言)的权利。在本书第6章有关学校域的语言管理中,我分析了一些教育语言学家,他们设法鼓励并支持学校用学生的祖裔语言进行教学,因为那将使语言保护变得可能。在本章的上一节中,我提到了一些与学校语言教育项目有关的当前案例。但在此节中,我只想探讨纯粹的语言拯救行动。这些行动将把另一个参与者带入濒危土著语言的管理域中。各部落群体都曾经指望身边有一位人种论研究者(ethnographer),这样此人就可以记录和分析他们的传统生活方式,同样,现在的人们指望所有的濒危语言使用群体身边都有一位拯救语言的语言学家,以便可以在该语言消亡前记录和分析该语言。

尽管上述这种想法难以得到实现，但其过程对该濒危语言的使用者或许会产生有价值的影响。理想地说，这将促使与该语言学家共事的这些濒危语言使用者的教育；这些濒危语言使用者一度被称为研究过程中的"信息提供者"，这意味着他们地位低下，而现在他们越来越成为该语言研究工作中的合作者，并经常可以在工作中指导其他人。当这些人看见自己当地的语言表达方式被认可为一种语言，并且可以用它编写书籍时，这有助于提高这些濒危语言使用者的自尊心，并鼓励他们用该濒危语言与自己的孩子交流。于是，尽管拯救语言的语言学家以及支持这些濒危语言使用者的组织和基金的动机或许纯粹就是出于对濒危语言的考虑，却很少考虑濒危语言的使用者，但这些研究可能对社会有益。

在濒危语言的研究领域，世界各地建立了许多研究中心。最近成立的两个研究中心分别是美国印第安纳大学布卢明顿分校（Bloomington）的少数民族语言和文化研究中心以及与美国国家地理学会合办的濒危语言研究所。其他类似的研究机构或组织还有美国国际暑期语言学院（原先叫暑期语言学院）、语言与生态研究论坛、地球语言组织（Terralingua）①、语言和平研究所（Linguapax）②、世界语言记录中心、土著文化保护组织（Cultural Survival）、濒危语言基金会、语言多样性研究中心、濒危语言基金、国际濒危语言信息中心、德国濒危语言学会和伦敦大学亚非学院汉斯·劳辛（Hans Rausing）③濒危语言项目。仅列举这些总体上是研究濒危语言的机构，它们都为许多研究濒危语言的语言学家提供了支持。

10.11　语言活动者群体域与语言管理理论

语言活动者是语言管理中的重要参与者，他们以个体或群体的形式出现，他们的语言意识形态非常清楚，那就是支持濒危目标语的维持、复

---

① 一个非营利性国际组织，成立于1996年，总部设在加拿大温哥华，其宗旨是保护、维持和复活语言，并提倡语言和文化的多样性。
② 一个非政府组织，致力于维护和促进世界语言的多样性。该组织成立于1987年，总部设在西班牙的巴塞罗那。
③ 汉斯·劳辛，瑞典企业家，后移居英国。2006年，他因致力于慈善事业而被授予荣誉骑士爵位。他在伦敦大学成立了汉斯·劳辛濒危语言项目，支持濒危语言的研究、培训和存档。

活或推广。语言活动者往往在基层举行语言活动,试图影响现在的、曾经的或潜在的某门语言的使用者,要他们继续使用该语言,并劝说政府支持该语言计划。由于语言活动者缺乏权威性,他们只能依赖那些他们试图影响的人来接受他们的语言意识形态。正如我们将要在下一章中所看到的那样,语言活动者通常是受到以下两个因素的鼓励,即超国家组织和越来越多的人开始接受语言权观点的事实。语言活动者往往想影响以下两个群体:一个是某一门语言的使用者或与该语言相关的民族;另一个是可能管理该语言并重视该语言的政府。

莱廷(Laitin 2000)同意盖尔纳(Gellner 1983)的如下观点:在前现代时期,大多数人并不担忧官方语言,因为它被认作是一种基本法,具有规范性,如同我们需要建立统一的度量衡一样。然而,现在许多人都认为语言冲突具有煽动性,尽管目前没有证据支持这一观点。从濒危少数民族数据库(Minorities at Risk database)①的分析来看,莱廷(Laitin 2000:532)发现:"少数民族与强势群体的语言差异越大,它们之间产生暴力的可能性就越小。"少数民族对国家官方语言或教学媒介语的语言怨恨(language grievance)与群体暴力甚至与种族差异或宗教怨恨都没有关系。莱廷从以下三个方面对该现象进行了解释:官方对语言问题做出妥协的可能性、国家做出语言承诺的方式以及少数民族语言活动者在采取集体行动中可能遇到的困难。此外,他还分析了几个发生在印度的案例,它们都反映了印度中央政府愿意做出妥协,以便解决孟买马拉地人和古吉拉特人之间以及印度东北部那加人(Naga)②和阿萨姆人(Assamese)之间的冲突。同样,在斯里兰卡,1996 年通过的《泰米尔语语言法》有助于限制内战的发生,语言群体的领导能够动员大家来反对现有的语言政策,但其结果很可能不是导致暴力行为,而是造成行政争论。

可见,语言活动者是民族和国家语言管理中重要的潜在参与者。他

---

① 是美国马里兰大学科里奇—帕克分校的一个研究项目,旨在收集和分析世界各地政治活跃的少数民族及宗教派别的基本数据(包括冲突情况),以便为研究人员、政府官员及活动家等提供数据参考。

② 印度东北部表列部落与缅甸西北的黄色人种,大多数分布于那加兰邦。他们有相似的文化和传统,有 16 个官方承认的部落。今天的人数约 400 万。那加族生活在印度阿萨姆邦、那加兰邦、曼尼普尔邦、中国的藏南地区(印度称阿鲁纳恰尔邦)和缅甸的西北山区,他们内部有多种方言,对外多使用那加语(Nagamese)。

们的语言中心论思想使得他们能够集中精力面对一个目标,即建立某一语言的地位。这也意味着,他们能够起到安全阀的作用,可以减轻政府来自分裂分子的压力。对于一个国家来说,与其让一个地区独立,还不如认可该地区的语言,甚至允许该地区自治,这样更划算。语言活动者与超国家组织相互配合,后者成为语言少数群体权利的主要支持者,这正是下一章我们要研究的内容。

第 11 章　超国家组织域的语言管理

11.1　超国家组织域

　　本书上一章(即第10章)论述了民族和语言活动者组织以及个体语言活动者的语言管理活动,他们的目的是为了游说各级政府的权威机构进行某些具体的语言管理活动,以便有利于他们所支持的语言。可以说,上一章是对国家域(national domain)语言管理的延伸探索。尽管语言活动者的语言意识形态目标往往都稍高于个体语言使用者或语言族群成员的实际语言水平,但语言活动者组织还是不时会想方设法要管理个体语言使用者或语言族群成员的语言选择。这种语言管理现象在宗教组织中也很常见。本书下一章(即第12章)将描述和分析那些承担语言政策实施的政府组织和机构,但在那之前,我们将在本章先把研究目标转向另一个语言管理域——超国家组织。从某种程度来说,超国家组织构成了语言管理权威的一个新层面。在此,我之所以谨慎地使用"从某种程度来说",是因为尽管人们普遍认为21世纪的全球化标志着民族国家权力的终结,但权力下放以及多语言和多民族国家被分割成更小国家的事实进一步坚定了人们对民族国家权力的信念,而且,超国家组织通常都尊重各成员国的主权。一般情况下,超国家组织的语言政策是通过各种条约、声明或宪章来体现的,而这些文件只有在一定数量的成员国中都获得通过并批准后才能生效,同时,这些文件只能约束那些获得批准的国家。

　　因此,与其说超国家组织有权威制定语言政策,还不如说超国家组织有名望影响各成员国语言政策的制定。正如上一章所描述的那样,语言活动者群体也可以参与国家域的语言管理,他们可以设法劝说政府制定某一具体的语言政策,因此,我们最好把超国家组织视为具有同样目的但超越国家疆域的语言活动者团体。不过,超国家组织有权威管理自己的语言实践,偶尔还有权威管理自己成员国的语言实践。可见,超国家组织形成了一个独特的语言管理域,值得我们去研究。

11.1.1 单语制超国家组织:语言传播的管理机构

殖民地时期,帝国政府都会负责它们所统治的各个国家的教育政策和语言管理。菲利普森(Phillipson 1992)是最早研究这种现象及其后来发展状况的专家之一,他尤其喜欢研究英帝国统治下的非洲国家。帝国政府在其殖民地国家尽力地维持宗主国语言,并鼓励人们把宗主国语言推广到其他地区,殖民帝国的这些行为一直延续到其生命的终结。长期以来,有些国际组织表面上是为了传播某种语言,但其实际目的就是为了维持与某个国家相关的权力和影响。

最显著的类似案例是法语国家组织。二战后,前法国殖民地国家纷纷独立,法语国家组织的成立在一定程度上弥补了法帝国当年的权威。法语国家组织是一个国际性机构,它涉及50多个国家的政府和社会精英。因为法语是这些国家的官方语言,被大家广泛使用(Weinstein 1989)。目前,法国有十几个政府机构负责本国的各项语言活动。法语国家组织总部设在巴黎,是法国的一个核心机构,它有55个成员国。法语国家组织于2005年颁布的宪章表明,该组织的活动要围绕法语和"普适价值"来进行,以便促进各主权国家之间的合作。该组织成员国的首脑及政府代表每两年举行一次会议,并做出一些结论性的声明。尽管法语国家组织的会议名称是语言,但会议的真正焦点却是政治、经济和文化活动。2006年,法语国家组织在布加勒斯特召开了第11届法语国家首脑会议,该会议除了探讨教育信息化和文化多样性等主题外,还讨论了当时世界各地所发生的地区紧张与冲突等热点问题。

成立不久的葡萄牙语国家联合会(the Lusophone Federation)——葡萄牙语国家共同体(Community of Portuguese Language Countries),具有与法语国家组织同样的机构模式。该共同体成立于1996年,会员国有七个,它们是葡萄牙、巴西、安哥拉、佛得角、几内亚—比绍(Guinea-Bissau)、莫桑比克以及圣多美和普林西比(São Tomé and Principe)。东帝汶(East Timor)于2002年从印度尼西亚独立出来后不久就加入了葡萄牙语国家共同体。该组织在尊重各成员国主权的前提下旨在加强各国间的政治和经济合作,认为语言只是共同体打着的旗号,并不是共同体发展的根本目标。葡萄牙语的传播发展是国际葡萄牙语学院(International Portuguese Language Institute)①的任务,该学院负责葡萄牙语的推广和普及。

英联邦(The Commonwealth of Nations)是一个由 55 个前英国殖民地或与之相关的国家所组成的自愿型的组织。成员国具有共同的传统,使用同样的语言,但它们可以有本国自己的语言政策。美国不是该组织的成员国。英联邦不是一个政治联盟,英国女王或英国政府也不能通过该组织来行使任何权力。

对于西班牙语而言,尽管有一个西班牙语研究院协会(Association of Spanish Language Academies)②可以协调 22 个不同国家的西班牙语研究院的活动,但尚未建立上述类似性的政治联盟。此外,世界上还有一些其他的语言推广机构,例如,英国文化委员会和歌德学院等,但这些都是国家建立的官方或半官方组织,它们没有像法语和葡萄牙语联合会所具备的那种政治特点。

11.2 超国家组织域的内部语言政策

11.2.1 国际联盟与联合国

在研究国际组织的语言政策时,我们要搞清楚两个关键的概念——域内语言政策和域外语言政策。前者是指国际组织对组织内部的立法和行政活动中使用什么语言所做的决定,后者则指国际组织为了影响其成员国的政策(包括语言政策和其他政策)所做的各种努力。国际组织的域内语言问题与其他公立或私立机构所遇到的语言问题是完全一致的,即

---

① 葡萄牙语国家共同体的一个机构,成立于 1989 年,总部设在佛得角的普拉亚(Praia)。学院的宗旨是"发展、保护、丰富和推广葡萄牙语",每年的 5 月 5 日定为"葡语文化日"。

② 1951 年成立于墨西哥,由时任墨西哥总统发起。协会成员是西班牙语国家(包括菲律宾和美国)各国的西班牙语研究院。西班牙的西班牙语皇家研究院(RAE)从第二届会议才开始加入该协会,协会每四年召开一次大会,协会总部在西班牙的马德里。协会的宗旨是促进西班牙语的发展。

在营造立法领域和行政机关的多语背景时如何才能保证单语体系下所拥有的交际效率。国际组织与民族国家一样，对于语言政策具有放任自由和指导约束的双重选择。"多数国家都要求本国公共部门的雇员和官员最起码要掌握本国的国语或官方语言"(Kymlicka and Patten 2003)。国际组织都面临一个这样的矛盾：一方面，工作语言数量的减少（最好是一种）有利于交际效率的提高；另一方面，所有成员国都索要本国语言的象征地位。

在18和19世纪，法语取代拉丁语成了一种世界性的外交语言。1919年的巴黎和会打破了法语这种独霸世界的局面，时任美国总统伍德罗·威尔逊(Woodrow Wilson)和英国首相劳合·乔治(Lloyd George)在会上坚决要求把英语提升为会议的第二官方语言(Baigorri-Jalón 2000)。威尔逊总统提议用法英两种语言书写条约，为此，他首先尽力地寻求美国国会的同意：

> 阳春三月我回到可爱的祖国，我把联盟会议的初稿也带回来了，这是一个临时稿。我把该稿交给了美国参议院下属的外交关系委员会，并花了一个晚上的时间与该委员会的成员共商此事。他们提出了许多建议。后来我把这些建议全部都带到了巴黎，结果是每一条建议最终都得到了采纳。显然，当初外交关系委员会的成员要我回到巴黎，并对有关人员说："我们非常感谢你们，但我们不喜欢法语这种语言。"几天前的一个晚上，我还对与会者说，如果你们有人不喜欢法语这种语言，我们这里还有另外一种语言，即英语。对于同一件事情，分别用英法两种语言表达，这页是英语，那页是法语。假如有人不喜欢英语，那就让他们去咨询法语学者，看他们是否更适合法语。其实英法两种语言的版本在内容上是完全一样的。它们都是建立在相互信任的基础上才完成的，任何人都别想愚弄其他人。这才是诚实之人所做的真正工作(Baker and Dodd 1924 Vol. I:40)

关于增加国际联盟官方语言的事情，该组织曾有过讨论。1920年，有人提议增加西班牙语和意大利语为该组织的官方语言，但国际联盟最终还是坚持只使用英语和法语为本组织的官方语言，尽管它实际上也没有排除其他语言作为官方语言的可能性。1924年召开的国际联盟大会

(详见 http://www.yale.edu/lawweb/avalon/leagcov.htm)并没有增加任何新的官方语言。当时,大家要求国际联盟使用一种国际性语言的呼声也很强烈,但并未获得有效支持。例如,有人提议使用世界语(Esperanto),也有人赞成使用伊多语(Ido)①,最终这两个提议都未得到采纳。

许多国际组织都是在巴黎和会之后相继诞生的,例如,国际联盟、国际劳工组织(ILO)、国际永久法庭(the Permanent Court of International Justice)。这些国际组织都继续采用英法双语的官方语言政策。国际劳工组织现有三种官方语言——英语、法语和西班牙语。国际永久法庭有两种官方语言:

> 国际永久法庭的官方语言是法语和英语。这两种语言的具体选择则由会晤双方自己来决定。案件的裁决使用诉讼程序中所使用的语言,若有歧义,则用两种语言同时宣布,但其中一种语言被认为是权威的。只要诉讼双方任何一方提出要求,法庭都可以使用英法两种官方语言之中的任何一种。在这种情况下,每一份呈现的文件都要附上英法两种语言的译本。在法庭的口述程序中,当事人可以使用这两种官方语言中的任何一种,因此,当诉讼一方选择其中一种语言来表达时,法院的相关人员则需要提供另一种语言的翻译,反之亦然。若诉讼一方选择使用这两种官方语言之外的语言来进行陈述,那么,这一方还要负责为其他人提供该语言的翻译(详情见http://www.worldcourts.com/pcij/eng/procedure.htm)。

1945年,国际永久法庭被国际法庭(the International Court of Justice)所取代,国际法庭是联合国创办的,它依然采用英法双语的官方语言政策。

这些国际组织以前往往都采用专业口译人员来承担翻译工作,最起初是提供接续口译(consecutive interpretation)的服务。自1928年起,由于科学技术的发展人们开始试用同声传译(simultaneous interpretation)

---

① 以世界语为基础,针对其缺点而改良的另一种人造语言。该语言于1907年发展出来,至今仍有一群为数不多的跟随者,主要使用人口分布于欧洲。"伊多"一词是世界语中的一个单词,意思是"后代"。

的翻译方法,例如,1928 年的国际劳工组织大会提供了七种语言的同声传译。此外,第一个使用同声传译的大型场合是纽伦堡法庭(the Nuremberg Tribunal),这是二战后建立的旨在审判纳粹战犯的法庭。法官来自英、法、俄,而多数证人则来自德国。法庭使用了美国 IBM 公司生产的同声传译设备,节省了大量的时间。在第一届联合国大会上,主办方提供了接续口译的服务,但结果是三十分钟的俄语发言竟花费了三个小时才被翻译成法语和英语。后来联合国启用纽伦堡法庭上工作过的一组译员,让他们利用同声传译为五种官方语言翻译,最初人们对同声传译的技术效果有过一些反对的声音,但后来联合国大会以及其他一些机构都采纳了同声传译(Baigorri-Jalón 2000)。

联合国在成立之初同意设五种官方语言,即汉语、英语、法语、俄语和西班牙语。秘书处设两种官方语言——英语和法语。阿拉伯语是 1973 年才增加进来的。人们对于联合国组织的内部语言政策一直存在如下分歧:有人认为只需设英语一门语言为官方语言即可,还有人认为应该增加印地语为联合国的第七种官方语言。2001 年,西班牙语国家的人抱怨说西班牙语在联合国的地位没有英语高。联合国的英语文件采用的是英式用法。1971 年,联合国恢复了中华人民共和国在联合国的合法席位,并开始使用简体汉字。

11.2.2　欧洲与欧盟:国际组织的内部语言政策

二战以后,欧洲被铁幕一分为二,两边都形成了政治军事同盟。1949 年建立了北大西洋公约组织,简称北约。这是一个国际军事防御组织,最初的成员国有美国、加拿大以及其他九个西欧国家。另一边是由许多前东欧国家组成的集团。北约的官方语言和工作语言都是英语和法语,但它也用其他 27 种语言出版相关资料。"冷战"期间,北约的劲敌是华沙条约组织(Warsaw Pact),简称华约。该组织成立于 1955 年,条约是用俄语、捷克语、波兰语和德语四种语言签署的。

欧盟源于一个西欧联盟——欧共体,目的是形成经济同盟,但最后却发展成为一个多功能的组织,现在还吸纳了一些东欧国家。欧共体成立于 1957 年,成员国签署了《罗马条约》(the Treaty of Rome),当初共有七个成员国,后扩大到 27 个成员国。根据《马斯特里赫特条约》,欧共体于 1996 年成功地转变为欧盟。

欧盟自诞生起就坚持在其内部使用所有成员国的官方语言。早在1995年,法国就向欧共体提议减少该组织的工作语言数量,即从11种减少到5种,但欧洲议会拒绝了该提议。其实,提供翻译服务的工作一直是该组织内部预算的大头。1999年,欧盟召开了一次会议,讨论该组织内部语言政策的问题,结果老问题没有得到解决,新问题又出现了。欧盟当时只有11种官方语言(丹麦语、荷兰语、英语、芬兰语、法语、德语、希腊语、意大利语、葡萄牙语、西班牙语和瑞典语),但大多数会议厅都没有足够大的口译间来容纳如此庞大的口译队伍。根据计划,欧盟的官方语言将比原先的增加一倍多。德斯万(De Swaan 1999)指出,成员国都不反对做出一个更有效的语言安排,前提是只要他们本国的语言进入了欧盟官方语言的名单中。

欧盟当前的语言政策是,成员国可以用任何官方语言写信给欧盟,并希望收到用同样语言书写的回函。欧盟与任何成员国及其公民之间的交流都必须是用该成员国的官方语言。欧盟所有的官方文件和条规都必须用本组织所有的官方语言来颁布。欧盟成员候选国需要把欧盟所有的有关文件和法律(大约七万页的材料)翻译成本国语言。2002年,欧盟的成员候选国有保加利亚、塞浦路斯、捷克共和国、爱沙尼亚、匈牙利、拉脱维亚、立陶宛、马耳他、波兰、罗马尼亚、斯洛伐克、斯洛文尼亚和土耳其,它们每个国家都组建了由十个人构成的翻译队伍。欧盟在召开各种全体成员大会时都会给各国首脑提供全程的同声传译服务,并极力为各成员国在欧盟的工作小组和各委员会的成员提供已经翻译成他们各自国语的文件,而且,还为这些人群提供笔译和口译服务,但这种服务非常有限。然而,实际上,欧盟总部的工作语言只有英语和法语,偶尔也使用德语。欧盟的众多报道显示,各个委员会在处理业务时大多使用英语。

德斯万(De Swaan 2001:171—173)报道说,法语正在缓慢地丧失自己的使用阵地,而英语却在扩大。1991年,在申请来欧共体工作的人当中,能流利地使用法语的人达百分之九十,英语百分之七十,而德语只有百分之十六。欧盟内部的交流有三分之二是用法语完成的,大约只有三分之一是用英语进行的,但这两种语言之间的平衡正在发生缓慢的变化。为了欧共体的正常工作,1989年欧共体有2500名笔译人员,570名长期工作的口译人员,2500名临时工作的口译人员。1999年,欧盟仅用于口译的费用就达到3.25亿欧元,几乎占欧盟内部预算的三分之一。欧盟增

第 11 章　超国家组织域的语言管理

加成员后,其翻译费用预计将超过 8 亿欧元。欧洲审计法庭(The European Court of Auditors)于 2006 年指出(Committee on Budgetary Control①2006),欧盟的翻译费用浪费严重,如有些翻译人员如约而来却没有用武之地。他们认为,欧盟应该根据本组织委员会成员的需求来预定语言翻译。此外,欧盟还有十个新成员国在翻译时还存在质量问题,因为它们没能招聘到合格的译员。尽管欧盟尚存在这些语言问题,但欧洲审计法庭的报告重申了欧盟如下的语言信仰,即欧盟看重多语的价值是"欧盟的主要特点之一"。

盖左拉(Gazzola 2006)特别研究了欧盟语言政策在欧洲议会的实施情况。有关欧盟语言政策的决定是欧洲委员会的责任。每当欧盟有新成员国加入时,其语言体制(language regime)里就将增加新的语言。事实上,爱尔兰语最初并没有进入该体制内,但最近已经被加入进来了。官方语言和工作语言是存在差别的。欧洲议会和欧洲委员会都认可所有成员国的语言,既把这些语言看作是组织的官方语言,也把它们视为组织的工作语言。欧洲经济与社会委员会(European Economic and Social Committee)②也是这样做的。欧盟委员会把英语、法语和德语作为工作语言,欧洲审计法庭也是如此。欧洲法院(The Court of Justice)③只把法语作为自己的工作语言,而欧洲中央银行则仅把英语作为自己的工作语言。

盖左拉支持欧盟采用所有成员国语言为本组织的官方语言的多语交际模式,他列出了以下三个论据:欧盟法律应用于其所有的成员国,这是事实;欧盟需要民主参与,也需要让所有的成员国都得到高质量的回报;欧盟支持语言和文化的多样性。从效率和成本的角度来说,语言的多样性越少越好。她分析了欧盟 2001 年提出的七类语言体制,其中主要包括

---

① 此处是夹注,故没有译成汉语,以便读者便于查找书后的参考文献。下同。该短语的汉语意思是欧盟预算控制委员会,这是欧洲议会中的一个委员会,由 30 名永久性成员组成,是欧盟内部的政治监督者,目的是杜绝不好的发展,并提出建设性建议。

② 简称经社委员会(ESC),于 1958 年根据《罗马条约》成立于布鲁塞尔,是欧共体的咨询机构,但委员们均在所属成员国工作,只在召开经社委员会会议时才来布鲁塞尔。

③ 欧洲联盟法院的简称,所在地是卢森堡。它是欧盟的一个机关。欧盟法院"应当审查由欧洲议会和欧盟理事会共同制定的法令的合法性;审查由欧盟理事会、欧盟委员会、欧洲中央银行以及欧洲议会制定的旨在对第三方直接产生法律效力的法令的合法性"。欧洲法院的法庭语言可以是欧洲联盟成员国的任何一种官方语言。法官及当事人的陈述被同步翻译。法庭的内部工作语言是法语。

285

单语制、有限多语制、可控多语制、浮动全语制和彻底全语制。她分析了每一种语言体制的成本,并研究每种语言体制在多大程度上允许欧洲议会的成员国用自己本国的语言来表达和接收信息。因为其中有些相关因素尚不清楚,例如,欧洲议会新成员的多语水平。因此,需要一段时间才能评价各种语言体制的利弊。通过对欧洲议会的研究,盖左拉得出结论,欧盟成员国认为允许他们各自使用自己的官方语言,这代表了一种主权象征,他们愿意继续为维持该主权所付出的代价埋单。但该语言政策也带来了以下难题:有些委员会成员从个人来说往往是更愿意使用英语或法语,而不是自己本国的官方语言;有些委员会会议在开始时经常要向大家道歉,因为没能提供用所有成员国语言打印的文件;有些成员国则为无法寻找到合格的译员(包括口译和笔译)而犯愁;组织机构为语言翻译而付出的巨大费用容易招致大家的批评。例如,欧盟为爱尔兰语提供了30名译员,这些费用遭到大家的强烈批评,因为爱尔兰代表都懂得几门语言,而且,他们中大多数人的爱尔兰语水平都不高。但是,欧盟需要为包括爱尔兰语和西班牙地方语言在内的各成员国的语言提供翻译,这反映了一个这样的事实:语言的象征价值大于其实用价值,因为所有出席会议的成员都代表了自己的国家。随着时间的推移以及出于实用性的考虑,欧盟将倾向于使用一种或几种工作语言,于是所有的官方语言将仅限于一些仪式场合中使用。然而,只要欧盟政府的翻译服务机构还存在,人们通常的惯性行为就很可能会把这些语言一直保持下去。日内瓦曾经是国际联盟总部的所在地,当时那里就成了世界职业译员的中心。现在,布鲁塞尔接过了这个接力棒,担当着那个角色。

若从组织内部来说,欧盟的参与者包括各成员国及其代表、官僚以及需要与这些组织打交道的公民。不管是从实用的角度(即人们的实际语言水平)还是从象征的角度(即语言使用时所带来的语言地位的提高)来说,他们都为欧盟组织的语言选择设定了一些参数。国际组织对语言选择的决定反映了各成员国的语言信仰以及它们的权力。

11.3 国际组织对其成员国外语教育政策的影响

当我们把研究目标转向国际组织语言政策的对外影响时,我们需要考虑到国际组织的实用因素和角色因素。前者是为了国际组织与其成员国以及成员国之间的交流更有效,后者是指国际组织在语言政策领域所担当的发展语言、传播语言甚至实施人权和民权的角色。欧盟对申请入盟的候选国所设定的语言要求一例最能清晰地解释国际组织的实用性因素,欧盟这样做是为了确保候选国的官员(尤其是边境和海关官员)以及其他专业人员能够熟练地使用欧盟语言(Union languages)①。当然,这一要求特别适用于来自东欧的候选国,因为这些国家的官员历来都只使用自己本国的语言和俄语,所以,欧盟要鼓励这些国家增加西欧语言的教学。这是组织化语言管理的一个经典案例,它要求各成员国加强外语教学以便能克服交际时的语言问题。

但是,国际组织语言政策的对外影响不仅辐射到其成员国的政府官员身上,而且还辐射到其成员国的公民身上。这主要是因为欧洲委员会和欧盟都先后对其成员国公民的外语教育感兴趣。例如,欧洲委员会曾经引介了"多语能力"(plurilingual proficiency)这一术语(Council of Europe 2001;Scharer and North 1992),该委员会认为,多语能力是各成员国公民在从事自由贸易和跨国旅行时所必需的。综观欧洲的外语学习状况,由于全球化和英语传播的影响,多语教育政策是毋庸置疑的。不过,这种情况也许在英国除外,因其公民不愿意学习除英语之外的其他语言。多语教育政策在实施的过程中却遭到温和派的反对,他们认为外语教育至少应该包括两门外语,即希望英语之外的其他欧洲语言能列入到常规的学校课表中去。为此,欧洲委员会不得不制定欧洲国家的外语教育标准(Council of Europe 2001)和外语评价体系(North 1992;North et al. 2003),并鼓励外语教育从娃娃抓起(van Els 1993)。此外,它还制订了到其他成员国游学的外语教育计划。

2001年,欧洲议会通过了一项决议——要求各成员国支持本国的语言多样性维持和外语学习计划。该决议前言的第一句话就为语言的多样性和外语学习定了调子,而且是优美的调子:"所有的欧洲语言在价值和尊严上都是平等的,它们都是欧洲文化和文明不可分割的一部分。"该决议的第一部分再次强调:"欧洲议会的各成员国和欧洲委员会都必须采取措施,确保所有公民有机会学习外语,以便大家能够相互交流,增进彼此

---

① 这里主要是指欧盟的工作语言,即英语、法语和德语(偶尔使用)。

之间的理解和包容，促进大家在多语和多文化欧洲中的个人流动以及信息获取。"2003年，欧洲委员会颁布了一个"行动计划"（Commission of the European Communities 2003）。该计划提出了820万欧元的预算，以便两年之内完成40个教育项目，其中包括为儿童进行的"母语＋双外语"的教学项目、终身学习项目、优质外语教学与教师培训项目以及建立友好外语社区的项目。我们尚未获得有关该计划的最终评价报告，但2004年度的中期报告列举了许多外语教学所取得的成就，同时，报告也注意到一个事实，即人们缺乏对语言多样性教育的兴趣。大多数国家似乎都还是把精力放在了英语的教学上，"在欧洲乃至世界，英语作为第二语言的教学在不断增长，它在外语教学中显然占据了霸主的地位。学生、家长甚至语言政策的制定者和教育系统的权威人物似乎都并没有完全认识到其他外语教学的重要性"（European Commission 2004：15）。

欧洲委员会及其工作人员等都正在努力地去影响各成员国及其公民的观点，而不是简单地去代表各成员国及其公民的意见。"国语＋英语"的教学项目往往有助于人们达到语言交际的实用目标，而"国语＋双外语"的教学项目则有助于人们维持欧洲其他主要语言的地位。那些为了语言多样性而推广双外语教学的论据或许可以帮助某些人掩盖推广法语、德语和西班牙语的目的，因为这些语言很可能是继英语之后被选中的外语。长期以来，人们逐渐形成了"除英语之外的任何语言"（anything but English）这一优美词汇，正如人们经常把世界语说成是一种适合替代英语的语言一样（Phillipson 20）。

11.3.1　人权与民权以及超国家组织的角色

欧盟鼓励各成员国维持语言的多样性，如果说这一行动是无效的，却是重要的，尽管该行动与尊重国家主权的需要相悖。也许更重要的是欧盟在这一活动中所担任的角色——总体上是人权的支持者，具体上这些人权能应用于语言方面。我回避使用"语言权"（language right）一词，而更喜欢说"有关语言的人权和民权"，目的是为了避免人们对语言的神化以及有时候由于使用了"语言权"术语而导致我们对人的忽略。当然，它们之间的联系并不明显。有一本有关人权的标准书籍（Donnelly 2003），在其书后的索引中根本就没有"语言"这个词条，它把"少数族群权"看作是一个最近才发展起来的东西。

第11章 超国家组织域的语言管理

国际条约中提到有关语言内容的案例屡见不鲜。1516年,法国和新瑞士联邦①签署的条约有利于说德语的瑞士人;1815年通过的《维也纳国会法》允许人们在奥匈帝国的某些地方使用波兰语;1881年签订的一个条约保护了希腊的土耳其语言(Varennes 1997)。1648年威斯特伐里亚(Westphalia)②国会通过了有关保护宗教少数群体的法律,1660年瑞典也签署了一个有关接纳罗马天主教社区并保护宗教少数群体的条约(Ruiz Vieytez③2001)。在中世纪,人们对语言少数群体根本就没有任何概念——农民说当地方言,统治阶级因经常联姻而出现多语现象(Wright 2001)。但那时的教堂使用拉丁语作为宗教语言(sacred language)以及国际间交流的通用语,具有国际性。

语言民族主义(linguistic nationalism)开始出现于文艺复兴时期,人民的国家边境意识增强,中央政府开始提高由他们自己选择的标准语言的地位。随着国教的发展,16世纪的宗教改革运动促使各国宗教界也改用本国语言。有些国家平等地对待国内的每一种基督教语言(Christian language),但有越来越多的国家却表现出偏袒国语而忽视其他语言的趋势。例如,1536年英格兰和威尔士签订的《联合法案》(the Act of Union)只青睐英语,而不顾及威尔士语;1539年颁布的《维勒斯—科特莱兹法令》(the Ordonnance de Villers-Cottêret)则仅重视法语。19世纪末,法国雅各宾派和德国浪漫派哲学家为国语至高无上的语言信仰提供了意识形态方面的支持。他们认为,任何群体,不管是地区的或种族的,还是宗教的或人口的,只要他们使用了与国语不同的语言变体,他们就可被划分为语言少数群体。这些人便成为这些国家被边缘化、排除化或强制同化的对象,并需要接受强制性教育和全民(男性)性兵役的任务。

尽管有些国家出现了上述现象,但后来它们都遭到了人们的反对。而且,这些国家在立法方面也有所发展,开始在一定程度上支持本国语言的多样性。他们的主要体现是公平地认可势单力薄的土著群体所使用的

---

① 是相对旧瑞士邦联而言的。旧瑞士邦联是当今瑞士的前身,主要由几个独立的小邦所组成之松散联邦,自13世纪建立延续至1798年改成由法国所扶植的赫尔维蒂共和国为止。
② 德国西北部的历史地区,相当于现在的德国北莱茵—威斯特伐利亚州全部及下萨克森与黑森两州部分地区。1648年哈布斯堡王室和法国、瑞典以及神圣罗马帝国内勃兰登堡、萨克森、巴伐利亚等诸侯邦签订了《威斯特伐利亚和约》(the Peace Treaty of Westphalia)。
③ 这里的夹注没有错误,这是一个复姓,并与书后的参考文献吻合。

语言。根据所有公民都拥有自己民权或人权的语言信仰,各国开始在立法上反对各种歧视,并在更高层面上为这些弱势群体提供平等的权利。人们只是最近才开始意识到我们需要保护语言的多样性,正如我们需要保护生物的多样性一样(Grin 1995:34)。

许多在19世纪签订的欧洲条约都包含了对种族和语言少数群体的保护条款。例如,1812年的《布加勒斯特条约》(Treaty of Bucharest)认可了塞尔维亚的自治;在1814至1815年召开的维也纳大会(Congress of Vienna)上以及后来所签订的各种条约都有保护波兰少数民族内容的条款(Ruiz Vieytez 2001)。导致第一次世界大战结束后签订《凡尔赛条约》(Treaty of Versailles)和组建国际联盟的和平谈话的确给了战败国或前帝国中的某些少数族群一些具体的权利,其中包括语言权。奥地利、匈牙利、保加利亚和土耳其等这些战败国以及从这些国家中诞生的新国家(都在欧洲和中东地区),都需要允许它们各自国家的所有公民(不包括库尔德人,所有的中东条约都忽视他们)可以在私人空间、宗教、商务、出版以及公共会议上自由地使用任何语言。同时,这些国家还要保证自己的这些公民不会因为语言障碍而难以获得有关国家民政服务的信息。法庭在审讯过程中要为有需要的人提供翻译服务,包括口头和笔头翻译。当不会说本国官方语言的外来人口在一些城镇和城区占到一定的比例时,政府就应该设立用这些人的母语作为教学语言的小学,但可以把本国官方语言设立为一门必修课。

然而,这些条约的内容一直未得到实施。希腊政府于1925年规定,国内的斯拉夫少数民族在种族上被划分为希腊人,同时,希腊政府还发动了语言同化和人口交换运动(Poulton 1998)。拉脱维亚于1918年独立,之后该国对少数民族语言的认可度就受到有关重建拉脱维亚语(Latvian)地位的运动的影响,因为以前拉脱维亚语一直都从属于德语和俄语。不过,拉脱维亚有些州立中小学甚至还提供用七种语言作为教学媒介语的教学(Druviete 1998)。

尽管这里对少数民族语言认可的研究仅限于战败国的领土上,而且,这些国家的语言政策也并非一直奏效,但它的确为有关语言的人权和民权的合法实施提供了一套模式。其他国家在两次世界大战期间也为本国的少数民族语言提供了宪法上的保护。芬兰尽管树立了芬兰语的地位,但也继续保护瑞典语的地位;爱尔兰在发展爱尔兰语的同时,也发展了英语；比利时根据属地原则达成妥协以便保护本国法语、荷兰语和德语使用者的利益；在前佛朗哥(pre-Franco)时期，西班牙认可了本国的各种地区语言。

具有讽刺意义的是，根据上述国家后来语言状况的发展，为少数民族的语言权而制定了具有模范性语言政策的国家是苏联。在列宁的领导下，苏联宪法宣布了伦敦共产国际于1896年制定的"各民族的自决权"(Lewis 1972:72)。该政策反映了列宁的语言信仰——要为百姓教授有关语言读写和社会主义的知识，快捷而实用的方法是使用他们的民族语言(ethnic language)；民族主义是迈向共产国际的第一步。苏联政府对许多（但不是全部）民族群体许诺，他们的语言和民族文化风俗是不可侵犯的。20世纪20年代，苏联建立了许多用当地遴选出来的民族语言作为教学语言的小学。而且，在接下来的十年中，苏联的语言少数群体的权利都得到了保护。马丁(Martin 2002)对苏联的这个行动计划大加赞赏，并认为这是史上最好的一个计划，是任何其他国家可望不可即的计划。不过，这个计划不利于俄语在苏联的推广，例如，乌克兰加盟共和国的俄语儿童不得不在乌克兰语学校就读，在土库曼斯坦和哈萨克斯坦加盟共和国居住的俄罗斯族居民只能处于从属地位。

在20世纪30年代的苏联农业集体化期间以及1932年11月苏联出现的粮食饥荒时期，俄罗斯族居民的痛苦与日俱增，他们反对该行动计划，而且形势已经发展到了危急关头。斯大林对于乌克兰人民阻止农业集体化的行为感到不高兴，他把这种行为怪罪为民族主义，而这些民族主义又受到地方化政策的鼓励。于是，斯大林开始采取以下措施来扭转以前的民族政策：撤销了苏维埃民族村；加强了学校俄语的教学；解散了军队中的民族编队；各加盟共和国需要实施苏联统一的五年计划。马丁(Martin 2002)认为，最初苏联走的是苏维埃化(Sovietization)的道路，把俄语作为全国的通用语来使用，使得大家交流方便。但在斯大林执政期间，尽管苏联在宪法上还保留了有关语言权的条款，但中央政府却越来越倾向于俄罗斯化(Russification)。后来，该政策的实施变得更加野蛮和粗暴。事实上，兰鲁特(Rannut 1995)把斯大林的该政策简直看作是沙皇帝国俄罗斯化政策的延续。他描述了该政策是如何影响爱沙尼亚人的，例如，政府驱逐爱沙尼亚人离开自己的故乡，然后组织其他种族的人移居到爱沙尼亚，并要求那里的公民在许多场域都使用俄语，所有这一切都是为了集权国家能够轻而易举地管理好语言。同时,兰鲁特还指出,当时中央政府对爱沙尼亚科学院在爱沙尼亚术语发展方面的工作仅表现出象征性的支持,从而显示了对宪法原则的口头承诺。奥佐林斯(Ozolins 1996)关注了斯大林的语言政策在苏联各少数民族语言使用者中所产生的强烈不满。苏联解体后,这些紧张的种族和民族关系才得到彻底的解决。

20世纪20年代,西欧以及部分东欧国家也都开始在法律上支持本国少数民族在人权和民权方面的认可。这种支持有时体现在某些国际条约的签订上,有时则表现在本国的新宪法中。在这方面,美国也不例外,它制定了一些法则以便纠正本国第一次世界大战后所采取的排外行动。美国的主要民权声明是1868年通过的《美国宪法第14修正案》,该修正案指出美国公民都享有平等的受保护的权利。1923年,美国最高法院在"梅耶诉内布拉斯加"案(Meyer v. Nebraska)(262 US 390)中做出如下裁决:尽管各州政府可以要求公立学校使用英语作为教学媒介语,但它们没有权利要求私立学校也这样做。在另一个法庭裁决中,美国最高法院于1926年发现,《菲律宾簿记法》(*Philippine Bookkeeping Act*)严禁菲律宾公民用英语、西班牙语和菲律宾语之外的语言(目标是指汉语)记账,这违背了美国国会仿照美国宪法为菲律宾制定的《菲律宾权利法案》(*Philippine Bill of Rights*)。所有这些在第二次世界大战结束后显得更加重要。

11.3.2 谁拥有"语言权"?

在我们继续往下分析之前,首先有必要搞清楚"语言权""语言权利"以及我更喜欢使用的"有关语言使用和语言选择的人权(欧洲用)或民权(美国用)"等几个不同的叫法,尽管它们含义相近。对此,现有三种不同的解释。第一种观点也是最常见的观点,认为这些术语是语言的个人权(individual right),即个人有权选择使用、学习或教授一门具体的语言或语言变体。"个人"是变化多样的,他或她通常是指一个国家的所有公民,国家并授予他们权利,但从更广义的角度来说,"个人"是指在一个国家的领土上包括学校儿童在内的不受年龄和国籍等因素影响的每一个人。第二种观点更富有争议性,而且只有主权国家及其政府才不得已地持有这种观点,因为它受到语言活动者的强烈质疑。这种观点认为上述词汇表达的是语言的集体权(collective right),即授予某一特定人群的权利,这些人群通常是某一具体语言或语言变体的使用者、或者是与某一民族或传统有关的人群、或者是某一具体语言的幸存者。第三种观点带有一些神秘性,认为语言权利,不管多少,最终都要应用到某一门具体的语言上(Blommaert 2001:135),所以,有关政府需要通过硬性要求或软性鼓励的方式来确保该语言有足够的使用者。持有第三种观点的人通常是那些认为语言多样性与生物多样性一样重要的人。

金里卡和帕顿(Kymlicka and Patten 2003:30)区分了普遍语言权(universal right)和群体语言权(group-differentiated right)的异同。前者是指在某一特定的司法范围内赋予每个人的语言权利,而后者是指赋予某一特定语言群体的语言权利。此外,他们两个还对个人语言权和集体语言权做出了如下评价:在司法范围内任何个人都可以索要个人语言权,例如,任何被指控犯罪的人都有权要求用他们所能理解的语言来解释对他们指控的内容。相比之下,集体语言权的功能往往要受到某些门槛等级的刺激才能激发出来。例如,随着以色列国在1948年的建立,该国运行的语言教育政策规定,学校的教学语言应该与大多数学生所使用的语言(即希伯来语或阿拉伯语)保持一致。再如,根据欧洲有些国家的做法,若某地有百分之二十的居民使用另外一种语言,那么,当地的民政部门(civic authorities)就需要提供用该门语言表达的民政服务。

对于那些想要理解语言少数群体的权利基础的人来说,其中最难的问题之一是如何协调语言多数者和语言少数者之间的利益关系。这也是威廉姆斯(Williams 2008)所关注的主要问题,他探讨了众多民族国家在赋予少数民族语言地位方面的最新发展。此外,他还描述了某些欧洲国家和加拿大所存在的"主流人群与少数另类人群"之间的紧张关系(Williams 2008:382),并提出了一个与赫尔德(Held 2006)所提出的一样可行的解决办法——"世界性民主"(cosmopolitan democracy)办法。根据该办法,政府不仅要给某些"空间共同体"(spatial community)授予自治权,而且也要给某些具有重叠性的"命运共同体"(community of fate)授予自治权。事实上,正如我们所看见的那样,民主与个人多语并不会自动地处于和谐状态,因为少数民族常常要求自治或独立,以便获得他们自己的现在多数人所拥有的权利。

新加坡学者黄福安(Wee 2007)对语言人权观持批评的态度,他认为语言人权观以某些特定语言的单语制为基础,而忽视了越来越常见的多语现象，这主要是因为流动人口日益增多以及吉(Gee 2001)所称作的"社会语言"发展迅猛。所谓的"社会语言"是指多语社会中有些人所使用的变化的而且常常是混杂几种语言词汇的语言变体，它们的具体情况会根据它们所处的环境而变化。因此，我们只有开发一种能够解释如此多语言变体的模式才能抓住日益增多的多语现象的本质。值得注意的是，我们不能从赞成多语制和语言多样性的观点出发，结果逐渐地转向了赞成单语霸权观，把以前受迫害的语言变成了如今的霸权语言。

11.3.3 国际组织与语言权

联合国作为国际联盟的后继者，依然还多少保留着国际联盟的一些愿望和期盼。1945年，《联合国宪章》声称各成员国要尊重人权和人类的基本自由，平等对待和消除歧视。更具体地说，1948年通过的《世界人权宣言》在其第二条第一点①中把语言也列入了歧视行为检查的内容。

在联合国的领导下，国际劳工组织继续完善该项工作，1957年该组织采用了《107号国际公约》，这是有关"保护和整合独立国家土著及其他部落和半部落人口"的公约。其中有关语言的重要内容都在本公约的第23条。

> 第23条：
> 这些人的儿童都应该有机会得到有关自己母语读写能力的教育，若无法实行，也可改用该群体最通用的语言。
> 国家应该制定条款确保这些人能够在语言的使用上从自己的母语或当地语言顺利地过渡到国语或该国的其他官方语言。
> 国家要尽可能地采取恰当的措施来保护这些人的母语或其他当地语言。

显然，上述条款在实施的可行性上还存在着很大的困难，因为这些人从实用的角度考虑都必须学习本国的官方语言。通常情况下，"各地土著人"之间也都存在很大的差异，会形成一个层级现象。强势语言的使用者

---

① 《世界人权宣言》第二条第一点是"人人有资格享有本宣言所载的一切权利和自由，不分种族、肤色、性别、语言、宗教、政治或其他见解、国籍或社会出身、财产、出生或其他身份等任何区别"。

往往不需要保护,尽管有些强势语言运动(如美国的"唯英语"运动或某些国家提倡政府使用某一简单语言的运动)的成员对此往往不赞同。国际组织的这些政策旨在保护各国的少数民族,但少数民族未必就是指人数上少的民族,而是指缺乏权力的族群(Paulston 1997)。在少数民族当中,自称为土著群体的人应该是指那些外来征服者或殖民者到来之前就生活在这块土地上的人,这些人理应享有更大的优先权。移民被认为是不需要得到保护的群体,因为他们自己主动选择移居到另一个国家,当然这一点尚存争议。避难者也许同样可以被列入移民的行列。

30年后,国际劳工组织采用了《169号国际公约修正案》,这是有关"独立国家土著人和部落人"的公约。其中有关语言的重要内容都在本公约的第28条。

第28条:

所有土著人和部落人的儿童只要有可能都应该有机会接受到有关自己土著语言读写能力的教育,或用自己所属群体中最通用的语言。当这些无法实行时,相关的法定机构就应该与这些人协商,以便为达到该目的而采取措施。

国家必须采取一定的措施以确保本国的这些土著人和部落人有机会掌握并流利地使用本国国语或本国官方语言中的一种。

国家应该采取措施以便保护和提高本国土著语言的发展与实践。

根据网上对一个旨在促进土著人权利发展的非政府组织的描述(Anonymous[①]2007),国际组织对土著人权利保护的这一措施其实是一项国际组织运动的继续,该运动始于1923年。因为那一年,美国"住在长屋的人们"(Haudenosaunee)[②]或叫"易洛魁六国联盟"(Iroquois Confed-

---

① 意为"无名氏",但本处属夹注,为了读者便于在本书参考文献中查找相应的出处而特意保持原文。

② 又名易洛魁联盟(Iroquois),是北美原住民联盟。使用易洛魁语言的北美原住民部族在今纽约州中部和北部逐渐形成并共同生活,在16世纪或更早前结成联盟关系,称为易洛魁联盟,意译为"和平与力量之联盟"。原先的易洛魁联盟往往被称作"五族同盟",由五大部族莫霍克人、奥奈达人、奥农达加人、塞内卡人和卡尤加人组成。1772年,塔斯卡洛拉人加入,因此联盟成为"六族同盟"。

eracy of Six Nations)中有一位印第安人想要向国际联盟陈述土著人自治的想法,但他的要求却没有得到许可。当联合国教科文组织人权促进与保护分委员会成立了一个旨在解决土著人问题的工作小组时,联合国于1982年恢复了该项运动。在后来的十年中,该工作小组起草了《土著人权利宣言》,1993年该宣言被报送给联合国人权委员会。两年以后,联合国教科文组织人权促进与保护分委员会成立了一个新的工作小组,该工作小组在与各土著人群以及各非政府组织的代表进行磋商后,便开始了一份新的有关土著人权利宣言的起草工作。2006年6月一份折中的宣言呈现给了联合国人权委员会,最后该宣言因多数票的支持而得到通过。但当该宣言于2006年11月被送到联合国大会的第三委员会时,纳米比亚的与会者代表非洲国家集团(Group of African States)要求对该宣言的投票推迟一年,该建议得到了第三委员会以及联合国大会的同意。最终,联合国大会于2007年9月批准了这个无约束力的《土著人权利宣言》。在投票过程中,有143个国家投了赞成票,11个国家投了弃权票,澳大利亚、加拿大、新西兰和美国投了反对票。非洲国家集团在该宣言经过了一些修订后才同意支持,修订的内容就是增加了以下条款——"宣言中的任何内容都不能理解为对以下任何行动的批准或鼓励,即任何全部或部分地分裂或损害主权国家或独立国家的领土完整或政治团结的行动"。新西兰说之所以对该宣言投反对票是因为该宣言与新西兰法律相冲突,并且,该宣言对非土著人非常不利。该宣言并没有包含"土著人"一词的界定。而且,该宣言的重点明确地放在了土地和政治权利上,而语言只是需要解决的众多问题中的一个。

正如卢茨(Lutz 2007)所描述的那样,土著人的语言问题本质上是集体权的问题,而不是个人权的问题。她说,土著人需要作为不同的群体而得到认可,以便他们能把各自的文化传统传承给他们的后代。土著人也需要自决权,一种自治权而不是独立权。他们想要自己管理自己,但是,假如愿意的话,他们也可以参加全国性的政治和经济生活。土著人想要摆脱被歧视的窘境,其中包括摆脱以下行为,即某些人有权"随意地、事先地和明达地"同意制定任何影响土著人生活的政策。他们想要回自己世世代代所拥有的土地,或者为他们所失去的东西进行赔偿。最后,土著人要求自己的土地免遭伐木、采矿或环境规划等干扰。对于非洲国家(或许还有一些其他国家)来说,联合国《土著人权利宣言》的主要问题是"土著人"一词的界定不科学。卢茨注意到,类似的问题还有一些其他分量很重的政治术语如"难民"和"折磨"的界定也不够完善。不过,我们很难给出一个能让所有国家(包括所有自称为土著人的群体)都赞同的有关"土著人"的定义,不同的国家使用着不同的定义。但该定义应该包含以下一些特点:有着一个民族所拥有的自我认识;有着分裂或分离的经历;有着与某一具体领土联系悠久的历史;有着与众不同的文化。各国政府所关注的主要问题之一可能是对土著人居住地的土地资源的拥有权问题,但这些土地资源早就已经被分配掉了。事实上,新西兰怀唐伊仲裁机构的主要活动是处理新西兰毛利人已失土地资源的索赔问题。在这些情况下,我们就能明白政府为什么会把土著人索要集体权的行为看作是对国家主权的威胁,因此,许多政府都不愿意采纳《土著人权利宣言》。

金里卡和帕顿(Kymlicka and Patten 2003:32)注意到,现在世上尚无他们称作的"规范的语言权理论"。为此,他们想到了两种方法。第一种是"善意的忽视"(benign neglect),正如世俗国家不支持任何特定的宗教一样,他们也拒绝认可或支持任何土著语言。当某人在谈论自己的个人权时,使用"善意的忽视"这一招也许有用,但它显然给公共机构带来了严重的声誉问题。第二种方法是赞同"语言人权",但国际组织现有的各种人权文件(如联合国于1948年通过的《世界人权宣言》)提及语言问题的地方有限。言论自由、出版自由、协会自由以及非歧视行为等都没能涉及以下语言问题:语言少数群体学校的公共资金问题、个人名字的选择问题以及政府与公民互动时所使用的语言问题。在这些领域,我们需要寻找到能够更好地解决当地具体问题的办法,而且这些问题都不可能靠一些世界性宣言就能解决的。语言政策中存在的以下两大对立观点使得该语言问题更加棘手:一种观点认为语言政策的主要目标是语言趋同,其目的是为了加强国家的团结和社会的凝聚;另一种观点是语言政策的主要目的必须是保持语言的多样性(Kymlicka and Patten 2003)。两派观点互不妥协,关系紧张。因此,假如有人指望对《世界人权宣言》投了赞成票的众多政府会设法实施宣言中的条款的话,那就太幼稚了。

事实上,国际组织并没有像它们所说的那样积极参与国家层面的语言管理,它们对一些国家层面的主张只是提供道德和语言方面的支持。例如,我们与其把联合国所做的有关土著人权利的无约束力宪章看作是政策的制定,还不如看作是标准的树立。这有助于我们更好地理解国际组织的作用,例如,我们有理由相信,美国之所以在20世纪60—70年代出现了民权运动,是因为美国政府的某些部门在这期间受到了国际社会对民权问题关注的影响。

11.3.4 欧盟与语言权

我们在欧盟对语言权所持的观点中也能发现类似的矛盾现象。在欧盟内部的工作环境中,除爱尔兰语和卢森堡语(Letzeburgesh)外,欧盟允许各成员国使用自己的国语,但现在的语言政策也包括了爱尔兰语,并增加了一些如把西班牙的加泰罗尼亚语和巴斯克语作为欧盟附加官方语言的条款。那么,在这个层面上,多样性意味着欧盟每个成员国都能享受到本国国语的象征性认可。

但是,欧盟也的确认可少数民族语言的有限权利。欧洲小语种管理局(the European Bureau for Lesser Used Languages)是一个"具有民主管理风格的、旨在推广语言和促进语言多样性的非政府组织",该组织对遴选出来的少数民族语言、地区语言或非主流语言(stateless language)[①]提供某些支持。由所有15个欧盟老成员国和许多于2004年5月加入欧盟的新成员国所组成的成员国委员会是欧盟工作的基础。此外,欧洲议会在20世纪80年代通过了许多呼吁保护少数民族语言的决议。这些决议以及欧洲委员会于1992年通过的《欧洲地区语言或少数民族语言宪章》像许多其他条约一样都得依靠各国政府的批准,之后才能在各个国家得到实施。该宪章在其制定的原则上指出:"要保护具有历史意义的欧洲地区语言或者少数民族语言",支持"人们在个人生活和公共生活中使用地区语言或少数民族语言的权利",并强调"多文化和多语言的价值",但鼓励少数民族语言的行为"不应该损害官方语言以及人们学习官方语言的需求"。此后,欧盟让最初的成员国来决定哪些少数民族是可得到认可的以及哪些权利是可应用到每种语言上的。但该宪章不考虑各国的方言以及有关允许瑞典否认本国斯堪尼亚语(Skanian)使用者提出认可要求的条款。瑞典的斯堪尼亚语使用者估计有150万人。此外,瑞典没有认

---

① 指一些语言无论在世界的任何国家都难以成为国语或官方语言的语言。如罗姆语不是任何国家的国语或官方语言,所以属于非主流语言。而蒙古语在美国、墨西哥等国家都是非国语或官方语,但它在蒙古国却是,所以,蒙古语不属于非主流语言。

可本国的萨米语、拖米多芬兰语(Tomedal Finnish)和芬兰语三种地区语言或少数民族语言,同时,瑞典也没有认可本国的两种外来语言(non-territorial language)或非主流语言——罗姆语和依地语。

《欧洲地区语言或少数民族语言宪章》允许欧盟成员国把本国的语言划分为本土语言和外来语言,并要求它们声明它们将应用该宪章的哪些条款来对待上述每类语言。在该宪章的第二部分有许多一般性条款,而在该宪章的第三部分则有涉及以下具体内容的条款:各级教育、司法安排、行政和公共服务、大众媒体、文化活动、经济与社会生活以及境外交流。每个欧盟成员国必须从宪章的第三部分中选择35个项目,其中必须有三个有关教育和文化活动方面的项目,而且,每个其他主题中至少要选择一个项目。因此,每个项目被选择的可能性很大。例如,在教育领域,成员国可以决定提供用本国地区语言或少数民族语言进行的学前教育(但这对本国官方语言的教学没有任何损害);也可以是在学前教育的"大部分"时间里用本国的地区语言或少数民族语言进行教学;还可以是根据学生家长的要求来为这些学生专门提供用本国的地区语言或少数民族语言进行的学前教育,但"这些学生的数量要达到一定的人数"。假如一个国家没能在学前教育中提供用本国地区语言或少数民族语言进行教育的师资,那么,它可以从该宪章众多的条款中选出一个作为补偿。同样,这套模式也适用于各成员国的小学、中学、技校、职校、大学、其他高等学校以及为成人教育和继续教育。

截止到2007年,欧盟已有22个国家批准了该宪章。法国声称为了准备加入《马斯特里赫特条约》于1980年修订了本国宪法,根据该宪法,法国并没有批准《欧洲地区语言或少数民族语言宪章》。爱尔兰政府也没有批准该宪章。批准了该宪章的各成员国都已经指定了一至十种本国的少数民族语言,这些语言可以适用于该宪章的各项条款。塞浦路斯选择了亚美尼亚语,丹麦选择了德语,挪威选择了萨米语,塞尔维亚选择了阿尔巴尼亚语、波斯尼亚语、保加利亚语、匈牙利语、罗姆语、罗马尼亚语、卢森尼亚语(Rusyn)①、斯洛伐克语、乌克兰语和克罗地亚语。以下国家尚未批准该宪章:比利时、爱沙尼亚、格鲁吉亚、希腊、意大利、拉脱维亚、立

---

① 属于印欧语系斯拉夫语族的一种语言,也有人认为这是乌克兰语的一种方言。使用者主要分布在东欧一带,尤其是乌克兰,世界范围大约有62.4万使用者。

陶宛、摩尔多瓦、波兰、葡萄牙、罗马尼亚、俄罗斯和土耳其,因为这些国家都有众多有关语言少数民族的问题。

尼克—休伯恩(Nic Shuibhne 2001)认为,我们对欧盟和欧洲委员会不要指望太多。该委员会对语言多样性和多语制语言意识形态的支持也是小心谨慎。欧盟则设计了一个语言管理系统,以便让各成员国自己来决定该语言意识形态的哪些内容适用于它们各自国家界定的少数民族语言。瓦伦尼斯(Varennes 2001)指出,任何个人和少数民族群体都不能上诉反对《欧洲地区语言或少数民族语言宪章》的形式或实施。1985年,欧洲法院认可了保护比利时德语区个人语言权的必要性,但同时也注意到,荷兰语、法语和德语并未归入到比利时少数民族语言的范畴内。

欧洲安全与合作组织(简称欧安组织)是一个负责欧洲安全事务的组织,它把自己的角色看作是防止冲突的组织。欧安组织如果在影响欧洲语言管理方面的工作有所节制的话,其效果可能会更好(Holt and Packer 2001)。欧安组织有56个参与国,它们都同意把人权问题纳入该组织的关注范围。1992年,欧安组织下属的少数民族事务高级专员署(High Commissioner on National Minorities)受命"及时发现有可能损害欧洲地区和平、稳定及欧安组织成员国之间关系的民族冲突,并提出处理意见和解决办法"。该高级专员署独立行动之后,向许多国家提出了不少建议。例如,1996年,该高级专员署与爱沙尼亚政府就爱沙尼亚语测试结果的应用以及该国外国公民的权利等问题进行了会商,要求爱沙尼亚政府在制定有利于爱沙尼亚语地位恢复的管理条例时也要保护好该国俄罗斯语使用者的权利。总体而言,该高级专员署提出的建议涉及少数民族的教育权、对罗姆人的歧视行为、少数民族的语言权以及少数民族在公共生活中的有效参与度等问题。最近,欧安组织关注的事情包括格鲁吉亚有关亚美尼亚语电视台的建设问题、科索沃有关波斯尼亚语书籍的发行问题以及马其顿和阿尔巴尼亚有关马其顿人和阿尔巴尼亚人在登山导游方面的培训问题。此外,该高级专员署就俄罗斯的乌克兰语教育问题以及乌克兰的俄语教育问题分别向两国提出了详细的建议。该高级专员署还向摩尔多瓦政府提出了有关语言政策的建议;向罗马尼亚政府提出了有关多语政策以及保加利亚语在巴贝什博尧依(Babes-Bolyai)大学的地位的建议;向斯洛伐克政府提出了有关各种语言法的建议。在欧安组织这样的国际组织中,通常会有一位官员来具体负责某项语言政策的研究和制定。该官员以前可以自己决定或在别人的影响下决定我们要对语言持一种积极主动的立场。于是,他或她就会召集合意的专家顾问来组成自己的顾问委员会,专家顾问的目标是说服该官员所在机构的领导班子,要使这些领导班子都相信该官员所采取的措施与该组织的总体目标是一致的。但现在,这些官员的工作是为完善某些语言政策而解决一些具体的问题。

11.4 超国家组织域与语言管理理论

显然,全球化并不意味着要有一个世界政府(world government)的诞生。但是,假如我们把世界看作是一个语言管理域,那么,林林总总的国际组织对该域的语言管理明显是非常有限的。国际组织首先需要解决其内部的语言问题,而且,语言交际效率与语言多样性两者之间的矛盾使得这些内部的语言问题更加复杂多变。超国家组织能够支持人权、民权以及有关语言的权利等概念,而无须考虑对这些概念的实施状况,也不用面对因这些概念的实施而带来的种种后果。超国家组织因不用对某些语言政策的实施情况负责而有时可能会制定出乌托邦式的语言政策。不过,它们偶尔也是政策实施过程中的参与者,例如,欧洲法院需要对欧盟成员国的语言问题进行裁决。但是,这种现象只能发生在批准并实施了超国家组织众多条约和宪章的主权成员国里。超国家组织的主要影响在于传播和支持语言多样性、多语制以及人权或民权等语言信仰,而这些语言信仰又有助于支持语言活动者的语言活动,从而让语言活动者可以劝说自己国家的政府接纳这些语言信仰。因此,超国家组织的语言政策影响与其说是在语言实践领域,还不如说是在语言信仰或语言意识形态领域。

第12章 语言管理者、管理机构和研究院及其工作

12.1 语言管理者与管理机构

本书提出的语言管理理论在于不断地发现语言管理者,并尤其反对语言政策的阴谋论(这种做法或许有点不公平)。因此,我尽量解释清楚每个语言管理域中哪些域内外的参与者是真正的"语言管理者"。然而,我至今仍未准确地概括出语言管理的本质(这似乎有点不严谨)。显然,语言管理的过程包含以下几个阶段:为影响政策制定者所付出的努力、政策的起源、政策的制定、政策的实施、政策的评价、政策的修订及其之后的政策实施。在简单语言管理中(Neustupny and Nekvapil 2003),所有这些步骤都是由语言使用者个体来完成的,但在组织化语言管理中,情况又是如何呢?

家庭域的语言管理过程如同个体的语言管理过程一样,可能会把管理过程中的几个阶段都整合在一起。很少有家庭会成立家庭委员会,以便合力制定出一项家庭语言政策。在家庭中,试图管理其他家庭成员的语言实践和语言信仰的人很可能是家庭语言政策的实施者和实施效果的判断者。家长若要设法维持自己的祖裔语言,他们就会采取措施,并根据他们所看见的效果对自己的行为进行调整。当我们把目光转向更复杂的社会和政治组织层面时,我们就会发现语言政策的制定者和实施者之间存在着不同的语言管理功能。语言政策的制定者包括宪法的起草者、立法者、解释宪法和语言法的法院人员、制定相关条例和决定相关预算的政府官员,而语言政策的实施者则包含各部委或各级政府机构以及在这些部门执行政策和评价政策的政府工作人员。

这种划分有一点主观性，因为通常情况是语言政策的实施者（即语言管理机构或行政单位）可能想要独自制定语言政策，并肯定想要劝说政府或立法者采用或修改某些具体的语言政策。因此，我们必须想到政策的制定者和实施者之间这些内容可能会有重叠的地方，并需要从语言政策的陈述中设法发现谁是相关的、积极的语言管理者。例如，在本书上一章中所提到的欧洲安全与合作组织则体现了语言政策的制定者与实施者之间存在着一个共同的管理过程。1992年，该组织成立了少数民族事务高级专员署，旨在"及时地发现有可能损害欧洲地区和平、稳定及欧安组织成员国之间关系的民族冲突，并提出处理意见和解决办法"。该高级专员署把语言问题视为引发民族紧张关系的潜在因素，并根据非政府组织和语言活动者所提出的建议制定出语言使用指导方针，这对研究某些国家的语言冲突以及向这些国家的政府提出改革建议具有重要的作用。在接下来的案例分析中，我们同样需要找出语言政策制定者与实施者在语言管理过程中的不同分工与重叠之处。

在本章的结构安排中，遵从学界原先的划分似乎是有道理的，即把语言政策划分为语言的地位规划、语言培育（即语言的本体规划）和语言习得规划。但从提供语言服务的角度来说，本章也将论及多语现象的管理。

12.2 语言管理的实施机构

自从克洛斯（Kloss 1966）开始，语言管理研究的基本地位就已经大体上让位于有关语言地位政策的决定与实施。所谓语言的地位政策，就是语言决策者根据需要或权力或份额等因素来决定某一门具体的语言或语言变体，或者是某一组语言或语言变体的功能。在本章中，我将把研究重点放在语言政策的实施上，而不是语言政策的决定上，但要记住语言政策的实施者也可能想要决定语言政策。那么，有人就会问在任何特定的政治体制中，当要决定国家重大语言政策（如选定官方语言）的时候，谁来执行宪法起草者或政府政策制定机构（如立法机构或政府内阁）的精神呢？要回答好这个问题，我们首先应该区分以下两种语言管理机构，一种是那些成立的目的就是为了专门进行语言管理的机构或独立单位，另一个是那些工作范围更广，但其中包括语言管理内容的机构。

12.2.1 非专门的语言管理机构

对宪法和法律中语言条款的含义和执行进行解释和裁决也是一般法庭工作范围的一部分。当以色列的阿拉伯人权组织想要挑战以色列海法市政府的语言政策(如规定街上的路标仅用希伯来语和英语表达)时,或者想要修改以色列拿撒勒市政府的语言政策(如规定不允许广告栏张贴仅用阿拉伯语书写的房屋出售广告)时,他们一纸诉状把政府告到法院,认为先不提政府的其他不良作为,光上述这种行为就已经违反了以色列有关把希伯来语和阿拉伯语都列为官方语言的法律。在以色列,这类事件可以直接告到最高法院,那里根据案件的严重性又设大小不同的法庭。每个国家都有自己的法院组织。在这两个案件中,以色列法院在做出裁决时可以不考虑官方语言的问题。对于第一个案件,法院方面认为把阿拉伯语放在以阿拉伯语使用者为主的城市(如海法)的路标上是应该的,因为在这些城市中,阿拉伯语使用者所占的比例很高。对于第二个案件,法院认为用任何语言做广告都是可以的。然而,在最近的一个有关路标语言使用的案子中,法院的裁决却引用了以色列的官方语言政策内容——要求在路标上增加阿拉伯语。

我们应该注意到,以色列法院事实上正在修改有关语言管理的决定,这些决定原先都是本系统内其他部门做出的。这些路标都是路标制作者根据海法市委制定的语言政策而制作的,拿撒勒市委试图实施自己的语言管理条例,即要求广告栏中的广告需要使用希伯来语。同样,一位没有透露身份的以色列交通部官员就路标上的语言使用问题给路标制作者进行指导。

有些国家的政府机构也在实施或设法实施有关语言净化的法律。在马来西亚,新闻、通信与文化(原文是文化、艺术和遗产)部长莱士·雅丁说,如果马来西亚的广告和海报中出现了马来语的"变异形式",相关人员将受到高达 1000 林吉特(相当于 290 美元)的罚款,这主要针对的是马来西亚国内出现的"大马式英语",一种马来语和英语的混合体(《印度教徒日报》,2007 年 6 月 10 日)。在伊朗,时任总统于 2006 年 7 月发布一道命令,要求所有的政府机构和新闻报纸都要使用波斯语研究院(Persian Academy)批准的词汇,避免使用外国腔语言。

在一个国家中,能够大面积地进行语言管理工作的政府机构毫无疑问是教育部。在联邦制国家,宪法把教育权授予给州或省政府,各州或省教育厅通常有权决定学校的教学语言和语言课程,其中包括决定附加语或外语的教学。除此之外,教育厅制定的教师资格条例也直接或间接地管理着学校的语言政策。例如,美国联邦政府的印第安人事务管理局(经常负责美国印第安人的基础教育)所做的决定必须遵守印第安人学校所在州的政策。因此,20世纪70年代,美国纳瓦霍语学校都没有几个能说纳瓦霍语的教师。这是因为亚利桑那州当初有一项这样的教育政策,即要求本州所有的中小学教师都必须具有大学学历,但那时该州连高中毕业的纳瓦霍语教师都屈指可数。

另一个经常涉及语言管理的机构是负责广播和电视的政府机构,他们能够决定电视广播可以使用哪些语言。国家电台往往是受到该机构的直接管理。J.费什曼和D.费什曼(Fishman and Fishman 1974)记录了以色列教育部长(当时也负责广播事业)拒绝提供用依地语报道的新闻广播。美国虽然没有直接管理本国电台节目的语言使用情况,但美国联邦贸易委员会(US FTC)在20世纪60年代制定的条例要求各电台的日志必须用英语记录,因此,地方上用纳瓦霍语播报的调频广播员需要用英语记录下他们每次用纳瓦霍语所说的内容。

这里值得关注的要点是,几乎所有的政府机构在正常的工作过程中其实都在实施一定的语言政策。例如,政府某个办公室的办事员不会或不愿意使用官方语言之外的任何语言,政府某个部门只用一种语言印刷所有的表格,某家医院的各种公共标识仅用一种语言来表达。所有这些人事实上都属于语言管理者,因为他们都在执行或违背本语言管理域的语言政策。正是大量的这种非专业化的有关语言使用的决定导致了许多人发现各种语言霸权环境中所存在的不公平现象。似乎没人有时间或耐心来追究谁该决定一个具体的公共标识的语言使用。在耶路撒冷老城有一个广场,该广场的正对面角落里有两家单位——邮局和警察局。早些时候,有人对它们这里的语言标识进行过研究,结果发现在1980年的一年内这里公共标识上的语言就发生了以下两次变化:警察局标识牌上的语言从希伯来语、阿拉伯语和英语三种语言转变为希伯来语和英语两种语言;邮局标识牌上的语言从希伯来语和法语两种语言转变为希伯来语、英语和阿拉伯语三种语言。这些语言使用的变化说明其背后的语言决定是单位部门内部的事情,而不是政府或国家语言政策变化的信号。事实上,我的猜测是,这些标识牌的书写者之所以这样做,是因为深受美学的影响,而并非为了遵守语言使用标准。在另一个有关纳瓦霍人保留地的研究中,每当我们发现标有纳瓦霍语及英语或光有纳瓦霍语的公共标识牌时,我们都会有意询问原因。每次,我们都会被告知这是一位非纳瓦霍人(是一位商店老板或校长)对这些公共标识的语言使用所做出的决定。所以,我们通常会发现非政府领域的管理者、工头、办事员和雇员也在不断地想要在自己的能力范围内制定语言政策。如前面所提到的那样,马林诺夫斯基(Malinowski 2008)发现许多商店老板并不知道多语公共标识牌与生意之间的关系。

20世纪90年代早期,有上百万的俄语使用者移居到以色列,这迫使以色列修订了自己的语言政策。格里纳特(Glinert 1995)对以色列语言政策的这种变化进行了研究,他指出,事实上,以色列大多数有关语言的决定似乎都是由地方政府来做出的,而不是由中央政府来决定的。尽管以色列出台了国家语言政策,全国甚至面临着希伯来语霸权的咄咄逼人态势,但地方政府深刻地意识到当地人口结构所带来的压力,因此,他们必须经常考虑到语言政策的实用性。

12.2.2　有关移民与公民资格申请的语言管理机构

对于一个国家来说,虽然有两个部门不是政府的专门的语言管理机构,却往往要做出有关语言管理的决定,它们就是移民和公民资格的管理机构。大多数国家这样做当然是有其实用性原因的考虑,因为我们大家都认为现代民族国家的公民都应该熟练掌握本国的官方语言(甚至是两种以上的官方语言)。通常,我们会发现公民在阅读自己的判决书或行使自己的投票权以及在一些极端情况下的土地拥有权时都必须具备熟练的官方语言水平。对于这些情况,国家一般不会做出任何涉及个人语言水平的各种决定,而可能会把这种决定权下放给本国内政部的一般管理机构或者是任何负责公民投票注册的管理机构。

尽管许多国家都没有制定具体的限制移民活动的法律条款,但它们却有一些隐性的做法。例如,美国纽约州的选举投票注册处在20世纪初要求投票人具备英语的基本读写能力,其目的是想要排除来自意大利的文盲移民和只会依地语而不懂英语的犹太人移民。婴儿的出生通常就决定了自己的公民资格,因此,一个人若要改变这种身份就意味着要移民。苏联解体后,波罗的海国家都要求本国的公民提高他们本土语言的水平,并把这一做法看作是重新树立本土语言地位的一种方法,并以此来抗衡以前强势的俄语。但是,当这些国家想要申请加入欧盟时,处理好本国的本土语言和俄语等少数民族语言之间的关系又成了这些国家绕不开的争论话题。欧盟仅要求老成员国需要区别对待本国的土著语言和移民语言。在有些国家,对移民语言水平的评价已成为它们接纳移民的一个程序之一,所以,这些国家的边检官员或边境警察都有权做出自己有关语言管理的决定。文献史上经典的案例是澳大利亚的语言强制测验(Australian dictation test)[①]。麦克纳马拉(McNamara 2005)利用两位博士生的研究结果(Dutton 1998;Jones 1998)进一步阐述了戴维斯(Davies 1997)有关澳大利亚强制移民进行英语考试的论述,并以此来解释澳大利亚后来对移民所执行的程序。澳大利亚的海关人员要接受本国联邦内政与国土署(Commonwealth Home and Territories Division)的领导,于是,海关人员就可把语言强制测验"看作是一个阻止移民进入澳大利亚的绝对措施。此外,他们还可把该语言考试看作是一种驱赶某些移民的手段,因为他们可以剥夺那些已经进入澳大利亚但英语考试成绩不达标的移民继续留在澳大利亚的权利"(McNamara 2005:358)。澳大利亚的边检官员有权用移民没有学过的英语来考核移民。这种通过语言考试来控制移民数量的想法首先是由英国政府驻南非纳塔尔省(Natal)办事处在20世纪90年代提出来的(Dutton 1998)。最近,英国在控制本国的移民数量方面又有新的发展,其中一个是英国前首相戈登·布朗(Gordon Brown)于2007年9月所签署的条例。该条例规定客籍工人在进入英国之前必须通过英语水平考试(英国《卫报周刊》,2007年9月21日),此外,所有来自欧盟之外的熟练工人都必须在英语方面达到《英国普通中等教育证书》(GCSE)[②]中所要求的英语水平,这相当于《欧洲共同语言参考标准》(CEFR)[③]中的C1标准。英国为申请公民资格或永久居住权的人

[①] 1901年澳大利亚通过了《移民限制法》,该法要实行白澳政策,即规定移民必须主要源自欧洲。为此,进入澳大利亚的移民必须参加强制的语言测验,即用英语或其他欧洲语言书写一篇50个单词的短文。

[②] 英文全称是"General Certificate of Secondary Education",这是英国学生完成第一阶段中等教育所参加的主要会考,相当于我国的初中毕业考试文凭。在这一阶段,学生通常用两年时间学习8—12门课程,其中包括英语、数学、外语、自然科学、资讯与通信技术及体育等。

[③] 英文全称是"Common European Framework of Reference for Languages",是欧洲议会在2001年通过的一套建议标准,为欧洲语言的评量架构和教学指引、考试、教材等方面提供一个基准。其标准从入门到精通共分六级,即从低到高依次为A1、A2、B1、B2、C1和C2。

而单独开发的语言考试已经在实施中。一位出生在澳大利亚的伦敦大学语言学教授为了延长其工作许可证而被迫参加了英语水平考试。

据报道,最近有越来越多的国家利用语言考试来控制公民资格的申请。例如,德国有大量来自苏联的德裔公民。在驻苏联各加盟共和国的德国大使馆里工作的人员都作为考官接受了培训,在 1996 至 2000 年期间,有超过 18 万的人申请移居德国(McNamara 2005)。在过去的大约 15 年中,有越来越多的国家都首先通过面谈和专家评审的方式来决定避难申请者(如难民)来自什么国家(Eades et al. 2003;Reath 2004)。这一做法似乎被许多国家所效仿,如西班牙、德国、荷兰、比利时、英国、瑞典和瑞士。瑞典不少私营公司都声称他们是这方面的专家,但移民局的这一做法已经遭到许多语言学家的挑战(Language and National Origin Group 2004)。

总之,多语社会中的任何政府机构实际上都能制定自己的语言管理政策,这些政策或多或少地反映了一个国家的官方语言政策。2000 年 8 月 11 日,美国前总统克林顿签署了《13166 号行政命令》,该命令要求所有的美国联邦机构以及所有接受过美国联邦基金资助的非政府组织都要制定相关的语言政策,以便为本国的英语水平欠缺者提供相应的语言服务。当美国民权委员会(US Civil Rights Commission)开始研究这一行政命令的实施情况时,他们惊奇地发现,真正受到这一命令影响的机构和组织少得可怜。同样,在新西兰内阁接到的有关毛利语政策实施进展的报告中,我们不难发现新西兰所有的政府分支机构都参与了该政策的实施,政府还想让新西兰所有的非政府机构也同样参与这一政策的执行(Te Puni Kokiri 1998)。

12.2.3 专门的语言管理机构

有些机构和个人被特别授权,以便可以管理语言。于是,他们便构成了某一具体语言管理域的"语言警察"(language police)。根据维基百科的资料,术语"语言警察"已成为美国电视节目《60 分钟》[①]中的常用词汇,该电视节目描述了加拿大魁北克法语办公室(Québec Office of the French

---

[①] 美国的一个新闻杂志节目,由哥伦比亚广播公司(CBS)制作并播出,自 1968 年开始播出,迄今已播出逾 40 年。该节目制作精良,口碑上佳,是美国知名的电视节目,也多次获得奖项。

language)的诸多活动。该管理机构成立于1961年,目的是为了实施本省的法语使用政策。1977年,魁北克《第101法》(也叫《法语宪章》)得到通过,该管理机构的工作范围也得到扩大。2003年,加拿大对《第101法》采用了一个新的名称,即《第104法》。

该办公室的责任如下：

第159条:魁北克法语办公室要负责界定和实施魁北克有关法语官方化、法语术语以及民政管理和工商企业的法语化(francization)的政策。该办公室还要负责《第101法》的实施。

第160条:魁北克法语办公室要负责监控魁北克的语言状况,至少每五年要向教育部长汇报有关情况,特别是有关法语在魁北克的地位及使用状况以及魁北克各个语言群体的语言行为和语言态度的情况。

第161条:魁北克法语办公室要监督法语是否在魁北克的民政管理和工商企业界已经作为人们的日常工作语言、交际语言和商务语言在使用。而且,该办公室可以采取任何适当的措施来推广法语。此外,该办公室还需要帮助解释和发展《第101法》中所提到的有关法语化的教育项目,并监督这些项目的实施状况(详见http://www.oqlf.gouv.qc.ca/english/charter/title3chapter2.html)。

截止到2005年,魁北克法语办公室有256位员工,其中专业人员152位,办公室主任由魁北克移民与文化社区部的一位副部长兼任。该办公室在2005至2006年度的预算经费达1800万加元。尽管该办公室经常与支持言论自由的法庭发生冲突,但它与一些相似的语言管理机构(parallel agencies)一起积极执行魁北克省的语言政策。《第101法》规定魁北克的商业标识必须用法语来表达,对于违背这一规定的现象,魁北克法语办公室具有执法权(包括罚款权)。有人对此提出反对意见,最后,加拿大最高法院取消了该条款,详见"福特公司诉魁北克(检察长)案"(Ford v. Québec(Attorney General))(1988,2S. C. R. 712)。《第101法》经过修订后改名为《第104法》,该法则要求法语是魁北克商业标识中的主要语言。魁北克法语办公室也根据自己的计划以及人们的投诉来调整自己的工作,大多数投诉都得到了妥善解决,而无须经过法律途径。这些投诉大多数是有关魁北克的进口产品没有法语说明书之类的事情。后来，该办公室发布了《魁北克语言文化规范使用标准指南》，该册子共有36页，包含了许多有关语言使用的条例。例如，对于法语重音字母①，不管是大写，还是小写，其标音符号都必须写出；组织名称只有第一个单词的全部字母需要大写，但专有名词除外；邮件和电子邮件的地址都有其特定的书写要求；电话和传真号码也都有其特定的书写要求；度量衡单位的书写也有其独特的要求；星期与月份都有其特定的法语缩写法，如"L"代表"星期一"，"janv"代表"一月"；24小时制的时间表达法有其特定的要求；金钱的表达法是先数字后符号，如"47＄CA"（47加元）；对于电脑键盘，需要使用获得国家批准的统一格式的键盘；魁北克有专门有关如何安装微软视窗软件的规定；此外，该册子还有各种有关信息技术的使用标准。

　　魁北克法语办公室需要不时监督当地各企业对于该指南小册子的执行情况。例如，魁北克一家有着50多位员工的新企业花了半年的时间用于注册，此外，还花了半年的时间用于分析和制订有关企业内部各项活动中法语使用的计划。通常，魁北克法语办公室要求一个企业需要在两至三年的时间内完成企业所有当地活动的"法语化"，但若企业的大部分业务都是在魁北克之外完成的话，那么，这种企业可以选择其他语言作为它们的工作语言。魁北克的小型企业只要做到以下几点就行：在公共标识牌和一般的通知上使用法语以及在与魁北克的公众进行交流时使用法语。魁北克法语办公室指出，在他们管理这些企业的法语使用过程中所接到的百分之八十的投诉都没有通过法律途径得到妥善解决。

　　在筹建魁北克法语办公室之初，魁北克政府选择了一个比较激进的方式来处理当地的多语现状。魁北克政府利用自己高度的属地自治优势授权给魁北克法语办公室，让它来管理当地公共域中法语的使用情况。此外，魁北克政府还想通过在《第101法》中增设一个有关魁北克数年来藐视加拿大宪法中所提到的言论自由权和人人平等权的条款来验证其权限。正如我们将在下文中所看到的那样，对于世界上大多数的专门的语言管理机构来说，它们的成立并不是为了提高某种语言的地位，而是为了处理语言培育过程中所遇到的各种问题。正如拉维奇（Ravitch 2003）所

---

① 如"Québec"单词中的字母e上面有符号，认为写成"Quebec"就不对。

说,人们可能更倾向于使用术语"语言警察"来指相关人员对语言或内容的审查。2003年6月20日,英国广播公司的一则新闻报道说,有些律师像语言警察一样试图把商标名,如"谷歌"和"施乐",从词典上剔除,并阻止这些商标名的泛化用法,如"我'谷歌'(搜寻)了这个话题,并把获得的相关文章都给你'施乐'(复印)一份"。事实上,给予语言管理机构警察式的权力(即可以对那些语言使用错误的人进行罚款等处罚),这容易使我们把学校与警察联系起来,学校可以处罚在校使用了家庭语言的学生,而警察也可以处罚因使用了猥亵话而违反当地法规的人。

爱沙尼亚是另一个建立了专门的语言管理机构来实施语言地位的国家。为了实施1989年的《爱沙尼亚语言法》,爱沙尼亚成立了国家语言委员会(State Language Board),该委员会下设几个司,其中一个是语言监察司(Language Inspectorate)。在教育部的领导下,语言监察司也负责本国成人的语言教育以及语言教师的培训。1998年,国家语言委员会被合并到语言监察司,它的管理功能和组织功能都下降了,但其监督角色却加强了。2002年,该监察司设有22个岗位,其中监察员就占了15个岗位,他们的基本任务是确保《爱沙尼亚语言法》条款的实施。语言监察司还可以发布警告和强行罚款。2007年2月,国际特赦组织(Amnesty International)[①]秘书长写信给爱沙尼亚总理,认为语言监察司"在本质上具有强迫性和惩罚性",这"不利于促进社会的整合和国家的团结"。该秘书长写此信是由于"《爱沙尼亚语言法》修订版于2007年2月初出台,同年3月1日开始生效。修订版的语言法扩大了语言监察司的权力,该司可以建议用人单位解雇那些爱沙尼亚语技能不达标的员工;也可以让那些持有爱沙尼亚语资格证的人重新参加语言考试;还可以吊销那些不参加重考的人原有的语言资格证书"(详见http://news.amnesty.org/index/ENGEUR510012007)。

在拉脱维亚,情况也是如此。拉脱维亚国家语言委员会的设立是为了监督《语言法》的实施,以及给那些拉脱维亚语达标的俄语使用者颁发证书,这些人占拉脱维亚人口的很大一部分。拉脱维亚国家语言中心

---

① 一个人权监察的国际性非政府组织,于1961年创立,由世界各国民间人士组成,监察世界各国人权现况。现时在全世界150多个国家或地区已有超过300万名会员及支持者,是全球最大的草根人权组织。

(The State Language Center)是拉脱维亚司法部的一部分,其任务之一是实施国家语言法(Poggeschi 2004)。

立陶宛语言委员会(The Commission of the Lithuanian Language)成立于1961年,当初是一个非政府组织,是在立陶宛科学研究院的资助下成立的。现在,该委员会属于一个国家机构,负责本国官方语言的实施。该委员会制定了一些语言法令,它们对立陶宛全国所有的公司、机构、组织和媒体都有约束力。在立陶宛语言委员会的领导下,国家语言监察科要监督整个立陶宛共和国的全国性和地方性组织、机构、公司和其他单位是否遵守了以下三个方面的各项条款:《国家语言法》、立陶宛语言委员会制定的各个语言法令以及涉及官方语言使用的其他立法。各地方政府需要负责监督国家官方语言在各自地区的使用情况,这些地方政府可以发挥那些被三分之二以上的市政当局所雇用的语言官员的作用(详见http://www.vlkk.lt/commission/organisation-chart.htm)。

有关语言警察的案例尚不多见。维基百科中列举了70个负责本国标准语言的语言管理机构,但这是个保守数字,因为我发现仅印度的卡纳达邦就有四个语言研究院:一个研究卡纳达语,其余三个分别研究贡根语(Konkani)、图卢语(Tulu)和科达瓦语(Kodava)。不过,据我所知,在加拿大魁北克和波罗的海国家有四个专门的语言管理机构,它们在法律上都有权来执行官方语言的使用。当然,在许多其他情况下,别的政府机构(尤其是教育部门的政府机构)也都有这些执行功能。然而,一般来说,专门的语言管理机构的主要功能是语言培育,其中包括专业术语和语言纯洁性的发展。

12.3 印度独立后的语言管理

印度值得单独用一节的篇幅来进行描述,这不光是因为其独立前后国内语言状况的复杂性,而且还是因为其语言社团以及与早期语言规划有关的政府机构的多元性。特别是,一些语言学家曾经对印度的政府及非政府语言管理机构还进行过相关的调查。例如,达斯—顾普塔(Das Gupta 1977b)曾经采访了大约36个印度人,他们都在印度联邦政府或州政府最重要的语言规划机构中工作。在联邦政府层面上,这些机构都隶属于教育部、内政部和司法部。譬如,印度中央印地语管理署以及印度科技语委员会都分别负责印地语的推广和发展,但1971年起它们两个单位合二为一。此外,联邦政府层面上的机构还有司法部的官方语言委员会以及内政部的印地语培训计划署。在印度的教育系统内,教育部的语言司协调着几个不同的语言管理机构。达斯—顾普塔采访的官员都普遍赞同以下观点:语言规划中最重要的是发展有利于教育的词汇,语言标准的制定则在其次。在印度的行政层面上,几乎没有看见有人极力反对印地语的使用。因为从本质上说,这些机构都受它们各自所在部的管理,它们需要实施上级部门制定的语言政策。这些机构刚成立时都很弱小,在各自部里既没地位也没分量。它们的成立与其说是出于学术的需要,还不如说是为了满足行政的目的。因为各个机构的核心领导都是它们所属部门上级领导任命的,这些机构一般也不会广泛公开自己的研究成果。如果说它们与媒体有接触,那也是微乎其微的。它们与下层的教育协会也没有多少联系,但与"上层的教育部门"却有沟通(Das Gupta 1977b:65)。政府希望各部门的印地语支持者不要参与有关倡导使用印地语的运动。尽管我们惊奇地发现,这一地区的各种非政府协会非常活跃,但是政府部门对它们却不理不睬。达斯—顾普塔(Das Gupta 1977b:77)总结道:"根据我们的采访和其他数据源,我们发现印度的语言规划体系是从政治上孕育,从行政上操作以及从组织上扩散,政府在语言规划体系上的协调性不强,而且,很少从语言、经济和交际的角度来评价语言规划体系。"

作为三国语言政策评价研究的一部分,达斯—顾普塔(Das Gupta 1977b)报道了印度各种志愿者语言协会的情况,但他注意到,分配到印度尼西亚和以色列进行研究的同事都还没有发现各自研究的国家有任何重大的语言活动。然而,在印度,这些语言组织自从19世纪晚期就已经存在,并得到不断的扩散和壮大。为了对这些语言组织进行调查,达斯—顾普塔采访了60位曾经在四个著名的语言组织工作过的领导。这些人虽然不曾在政府的语言管理机构工作过,但都熟悉它们的情况,而且,大多数人都对官方语言规划机构的工作感到失望。

达斯—顾普塔(Das Gupta 1977b)从本质上对这种政府语言规划组织与志愿者语言规划组织间缺乏协调的行为感到失望,但这也许是民主社会发展过程中不可避免的事情。在集权制国家,中央政府的语言规划更容易得到执行,而在民主制国家,我们只有在偶尔的时候才能发现各种语言力量(language forces)相互整合的现象,例如,楼必安可(Lo Bianco 1987)当初想在短短的几年内让澳大利亚出现各种语言力量相互整合的现象,结果却事与愿违。

因为那些通过法律权威来控制人们语言选择的语言管理机构显然没有代表性,因此,从语言管理理论的角度来说,我们应该尽量少分析这种语言管理机构,但要少到多少呢?这是一个非常难以把握的问题。通常,语言政策的成功不仅要靠政治大亨们的法律式命令,而且,更要靠民众一致的语言实践和语言信仰。大家都认为,要确定语言管理机构的性质很难,这比把握语言管理机构的分析数量还难。所以,那些关注强势语言力量的评论家只能把造成少数民族语言式微的原因归咎于环境的历史性变化。

12.4 语言培育

12.4.1 语言研究院

尽管语言研究院被广泛地认为是负责语言培育和语言净化的主要机构,但人们对于众多国家语言研究院的历史和特点的研究却少得可怜。一部由多卷构成的、洋洋洒洒的《语言和语言学百科全书》对于该话题也只有一篇三页长的文章(Mugglestone 2006);费什曼(Fishman 2006)在最近其出版的一本书中重述并支持重视语言本体规划的观点,他在该书中花了两页的篇幅介绍了三个语言研究院,并用了两页的篇幅描述法兰西学术院的概况以及西班牙皇家学院(The Real Academia Española)的盾形纹章(coat of the arms);有些大型图书馆会对某个单独的有关语言研究院的会议进行过程式的列表处理,如 1986 年召开的"国家语言研究院及其使命大会";索尔森(Saulson 1979)汇编了有关以色列希伯来语复活以及希伯来语研究院发展的论文集。然而,幸运的是,在互联网时代,这些高度传统的语言研究机构现在都有了自己的网站,而且,谷歌和维基百科等之类的搜索引擎都能提供非常便捷的资料搜寻渠道,但其不足之处是人们在引用这些资料时难以把握它们的出处。

世界上最早一批的国家语言研究院成立于文艺复兴时代。1584 年,意大利的克鲁斯卡语言研究院(the Accademia del Crusca)成立于佛罗伦萨;1635年,法兰西学术院成立于巴黎;1713年,西班牙皇家学院成立于马德里。这些语言研究院都会在各自研究的语言中挑选出一种传统变体,然后对它们进行标准化和规范化的工作。克鲁斯卡语言研究院凭借自身的努力一直把意大利语认可为一种语言,而不是把它仅仅看作是拉丁语的一种没落形式。克鲁斯卡语言研究院于1612年出版了一本意大利语词典,里面有该语言研究院名称的词条,该语言研究院试图通过词典来纠正从14世纪以来由于社会和语言的变化而对意大利语所造成的"语言堕落"现象。法兰西学术院也研究过法语词典,并于1640年出版,但该词典只记载了法语的"美丽"用法(le bel usage),不过,该词典将有助于法语使用规则的制定以及法语纯洁性的维持(Mugglestone 2006)。

但是,正如库帕(Cooper 1989)所明智地认识到的那样,卡迪纳尔·黎塞留建立法兰西学术院不是出于语言的目的,而是出于政治的需要,他认识到国语标准化对于中央集权制国家的团结具有很大的价值。于是,黎塞留在一个小型私人俱乐部里对那些喜欢语言文学的成员进行劝说,要他们组建法兰西学术院。后来,黎塞留给这个新成立的机构下达如下任务:法兰西学术院不光要净化法语,而且还要把法语发展成一种现代的交际语言,使之能够为科学和学术服务,并在这些领域最终取代拉丁语的地位(Cooper 1989:10)。实际上,法语词典的编撰与出版是法兰西学术院自成立后三个世纪中的主要活动。20世纪,法兰西学术院还出版了一本简明法语语法书。由于法兰西学术院编撰的法语词典省略了本机构中极端保守成员所不赞同的词汇,因此,该词典的成功尚未达到最大化。此外,自从1935年以来,法兰西学术院就没有出版过完整版的法语词典,尽管在新版本的两卷法语词典中,大约有一半的内容是以前没有出现过的。最近,法兰西学术院发表声明,他们反对法语中使用英语借词,并认可某些职业中女性所特有的法语名称。法兰西学术院现在依然把法语的保护视作其首要任务,但它把大部分精力都放在艺术的保护上,每年授予艺术界大约80个奖项。该学院的成员资格都是终身制的,是根据候选人员杰出的语言文字生涯来遴选的。他们代表了本国语言文学领域中的发展水平,不过,他们在语言管理方面比起其他受过教育但不懂语言管理的人不见得更高明。事实上,法兰西学术院在语言管理方面的这个弱点意味着法国政府需要在各个部委成立更多的其他语言管理机构(如术语委员会)。法语传播的重任就赋予了许多其他的语言委员会和语言传播机构。

法国政府并没有把法语建成国内唯独的霸权语言的工作交给法兰西学术院,而是让众多的法国政府部门来共同承担。政府早期采取的措施是学校必须使用法语,而且,只有法语才能成为学校的教学语言。该语言政策首先是由法国大革命时期雅各宾派制定出来的,但在接下来的半个多世纪里由于法语教师的短缺而导致该语言政策的实施受到阻碍。法国政府采取的第二个重要措施是要求公务员在所有的对内和对外业务中都坚持使用法语。实现这一措施的具体方法有很多,其中一个是让公务员异地工作,从而使得这些公务员在工作地方使用的法语方言与他们在家使用的法语方言不同。另一个具体的办法是对公务员国际行为的管理。法国政府要求其公务员在国际会议上发言时只能使用法语,而且,他们在与外国合作时只允许在正式的法语版协议上签字。法国政府对于公务员的这类活动制定了一系列冗长的条例和法规。所以,尽管法兰西学术院名声显赫,但它的象征性功能比它作为一个活跃的语言培育机构的实用性功能更大。我们可以说,法兰西学术院只是法国的一个庄严象征,它给人的感觉是严肃认真,法国政府就是要利用它的这种精神来思考它的国语发展。

世界上最早建立的第三个语言研究院是1713年建立的西班牙皇家学院,其责任是负责保护卡斯蒂利亚语(即西班牙语)的纯洁性。该研究院出版了不少有关卡斯蒂利亚语的词典和语法书,并做出了不少有关卡斯蒂利亚语正字法的决定。最近,西班牙皇家学院做出裁定,只有部分职业可以有女性专用的名称。另外,该学院还强烈支持人们使用具有泛指意义的男性代词(Paffey 2007)。该词典现在有纸介版和电子版出售。尽管西班牙皇家学院与其他西班牙语国家的合作日益增多,但人们对它仍有很多抱怨,认为该学院内在的保守主义思想严重,它的研究对象仅偏向于马德里地区的西班牙语变体。

自1871年起,与众不同的西班牙语研究院开始在美洲各国纷纷建立。哥伦比亚是第一个成立本国西班牙语研究院的国家。后来,厄瓜多尔、墨西哥和萨尔瓦多(El Salvador)紧随其后。在那之后的一百年中,有越来越多的美洲国家加入了这个行列。最近才成立本国西班牙语研究院的国家有洪都拉斯(1940年)、波多黎各(1955年)和美国(1973年)。1951年,西班牙语国家召开了西班牙语研究院协会(Asociación de

Academias de la Lengua Española)的第一届大会。西班牙皇家学院没有参加这次会议,但后来西班牙皇家学院加入了西班牙语研究院协会的永久委员会,并从1956年开始成了该协会的一个积极会员国。该协会的会员国自1999年起开始相互合作,共同开发西班牙语的正字法,这是多国合作的第一个项目;2001年,该协会的会员国共同编撰西班牙语词典(第22版);2007年该协会的会员国共同出版了一本新的西班牙语语法书。当下,它们还正在编撰《美洲西班牙语研究院词典》,该词典将于2010年面世。

西班牙自古就是一个多语国家,中央政府自从同意本国的某些地区实行自治以来再次认识到这一点。这些自治区的某些语言已经有了自己的研究院。西班牙的皇家加利西亚语研究院(The Real Academia Galega)成立于1906年,并在20世纪80年代得到加利西亚自治区的认可。尽管西班牙语在加利西亚是强势语言,但加利西亚自治区的法律认为加利西亚语和西班牙语都是当地的官方语言(Ramallo 2007)。现在,皇家加利西亚语研究院在当地遇到了一个对立的组织——加利西亚语协会(Associaçom Galega da Língua),该协会不同意皇家加利西亚语研究院提出的正字法。加利西亚语协会成立于1980年,它认为当地应该推广葡萄牙制定的加利西亚语正字法,反对根据卡斯蒂利亚语制定的加利西亚语正字法。

在西班牙的加泰罗尼亚自治区,主要的语言培育机构是成立于1918年的加泰罗尼亚语学院(the Institut d'Estudis Catalans)。该学院的语文部为加泰罗尼亚语制定了许多规范标准,为加强加泰罗尼亚语的发展和推广起到了重要的作用。西班牙的瓦伦西亚自治区也把加泰罗尼亚语定为本地区的第二官方语言。该地区于1998年建立了自己的语言研究院——瓦伦西亚语研究院。在瓦伦西亚也有不少人转用卡斯蒂利亚语的现象。人们对于瓦伦西亚所使用的语言变体名称存在以下分歧:当地现政府认为这是瓦伦西亚语(Valencian),但本地区的高级法院于2007年裁定这是一种加泰罗尼亚语,而瓦伦西亚语研究院接受了这种观点。

此外,西班牙还有其他的语言研究院。阿拉贡(Aragón)也是西班牙的一个自治区。据报道,该自治区有几千人把阿拉贡语作为第二语言来使用。尽管阿拉贡语不是当地的官方语言,但1986年这里成立了阿拉贡语研究院。据悉,在西班牙的阿斯图里亚(Asturia)自治区,懂得并使用阿斯图里亚语的人数在迅速下降,但该语言得到了当地政府的保护和当地学校的推广。阿斯图里亚语研究院(The Academia de la Llingua Asturiana)成立于 1920 年,并已出版了阿斯图里亚语词典和语法书。

西班牙的皇家巴斯克语研究院(Euskaltzaindia)正式成立的时间是 1919 年。它负责巴斯克语的推广和培育。目前,该研究院的一个主要目标是创建和推广一种标准的巴斯克语变体,以便可以统一八大巴斯克语方言。于是,该研究院积极编撰各种有关巴斯克语的词典,并已推出了一套有关巴斯克语的规范化语法体系和一本有关巴斯克语的语言地图手册。此外,该研究院还向人们推荐使用巴斯克语地名,鼓励大家阅读巴斯克语大众文学,以及努力发展巴斯克语的标准化语音。除此之外,皇家巴斯克语研究院也开始研究巴斯克语的社会发展史。西班牙计划在 2009 年成立一个新的巴斯克语研究院——纳瓦拉巴斯克语研究院(the Institute of Euskara of Navarre)。

如本书第 10 章所描述的希伯来语研究院以及印度语言协会那样,语言研究院通常源自民间的语言活动群体。印度卡纳达邦重复了这种模式,它的官方语言也是卡纳达语。卡纳达语研究院(Kannada Saahithya Paishat)的成立归功于 1915 年在印度班加罗尔(Bangalore)召开的一次会议,参加该会议的都是一些编辑、作家以及其他人。该会议的目的有以下四个:团结散居在印度好几个邦的卡纳达语使用者;对卡纳达语的书写体系进行标准化和规范化;编写一本共同的纳达语课本;出版一些较好的纳达语书籍以及发展纳达语的科学术语。此外,卡纳达邦也存在一些支持其他语言的组织机构,如贡根语①研究院(Kamataka Konkani Sahitya Academy),该研究院正在推广贡根语在当地学校的教学;卡纳塔克邦图卢语研究院(The Karnataka Tulu Sahitya Academy)有同样的教育项目;科达瓦语研究院(the Kodava Academy)一样,正在寻求政府的继续支持。

我在此并不想抢占一群博士研究生在语言研究院方面的预期研究成果,我们需要他们来弥补学界在这方面研究的不足,但为了更好地了解语言研究院的概况,我将在此简洁地再介绍几个语言研究院。

西孟加拉的孟加拉语研究院(the West Bengal Bangla Academy)成

---

① 印度果阿邦(Goa)和马哈拉施特拉邦(Maharashtra)的邻近地区所使用的一种主要语言,有大约 500 万的使用者。

第 12 章 语言管理者、管理机构和研究院及其工作

立于 1986 年。此外,还有一个也是研究孟加拉语的研究院——孟加拉语研究院(the Bangla Academy),后者比前者早大约 30 年。孟加拉语研究院位于孟加拉国,并得到该国政府的支持。

中国共产党以及新成立的中华人民共和国于 1949 年开始了本国的文字扫盲运动和语言文字改革,并把这些工作列为国家的中心任务之一。1949 年,中国成立了中国文字改革协会,该协会在 1954 年的年底被中国文字改革委员会所取代。1955 年,该委员会组织召开了有关汉字简化的会议①以及有关普通话定义的会议②。1956 年,有 2236 个汉字得到简化。中国文字改革委员会确定了普通话的定义,即以北京语音为标准音,以汉语词汇和语法为基础的通用语。此外,该委员会还制定了一个有关汉语语音的计划——汉语拼音方案。在 1957 年和 1964 年之间,由于政治原因该委员会的深化工作被延误。在"文革"期间,该委员会的工作实际上就被冻结了,这种现象直到 1976 年才结束。在"文革"刚结束之时,中国文字改革委员会推出了汉字简化新草案,但遭到许多人的批评。1980 年该委员会得到重组,1986 年该委员会最终撤销了第二批简化汉字。1985 年,该委员会改名为国家语言文字工作委员会(简称国家语委),隶属于国家教育委员会(后改名为教育部)。不久,中国国家语委的工作就更加明朗化了,即取消汉字的字母化改革,搁置汉字的简化工作③,当前的主要工作是推广普通话,等等(Rohsenow 2004)。

英国康沃尔语委员会(Cornish Language Board)成立于 1967 年,现在要接受六个部门代表的共同管理。该委员会大力支持康沃尔语的复活行动,并认可了通用康沃尔语(Common Cornish)为标准语言。通用康沃尔语是一种由肯·乔治(Ken George)根据统一的康沃尔语发展出来的

---

① 中国文字改革委员会和教育部于 1955 年 10 月 15 日在北京联合召开的"全国文字改革会议",这是新中国召开的第一次全国性文字改革会议。

② 即中国科学院哲学社会科学部于 1955 年 10 月 25 日到 31 日在北京召开的"现代汉语规范化问题学术会议"。会议目的有二:深入研究和广泛宣传汉语规范化的重要性;组织全国语言学界对促进汉语规范化进行有计划的分工合作。会上,中国文字改革委员会提出了《汉字简化方案修正案》和《第一批异体字整理表草案》。会议还确定了普通话的定义,并一致同意在全国大力推广普通话。

③ 1986 年 6 月,国务院同意国家语委《关于废止〈第二次汉字简化方案(草案)〉和纠正社会用字混乱现象的请示》,决定立即停止使用"二简"字,并指出:"今后,对汉字简化应持谨慎态度,使汉字的形体在一个时期内保持相对稳定,以利于社会应用。"

一种语言变体,他利用了中世纪的语源以及来自威尔士语,尤其是布列塔尼语的借词(George 2000)。在我与肯·乔治的个人交流中,他曾经告诉过我,在他小的时候,他去过布列塔尼(Brittany)学习布列塔尼语,后来他与当地的一个女子结婚,于是,他从妻子那儿学会了布列塔尼语。他所使用的这种语言变体遭到其他语言变体支持者的反对,特别是遭到一个名叫"我们的语言"(Our Language)组织的反对(Williams 1997)。

世界语研究院(The Akademio de Esperanto)成立于 1905 年,但该名称是 1948 年才采用的。该研究院的成立是为了管理世界语。第二种人造语言是伊多语,它也有自己的语言管理机构——国际伊多语联合会(the Union for the International Language Ido)。

新西兰的毛利语委员会(The Māori Language Commission)是根据新西兰 1987 年的《毛利语语言法》而设立的,旨在推广毛利语在新西兰的使用。该委员会现正在编撰一部单语词典。该委员会的第一位主任是把工作重点放在毛利语的培育上,但他的继任者似乎更关注毛利语使用人数的增加。

乌干达的官方语言是英语,但该国的有些小学也使用其他语言。使用最广泛的语言是卢干达语(Luganda)①,该语言得到卢干达语学会(The Luganda Society)的支持,这是一个由志愿者组成的民间组织。此外,乌干达还有一个负责推广卢索加语(Lusoga)标准形式的组织——卢索加语管理局(the Lusoga Language Authority)。

荷兰及其他地方的荷兰语都得到了荷兰语联盟(Dutch Language Union)的支持,该联盟是由荷兰和比利时在 1980 年共同组建的,苏里南是该联盟的副成员国。该联盟于 1995 年推出了一个有关荷兰语拼写系统的改革方案,2005 年公布了该方案的修订版。据报道,比利时以及荷兰的教育界都已经接纳了这一改革方案,但据这些国家的媒体透露,2006 年荷兰语联盟又推出了一个新的改革版本。荷兰的第二个语言研究院是弗里斯兰语研究院(the Fryske Akademy),该研究院的宗旨是研究和提高弗里斯兰的利益。鉴于荷兰政府对弗里斯兰语的认可度还非常有限的事实,该研究院最近推出了弗里斯兰语的使用规范。

---

① 非洲巴干达人(Baganda people)操的班图语,在乌干达广泛使用,有约 200 多万的使用者。

第 12 章　语言管理者、管理机构和研究院及其工作

犹太人研究学院(The YIVO Institute for Jewish Research)于 1925 年在维尔纽斯(Vilna)①成立。后来,该学院迁往波兰,1940 年又转到纽约。犹太人研究学院于 1968 年编撰了《现代英语—依地语双语词典》(第一版),在 1961 至 1980 年期间则出版了长达四卷的《依地语大词典》,这四卷大概仅完成了依地语词汇的三分之一,但该项工作现在似乎处于停滞状态。

费什曼(Fishman 2006)对语言研究院进行过理论方面的研究,但他只是简单地提到过三个语言研究院。此外,费什曼再版了一遍他早期的有关描述希伯来语研究院术语委员会的文章。费什曼没有对语言研究院所进行的语言培育工作的有效性进行过任何评价,这个问题自从他于 1968 至 1969 年参加那项著名的国际研究项目②后就一直在很大程度上被忽略了(Rubin et al. 1977)。这个国际研究探究了印度、以色列、印度尼西亚和瑞典的语言规划过程。比起费什曼(Fishman 1983)最初对语言本体规划问题所发表的观点来,他在最近出版的著作中为语言本体规划进行辩护时措辞更加温和,而且更多地从理论层面进行解释。当初,费什曼对那些与霍尔(Hall 1950)一道持相同观点的语言学家都进行过抨击。这些人的观点是,我们应该"让语言自我发展",并像以下三种人一样来看待语言的本体规划:第一种是土生土长的以色列人,他们嘲笑语言研究院的功能;第二种是加拿大魁北克的法语使用者,他们反对魁北克出现类似"STOP"(停)这样的英语标牌,并对这些行为表现出"咬牙切齿"的心态;第三种是依地语使用者,他们"嘲笑人们用大量的红墨水(有人还怀疑是血)喷写"依地语单词"fundestvegn"(然而)的行为。费什曼认为,语言本体发展的规划者在工作中会面临着艰难的决策,并需要做出痛苦的妥协。

费什曼分析了语言本体规划为什么这么艰难的原因。他认为,有三个不同的维度关系影响着语言研究院在发展语言词汇时所面临的选择。第一个维度关系是语言的纯洁性与费什曼称作的语言的"民间性"(folksiness)或"地方性"(vernacularity)之间的关系。语言的纯洁性往往强调人们要

---

① 立陶宛首都,用立陶宛语表达是"Vilnius",汉语词汇是根据立陶宛语音译的。
② 指 1968 至 1969 年专门集中了五位著名语言学家(弗格森、费什曼、鲁宾、达斯一顾普塔和颜诺)在夏威夷的"东西方研究中心"为期一年的专题研究:主要是对四个国家的语言规划现实进行追踪和对比研究。

使用本语言中现有的词汇或者要根据本语言中现有的词汇创建新词汇,而语言的"民间性"或"地方性"是允许人们接受外来词汇,在这种环境里,人们如果不注意的话就会熟视无睹。对于这种维度关系,语言研究院通常会选择语言纯洁性的做法。第二个维度关系是语言的排他性与语言的西方化之间的关系。语言的排他性是指排斥一切借词,而语言的西方化是指全球化似乎导致了世界上大多数语言都要受到西方语言(尤其是英语)的影响。第二个维度关系比第一个维度关系更加极端。第三个维度关系是语言的古典化(classicization)与泛化(panification)之间的对立关系,但这个维度关系在实际使用中受到更多的限制。语言的古典化是鼓励人们选择那些具有大传统,而且拥有书写系统的古典语言,如古希腊语、圣经希伯来语、拉丁语、古教会斯拉夫语、梵语、古泰米尔语、古阿拉伯语或古汉语。这些语言都可能为当地其他语言的现代化提供学习模式。例如,梵语被看作是印地语的模板;现代阿拉伯语与古阿拉伯语关系密切;希伯来语或多或少地与圣经希伯来语有联系。语言的泛化则要人们尽量根据所谓的古典语言来发展一种新的语言,这有利于那些使用不同但相关语言的人团结在一起。泛日耳曼主义(Pan-Germanism)就是一种具有这种性质的语言运动,而泛阿拉伯主义的主要论点之一就是反对发展地方语言,并反对地方语言标准化。费什曼描述了斯拉夫语言学家卢第维特·盖耶(Ljudivit Gaj)的事迹,即在19世纪早期,盖耶为了劝说东欧南方的斯拉夫人根据伊利里亚语(Illyrian)发展一种新语言而做了大量的工作。类似的例子还有印度和斯里兰卡为发展泛达罗毗荼语系(pan-Dravidian)①中的一种语言而付出不少努力,马来西亚、菲律宾和印度尼西亚南亚做了不少工作来发展马菲印联盟(Maphilindo)②,以便把三国的语言连接起来。不过,比这些还更成功的案例要算是实现跨境统一化的佛兰芒语和荷兰语。其实,这里还应该有第四个维度,因为该维度已经在一定程度上得到克洛斯(Kloss 1967)的认可和命名,他根据语言关系把语言分为以下两类:一类是天生不同的语言,即距离语言(abstand

---

① 又译德拉维达语系,主要分布在印度南部和中部、斯里兰卡北部和巴基斯坦。达罗毗荼诸语言跟印度其他语言没有亲属关系。该语系通常分为南部、中部和北部三个语族,主要语言有南印度的泰米尔语、泰卢固语、马拉雅兰语和坚那勒语等。

② 马来西亚、菲律宾和印度尼西亚三国联盟,这是一个非政治性的组织,成立于1963年。

language），另一类是本来相近，但由于人为的修改而使之有些不同的语言，即扩展语言（ausbau language）。后来，费什曼增加了更新化与内置化（ausbau-einbau）关系的维度。利用这种维度，我们知道克罗地亚语与塞尔维亚语是不同的，从而反驳了塞尔维亚—克罗地亚语的神话，或者说，印地语与乌尔都语都是从印度斯坦语演变而来的，印地语选择了梵文字母和梵语词汇，而乌尔都语则选择了波斯语—阿拉伯语的文字书写体系和词汇。在费什曼提倡的语言用法中，内置语言是指强势语言倾向于让弱势语言跟着它走，正如依地语被迫跟着德语走，拉地诺语跟着西班牙语走一样。

费什曼认为，语言本体发展的规划者必须从上述四个维度中做出选择，其结果也许会使语言出现更高层面上的独立自主（如纯洁性、独特性、古典化和更新化），而不是相互依赖。费什曼似乎接受以下观点：给语言带来真正的全球性压力是上述四个维度中后者（即民间性、西化、泛化和内置化）的聚集，但费什曼显然是崇尚前者，并从语言意识形态上支持独立自主的小语言。如果没有这种语言意识形态，也许我们就没有语言研究院。也正是因为语言研究院的成员对自己研究的语言的独特性有一种喜爱的情怀，他们才对语言研究院的工作表现出热情。

12.4.2　专业术语管理委员会

专业术语管理委员会的工作通常是语言研究院及其他语言推广机构中的核心内容之一，因为语言地位的改变必然会带来语言培育的改变。正如费什曼（Fishman 2006）所描述的那样，在全球化时代，随着现代化的发展和跨文化接触的增多，各国的专业术语管理委员会都不但面临着语言意识形态上的挑战，而且还面临着语言实践上的问题，因为他们在管理一门语言的术语时必须处理许多新概念、新技术和新装备的术语问题。总之，术语管理是一个值得我们详细研究的领域。

也许因为术语管理一直是出版物较少的领域之一，人们对术语管理委员会的实际工作的描述也比较少。于是，费什曼把费尔曼与他自己（Fellman and Fishman 1977）早期合著的一篇有关术语的论文《以色列的语言规划：解决术语问题》于 2006 年再版了（Fishman 2006）。费尔曼描述了希伯来语研究院两个术语委员会——图书管理术语委员会和无机化学术语委员会。图书管理术语委员会的设立是为了使该研究院中原先的几个图书管理员得以继续他们有关术语管理的工作,他们一直在把联合国教科文组织有关图书管理的术语翻译成相应的希伯来语术语。希伯来语研究院派出一名高级代表来负责该术语委员会的工作,这是一个联合委员会,有三名成员来自希伯来语研究院,另有三名来自以色列图书管理员协会。无机化学术语委员会成立的时间比图书管理术语委员会成立的时间要早些,20年前它就曾经推出过该领域的术语表。现在为了继续该领域的工作,希伯来语研究院重组了一个新的无机化学术语委员会,它由十一位成员组成,其中六位来自希伯来语研究院。图书管理术语委员会在过去的三年中召开了50次会议,初步翻译了本领域的术语表,并把这些术语表分发给希伯来语研究院的图书管理员以及其他成员,让他们提出修改意见。然后,再把修改后的术语表提交到希伯来语研究院的大会上审核。有时候,希伯来语研究院要求该委员会对某些术语进行重译,当修改后的术语表最终得到通过后,该委员会就开始印刷术语表,并把它分发到以色列所有的公共图书馆。政府部门的图书馆必须依法接受这些术语的使用。无机化学的术语表最终需要经过以色列国家术语委员会的审核,以避免希伯来语研究院的成员因该领域专业知识的匮乏而对某些化学程序进行猜测所带来的问题,所以,希伯来语研究院的批准被认为是形式上的批准。

  这些委员会还要从事一些其他工作,如翻译联合国教科文组织所使用的相关术语表。图书管理术语委员会通常需要考虑到本国在这方面的约定俗成用法,但偶尔也采用"完美至上"的原则。化学术语委员会经常遇到新老成员由于观念不同而产生分歧的窘境,老成员更喜欢法语式的术语,而年轻成员则更青睐英语式的术语。另外,该委员会在创造希伯来语新术语时,大家对于是否使用国际上通用的化学词根也是意见不一。鉴于联合国教科文组织使用的术语表与法语版或德语版的术语表都不一致,图书管理术语委员会在处理这些术语时所采用的方法与瑞士①的不同,因为要理解法、德两种语言版本中的术语则意味着要花费更多的时间,而且,这些术语在不同的语言中具有不同的含义。这两个术语委员会每次召开的会议一般都长达三个小时,处理的术语数量在50至60之间。每当这些术语委员会无法达成一致意见时,就采用分歧决定(split deci-

---

  ① 因为德语和法语都是瑞士的官方语言,瑞士必须使用和处理这两种语言的术语。

sion)①的办法。这些术语委员会的成员往往都根据希伯来语研究院以前的做法对研究结果进行报道。在化学领域,尽管大家认为创建出来的希伯来语术语对于学生来说更简单易学,但该委员会的成员还是倾向于选用国际术语。费尔曼与费什曼(Fellman and Fishman 1977)注意到,上述两个术语委员会"不得不在本国大传统的总体框架内追求术语的现代化,因为本国大传统一般即使允许外语对本国行为的影响,也不会赞同外语对本国语言的影响"。

术语委员会在语言管理方面起着重要的作用,但它们的大多数人都是在幕后默默地工作着。他们的工作也许会遭到个别语言学家或报纸专栏作家的批评,或者说,他们的工作也许会被大多数的语言使用者所忽视。他们像词典编纂者一样为大家提供有价值的服务,只是希望提高普通大众所使用的语言质量。

12.4.3　术语命名与地名管理机构

为地方命名是语言管理中一个充满魅力的分支领域。尽管我们通常认为国家在独立时应该声明自己的名称,而且还要管理该国城市的名称,但人们现在都非常喜欢用英语来给国家和城市命名,如国家有"Holland"(荷兰)和"Burma"(缅甸),城市有"Marseilles"(马赛)和"Calcutta"(加尔各答)。为了解决由此产生的复杂性,联合国在 20 世纪 60 年代开始定期召开有关地理名称标准化的会议。会议鼓励会员国成立自己的全国性相关组织,并出版自己的刊物。在这些会议上,与会国的这些全国性相关机构都会报道各自国家在地理名称方面的重大变化和相关政策,帮助本国传播有关地名的资讯,并为地名的拉丁字母化(Romanization)和音译(transliteration)制定标准。1967 年召开的第一次大会有 54 个国家派代表出席,2007 年的会议则有 90 个国家参加。

从参与会议的代表名单中,我们知道,这些全国性相关单位林林总总。许多国家的与会代表只是本国驻联合国的代表,但有些国家则不同。例如,奥地利代表来自奥地利科学研究院奥地利方言与地名词典编纂研究所;澳大利亚的代表来自澳大利亚地理名称委员会;比利时代表来自国

---

①　一个体育术语,是指拳击比赛中,裁判意见不一时,最终根据多数人的意见,而不是一致的意见所做出的裁决。

家地理研究所;博茨瓦纳代表来自国家测绘部;加拿大代表来自加拿大的几个联邦机构和魁北克省;中国派送的代表来自民政部中国地名研究所及其他单位;塞浦路斯代表来自地理名称标准化永久委员会;爱沙尼亚派送的代表来自本国的地名委员会;法国代表来自国家地名委员会;伊朗代表来自国家地图绘制中心;以色列代表是一位研究地图绘制与地名学(Cartography and Toponymy)的荣休教授(这里顺便提一下,以色列刚刚改变了其地名拉丁字母化的做法,所以,以色列的西部城市贝内贝拉克由原先的"Bene Beraq"改写为现在的"Bne Brak");约旦派送的代表来自约旦皇家地理研究中心;新西兰的代表来自新西兰地理委员会;菲律宾派送了几位代表,其中两名来自国家测绘与资源信息署;俄罗斯的代表来自联邦大地测量与地图绘制局;南非派送了几位代表,他们来自南非地理名称委员会及其他机构;泰国派送的代表来自泰国国防部最高指挥中心的皇家测绘所;英国代表来自英国地理名称永久委员会;美国派送的代表来自美国地理名称委员会及其他机构;此外,还有来自圣座(the Holy See)①的代表和来自巴勒斯坦的一位观察员。

  有人曾经对这些与地名管理相关的国家机构进行过详细的研究。霍奇斯(Hodges 2007)解释说,澳大利亚于1904年把地名的管理权下放给各州政府,1916年澳大利亚便出现了术语命名咨询机构。第一个咨询机构在第一次世界大战期间成立于南澳大利亚,其目的是为了把国内的德语地名换掉。澳大利亚的每个州和每个地方都有自己的地名管理模式。1984年,一个地理名称中央委员会在澳大拉西亚(Australasia)②成立,同时,相关国家也成立了国家地名管理机构或相关的其他政府部门,新西兰则成立了地理委员会。自从1993年起,地理名称中央委员会就成了这些国家政府间测绘与规划委员会中的一个分委会。为了促进地名的标准化和避免地名的重复率,各国的地名管理机构的一个当务之急就是恢复一些地方的土著语命名。人们往往用土著语名称来给那些无名称以及新发

---

  ① 也译宗座,是罗马主教(即教宗)的主教职权,也是天主教会内超乎众教座之上的主教教座。就此,从外交上和其他方面而言,圣座之言行代表了整个天主教会。它也被国际法的其他主体视为主权实体,由教宗领导,可与其缔结外交关系。
  ② 这是由法国学者布罗塞(Brosses)于1756年出版的一本书中提出的,取自拉丁文,意思是亚洲南部,并将其区别自波利尼西亚和东南太平洋地区。从地形来说,澳大拉西亚包括澳洲的大陆、新西兰和美拉尼西亚(新几内亚岛和太平洋澳洲东北部的邻近岛屿)。

现的地方命名,有时候还会给它们取双名。有些被认为具有侮辱性的名称已经得到了新的称号。

可见,术语命名(Nomenclature)是语言管理中的一个重要分支,它需要在国家政府层面上得到管控和标准化,并从国际相关会议上得到鼓励。为了提高人们的办事效率,对地名进行标准化是需要的,所以,这项工作最好应该由专业人员来做,但有关地名的决定有时会产生重要的象征意义,并容易带来争议。

12.4.4　语言编辑

鉴于报社一旦有了文字编辑(copy editors)或语言编辑,他们的任务就是确保报纸的语言风格和语言偏好都能得到维持,并确保报纸只刊登他们认为"好的"稿件。后来,人类发明了文字处理器,甚至发明了带有自动文字拼写检测系统的处理器,但它还无法正确地区分哪些是拼写错误以及哪些是奇特的语法现象。无论如何,文字处理器的出现意味着编辑部把更多的文字工作都留给了作者自己去做。这甚至还影响到学术著作和学术期刊的发行,因为这些领域的编辑越来越期待作者提供排版就绪(camera-ready copy)的稿件。但是,有些文体学家、语言编辑和专栏作家还是会经常进行语言检查,避免不恰当的语言使用。例如,《纽约时报》的专栏作家威廉·萨菲尔(William Safire)于 2007 年 6 月 10 日在专栏中指,英国英语对"hots up"(变热,变得激烈)的使用在美国人听来就是不标准的用法。他的观点从以下事实中得到证实:英国《金融时报》的美国主编发现这是一个历史悠久的英国英语现象(Britishism)(《牛津英语词典》引用了 1923 年的用法),但标题比正文更可能出现这种用法。萨菲尔继续说,"hottie"(辣妹,性感女子)一词是指性感之人,与英国英语无关,这可能是一个美国英语词汇,是一个来自黑人俚语的借词。有人指出,只要该词在黑人英语中不再有什么高雅之意,就允许这样使用。

尽管许多出版社现在都要求作者提供排版就绪的稿件,但还是有不少工作需要全职文字编辑和兼职文字编辑去处理,因为有些商业公司为了赚钱会开展文字编辑的业务,所以社会上就有了兼职文字编辑。文字编辑要执行出版社的印刷风格(house style),例如,在列举事项中,在最后两项之间使用的"and"(和)一词之前是否需要用逗号呢？此外,文字编辑还要关注稿件中是否有性别歧视语言,例如,艾纳·豪根(Einar Haugen)吃惊地发现文字编辑对他文稿所提出的所有修改意见都是有关语言性别歧视的内容。因此,文字编辑作为语言管理者起着重要的作用,他们往往是语言文字被印刷之前的最后把关者。

12.5 语言习得的管理者

12.5.1 对内的语言习得管理者

语言管理在各个层面都与语言习得规划有关,语言习得规划是库帕提出的一个术语,是语言规划中的第三个主要内容。在家庭中,最有影响的语言管理者是那些决定儿童语言使用的人,但随着儿童的成长,家庭的语言管理者开始与儿童在家庭之外的同龄人、宗教和社区领导以及学校教师开始在儿童的语言管理方面产生冲突。学校域当然是"组织化语言管理"的主要使用者,也是传授语言新变项或新变体的主要场所。每个国家的各级政府都是把学校看作是儿童学习语言的主要地方,所以,有关学校教学语言以及附加语等之类的决策是政府相关部门的主要工作内容之一。然而,这项任务如果没有指定的语言管理者,就会落到一般的教育管理者身上,如负责课程大纲的官员、校长、校董事会和教育部长。正因为认识到这一点,所以美国的一个压力集团(pressure group)正在为本国的一个国家语言咨询委员会游说,以便它将来可以协调联邦政府的语言政策。美国国家语言咨询委员会在语言方面的角色相当于美国国家科学咨询委员会在科学方面的角色。美国国防部率先为每个下属部门都任命了语言政策方面的高级官员,他们的最初目的是想要建设一支专业化的语言管理队伍。美国教育部没有任命这种官员,下面各州的教育厅也同样不想费力地使语言管理专业化。

12.5.2 对外的语言习得管理者

许多大国的中央政府都采取一些必要的措施来建立本国的语言推广机构,以便让它们来负责一项工作,即鼓励国外的人来学习本国的国语。这些机构通常都是半官方的。英国文化委员会最初是在私人的倡议下建立起来的,但它在对外教授英语和英国文化方面得到英国政府的支持。当初,英国政府希望它能对抗德国和意大利在1934年建立的语言文化宣传机构(Phillipson 1994)。英国文化委员会经受住了英国政府数次预算减少所带来的经济压力,同时,它也经受住了自身发展过程中遇到的各种考验。在美国,大多数的语言对外推广工作都是由私人基金(如卡内基基金、福特基金和洛克菲勒基金)来推动的。这些私人基金资助本国的海外教育项目以及国际生的交换项目,而且,它们并没有把英语教学项目单独挑选出来进行资助。美国新闻署(The US Information Agency)是美国国务院的一个分支机构,它负责美国的海外英语教育项目以及相关官员的任命,但该机构仅在20世纪60年代短短的一段时间内风光一时。负责法语传播的一些主要机构都是法语国家组织结构中的一部分,它们都是一些融政治性和语言性于一体的政府组织、研究机构和学术委员会,主要负责维持与前法国殖民地国家之间的联系(Kleineidam 1992)。法国外交部为几百所在海外教授法语的学校提供支持;法国有100多所法国文化学院(French cultural institute)和法国文化中心;此外,法国还有分散在世界各地的900所左右的法语联盟,它们都接受法国政府为推广法国语言文化项目而提供的资助。1914年之前,德国有一个政府基金用于支持900个海外学校;在德国纳粹分子统治时期,从事德国语言文化宣传工作的组织有六个,其中包括歌德学院(Ammon 1992)。二战结束后,这些组织得到重组。1988年德国外交部成立了一个小规模的语言文化推广协调办公室。截止到1989年,德国在68个国家建立了149个歌德学院(Goethe Institut),2007年在81个国家建立了142个歌德学院,并在德国本土也建有13个歌德学院。像歌德学院这样的私营组织只要在学院选点和人员聘用两方面遵照德国政府的指示就能获得可观的政府资金。塞万提斯学院(El Instituto Cervantes)建于1990年,当下在60多个国家的城市进行西班牙语和西班牙文化的教育项目(Sánchez and Duenas 2002)。对于葡萄牙语来说,卡蒙斯学院(the Instituto Camões)在23个国家建立了语言教学中心,并正在准备再建几个(da Silva and Klein Gunnewick 1992)。日本国际交流基金准备了日语教学材料,并支持世界各地大中小学的日语教学项目(Hirataka 1992)。这些主要集中在语言方面的推广行为是前殖民列强为了维护其前帝国的某些利益而所采取行动中的一部分。

12.6 语言服务

12.6.1 急救中的语言服务

最后,我们转向一些长期以来没有语言管理的行业,看看它们为人们提供了什么样的语言帮助。即使在个人层面上,任何人(甚至包括作家)只要觉得自己的语言能力有限而出现交际困难时,他们都可以呼叫语言服务中心提供帮助。求助者通常会对电话那端的通话者说:"请问这个东西用你们的语言怎么说?"另外,求助者还可以借助词典或电脑来寻求帮助。多种类的语言服务(如口译、笔译、参考书、电脑翻译)都将在急救中担任着重要的角色,因为它们可以帮助人们解决紧急问题,并且可以为人们提供捷径来减轻那些因在漫长等待有效语言管理之时而产生的各种焦躁症状。由于城市化、全球化和移民潮助长了多语现象的出现,人们对解决多语问题的需求也日益增多,这些都刺激了各行各业在语言服务方面的发展,其中大多数的语言服务都在本书前面相应的语言管理域中进行过讨论。那么在本章的最后一节我只是简单地总结一下语言服务的主要特点。

12.6.2 笔译服务

笔译和口译是解决多语问题的首选。早期的帝国都是通过培训誊写员来把统治阶级的命令翻译成被征服人的语言。《圣经》曾经提到过学习希伯来语的外国大使,并且多次描述过波斯国王是如何用各民族的语言给他们写信的。多语地区的部落依靠俘虏或外族妻子来与周边的邻族进行交流,外语技能被看作是应该得到尊重的能力。甚至在家庭层面,多语儿童在帮助家人与使用其他语言的家仆以及外面的世界进行交流时都起到了重要的作用。当一个人一旦走出家庭域时,口笔译的需求就会增加,这种翻译需求在国际商务和超国家机构中达到了最大化。

当然,现在的问题是需要花费多长的时间才能培训好一名合格的口笔译人员。本书多次讨论过现代多语世界所带来的巨大压力话题。每天我们都能看到有关由于缺乏翻译而带来各种问题的报道,例如,因为找不到翻译,强奸犯被告被释放;由于医生依靠儿童做翻译,病人被误诊而处于奄奄一息的状态;由于缺乏知晓敌方语言的外交官和谍报人员而导致情报工作无法正常开展。众所周知,提供合格的口笔译人员成本高昂,有人赞同为不懂官方语言的人提供完善的民政服务,有人则强烈反对这种做法,这种反对也是可以理解的。为占领军做翻译是一个非常危险的工作,这样的案例最近屡见不鲜,如在伊拉克,有60名为英国军队服务的译员被谋杀,有250名为美国军队工作的译员被谋杀。

几年前,当我看到有关欧盟语言翻译问题的报道时,我立刻利用互联网来查看机器翻译开发的现状。在过去的50年中,有关机器翻译的研究一直在进行中,但研究结果通常都是重复1954年美国乔治敦大学从实验中得出的乐观结论。该实验开发了一个可以把60个俄语句子迅速翻译成英语的程序。仅十年之后,有些语言学家(Pierce et al. 1966)通过联名报告指出,他们对机器翻译研究最近所取得的进展提出了强烈的质疑。然而,有关机器翻译的研究还在继续,而且为解决国际反恐中所遇到的语言问题,成百上千万美元的资金投入到机器翻译的研发。可是,机器翻译的材料依然只能是参考性的,还远未达到完美无缺的地步。有关机器翻译研究的最新评论是研究不断,但希望渺茫,"经过约50年的研究,我们能够确信的是,机器翻译除非获得意料之外的突破,否则它在可预见的未来不可能与人类竞争。这不仅意味着机器难以对付翻译难度大的材料(如文学作品),而且,这也意味着机器难以翻译除了非常简单的和重复性的文本(如天气预报)之外的其他材料"(Isabelle and Foster 2006:405)。

在科研人员研究机器翻译的同时,企业也开始来填补翻译服务这个空缺。企业利用自由职业者和雇用专家来提供翻译服务,计算机则可以提供初始的和准备性的翻译版本。翻译服务现在是一个很大的产业。

12.6.3 口译服务

当美国加州圣华金(San Joaquin)县的警察局接到紧急呼叫,而打电话的人又不会说英语时,接线员往往有两种选择,一是他们希望当班的接线员中有人能够懂得打电话人所使用的语言,从而可以求助于这些同事,二是他们按一个按钮便可自动地把电话转接到以加州千橡市(Thousand Oaks)为主要对象的翻译服务中心。那个自动的拨号按钮成了圣华金县人的家常便饭,这里的人们使用着几十种英语之外的语言。第三方呼叫(the third-party call)经过接线员被传到全网多语翻译服务公司(Network Omni Multiligual Services),然后,该公司为企业和政府机构提供电话翻译服务。该公司与全球2500多名语言专家合作,并为南北美洲的语言中心提供工作人员。全网多语翻译服务公司于2005年4月签订了一个为期三年的合同,即为全加州的911急救电话提供翻译服务(网址recordnet.com,2006年11月26日)。

提供口、笔译服务现正在成为一个庞大的产业。正如私立外语学校很快就利用常规教育系统中经常出现的外语教学的失败现象来为公众提供令人满意的外语教学一样,人们对口、笔译需求的迅速发展使得私营公司也开始在司法、医疗卫生、企业和军事领域寻找填补语言翻译空缺的机会。大多数大型的软件公司都会提供一些计算机翻译服务,而且,它们还在继续研究便携式的翻译设备,该设备将以1946年《迪克·特雷西》(*Dick Tracy*)喜剧中所设想的手腕双向无线电为外形,它能够实实在在地为需求者提供翻译服务。这种设备已经得到了初步开发,并用来为美国在伊拉克的士兵提供有限的翻译服务。伊拉克战争已经表明,提供合同式语言服务的收入是何等的可观。据2006年12月的一个报道,全球语言翻译公司(Global Linguistic Solutions)盈利46亿美元,根据该公司与美国国防部签订的为期五年的合同,该公司要为美国在伊拉克的军队以及其他政府机构提供翻译服务;该公司还要为美方提供6000名当地的阿拉伯语翻译,并培训1000名美国工作人员,培训内容就是当地的各种语言知识和技能。

在新西兰,民族事务办公室(Office of Ethnic Affairs)资助了一个语言连线翻译公司,该公司提供免费的翻译在线服务,为大约50个新西兰政府机构的工作人员提供39种语言的翻译服务。自从2003年起该公司就开始提供翻译服务,已经为10万多个会议提供了翻译服务。

12.7 语言管理机构、语言服务与语言管理理论

语言管理机构是语言管理中的积极参与者,其工作本质是想通过改变各语言域中的参与者或想通过修改语言本身来解决长期以来困扰着人们交际的语言问题。语言服务就是提供电脑程序员称作的"变通方法"(workaround),即通过提供口译或笔译服务来处理人类尚未解决的语言

交际问题的一种方法。在某种程度上说,成功的语言管理可以消除翻译的需求。从另一个角度来说,廉价、准确的翻译可以消除语言管理的需求。但是,要彻底解决好语言管理和语言服务这两个问题都是任重道远的事情。

第 13 章 语言管理理论小结

13.1 引论

我在本书第 1 章就开始探讨语言管理理论,试图修改和完善我最初提出的有关语言管理的理论模式。该模式是我根据本人所收集到的有关控制语言政策(即有关改变别人语言实践或语言信仰)的材料所进行的诠释。经过本书各章的系列思考与分析后,我将在本书的最后一章对语言管理理论进行简单的小结。我妻子问道,倘若用一章的篇幅就能把语言管理的理论叙述清楚,那为什么不写一篇文章完事,而非要写一本书呢?我回答的理由有两个。第一是我需要有足够的篇幅来展现相关材料,以便支持我的结论;第二是我需要通过本书的写作过程来得出我的结论,正如福斯特(Forster)①所言:看过我所说,方知我所思。

13.2 简单语言管理:个人顺应

不管是个体说话者还是群体说话者,他们都会由于各自不同的经历以及在不同的场合而表现出复杂的语言实践(即在不同的语言、语言变体和语言变项中所做出的选择)和语言信仰(即对这些不同的语言、语言变

---

① 福斯特(1879—1970),20 世纪英国著名的小说家和文学评论家。代表作有《印度之行》和《看得见风景的房间》等。

体和语言变项所持的价值观）。他们经常发现或被告知，为了提高与别人交际的效率，他们有必要改变自己的语言实践或语言信仰。同时，某一特定群体的成员也经常要求别人改变说话方式或改变对某些语言、语言变体和语言变项的看法，群体成员这样做的目的有两个：一是为了纠正别人的语言行为，因为这些群体成员认为别人的语言行为在该群体中的交际是有问题的；二是为了宣称或确定群体成员自己的形象、地位和权力。

为了明白人们改变语言实践或语言信仰的这一过程，我们不但要观察人们所处的整个言语社区，也要观察那些显著地影响这些言语社区的诸多社会政治单位（socio-political unit）。根据费什曼（Fishman 1972）的研究成果，我把这些社会政治单位叫作语言域。语言域包括参与者的角色、事情所发生的现实或虚拟地点以及事情的典型功能和主要话题。在同一个语言域或言语交流系统（speech network）内的成员对那些他们认可的语言、语言变体和语言变项具有相同的价值观。但是，作为个体，人们或许可以同时在好几个语言域内发挥作用，因为他们可能同时是好几个言语交流系统的成员。

当一个人发现自己在话语交谈中出现交际障碍时，他或她就会设法通过话语重复或换词复述的办法，甚至在某些情况下还通过改用其他语言的手段来解决这个交际障碍。这一过程被称为言语顺应（Giles et al. 1973），它似乎是人类的正常之举和常见之举。相反，一个人若缺乏这种言语顺应能力则通常会遭到人们的谴责或被认为是粗鲁之人或反常之人。奈科瓦皮尔（Nekvapil 2006）称这种个人的言语顺应能力为简单语言管理，并认为这是一个人的基本能力。有些人为了避免类似的交际障碍再次出现，就会着手采取一定的措施，如通过书本、磁带或课堂等形式，来学习某一语言或语言变体，以便提高自己在该语言或语言变体应用方面的能力。

在有些语言域，大家认为有必要让某些特定的参与者专门去负责鼓动人们进行上文提到的那种语言纠错和语言学习行为，而且，大家认为这种做法是恰当的。这方面最显著的例子是家庭域中的父母或儿童照看者以及学校域中的教师，人们普遍认为这些参与者有权利和责任使他们的监管对象（即儿童或学生）在当前语言域内外的语言交际中学得更好。

13.3 组织化语言管理：家庭域

简而言之,帮助别人语言纠错的这一行为是组织化语言管理的基本职能。但是,当我们仔细观察这些行为的时候,我们一定会发现里面充满了各种各样有趣的复杂现象。首先我们从家庭域开始。假设一个核心家庭是由两个大人(即父母)和几个孩子(亲生或收养)构成的,父母使用同一种语言变体,并对该语言变体具有相同的语言信仰,而孩子生活在父母的语言实践中,并习得他们的语言信仰。但是,由于日益增多的城市化和移民潮现象,我们发现当今的家庭情况往往变得更加复杂。例如,父母亲可能具有各自不同的母语,或者学习过不同的语言;有些家庭可能还有其他重要的成人(如祖父母、亲戚和仆人)在一起居住,而且,这些人使用着不同的语言变体。在如此多语的情况下,我们首先想到的是语言冲突(Calvet 1998),因为家庭成员需要在诸多不同的语言变体中做出选择,而对于家庭中地位更高的参与者来说,他们的第一选择可能是管理家庭其他成员的语言学习和语言实践。但是,在通常情况下,有关语言选择的决定和有关语言管理的方向不但取决于本语言域其他成员的语言实用需求,而且还取决于其他语言域的人们从语言实践的感知中所产生的语言信仰。换句话说,家庭域与影响范围更大的语言域(如工作域、学校域或政府域)在对同一种语言或语言变体的价值观方面通常都存在一些冲突,例如,宗教群体或民族群体的家庭都有他们自己的家庭传统,他们可能对某一种语言或语言变体具有特别的价值观。

一方面,正是因为其他语言域的存在和影响,我们才能更好地理解家庭域中语言政策的发展状况,同时,我们也才能更好地预测家庭域内部语言管理将来的成败。另一方面,家庭语言政策也可以作为提高工作效率的一个重要措施依次为那些影响范围更大的语言域(如宗教域、学校域、企业域、民族域、甚至政府域)服务,帮助它们改变各自域内成员的语言实践和语言信仰,因为人们只有在家庭域中才能实现自然的语言代际传承。

家庭域是本书探讨组织化语言管理的第一个域。通过分析,我们知道家庭域中所有的参与者都有他们各自相对的力量,而且,域外影响因素对于家庭域的语言管理也非常重要。在探讨其他语言域时,本书采用了同样的分析路径——域内的相关性(即对语言交际实用性的考虑)和域外的影响性(即试图改变域内人们言语交际的各种外部压力)。但是,每个语言域都会给本书提出的语言管理理论模式增添一些新的特点。

13.4 宗教域

在宗教域,有一个额外的重要参与者,那就是万能的上帝。在这个域中,关键的问题是人们用什么语言或语言变体才能接收到上帝的信息(即理解宗教经文语言),同时,人们用什么语言或语言变体才能与上帝交流(即祷告)。我们发现不同的宗教组织对待这个问题采取了不同的方式。有些宗教,如犹太教(在一定程度上)、东正教、新教、印度教以及佛教,都采取了开放的态度,允许人们把这些宗教的经文翻译成世界各地的当地语言,并允许人们使用当地语言进行礼拜仪式。而有些宗教,如罗马天主教(从特伦托会议到第二次梵蒂冈大公会议,也许今后还有类似的现象)、伊斯兰教以及纳瓦霍人传统的巫医术(medicine men),则坚持要人们使用唯一的宗教语言。如果某一宗教要保持其宗教语言的价值,那么,通常就需要满足人们的以下两个要求:一是提供当地语言版本的宗教经文;二是建立学校,让儿童来学习该宗教语言,换句话说,就是着手增加和改变家庭语言管理的内容。

13.5 工作域

下一个要研究的对象是工作域。同样,该域的主要参与者(如老板、工人和顾客)的性质决定了工作域语言管理的基本模式。尽管工作域的中层群体(如工头)往往都是双语使用者,他们能充当老板和工人之间的中间人,但老板有时还是需要与工人进行直接交流的。在企业,语言管理者通常要考虑到企业内部语言交流的实用性。例如,当今世界,跨国企业和国际外包服务日益增多,语言使用的情况也更加复杂,这迫使企业需要经常举办一些有关外语学习和翻译的培训项目。工作域中的第三类参与者是顾客,他们似乎顺理成章地形成了工作域中需要语言管理的一个新领域,这就要求服务性企业需要具备一定数量的员工能够使用顾客的语言。尽管有些企业能够做到这一点,还有一些企业则利用已有的资源提供多语的口笔译服务,但还有相当数量的企业似乎忽略了这些情况,这种行为的代价或许是它们利益的损失。

有一点我们需要特别注意,有效语言管理(事实上应该是所有的语言管理)并不是常见现象。有许多情况往往是一些组织机构或国家从某一项语言政策中获益匪浅,但这些组织机构或国家并没有把该语言政策作为特别优先的对象来考虑。因此,尽管我们可以认为工作域为加强自身的语言管理而找到了利益动机,但语言管理有时也会不尽如人意。不过,全球化给工作域带来了巨大的影响,尤其是提高了与国际性语言(特别是英语)相关的价值。世界各地都能感受到这种变化,历史上或传统上受另一种世界性语言(如法语、俄语、德语或西班牙语)影响的国家也不例外。而且,人们对某种国际性语言(特别是英语)的价值的感知已经渗透到其他语域。在当今世界的大多数地方,雄心壮志的父母都要让他们的孩子尽早地学习英语,并为他们选择英语作为教学媒介语的学校就读。

13.6 公共域

接下来我们探讨了一个与大家日常生活密切相关的领域——公共语言空间。该领域可分为公共标识(public signage)或语言景观以及大众媒体两部分。它们都可以反映出一个地方语言政策的重大变化,也为语言管理理论增添了更多的特色。尽管该领域的研究还存在一些研究方法不够科学的问题,如公共标识只反映了书面语言,而未能体现口语的使用特色,因此,公共标识提供的有关社会语言现实的图画具有很大的狭隘性。而且,目前人们对公共标识的界定尚无定论,因此根据公共标识的统计数据所做出的解释让人疑窦重重。可是,多语地区的公共标识提供了有关该地区过去和现在语言使用状况的资料,这对语言管理的研究非常有用。由于大多公共标识的研究都重结果轻过程,因此,研究者对有关公共标识动机的猜测往往令人满腹狐疑,但在有些地方,人们能找到明显的有关语言管理的证据,从中反映出这些公共标识的主人或政府做出这些语言管理决定的目的——试图想控制和规定人们的语言选择。大众媒体在制作节目之前需要预设自己的假想听众或观众,因此,大众媒体的语言也能进一步反映语言管理的痕迹。

13.7 学校域

学校域对于言语社区语言政策的发展至关重要。倘若学校域的内部参与者(即教师和学生)就能决定自己的语言政策的话,那么,学校域的语言管理应该是简单易行的。在学校教育的初始阶段,教师能够使用学生的语言进行教学,然后使学生逐渐掌握这门语言以及其他一两门语言,但这一两门语言往往是学校认为受过教育的公民有必要掌握的语言。可是,实际情况却非常复杂,因为教师自己受到学校行政人员的管理,而学校行政人员又受许多校外机构的约束。这些校外机构来源广泛,从学生家长或当地市民董事会到各个级别的宗教或政治团体。而且,每一个机构都有不同的语言信仰,它们给学校确定的目标和约束力也都各不相同。通常,学校各种不同的应聘资格和雇用条件并没有要求教师一定要懂得学生的家庭语言,而且,事实上一所学校甚至一个班级的学生经常都使用着许多不同的语言,这也使得学校难以做到学校语言和学生家庭语言的一致性。此外,学生对家庭语言的掌握程度也各不相同,因此,要改变这些学生的语言并使他们达到学校的要求是很难的,而且成本也是很高的,即使在学生的家庭语言数目相对较少的学校以及愿意使用学生的家庭语言作为教学语言的学校,这些困难也是难以避免的。我们既可以从象征价值,也可以从实用价值来看待语言,但学校往往是为了后者而使用许多学生都不懂的官方语言或国际性语言进行教学,其结果是极大地推迟了学生取得学业成就的时间。事实上,在语言教育中课程选择的范围是很大的,而且,支持多语教学的理由也是充分的,但愿意尝试这种实验的学校却非常少。学校的通常做法是使用国家官方语言,学校即使不要求,但也会鼓励学生使用国家官方语言,这就使得学生的家庭语言和学校语言之间产生了巨大的鸿沟,并给学生的各种家庭语言变体间的冲突增加了额外的负担。此外,学校域还面临着巨大的外部压力。教学是在一个封闭的教室里进行的,教师似乎是教室里的语言管理者,但教师的语言信仰以及他们随后的语言实践和语言管理活动却在很大程度上都受到外部（尤其是上级主管部门）的影响。

13.8　司法与医疗卫生域

从逻辑上来说，司法与医疗卫生系统也是应该为广大民众提供足够的多语服务的语言域。尽管我们认为，法官在判决之前应该确保被告明白自己为何被指控以及指控的证据是什么等内容，而医生应该认识到在记录病历和开处方之前与病人交谈的必要性，但这些领域的实际情况有时并非如此。例如，警察和司法专业人员似乎都愿意在翻译最小化的语境下办公；而医疗卫生系统的专业人员一般对现有的翻译就感到满足了，在这些翻译中，有些是懂双语的患者的孩子，有些则是懂双语的医院清洁工。此外，在这些人命关天的场合，要解决这种严重的语言交际问题有时同样地也取决于域外因素。例如，在美国，法院的裁决和联邦政府的条例都要遵守本国的《民权法》，而在欧洲以及其他国家，法院的裁决和政府的条例则要遵守相关的人权条款。尽管司法与医疗卫生系统会抱怨因聘用翻译人员而导致单位成本的增加，但只有在这种外部压力的背景下，司法与医疗卫生系统才会逐渐地增加口笔译人员，并把他们看作是自己领域的常规参与者，以便在遇到不懂本国官方语言的被告、病人以及其他非专业人员时让这些译员发挥作用。

13.9　军队域

部队编队（military unit），不管其规模大小和性质如何，都会有自己的语言管理政策。这些政策的目的是为了满足军队有关语言交际的实际需要，以便最后能高效地完成各项任务。对于军队中最小的部队编队的语言管理，人们存在着以下两派观点：一派认为外籍士兵能够迅速地掌握军队语言（army language），同时，战友们还可以为这些人翻译他们听不懂的命令，例如，法国外籍兵团就属于这一类；另一派则认为部队应该为不懂军队语言的新兵提供语言教学，例如，以色列国防军和当代英国军队中的廓尔喀旅都属于这一类。对于军队中层人员的语言管理,古罗马帝国军队是这样处理的:在每个族群编队(ethnic unit)中都有懂得其他语言的人,并要求这些基层单位的指挥官都会使用拉丁语,以便可以与更高级别的长官交流。同样,在英国统治时期的印度军队中,中层的印度指挥官能够传达并翻译英国军官的命令。对于军队高层人员的语言管理,多国军事同盟(如北约或华约)则要求高级军官至少都接受过军事同盟最高指挥中心所用语言的培训。

军队还存在外语问题——他们需要用敌方语言来刺探情报和审问敌人。在一定程度上,这个问题可以通过招募使用敌方语言的本族人来得到解决,例如,二战期间,美国军队招募了本国懂得日语和德语的日裔和德裔士兵。另一方面,军队还可以建立外语学校,例如,美国著名的但不够成功的美国陆军专业培训计划以及名气不大但效果特好的日语学校。这所日语学校是美国国防语言学院(Defense Language Institute)的前身,现在该学院名气在外,是美国最大的外语培训学院。此外,美军近期在伊拉克通过合同形式把军队翻译人才的培训工作外包给了企业。美国国防部认为其在外语政策领域依然存在不足之处,因此,最近开始了一个有关语言管理的长远计划,旨在提高军队的多语水平。该计划的一个显著特点是走出军营,实现目标。由于认识到外语学习不是几周或数月就能有效完成的事情,美国政府最近宣布了国家安全语言计划。在我们看来,这个计划实际上是美国联邦政府的一个部门(即国防部)的"功劳",它同时还联合了另一个联邦政府部门(即教育部),但按照美国宪法,教育是一个由各州政府来负责的领域。

军队域有时也受其他领域的影响。例如,以色列国防军教授希伯来语的举措是为了与全国的行为保持一致,因为来到以色列的部分移民不懂希伯来语,军队自身也有普及希伯来语的实际需求。此外,美国陆军专业培训计划的语言培训方案最初是由美国的大学和国会代表倡导的,目的是为了使大学的这些学院在军队大量征募时期还有足够的学生,以便保持这些专业的正常教学。但当时,这些大学和国会代表并没有使得军队相信这个计划对军队有多大的价值。自从美国的《国防教育法》开始,美国政府就提供资金让美国的大学来提供高级外语培训的教学,但政府未能让这些大学提高自己的外语教学水平,也未能使外语成为这些高校的必修课。美国的国家安全语言计划面临着资金不足的问题,因此,它似乎也不可能有更好的机会来打破美国教育界在外语教学中利益短缺的处境。

另一个反映军队语言管理受到域外因素影响的例子是加拿大军队的双语项目,该项目的宗旨是使加拿大的武装部队成为真正实施双语制的楷模。尽管加拿大军队的双语项目要归功于军队中法语使用者所举行的英语学习活动,而且,该项目在军队的法语使用者中取得了一些小小的进步,但加拿大军队对这种域外干预行为的反抗似乎已经阻碍了军队在双语项目上取得任何真正的成功。事实上,上述这些军队案例似乎都证实了,一个强大的、组织严密的语言域完全有可能执行和修改自己的语言管理计划。

13.10 政府域

奈克瓦皮尔(Nekvapil 2006)认为,在早期学者的研究中,尚能贴上"语言规划"标签的一般是研究新独立的民族国家的政府所举办的各种语言管理活动。正如本书所描述的那样,事实上还有大量的语言管理活动是发生在政府之外的诸多层面,它们从个体和家庭层面开始向外扩展。即使在政府层面,应用语言域理论模式来研究该层面的语言管理活动也是非常有用的,因为该理论模式把政府又分成国家政府、地区(包括自治区)政府和地方政府等几个层面,而且,每一个层面的政府都有自己特定的权力和影响的范围。

在这些政府层面中,国家宪法也许处于最高的层面,但它通常还需要依赖法院的解释和政府的实施。通过查看各国宪法,我们可以得出以下两个结论,而且,这些结论将有助于我们纠正语言中心主义的观点,即认为语言是国家中心的倾向。首先,我们不能忽视还有不少国家尚无成文宪法的事实,另外,许多国家虽然有宪法,但没有在宪法中提及有关语言的内容。所以,世界上还有许多国家都还没有制定任何有关语言地位的核心法律条文。这些事实说明,许多国家根本就没有语言问题,或者说,这些国家很可能还没有认识到自己存在语言问题。因此,用文字明确表达一个国家语言政策的现象似乎并非常见,它主要出现于某些需要特别声明的多语制国家或某些特别成功的语言活动者群体的行动中。其次,语言管理的出现往往是出于社会、政治、经济或宗教动机的考虑,而动机则取决于语言活动者的一个决定,语言活动者可以利用语言来发动旨在保护某个族群的身份、认可或权力的运动。属地原则作为解决语言问题的一个方法,它不是政治分裂的缘由,而是政治分裂的结果,而且,属地原则通常促进而不是抑制语言多样性的发展,例如,印度和巴尔干半岛就出现过这类现象。因此,除印度外,我们很难寻找到因语言多样性而导致国家分裂的例子。印度独立后根据语言把全国划分成若干个不同的邦,试图让每个邦都有一种自己主要的共同语,但这种做法却忽略了本邦中所有的其他印度语言变体。

通过查看各国宪法,我们还可以得出另外一个重要的结论:民族国家及其政府的通常做法是发展单语制,它们这样做是出于两个目的,一是为了促进更有效的语言交际;二是为了建立统一的国家身份。在宪法上认可多语制的国家本来就不多(在列宁领导时期的苏联,其宪法完全承诺促进本国多语的发展,这种例子实属罕见),而且,这些国家在实施多语制时又表现出极大的不公平。例如,在印度,印地语和英语是全国的两大强势语言,而其余的宪法语言则是各自地区的强势语言,它们把印度所有的其他小语言(minor variety)都给淹没了;在南非,英语和阿非利堪斯语为了争夺霸主地位而相互斗争,而其余的九种官方语言则没有那么多人去关注;在比利时和瑞士,这两个国家都把它们的政体划分成几个语言区,每个区都有一种当地的强势语言;在以色列,政府有意忽视阿拉伯语在本国的官方地位;在阿拉伯国家,各国政府都根本不关注本国的少数民族语言,如柏柏尔语、库尔德语甚至阿拉伯语在各地的口语变体;在斯里兰卡,政府还远远没有满足本国泰米尔语使用者的要求;在大多数亚非国家,政府即使同意发展多语制,也仅停留在口头上。语言活动者所从事的语言活动展现了这种从多语转向单语的发展模式。例如,在爱尔兰,盖尔语联盟的最初目标是为了加强盖尔语的使用,进而推进当地双语制的发展。后来,随着爱尔兰自由邦的建立,当地人们的语言意识形态得到加强,他们的目标就变成了单语霸权,这是他们过去不可实现和无法实现的目标。现在,他们大家要做的只是设法维持一种濒危的语言变体。

新独立的国家,不管是在 19 世纪中后叶独立的国家,还是二战后在殖民帝国瓦解时独立的国家,或者是从苏联、捷克斯洛伐克和南斯拉夫解体后独立出来的国家,它们在实行自治后所采取的语言政策不外乎以下两类:一是推广它们以前各自所在地区的语言,如波罗的海国家和高加索地区的国家都是这样做的;二是迅速把它们以前几个地区(现变成几个国家)合用的语言区分为不同的语言变体,以便与它们现在各自不同的新国旗和新边界等概念相配套。考虑到国家最起码在21世纪肯定还不会消失,所以,尽管全球化现象、跨国企业和政治联盟越来越多,但来自国家象征身份的压力依然还左右着国家的语言政策、语言实践、语言信仰和语言管理。集权制国家似乎能够严格地控制住本国的语言少数民族及其他持不同政见者群体;而民主制国家则在拼命地阻止本国的少数民族从国家中分离出去,从而形成新的国家,这些少数民族则变成了多数民族。

语言管理可以出现在现代国家的许多层面。联邦制国家根据宪法往往把本国有关教育和语言的管理权下放到各个州,而各州政府对于本地区的相关事宜以及语言活动者提出的要求在认可度和反映时间上都会采取更加开放的态度。当语言活动者无法撼动国家层面的语言政策时,他们就会把目标转向州级层面的语言政策。一个国家只要存在复杂的多语现象(这往往是首先出现在城市),地方语言管理机构(如城市和乡镇层面的政府)就可能会在它们管辖的范围内进行语言管理,例如,加强与公民的互动,开展相关语言的教育和规范公共标识的管理。

遗憾的是,所有的研究都难以使我们从政府制定的语言政策中看清结论背后的真相,以便识别真正的语言管理者和语言管理机构。我们对于语言管理中的个体情况知之甚少,也很难发现个体在语言管理中所承担的具体责任,不过以下几个例子除外:凯末尔·阿塔图尔克主导了土耳其的语言改革;马来西亚总理马哈蒂尔(Mahathir)于2002年扭转了本国的学校语言政策(即恢复英语作为学校教学语言的做法);斯大林为了巩固苏联政府的权力而进行的语言政策变革。语言机构的模糊性也许有助于我们理解为什么有些学者喜欢把动机(如权力欲望)归因于语言政策,因为语言政策可能正好是政府各层面对复杂情况进行妥协的结果。

最后,国家语言政策的实施要依靠基层和各语言域众多的配套政策,明白这一事实毫无疑问有助于我们理解为什么国家语言政策经常雷声大雨点小。只有高度集权的国家才能满足某些语言计划的要求——在各个层面都做到语言实践和语言信仰的彻底改变。

13.11　语言活动者群体域

在上一节中,我总结性地指出,语言政策只有偶尔时间才能成为国家政府的主要关注点,而且,政府的语言管理活动除了设法解决广泛的多语现象所带来的交际问题外,往往就是一些有助于加强国家团结的语言活动。我认为,大多数的语言活动都是活动范围更大的社会、政治或宗教运动中的一部分,而这些运动都是为了获取更多的权力、平等对待、自治甚至独立。例如,具有传奇色彩的希伯来语复活者艾利泽·本·耶胡达在成为一名语言活动者之前是一位犹太复国主义者;毛利语运动只是运动范围更加广泛的毛利民族运动中的一部分,毛利民族运动的核心是毛利人的土地权利和土地赔偿;魁北克的法语教育项目是魁北克独立运动的结果,因为后来魁北克宣布放弃脱离加拿大的想法。语言活动者是民族运动内部那些决定把自己的主要精力放在请求政府支持自己想法的人,他们的想法是劝说或帮助自己的本族成员维持或恢复自己祖裔语言的使用。

社会的各个阶层都可能存在着语言活动者。因此,语言活动者可能是家庭成员,他们试图管理家庭中其他成员的语言选择;语言活动者也可能是宗教界领袖,例如,路德把宗教经文翻译成当地语言;但是,最典型的语言活动者是各种语言少数族群组织的成员,这些组织首先是尽力地为自己力挺的语言寻求政府的认可,然后是为该语言寻求权力。发生在挪威、奥斯曼帝国、巴勒斯坦、爱尔兰和印度的案例都表明草根语言少数族群组织是如何为它们力挺的语言发动各种语言运动的,这些草根组织最初往往都是由一帮年轻人组成,而且规模很小。有些草根组织非常成功,后来就转变为语言研究院或语言管理机构。通常,这些人就成了该领域国家层面的主要参与者或充满抱负的语言管理者,他们在工作中都持语言中心论的观点,并全身心地投入自己的工作中。

13.12　超国家组织域

有人认为,帝国消失后像联合国或欧盟这样的超国家联合体将接管具有地区乃至世界政府性质的工作。事实上,超国家组织只有认识到自己权力的局限性以及尊重国家主权的必要性时才能发挥出自己的作用,这是显而易见的。然而,超国家组织为语言管理所付出的努力却是巨大的。

从超国家组织的结构来看,它们都是多语的。因此,超国家组织首先必须决定如何来管理好自己组织内部的语言运行,这涉及两个层面,一个是法律或政策制定层面,另一个是行政运作层面。其次,超国家组织可以通过发展外语教学的政策来促进成员国公民间的语言交际。第三,超国家组织对各成员国的语言管理具有重要的影响作用,目前超国家组织的当务之急是制定和宣传有关语言及语言少数族裔人权和民权的声明与宪章。由于超国家组织缺乏对其成员国的管辖权,因此,超国家组织在参与成员国的语言管理时只能体现在以下两个主要方面:一是呈现一些国际社会所达成的国际共识,尽管这些国际共识理想化特点显著,但它们对各国政府还是有一定的作用,对各国的语言活动者作用就更大;二是帮助人们解释两个有关语言的现象——对语言多样性的日益尊重以及对语言少数族裔的日益关注。

13.13　语言管理机构

本书的前一章(即第 12 章)描述了一些具体的执行语言管理的政府机构和非政府机构。研究结果发现,职业的语言管理者人数比我们想象的要少,这佐证了我们的一个假设——在很大程度上,与其说语言政策要依赖语言管理,还不如说语言政策要依赖语言实践和统一的语言信仰。大多数政府似乎都选择"让语言自我发展"的做法。另一类语言管理机构则不是采取"让语言自我发展"的做法,而是对语言进行培育。尽管人们普遍认为对语言进行培育是专门的语言研究院的首要任务,但事实上从事语言培育工作的语言研究院在数量上比我们猜测的要少,而且,前文提到的那些语言研究院都主要忙于创建新术语,尽管其效果往往不为人知,研究经费也非常有限。最后,第 12 章还简单地叙述了语言服务(如笔译和口译)话题,这是一个最近发展迅猛的领域。语言服务的快速发展说明语言管理中其他历史更悠久的领域已经取得了不错的成果。

13.14 我们具有哪种语言管理理论

正如本章的标题所示,这一章是对语言管理理论的小结。本书首先提出了一种语言管理理论模式,以便我们可以找出影响语言管理的相关因素和动力,而这些因素和动力将有助于我们解释我们所观察到的各种语言管理现象。但是,我们能否超越解释性的语言管理理论模式,而提出一种能够预测语言管理的未来发展趋势并经得住检验的理论模式呢?

是否有人希望我们能有一种经得起检验的数学式的语言管理理论模式呢?当然,要有这样的理论模式,我们首先遇到的困难是如何提出这种理论模式所需要的假设。最近,有一种研究方法或许可以激起人们的这种兴趣,那就是艾布拉姆斯和司特罗盖兹(Abrams and Strogatz 2003)两位学者利用理论力学和应用力学所提出的一种模式,他们把这些研究成果写成论文,刊登在旗舰科学杂志《自然》上。艾布拉姆斯和司特罗盖兹提出的模式展现了语言使用者的人数以及语言地位(这里被解释为社会发展机遇或经济发展机遇)对语言维持和语言丧失的影响。为了提出他们的这种理论模式,艾布拉姆斯和司特罗盖兹认为有必要把语言理想化地看作是"固定的,而且是彼此竞争的(因为它们要争夺语言的使用者)",同时,也有必要假设"人类之间是密切联系的,而且,在任何地方或任何社会,所有的语言使用者都是多语人"。但是,艾布拉姆斯和司特罗盖兹指出,因为"政策制定、教育推广和广告宣传等策略"都能提高语言的地位,因此,这些策略也能"表明双语使用固定点的稳定性"。至此,我们能否找到一种更加科学的语言管理理论模式呢?

由于有些人对此表示怀疑,而且,他们有充分的理由认为社会语言生态系统最终很可能是杂乱无章的,因此,我们对它难以预测。目前,有两篇学术论文指出,它们在各自不同的生态系统中已经发现了这种结果。贝尼卡等(Beninca et al. 2008:822)注意到"他们用数学式的理论模式对物种的未来进行预测,结果表明,物种间的各种相互影响,如竞争和掠食,都能引起物种生态系统的混乱"。于是,他们在实验室对复杂的浮游生物的生态系统做了一个长时间的实验。在实验过程中,他们不断地给这个生态系统增加外部影响因素,这些因素可以使该生态系统产生"显著的波动,但程度不一",此外,这些因素还可以使该生态系统出现混乱的状态,这使得实验人员对生态系统的预测期只能限制在 15 至 30 天内，这么短的时间"仅比当地天气预报的预测时间稍微长了一点点"。梅等（May et al. 2008）在仔细观察了一个人类生态系统后描述了其中出现的灾难性的系统变化，这些变化将影响全球的金融市场。这些变化能被人类所理解和管控吗？到目前为止，答案是清楚的，那就是"不能"。社会语言生态系统难道不会出现同样的混乱吗？难道不会出现同样的难以预测的"蝴蝶效应"吗？正如政府难以管控天气或市场一样，人类是否也同样难以管控社会语言生态呢？

也许，这种观点过于悲观。但是，显然，出色的语言管理不但要求管理者对多语现象和社会结构有很好的了解，而且，还要求管理者从多维的角度仔细地了解社会和人口方面的知识。我们在充分研究了社会的各个语言域之后应该有能力来分析具体的社会语言状况，并对现在或未来语言管理计划中可能出现的短期结果做出相对大胆的猜测。例如，我们可以追问，新西兰用毛利语进行的学前教育和小学教育都得到了不断的发展，但这种行为最终是否能为毛利语带来自然的语言代际传承呢？或者说，正如爱尔兰的学校只是维持了爱尔兰语一样，爱尔兰的家庭也只是简单地维持了该语言的知识。在奥斯曼帝国统治时期的巴勒斯坦，人们在希伯来语得到复活之前就一直维持着希伯来语的使用。我们还可以质疑，欧盟愿意为其所有成员国国语的象征意义而埋单的行为能够维持多久？我们想知道美国联邦政府何时会终结本国对第二语言和外语教学的惰性。我们可以问，各国教育部门何时将接受联合国教科文组织倡导的用当地语言进行早期教育的教育理念。我们可以质疑欧盟成员国何时才会接受欧盟不断提出的开展两门外语教学的方案。我们会问，拉丁语当年尽管地位很高，但最后为什么却被地位更低的各种语言所击败，甚至被赶出了原先享有保护待遇的语言域（如宗教域）。英语又会如何来处理其所有的各种地方新变体呢？换句话说，我们可以利用语言域的理论模式来更加准确地聚焦我们的语言问题，并提出需要进一步检验，甚至是数学式检验的假设。我希望，该理论模式能成为语言管理理论发展过程中起作用的组成部分。

但是，我们应该进行语言管理吗？因为这么多的语言管理都导致了令人质疑的后果，而且，这些后果显然是支持单语霸权以及不鼓励个人多语和社会多语。难道语言不是一个像宗教一样最好让个人进行自由选择的领域吗？集权制国家愿意支持语言管理政策，它们甚至愿意通过动用警察和迁移人口来实施语言政策，而民主制国家一直在思考如何来使人类自由的交际效果达到和谐的状态以及如何让语言少数民族来适应当今政府的工作行为。集权制国家在语言管理方面比民主制国家取得了更大的成功，难道这不值得我们联想到语言管理这项事业基本上是不受欢迎的吗？现代科学家（包括自然科学家和社会科学家）在面对这些问题时都无不感到担忧。巴别塔是一件坏事情吗？乔纳森·斯威夫特（Jonathan Swift）①为《格列佛游记》中的科幻乌托邦拉普他（Luputa）描述了一个有关全球性语言的计划，在这里词汇都被事物所取代："既然词汇只是事物的名称，那么，所有的人在交流中干脆携带那些他们需要表达某一事情时所要的东西就行了，这显得更加方便。"这将"作为一种世界性的语言在所有文明国家使用。在这些国家，所有的商品和器皿在归类与造型上一般都大同小异，因此，人们很容易理解这些东西的使用功能"。如斯威夫特写道："假如当初允许女人、粗俗之人以及文盲可以像他们的祖先那样自由地说话，他们就不会造反，也就不会对这一计划构成威胁。"那么这个计划也许就能取得成功。

最后，我们可能还得思考以下两个基本问题：语言能管理吗？假如语言能管理，那么语言需要管理吗？

---

① 斯威夫特（1667—1745），英国18世纪著名的政论家和讽刺小说家。《格列佛游记》是他的代表作，该作品包括小人国、大人国、拉普他等地和智马国游记四大部分。拉普他是一个与世隔绝的地方，是个天空之城——飞岛。

参 考 书 目

Abrams, Daniel M. and Strogatz, Steven H., 2003, Modelling the dynamics of language death. *Nature* 424: 900.

Abu-Haidar, Farida, 1989, Are Iraqi women more prestige conscious than men? Sex differentiation in Baghdadi Arabic. *Language in Society* 18(4): 471—481.

Adams, James Noel, 2003, *Bilingualism and the Latin language*, Cambridge: Cambridge University Press.

Agard, Frederick B., Clements, Robert J., Hendrix, William S. et al., 1944, *A survey of language classes in the Army Specialized Training Program*, New York: Commission on Trends in Education [of the Modern Language Association of America].

Ager, Dennis E., 1996, *Language policy in Britain and France: The processes of policy*, London and New York: Cassell.

1999, *Identity, insecurity and image: France and language*, Clevedon, Philadelphia and Adelaide: Multilingual Matters Ltd.

2001, *Motivation in language planning and language policy*, Clevedon, UK and Buffalo, USA: Multilingual Matters Ltd.

Alexandre, Pierre, 1968, Some linguistic problems of nation-building in Negro Africa. In Joshua A. Fishman, Charles A. Ferguson and Jyotirinda Das Gupta(eds.), *Language problems of developing nations* (pp. 119—127). New York: John Wiley & Sons.

Alidou, Hassana, Boly, Aliou, Brock-Utne, Birgit et al., 2006, *Optimizing learning and education in Africa—the language factor: A stock-taking research on mother tongue and bilingual education in sub-Saharan Africa* (Working paper for ADEA Biennial Meeting). Libreville, Gabon: Association for Development of Education in Africa(ADEA).

Alisjahbana, Sutan Takadir, 1976, *Language planning for modernisation: The case of Indonesia and Malaysia*, The Hague: Mouton.

Allen, Jeff. 1999, Different kinds of controlled languages. *TC-Forum Magazine*, 1:

4—5.

Amara, Muhammad Hasan, 1988, Arabic diglossia: Conditions for learning the standard variety. *Aljadid* 12: 14—23.

1996, Gender differentiation in Palestinian Arabic. *Alrisala* 2: 197—205.

Ammon, Ulrich, 1992, The Federal Republic of Germany's policy of spreading German. *International Journal of the Sociology of Language* 95: 33—50.

2001(ed.), *The dominance of English as a language of science: Effects on other languages and language communities*, Berlin and New York: Mouton de Gruyter.

Anderson, Chris. 2004, The long tail. *Wired*, October.

2006, *The long tail: Why the future of business is selling less of more*, New York: Hyperion.

Angiolillo, Paul F., 1947, *Armed forces' foreign language teaching: Critical evaluation and implications*, New York: S. F. Vanni.

Anonymous. 2007. A brief history of the declaration. *Cultural Survival Voices* 5.

Arana, Edorta, Azpillaga, Patxi, and Narbaiza, Beatriz, 2007, Linguistic normalisation and local television in the Basque country. In Mike Cormack and Niamh Hourigan(eds.), *Minority language media: Concepts, critiques and case studies* (pp. 151—167). Clevedon, UK: Multilingual Matters Ltd.

Archilés, F., and Marty, M., 2001, Ethnicity, region and the nation: Valencian identity and the Spanish nation-state. *Ethnic and Racial Studies* 24(5): 779—797.

Arroyo, Jose Luis Blas, 2002, The languages of the Valencian educational system: the results of two decades of language policy. *International Journal of Bilingual Education and Bilingualism* 5(6): 318—338.

Aunger, Edmund A., 1993, Regional, national and official languages in Belgium. *International Journal of the Sociology of Language* 104: 31—48.

Avison, Shannon, and Meadows, Michael, 2000, Speaking and hearing: aboriginal newspapers and the public sphere in Canada and Australia, *Canadian Journal of Communication* 25(3).

Azarya, Victor, 1984, *The Armenian quarter of Jerusalem*, Berkeley: University of California Press.

Backhaus, Peter, 2005, Signs of multilingualism in Tokyo: A diachronic look at the linguistic landscape. *International Journal of the Sociology of language* 175/176: 103—121.

2007, *Linguistic landscapes: A comparative study of urban multilingualism in Tokyo*, Clevedon, UK: Multilingual Matters Ltd.

Baigorri-Jalón, Jesús, 2000, Bridging the language gap at the United Nations. *United Nations Chronicle* 37(1).

Baker, Ray S., and Dodd, William E., 1924(eds.), *The public papers of Woodrow Wilson*, New York: Harper and Brothers.

Baldauf Jr., Richard B., 1982, The language situation in American Samoa: Planners, plans and planning. *LanguagePlanning Newsletter* 8(1): 1—6.

1994,"Unplanned"language planning and policy. In William Grabe(ed.), *Annual review of applied linguistics* (Vol. 14, pp. 82—89). Cambridge: Cambridge University Press.

Bamgbose, Ayo, 2005, Mother-tongue education: lessons from the Yoruba experience. In Birgit Brock-Utne and Rodney Kofu Hopson (eds.), *Languages of instruction for African emancipation: Focus on postcolonial contexts and considerations* (pp. 231—257). Cape Town, South Africa and Dar es Salaam, Tanzania: The Centre for advanced studies of African society and Mkuki na Nyota Publishers.

Bargiela-Chiappini, Francesca, Chakorn, Ora-Ong, Lay, Grace Chew Chye et al., 2007, Eastern voices: Enriching research on communication in business: a forum, *Discourse and Communication* 1(2): 131—152.

Barkhuizen, Gary, Knoch, Ute, and Starks, Donna, 2006, Language practices, preferences and policies: Contrasting views of Pakeha, Maori, Pasifika, and Asian students. *Journal of Multilingual and Multicultural Development* 27(5): 375—391.

Baumel, Simeon D., 2002, Language policies of ethnic minorities as influenced by social, economic, religious and political concentrates: an examination of Israeli Haredim. Unpublished PhD, Bar-Ilan University, Ramat-Gan, Israel.

Beninca, Elisa, Huisman, Jef, Heerkloss, Reinhard et al., 2008, Chaos in a long-term experiment with a plankton community, *Nature* 451: 822—825.

Benmaman, Virginia, 1992, Legal interpreting as an emerging profession. *Modern Language Journal* 76(10): 445—449.

Ben-Rafael, Eliezer, Shohamy, Elana, Amara, Muhammad Hasan, and Trumper-Hecht, Nira, 2006, Linguistic landscape as symbolic construction of the public space: The case of Israel. *International Journal of Multilingualism* 3(1): 7—30.

Benson, Carol, 2004, Do we expect too much of bilingual teachers? Bilingual teaching in developing countries, *International Journal of Bilingual Education and Bilingualism* 7(2&3): 204—221.

Benton, Nena, 1989, Education, language decline and language revitalisation: The case of Maori in New Zealand. *Language and Education* 3(2): 65—82.

Benton, Richard A., 1981, *The flight of the Amokura: Oceanic languages and formal education in the Pacific*, Wellington: New Zealand Council for Educational Research.

Bergentoft, Rune, 1994, Foreign language instruction: a comparative perspective. In

Richard D. Lambert(ed.), *Language planning around the world: contexts and systemic change*(pp. 17—46). Washington DC: National Foreign Language Center.

Berlin, Isaiah, 2006, *Political ideas in the Romantic Age: Their rise and influence on modern thought*. ed. In Henry Hardy, Princeton and Oxford: Princeton University Press.

Bernier, Serge, and Pariseau, Jean, 1994, *French Canadians and bilingualism in the Canadian armed forces*(Vol. II: *Official languages*), Ottawa: Ministry of Supply and Services.

Bernstein, Basil B., 1971, *Class, codes and control*, London, UK: Routledge & Kegan Paul.

Berry, Rita Shuk Yin, and Williams, Marion, 2004, In at the deep end: Difficulties experienced by Hong Kong Chinese ESL learners at an independent school in the United Kingdom. *Journal of Language and Social Psychology* 23(1): 118—134.

Bhattacharya, Rimli, Gupta, Snehata, Jewitt, Carey et al, 2007, The policy-practice nexus in English classrooms in Delhi, Johannesburg, and London: Teachers and the textual cycle. *TESOL Quarterly* 41(3): 465—487.

Birch, Barbara M., 1995, Quaker plain speech: a policy of linguistic divergence. *International Journal of the Sociology of Language* 116: 39—59.

Birdsong, David, and Paik, Jee, 2008, Second language acquisition and ultimate attainment. In Bernard Spolsky and Francis M. Hult(eds.), *Handbook of educational linguistics*(pp. 424—436). Boston: Blackwell.

Blommaert, Jan, 2001, The Asmara Declaration as a sociolinguistic problem: Reflections on scholarship and linguistic rights. *Journal of Sociolinguistics* 5(1): 131—142.

 2005, Situating language rights: English and Swahili in Tanzania revisited. *Journal of Sociolinguistics* 9(3): 390—417.

 2007, Sociolinguistics and discourse analysis: Orders of indexicality and polycentricity. *Journal of Multicultural Discourse* 2(2): 115—130.

 2008, Language, asylum, and the national order, paper presented to the Annual Meeting of the American Association of applied Linguistics 2008, Washingtong DC.

Bogoch, Bryna, 1999, Gender, literacy and religiosity: Dimensions of Yiddish education in Israeli overnment-supported schools, *International Journal of the Sociology of Language* 138: 123—160.

Bongaerts, Theo, van Summeren, Chantal, Planken, Brigitte, and Schils, Erik, 1997, Age and ultimate attainment in the pronunciation of a foreign language. *Studies in Second Language Acquisition* 19(4): 447—465.

Bourdieu, Pierre, 2001, Uniting to better dominate, *Items and Issues* 2(3—4): 1—6.

Bourhis, Richard Y, 2001, Reversing language shift in Quebec. In Joshua A. Fishman (ed.), *Can threatened languages be saved?* (pp. 101—141), Clevedon, UK: Multilingual Matters Ltd.

Bourhis, Richard Y., and Landry, Rodrigue, 2002, La loi 101 at l'amènagement du paysage linguistique au Québec. *La Revue d'amènagement linguistique*(Special Issue), 107—121.

Brecht, Richard D., and Rivers, William P., 2005, Language needs analysis at the societal level. In Michael Long(ed.), *Second language needs analysis*(pp. 79—104). Cambridge UK: Cambridge University Press.

Brockington, John L., 2001, Hindu sacred texts. In J. F. A. Sawyer, J. M. Y. Simpson and R. E. Asher(eds.), *Concise encyclopaedia of language and religion*(pp. 126—127). Amsterdam: Elsevier.

Brock-Utne, Birgit, and Hopson, Rodney Kofu, 2005(eds.), *Languages of instruction for African emancipation: Focus on postcolonial contexts and considerations*, Cape Town, South Africa and Dar es Salaam, Tanzania: The Centre for Advanced Studies of African Society and Mkuki na Nyota Publishers.

Brown, Donna Lee. 2003, Power versus authority. *BYU Magazine*, Winter.

Brown, N. Anthony, 2005, Language and identity in Belarus, *Language Policy* 4(3): 311—332.

Browne, Donald R., 2007, Speaking up: A brief history of minority languages and the electronic media worldwide. In Mike Cormack and Niamh Hourigan(eds.), *Minority language media: Concepts, critiques and case studies*(pp. 107—132). Clevedon, UK: Multilingual Matters Ltd.

Bugarski, Ranko, 2001, Language, nationalism, and war in Yugoslavia, *International Journal of the Sociology of Language* 151: 69—87.

Burhanudeen, Hafriza, 2003, Factors influencing the language choices of Malay Malaysians in the family, friendship and market domains, *Journal of Language and Linguistics* 2(2): 224—245.

Burnaby, Barbara, and Philpott, David, 2007, Innu oral dominance meets schooling: New data on outcomes, *Journal of Multilingual and Multicultural Development* 28(4): 270—289.

Caldas, Stephen J., 2006, *Raising bilingual-biliterate children in monolingual cultures*, Clevedon, UK, Buffalo, and Toronto: Multilingual Matters Ltd.

Calvet, Louis-Jean, 1974, *Linguistique et colonialisme: petit traité de glottophagie*, Paris: Payot.

1987, *La guerre des langues: et les politiques linguistiques*, Paris: Payot.

1990, Des mots sur les murs: Une comparaison entre Paris et Dakar. In Robert Chaudenson(ed.), *Des langues et des villes* (*Actes du colloque international a Dakar, du 15 au 17 decembre 1990*)(pp. 73—83). Paris: Agence de cooperation culturelle et technique.

1998, *Language wars and linguistic politics* (trans. Michel Petheram), Oxford: Oxford University Press.

Cardozier, V. R., 1993, *Colleges and universities in World War II*, Westport CT: Praeger.

Casesnoves Ferrer, Raquel, and Sankoff, David, 2003, Identity as the primary determinant of language choice in Valencia, *Journal of Sociolinguistics* 7(1): 50—64.

2004a, Transmission, education and integration in projections of language shift in Valencia, *Language Policy* 3,(2): 107—131.

2004b, The Valencian revival: Why usage lags behind competence, *Language in Society* 33: 1—31.

Central Intelligence Agency, 2007, *The World Factbook*, from https://www.cia.gov/cia/publications/factbook

Cheng, Karen Kow Yip, 2003, Language shift and language maintenance in mixed families: A case study of a Malaysian-Chinese family, *International Journal of the Sociology of Language* 161: 81—90.

Chinen, Kiyomi, and Tucker, G. Richard, 2006, Heritage language development: Understanding the roles of ethnic identity, schooling and community. In Kimi Kondo-Brown(ed.), *Heritage language development: Focus on East Asian immigrants* (pp. 89—126), Amsterdam: John Benjamins.

Chiswick, Barry R. 1993, Hebrew language usage: determinants and effects among immigrants in Israel. Paper presented at the Conference on Immigrant Absorption, Technion, Haifa.

1994, Language and earnings among immigrants in Canada: A survey. In Sally Zerker(ed.), Essays in *Canadian social science* (pp. 247—264), Jerusalem: Magnes Press.

Chiswick, Barry R., and Miller, Paul R., 1995, Language and labor supply: the role of gender among immigrants in Australia. *Research in Economic Equality* 5: 153—189.

Chomsky, William, 1957, *Hebrew: The eternal language*, Philadelphia: The Jewish Publication Society of America.

Clayton, Thomas, 2006, *Language choice in a nation under transition: English language spread in Cambodia*, New York: Springer.

Clowse, Barbara Barksdale, 1981, *Brainpower for the Cold War: The Sputnik crisis and national Defense Education Act of 1958*, Westbrook CONN: Greenwood

Press.

Clyne, Michael, 1986, Primary school language programs and the second language acquisition process. In Michael Clyne(ed.), *An Early Start* (pp. 7—17). Melbourne: River Seine.

2001, Can the shift from immigrant languages be reversed in Australia? In Joshua A. Fishman(ed.), *Can threatened languages be saved?* (pp. 364—390). Clevedon, UK: Multilingual Matters Ltd.

Coates, Jennifer, 2005, *Women, men and language: A sociolinguistic account of gender differences in language*,(3rd edn.), Harlow, England: Longman.

Cohen, Israel, 1918, *The German attack on the Hebrew schools in Palestine*, London: Jewish Chronicle and Jewish World.

Coleman, Algernon, 1929, *The teaching of modern foreign languages in the United States*, New York: Macmillan Company.

Collins, Peter, 2003, Storying self and others: The construction of narrative identity, *Language and Politics* 2(2): 243—264.

Commission of the European communities, 2003, *Promoting language learning and linguistic diversity: An action plan 2004—2006* (COM(2003)449 Final), Brussels: Commission of the European communities.

Committee on Budgetary Control, 2006, *Special report of the European Court of Auditors concerning translation expenditure incurred by the Commission, the Parliament and the Council*, Brussels: European Parliament.

Conference on National Language Academies and Their Mission, 1986, *International Symposium on National Language Academies and Global Demands on Language (April 25—26, 1986)*: Kentucky Foreign Language Conference.

Cooper, Robert L., 1984, The avoidance of androcentric generics, *International Journal of the Sociology of Language* 50: 5—20.

1989, *Language planning and social change*, Cambridge: Cambridge University Press.

Cooper, Robert L., and Carpenter, S., 1976, Language in the market. In M. L. Bender, J. D. Bowen, R. L. Cooper and C. A Ferguson(eds.), *Language in Ethiopia*. London: Oxford University Press.

Cooper, Robert L., and Seckbach, Fern, 1977, Economic incentives for the learning of a language of wider communication: A case study. In Joshua A. Fishman, Robert L. Cooper and Andrew W. Conrad(eds.), *The spread of English* (pp. 212—219). Rowley, MA. : Newbury House Publishers.

Cormack, Mike, 2007, The media and language maintenance. In Mike Cormack and Niamh Hourigan(eds.), *Minority language media: Concepts, critiques and case studies* (pp. 52—68). Clevedon, UK: Multilingual Matters Ltd.

Coulmas, Florian, 1990, Language adaptation in Meiji Japan. In Brian Weinstein (ed.), *Language policy and political development*(pp. 69—86), Norwood, NJ: Ablex Publishing Company.

Council of Europe, 2001, *Common European framework of reference for languages: Learning, teaching assessment*, Cambridge: Cambridge University Press.

2007a, *Application of the Charter in Slovakia: Second monitoring round*, Strasbourg: European Charter for Regional or Minority Languages, Directorate of Co-operation for Local and Regional Democracy, Directorate General of Legal Affairs-DG I.

2007b, *Application of the Charter in the United Kingdom: Second monitoring round*, Strasbourg: European Charter for Regional or Minority Languages, Directorate of Co-operation for Local and Regional Democracy, Directorate General of Legal Affairs-DG I.

Covell, Maureen, 1993, Political conflict and constitutional engineering in Belgium, *International Journal of the Sociology of Language* 104: 65—86.

Cowan, J. Milton, and Graves, Mortimer, 1944, A statement on intensive language instruction, *Hispania* 27: 65—66.

Cunliffe, Daniel, 2007, Minority languages and the Internet: new threats, new opportunities. In Mike Cormack and Niamh Hourigan (eds.), *Minority language media: Concepts, critiques and case studies*(pp. 133—150), Clevedon: Multilingual Matters Ltd.

da Silva, Jaime F., and Klein Gunnewick, Lisanne, 1992, Portuguese and Brazilian efforts to spread Portuguese. *International Journal of the Sociology of language* 95: 71—92.

Danet, Brenda, and Herring, Susan C., 2007(eds.), *The multilingual Internet: Language, culture and communication online*, Oxford: Oxford University Press.

Das Gupta, Jyotirindra, 1977a, Language associations in India. In Joan Rubin, Björn H. Jernudd, Jyotirindra Das Gupta, Joshua A. Fishman and Charles A. Ferguson (eds.), *Language planning processes*(pp. 181—194), The Hague: Mouton.

1977b, Language planning in India: Authority and organization. In Joan Rubin, Björn H. Jernudd, Jyotirindra Das Gupta, Joshua A. Fishman and Charles A. Ferguson(eds.), *Language planning processes*(pp. 57—78). The Hague: Mouton Publishers.

Davies, Alan, 1997, Australian immigrant gatekeeping through English Language Tests: how important is proficiency? In A. Huhta, V. Kohonon, L. Kurki-Suonio and S. Luoma(eds.), *Current developments and alternatives in language assessment: Proceedings of LTRC 96*(pp. 71—84), Jyväskylä: Kopijyva Oy: University of Jyväskylä.

2003, *The native speaker: Myth and reality*, Clevedon, UK, Buffalo, Toronto, and Sydney: Multilingual Matters Ltd.

de La Salle, Saint Jean-Baptiste, 1720, *Conduite des Ecoles chrétiennes*, Avignon: C. Chastanier.

de Swaan, Abram. 1999, The language constellation of the European Union. Paper presented at the International status and use of national languages in Europe: Contributions to a European language policy, Brussels.

2001, *Words of the world: The global language system*, Cambridge UK and Malden MA: Polity Press and Blackwell Publishers.

Delsing, Lars-Olof, 2007, Scandinavian intercomprehension today. In Jan D. ten Thije and Ludger Zeevaert (eds.), *Receptive multilingualism: Linguistic analyses, language policies and didactic concepts* (pp. 231—246). Amsterdam and Philadelphia: John Benjamins Publishing Company.

Demay, Joel, 1993, The persistence and creativity of Canadian aboriginal newspapers, *Canadian Journal of Communication* 18(1).

Demuth, Katherine, 1986, Prompting routines in the language socialization of Basotho children. In Bambi. B. Schieffelin and Elinor Ochs (eds.), *Language socialization across cultures* (pp. 51—79), Cambridge: Cambridge University Press.

Deprez, Kas, 2000, Belgium: From a unitary to a federalist state. In Kas Deprez and Theo Du Plessis (eds.), *Multilingualism and government: Belgium, Luxembourg, Switzerland, Former Yugoslavia, and South Africa* (pp. 17—29), Pretoria, South Africa: Van Schaik Publishers.

Dittmar, Norbert, Spolsky, Bernard, and Walters, Joel, 2002, *Convergence and divergence in second language acquisition and use: An examination of immigrant identities in Germany and Israel* (Final scientific report. Contract No. G—0500—157.04/96 GIF), Ramat-Gan and Berlin: Bar-Ilan University and Free University.

Djité, Paulin G., 2008, *The sociolinguistics of development in Africa*, Clevedon, UK, Buffalo, and Toronto: Multilingual Matters Ltd.

Doetjes, Gerke, 2007, Understanding differences in inter-Scandinavian language understanding. In Jan D. ten Thije and Ludger Zeevaert (eds.), *Receptive multilingualism: Linguistic analyses, language policies and didactic concepts* (pp. 217—230), Amsterdam and Philadelphia: John Benjamins Publishing Company.

Domínguez, Francesc, and López, Núria, 1995, *Sociolinguistic and language planning organizations*, Amsterdam and Philadelphia: John Benjamins Publishing Company.

Donitsa-Schmidt, Smadar, 1999, Language maintenance or shift: Determinants of language choice among Soviet immigrants in Israel, Unpublished Ph. D. dissertation, University of Toronto, Toronto.

Donnelly, Jack, 2003, *Universal human rights in theory and practice* (2nd edn.), Ithaca, NY and London: Cornell University Press.

Dorian, Nancy, 1987, The value of language maintenance efforts which are unlikely to succeed, *International Journal of the Sociology of Language* 68: 57—67.

Druviete, Ina, 1998, Republic of Latvia. In Christina Bratt Paulston and Donald Peckham(eds.), *Linguistic minorities in Central and East Europe* (pp. 160—183). Clevedon, UK and Philadelphia: Multilingual Matters Ltd.

Du Plessis, Theo, 2006, Implementing multilingual language policy at the SABC since 1994, *Acta Academica Supplement* 2: 45—75.

Duff, Patricia, Wong, Ping, and Early, Margaret, 2002, Learning language for work and life: the linguistic socialisation of immigrant Canadians seeking careers in healthcare, *Modern Language Journal* 86(3): 397—422.

Dutton, David, 1998, Strangers and citizens: The boundaries of Australian citizenship 1901—1973, unpublished Ph.D thesis, University of Melbourne, Melbourne.

Eades, Diana, Fraser, Helen, Siegel, Jeff, McNamara, Tim, and Baker, Brett, 2003, Linguistic identification in the determination of nationality: A preliminary report, *Language Policy* 2(2): 179—199.

Education Review Office, 1995, *Kura Kaupapa Maori* (No. 10), Wellington: Education Review Office.

Eggington, William, 2002, Unplanned language planning. In Robert B. Kaplan(ed.), *The Oxford handbook of applied linguistics* (pp. 404—415), Oxford: Oxford University Press.

Enever, Janet, 2007, Yet another early-start languages policy in Europe: Poland this time! *Current Issues in Language Planning* 8(2): 208—221.

Engelbrecht, Guillermina and Ortiz, Leroy, 1983, Guarani literacy in Paraguay, *International Journal of the Sociology of Language* 42: 53—68.

Engelhardt, Juliane, 2007, Patriotism, nationalism and modernity: The patriotic societies in the Danish conglomerate state, 1769—1814, *Nations and Nationalism* 13(2): 205—223.

European Commission, 2004, *Implementation of the Education and Training 2010 work programme: Working group languages* (Progress report), Brussels: European Commission.

Evans, Stephen, 1999, The English language needs of building services practitioners in Hong Kong, *Asian Journal of English Language Teaching* 9: 41—57.

Evans, Stephen and Green, Christopher, 2001, Language in post-colonial Hong Kong: The roles of English and Chinese in the public and private sectors, *English World-wide* 22(2): 247—268.

Extra, Guus, and Yağmur, Kutlay, 2004(eds.), *Urban multilingualism in Europe*:

Immigrant minority languages at home and school, Clevedon UK: Multilingual Matters Ltd.

Fabian, Johannes, 1983, Missions and the colonisation of African languages: developments in the former Belgian Congo, *Canadian Journal of African Studies* 17(2): 165—187.

Feely, Alan J., and Harzing, Anne-Will, 2003, Language Management in Multinational Companies, *Cross-cultural Management: An International Journal* 10(2): 37—52.

Fellman, Jack, 1973, *The revival of a classical tongue: Eliezer Ben Yehuda and the modern Hebrew language*, The Hague: Mouton.

——1977, The Hebrew Academy: Orientation and operation. In Joan Rubin, Björn H. Jernudd, Jyotirindra Das Gupta, Joshua A. Fishman and Charles A. Ferguson (eds.), *Language planning processes* (pp. 97—109). Hague: Mouton Publishers.

Fellman, Jack, and Fishman, Joshua A., 1977, Language planning in Israel: Solving terminological problems. In Joan Rubin, Björn H. Jernudd, Jyotirindra Das Gupta, Joshua A. Fishman and Charles A. Ferguson(eds.), *Language planning processes* (pp. 79—96). Hague: Mouton Publishers.

Ferguson, Charles A., 1959, Diglossia. *Word* 15: 325—340.

——1968, St. Stefan of Perm and applied linguistics. In Joshua A. Fishman, Charles A. Ferguson and Jyotirindra Das Gupta(eds.), *Language problems of developing nations* (pp. 253—265). New York: Wiley.

Fishman, Joshua A., 1966(ed.), *Language loyalty in the United States: The maintenance and perpetuation of non-English mother tongues by American ethinc and religious groups*, The Hague: Mouton.

——1969, National languages and languages of wider communication in the developing nations. *Anthropological Linguistics* 11: 111—135.

——1970, *Sociolinguistics: A brief introduction*, Rowley, MA: Newbury House.

——1971, National languages and languages of wider communication. In W. H. Whitely (ed.), *Language use and social change* (pp. 25—56). London: Oxford University Press for the International African Institute.

——1972, Domains and the relationship between micro-and macrosociolinguistics. In John J. Gumperz and Dell Hymes (eds.), *Directions in sociolinguistics* (pp. 435—453). New York: Holt Rinehart and Winston.

——1973, *Language and nationalism: Two integrative essays*, Rowley, MA: Newbury House Publishers.

——1983, Modeling rationales in corpus planning: Modernity and tradition in images of the Good. In Juan Cobarrubias and Joshua A. Fishman(eds.), *Progress in lan-*

guage planning: International perspectives(pp. 107—118). The Hague: Mouton.

1991a, The Hebraist response to the Tschernovits Conference. In Alan S. Kaye (ed.), *Semitic studies in honor of Wolf Leslau on the occasion of his eighty-fifth birthday*(pp. 437—448). Wiesbaden: Otto Harrassowitz.

1991b, *Reversing language shift: Theoretical and empirical foundations of assistance to threatened languages*, Clevedon, England: Multilingual Matters Ltd.

1993(ed.), *The earliest stage of language planning: The "First Congress" phenomenon*, Berlin: Mouton de Gruyter.

1999, The city as the root of all evil: A brief history of ideas about cities for Educators of Urban Minorities, and for the "Maiden Voyage" of their journal. *Educators for Urban Minorities* 1(1): 45—50.

2002a, The holiness of Yiddish: Who says Yiddish is holy and why? *Language Policy* 1(2): 123—141.

2002b, "Holy languages" in the context of societal bilingualism. In Li Wei, Jean-Marc Dewaele and Alex Housen(eds.), *Opportunities and challenges of bilingualism*(pp. 15—24). Berlin: Mouton de Gruyter.

2006, *Do not leave your language alone: The hidden status agendas within corpus planning in language policy*, Mahwah, NJ: Lawrence Erlbaum Associates Publishers.

Fishman, Joshua A., and Fishman, David E., 1974, Yiddish in Israel: A case-study of efforts to revise a monocentric language policy, *International Journal of the Sociology of Language* 1: 126—146.

1978, Yiddish in Israel: A case study of efforts to revise a monocentric language policy. In Joshua A. Fishman(ed.), *Advances in the study of societal monolingualism*(pp. 185—262). The Hague: Mouton.

Fishman, Joshua A., Cooper, Robert L., and Conrad, A. W., 1977, *The spread of English: The sociology of English as an additional language*, Rowley, MA: Newbury House.

Fishman, Joshua A., Ferguson, Charles A., and Das Gupta, Jyotirinda, 1968, *Language problems of developing nations*, New York: Wiley.

Fishman, Joshua A., Gertner, M. H., Lowy, E. G., and Milan, W. G., 1985, *The rise and fall of the ethnic revival: Perspectives on language and ethnicity*, Berlin: Mouton de Gruyter.

Fishman, Joshua A., Hayden, Robert G., and Warshauer, Mary E., 1966, The non-English and the ethnic group Press, 1910—1960. In Joshua A. Fishman(ed.), *Language loyalty in the United States: The maintenance and perpetuation of non-English mother tongues by American ethnic and religious groups*(pp. 51—

74). The Hague: Mouton.

Fleming, Aisling, and Debski, Robert, 2007, The use of Irish in networked communications: A study of schoolchildren in different language settings, *Journal of Multilingual and Multicultural Development* 28(2): 85—101.

Fortune, Tara Williams, and Tedick, Diane J., 2008(eds.), *Pathways to multilingualism: Evolving perspectives on immersion education*, Clevedon, UK, Buffalo and Toronto: Multilingual Matters Ltd.

Friedrich, Patricia, 2002, English in advertising and brand naming: Sociolinguistic considerations and the case of Brazil, *English Today* 18(3): 21—28.

Garcia, Ofelia, Kleifgen, Jo Anne, and Falchi, Lorraine, 2008, *From English language learners to emergent bilinguals*, New York: Teachers College, Columbia.

García, Ofelia, Skutnabb-Kangas, Tove, and Torres-Guzmán, Maria E., 2006 (eds.), *Imagining multilingual schools*, Clevedon, UK, Buffalo and Toronto: Multilingual Matters Limited.

Garrett, J., 1982, *To live among the stars*, Geneva and Suva: World Council of Churches and University of the South Pacific.

Garrett, Paul B., and Baquedano-Lopez, Patricia, 2002, Language socialisation: Reproduction and Continuity, Transformation and Change, *Annual Review of Anthropology* 31(1): 339—361.

Gattegno, Caleb, 1976, *The common sense of teaching foreign languages*, New York: Educational Solutions.

Gazzola, Michele, 2006, Managing multilingualism in the European Union: Language policy evaluation for the European Parliament, *Language Policy* 5(4): 393—417.

Gee, James P., 2001, Educational linguistics. In Mark Aranoff and Janie Rees-Miller (eds.), *The handbook of linguistics*(pp. 647—663). Oxford: Blackwell.

Gellner, Ernest, 1983, *Nations and nationalism*, Ithaca, NY: Cornell University Press.

Genesee, Fred, 1988, The Canadian second language immersion program. In Christina Bratt Paulston(ed.), *International handbook of bilingualism and bilingual education*(pp. 163—184), New York: Greenwood Press.

George, Ken, 2000, *Gerlyver Kernewek kemmyn: English-Cornish, Cornish-English dictionary*(2nd edn.), Cornwall: Kesva an Taves Kernewek.

Ghosh, Ratna, 2004, Public education and multicultural policy in Canada: The special case of Quebec. *International Review of Education* 50(5—6): 543—566.

Giles, Howard, Taylor, Donald M., and Bourhis, Richard, 1973, Towards a theory of interpersonal accommodation through language: Some Canadian data, *Language in Society* 2(2): 177—192.

Gill, Saran Kaur, 1999, Standards and emerging linguistic realities in the Malaysian workplace, *World Englishes* 18(2): 215—231.

——2005, Language Policy in Malaysia: Reversing direction, *Language Policy* 4(3).

——2006, Change in language policy in Malaysia: The reality of implementation in public universities, *Current Issues in Language Planning* 7(1): 82—94.

Gimeno-Menéndez, Francisco, and Gómez-Molina, José Ramón, 2007, Spanish and Catalan in the Community of Valencia, *International Journal of the Sociology of language* 184: 95—108.

Glinert, Lewis, 1987, Hebrew-Yiddish diglossia: type and stereotype implications of the language of Ganzfried's *Kitzur*, *International Journal of the Sociology of Language* 67: 39—56.

——1991, Language choice and the Halakhic speech act. In Robert L. Cooper and B. Spolsky(eds.), *The influence of language on culture and thought: Essays in honor of Joshua A. Fishman's sixty-fifth birthday* (pp. 157—182). Berlin: Mouton de Gruyter.

——1993, The first congress for Hebrew, or when is a congress not a congress? In Joshua A. Fishman(ed.), *The earliest stage of language planning: The "First Congress" phenomenon*(85—115). Berlin: Mouton de Gruyter.

——1995, Inside the language planner's head: Tactical responses to new immigrants, *Journal of Multilingual and Multicultural Development* 16(5): 351—371.

Goitein, S. D., 1967—93, *A Mediterranean society: the Jewish communities of the Arab world as portrayed in the documents of the Cairo Geniza*, Berkeley: University of California Press.

Goldstein, Tara, 1994, Bilingual life and language choice on the production floor, *Multilingual* 13(1/2): 213—244.

Gorter, Durk, 2006(ed.), *Linguistic landscape: A new approach to multilingualism*, Clevedon, UK: Multilingual Matters Ltd.

Graves, M. P., 2001, *Quakerism*. In John F. A. Sawyer and J. M. Y. Simpson(eds.), *Concise encyclopedia of language and religion* (pp. 83—84). Amsterdam, New York, Oxford, Shannon, Singapore, and Tokyo: Elsevier.

Grenoble, Lenore A., 2003, *Soviet language policy*, Dordrecht: Kluwer Academic Publishers.

Griffin, Jeffrey L., 2001, Global English invades Bulgaria, *English Today* 17(4): 54—60.

——2004, The presence of written English on the streets of Rome, *English Today* 20(2): 3—8.

Grimes, Barbara A., 2000(ed.), *Ethnologue: Languages of the world* (14th edn.), Dallas, TX: SIL International.

Grin, François, 1994, The bilingual advertising decision, *Journal of Multilingual and Multicultural Development* 15(2—3): 269—292.

1995, Combining immigrant and autochthonous language rights: A territorial approach to multilingualism. In Robert Phillipson, Mart Rannut and Tove Skutnabb-Kangas(eds.), *Linguistic human rights: Overcoming linguistic discrimination*(pp. 31—49), Berlin and New York: Mouton de Gruyter.

1996, The economics of language: Survey, assessment and prospects, *International Journal of the Sociology of Language* 121: 17—44.

2001, English an economic value: Facts and fallacies, *World Englishes* 20(1): 65—78.

Grin, François, and Vaillancourt, François. 1998, *Language revitalization policy: Theoretical framework, policy experience, and application to Te Reo Maori* (Treasury Working Paper No. 98/6), Wellington: New Zealand Treasury.

1999, *The cost-effectiveness evaluation of minority language policies: Case studies on Wales, Ireland and the Basque Country*, Flensburg, Germany: European Centre for Minority Issues.

Gumperz, John J, 1968, The speech community. In David L. Sills(ed.), *International Encyclopedia of the Social Sciences*(Vol. IX, pp. 381—386), New York: The Macmillan Company.

1976, Social network and language shift. In J. Cook Gumperz and John J. Gumperz (eds.), *Papers on language and context: Working Paper no. 46*, Berkeley: Language Behavior Research Laboratory, University of California.

Guyot, Jacques, 2007, Minority language media and the public sphere. In Mike Cormack and Niamh Hourigan(eds.), *Minority language media: Concepts, critiques and case studies*(pp. 34—51). Clevedon, UK: Multilingual Matters Ltd.

Haarmann, Harald, 1989, *Symbolic values of foreign language use: From the Japanese case to a general sociolinguistic perspective*, Berlin: Mouton de Gruyter.

Hagen, Stephen, 1999, *Business communication across the borders: A study of language used and practices in European companies*, London: Languages national training organisation.

Hall, Robert A., 1950, *Leave your language alone!*, Ithaca, NY: Cornell University Press.

Harlow, Ray, 2004, Switzerland. In Phillip Strazny(ed.), *Encyclopedia of Linguistics*. London: Taylor & Francis.

2007, *Māori: A linguistic introduction*, Cambridge: Cambridge University Press.

Harris, John, 2007, Bilingual education and bilingualism in Ireland North and South. *International Journal of Bilingual Education and Bilingualism* 10(4): 359—368.

Harris, Judith Rich, 1995, Where is the child's environment? A group socialization theory of development. *Psychological Review* 102: 458—489.

1998, *The nurture assumption: Why children turn out the way they do*, New York: Free Press.

Harris, Sandra, and Bargiela-Chiappini, Francesca, 2003, Business as a site of language contact, *Annual Review of Applied Linguistics* 23: 155—169.

Harzing, Anne-Will, 2001, Who's in charge? An empirical study of executive staffing practices in foreign subsidiaries, *Human Resource Management* 40(2): 139—158.

Harzing, Anne-Will, and Van Ruysseveldt, Joris, 2004(eds.), *International human resource management* (2nd edn.), London: Sage.

Haugen, Einar, 1966, *Language conflict and language planning: The case of Modern Norwegian*, Cambridge, MA.: Harvard University Press.

1987, *Blessings of Babel: Bilingualism and language planning: Problems and pleasures*, Berlin, New York and Amsterdam: Mouton de Gruyter.

Hayashi, Asako, 2006, Japanese English bilingual children in three different language environments. In Kimi Kondo-Brown(ed.), *Heritage language development: Focus on East Asian immigrants* (pp. 145—171). Amsterdam: John Benjamins.

Heinrich, Patrick, 2004, Language planning and language ideology in the Ryukyu Islands, *Language Policy* 3(2): 133—152.

Held, David, 2006, *Models of democracy*, (3rd edn.), Oxford: Polity.

Hill, Pat, and Zyl, Susan van, 2002, English and multilingualism in the South African engineering workplace, *World Englishes* 21(1): 23—35.

Hillman, Josh. 2006, *School admissions in the United States: Policy, research and practice*, London: The Institute for Public Policy Research.

Hilmarsson-Dunn, A. M., 2006, Protectionist language policies in the face of the forces of English: The case of Iceland, *Language Policy* 5(3): 293—312.

Hirataka, Fumiya, 1992, Language-spread policy of Japan, *International Journal of the Sociology of Language* 95: 93—108.

Hirvonen, Vuokko, 2008, 'Out on the fells, I feel like a Sámi': Is there linguistic and cultural equality in the Sámi school? In Nancy H. Hornberger(ed.), *Can schools save indigenous languages? Policy and practice on four continents* (pp. 15—41), Basingstoke: Palgrave Macmillan.

Hockett, Charles F., 1958, *A course in modern linguistics*, New York: Macmillan.

Hodges, Flavia, 2007, Language planning and placenaming in Australia, *Current Issues in Language Planning* 8(3): 383—403.

Hogan-Brun, Gabrielle, 2006, At the interface of language ideology and practice: The public discourse surrounding the 2004 education reform in Latvia, *Language*

Policy 5(3): 313—333.

Hohepa, Pat. 2000, Towards 2030 AD: Maori language regeneration: Examining Maori language health. Paper presented at the Applied Linguistics Conference, Auckland, New Zealand.

Holliday, Lloyd, 1993, The first language Congress for Afrikaans. In Joshua A. Fishman(ed.), *The earliest stage of language planning: The"First Congress"phenomenon*(pp. 11—30). Berlin: Mouton de Gruyter.

Holm, Agnes, and Holm, Wayne, 1995, Navajo language education: Retrospect and prospects, *Bilingual Research Journal* 19: 141—167.

Holm, Wayne, and Holm, Agnes, 1990, Rock Point: A Navajo way to go to school: A valediction, *Annals*, *AASSP* 508: 170—184.

Holt, Sally, and Packer, John, 2001, OSCE developments and linguistic minorities, *MOST Journal of Multicultural Studies* 3(2): 78—98.

Hornberger, Nancy H., and King, Kendall A., 2001, Reversing language shift in South America. In Joshua A. Fishman(ed.), *Can threatened languages be saved?* (pp. 166—194), Clevedon, UK: Multilingual Matters Ltd.

Hornikx, Jos, van Meurs, Frank, and Starren, Marianne, 2007, An empirical study of readers'associations with multilingual advertising: The case of French, German and Spanish in Dutch advertising, *Journal of Multilingual and Multicultural Development* 28(3): 204—219.

Hourigan, Niamh, 2007, The roles of networks in minority language television campaigns. In Mike Cormack and Niamh Hourigan(eds.), *Minority language media: Concepts, critiques and case studies* (pp. 69—87). Clevedon, UK: Multilingual Matters Ltd.

Houwer, Annick de, 2003, Language variation and local elements in family discourse, *Language Variation and Change* 15(3): 329—349.

Hsu, William C., Cheung, Sophia, Ong, Emmelyn, et al., 2006, Identification of Linguistic Barriers to Diabetes Knowledge and Glycemic Control in Chinese Americans With Diabetes, *Diabetes Care* 29: 415—416.

Hu, Yuanuan, 2007, China's foreign language policy on primary English education: what's behind it? *Language Policy* 6(3—4): 359—376.

Hudson, Alan, 2002, Outline of a theory of diglossia, *International Journal of the Sociology of Language* 157: 1—49.

Huws, Catrin Fflur 2006, The Welsh Language Act 1993: A Measure of Success? *Language Policy* 5(2): 141—160.

Hyde, Barbara, 2002, Japan's emblematic English, *English Today* 18(3): 12—16.

Hymes, Dell, 1974, *Foundations in sociolinguistics: An ethnographic approach*, Philadelphia: University of Pennsylvania Press.

InterAct International, 2003a, *e-skills: IT, Telecom and contact centres*, Newcastle-upon-Tyne, UK: InterAct International for CILT.

2003b, *SEMTA: science, engineering, and manufacturing technologies*, Newcastle-upon-Tyne, UK: InterAct International for CILT.

Isaacs, Miriam, 1999, Contentious partners: Yiddish and Hebrew in Haredi Israel, *International Journal of the Sociology of Language* 138: 101—121.

Isabelle, P. , and Foster, G. , 2006, Machine translation: Overview. In Keith Brown (ed.), *Encyclopedia of language and linguistics* (Vol. VII, 2nd edn. , pp. 404—424), Oxford: Elsevier.

Ishtiaq, M. , 2000, Spatial distribution of bilingual tribal population in India, *Man in India* 39(3—4): 371—381.

Jackendoff, Ray, 1983, *Semantics and cognition*, Cambridge, MA: MIT Press.

Jeffrey, Robin, 1997, Advertising and Indian-language newspapers: How capitalism supports(certain)cultures and(some)states, 1947—1996, *Pacific Affairs* 70(1): 57—84.

Jernudd, Björn H. , 1997, The(r)evolution of sociolinguistics. In Christina Bratt Paulston and G. Richard Tucker(eds.), *The early days of sociolinguistics* (pp. 131—138). Dallas TX: Summer Institute of Linguistics.

Jernudd, Björn, and Neustupny, Jiří V. , 1987, Language planning: For whom? In L. LaForge(ed.), *Proceedings of the international colloquium on language planning* (pp. 69—84), Québec, Canada: Presses de l'Université Laval.

Johnson, Sally, 2002, On the origin of linguistic norms: Orthography, ideology and the first constitutional challenge to the 1996 reform of German, *Language in Society* 31(4): 549—576.

Johnson-Weiner, Karen M. , 2007, *Train up a child: Old order Amish and Mennonite schools*, Baltimore, MD: Johns Hopkins University Press.

Jones, John Paul. 2001, 2006, *Constitution finder*, from http://confinder.richmond.edu/

Jones, Paul A. , 1998, Alien acts: The white Australia policy, 1901 to 1939, unpublished Ph. D. thesis, The University of Melbourne, Melbourne.

Joseph, John E. , 2006, The shifting role of languages in Lebanese Christian and Muslim identities. In Tope Omoniyi and Joshua A. Fishman(eds.), *Explorations in the sociology of language and religion* (pp. 165—179). Amsterdam and Philadelphia: John Benjamins Publishing Company.

Kachru, Braj B. , 1986, *The alchemy of English: The spread, functions and models of non-native Englishes*, Oxford: Pergamon Institute of English.

Kaplan, Robert B. , and Baldauf, Richard B. , 1997, *Language planning from practice to theory*, Clevedon, UK: Multilingual Matters Ltd.

2003, *Language and language-in-education planning in the Pacific basin*, Dordrecht: Kluwer Academic Publishers.

Katz, Mira-Lisa, 2001, Engineering a hotel family: Language ideology, discourse, and workplace culture, *Linguistics and Education* 12(3): 309—343.

Keefers, L. E., 1988, *Scholars in foxholes: The story of the Army Specialized Training Program in World War II*, Jefferson, NC: McFarland and Company.

Kelly-Holmes, Helen, 2000, Bier, parfum, kaas: Language fetish in European advertising, *European Journal of Cultural Studies* 3(1): 67—82.

Kelly-Jones, Helen, and Atkinson, David, 2007, Minority language advertising: A profile of two Irish-language newspapers, *Journal of Multilingual and Multicultural Development* 28(1): 34—50.

Kheimets, Nina G., and Epstein, Alek D., 2005, Languages of science in the era of nation-state formation: The Israeli universities and their (non) participation in the revival of Hebrew, *Journal of Multilingual and Multicultural Development* 26 (1): 12—36.

Khubchandani, Lachman M., 1997, Language policy and education in the Indian subcontinent. In Ruth Wodak and David Corson (eds.), *Encyclopedia of language and education* (Vol. 1: *Language policy and political issues in education*, pp. 179—187), Dordrecht: Kluwer Academic Publishers.

Killingley, D. D., 2001, Hinduism. In John F. A. Sawyer and J. M. Y. Simpson (eds.), *Concise encyclopedia of language and religion* (pp. 52—54), Amsterdam, New York, Oxford, Shannon, Singapore, and Tokyo: Elsevier.

King, Jeanette, 2001, Te Kohanga Reo: Maori language revitalization. In Leanne Hinton and Ken Hale (eds.), *The green book of language revitalization in practice* (pp. 129—132), New York: Academic Press.

King, Kendall A., and Fogle, Lyn, 2006, Bilingual parenting as good parenting: Parents'perspective on family language policy for additive bilingualism, *International Journal of Bilingual Education and Bilingualism* 9(6): 695—712.

King, Robert 1999, Orientalism and the modern myth of "Hinduism", *Numen* 46 (2): 146—185.

Kleineidam, Hartmut, 1992, Politique de diffusion linguistique et francophonie: l'action linguistique menée par la France, *International Journal of the Sociology of Language* 95: 11—31.

Kloss, Heinz, 1966, German-American language maintenance efforts. In Joshua Fishman (ed.), *Language loyalty in the United States* (pp. 206—252). The Hague: Mouton.

1967, Abstand-languages and Ausbau-languages, *Anthropological Linguistics* 9: 29—41.

1969, *Research possibilities on group bilingualism: A report.* Québec: International Center for Research on Bilingualism.

Koester, Almut, 2004, *The language of work*, London: Routledge(Taylor & Francis).

Kondo-Brown, Kimi, 2006(ed.), *Heritage language development: Focus on East Asian immigrants*, Amsterdam: John Benjamins Publishing Company.

Kopeliovich, Shulamit, 2006, Reversing Language Shift in the Immigrant Family: Case study of a Russian-speaking community in Israel, unpublished Ph. D. dissertation, Bar-Ilan University, Ramat-Gan.

Kouega, Jean-Paul, 2007, The language situation in Cameroon, *Current Issues in Language planning* 8(1): 3—92.

Kratz, E. E., 2001, Islam in Southeast Asia. In John F. A. Sawyer and J. M. Y. Simpson(eds.), *Concise encyclopedia of language and religion* (pp. 65—66). Amsterdam, New York, Oxford, Shannon, Singapore, and Tokyo: Elsevier.

Krauss, Michael, 1991, The world's languages in crisis, *Language* 68(1): 4—10.

Kulick, Don, 1992, *Language shift and cultural reproduction: Socialization, self and syncretism in a Papua New Guinean village*, Cambridge and New York: Cambridge University Press.

Kymlicka, Will, and Patten, Alan, 2003, Introduction: Language rights and political theory: Context, issues and approaches. In Will Kymlicka and Alan Patten(eds.), *Language rights and political theory*(pp. 1—51). Oxford UK: Oxford University Press.

Labov, William, 1966, *The social stratification of English in New York City*, Washington, DC: Center for Applied Linguistics.

——1972, Some principles of linguistic methodology, *Language in Society* 1(1): 97—120.

——1973, The linguistic consequence of being a lame, *Language in Society* 2(1): 81—115.

Ladousa, Chaise, 2002, Advertising in the periphery: Languages and schools in a North Indian city, *Language in Society* 31(2): 213—242.

Laitin, David D., 2000, Language conflict and violence: The straw that strengthens the camel's back. In Paul C. Stern and Daniel Druckman(eds.), *International conflict resolution after the Cold War* (pp. 531—560). Washington D. C.: National Research Council, Committee on International Conflict Resolution.

Lakoff, Robin, 1973, Language and woman's place, *Language in Society* 2(1): 45—80.

Lakoff, Robin, and Bucholtz, Mary(eds.), 2004, *Language and women's place: Text and commentaries*(Revised and expanded edn.), New York: Oxford University Press.

Lam, Eva, 2007, Digital Networks and Multiliteracies in Negotiating Local and Translocal Affiliations Among Migrant Youth, *Language Education and Diversity*, University of Waikato.

Lambert, Richard D. , 1994, Problems and processes in U. S. foreign language planning, *Annals of the American Academy of Political and Social Sciences* 532: 47—58.

1999, A scaffolding for language policy, *International Journal of the Sociology of Language* 137: 3—25.

Lambert, Wallace E. , and Tucker, G. Richard, 1972, *Bilingual education of children: The St. Lambert experiment*, Rowley, MA: Newbury House Publishers.

Landau, Jacob, and Kellner-Heinkele, Barbara, 2001, *Politics of language in the ex-Soviet Muslim states: Azerbaijan, Usbekistan, Kazakhstan, Kyrgyzstan, Turkmenistan and Tajikistan*, London, Ann Arbor, MI: C. Hurst and Co. ; The University of Michigan Press.

Landry, Rodrigue, and Bourhis, Richard Y, 1997, Linguistic landscape and ethnolinguistic vitality: An empirical study, *Journal of Language and Social Psychology* 16: 23—49.

Language and National Origin Group, 2004, Guidelines for the use of language and analysis in relation to questions of national origin in refugee cases, *The International Journal of Speech, Language and the Law* 11(2): 261—266.

LaRocque, Norman, 2005, Contracting for the delivery of education services: A typology and international examples, *Mobilizing the Private Sector for Public Education*: The Program on Education Policy and Governance at Harvard University.

Larrivée, Pierre, 2002(ed.), *Linguistic conflict and language laws: Understanding the Quebec question*, Basingstoke: Palgrave Macmillan.

Latukefu, S. , 1974, *Church and state in Tonga* (1980 ed.), Canberra, australia: Australian National University Press.

Lautomaa, Sirkku, and Nuolijärvi, Pirkko, 2002, The language situation in Finland, *Current Issues in Language Planning* 3(2): 95—202.

Le Page, Robert, 1968, Problems to be faced in the use of English as the medium of education in four West Indian territories. In Joshua A. Fishman, Charles A. Ferguson and Jyotirindra Das Gupta(eds.), *Language problems of developing nations* (pp. 431—442). New York: Wiley.

Leclerc, Jacques, 1994, *Recueil des législations linguistiques dans le monde*, Québec, Canada: Centre internationale de recherche en aménagement linguistique.

1994—2007, *L'aménagement linguistique dans le monde*, 2007, from http: // www. tlfq. ulaval. ca/axl/

Lester, T., 1994, Pulling down the language barrier, *International Management* (July-August): 16—23.

Letelier, Armand, 1987, *DND language reform: Staffing the bilingualism programs 1967—1977*, Ottawa: Minister of Supply and Services.

Lewis, E. Glyn, 1972, *Multilingualism in the Soviet Union*, The Hague: Mouton.

——1980, *Bilingualism and bilingual education: A comparative study*, Albuquerque and Oxford: University of New Mexico Press and Pergamon Publishers.

Lewis, Geoffrey, 1999, *The Turkish language reform: A catastrophic success*, Oxford: Oxford University Press.

Li, Guofang, 2006, The role of parents in heritage language maintenance and development: Case studies of Chinese immigrant children's home practices. In Kimi Kondo-Brown(ed.), *Heritage language development: Focus on East Asian immigrants*(pp. 15—32). Amsterdam: John Benjamins Publishing Company.

Lilla, Mark, 2007, Mr Casaubon in America: The collected works of Eric Voegelin, *The New York Review of Books*, 54: 29—31.

Lim, Young-Hee, 1996, Research in Korean and Japanese multilingual writing, unpublished graduation thesis, Tokyo University of Foreign Studies, Tokyo.

Lind, Melva, 1948, *Modern language learning: The intensive course as sponsored by the United States Army, and implications for the undergraduate course of study*, Provincetown, MA: The Journal Press.

Lipner, Julius J., 2001, Hindu views on language. In J. F. A. Sawyer, J. M. Y. Simpson and R. E. Asher(eds.), *Concise encyclopaedia of language and religion*(pp. 295—298), Amsterdam: Elsevier.

Lo Bianco, Joseph, 1987, *National policy on languages*, Canberra: Australian Government Publishing Service.

Lo Bianco, Joseph, and Wickert, Rosie, 2001(eds.), *Australian policy activism in language and literacy*, Canberra, Australia: Language Australia.

López, Luis Enrique, 2006, Cultural diversity, multilingualism and indigenous education in Latin America. In Ofelia García, Tove Skutnabb-Kangas and Maria E. Torres-Guzmán(eds.), *Imagining multilingual schools*(pp. 238—261), Clevedon, UK, Buffalo, and Toronto: Multilingual Matters Limited.

——2008, Top-down and bottom-up: Counterpoised visions of bilingual intercultural education in Latin America. In Nancy H. Hornberger(ed.), *Can schools save indigenous languages? Policy and practice on four continents*(pp. 42—65), Basingstoke: Palgrave Macmillan.

Lüdi, Georges, 2007, The Swiss model of plurilingual communication. In Jan D. ten Thije and Ludger Zeevaert(eds.), *Receptive multilingualism: Linguistic analyses, language policies and didactic concepts*(pp. 159—178). Amsterdam and

Philadelphia: John Benjamins Publishing Company.

Lutz, Ellen. 2007, Recognizing indigenous peoples'human rights, *Cultural Survival Voices*, 5(http://www.culturalsurvival.org/publications/csv-article.cfm?id=109).

Maamouri, Mohamed, 1998, *Language education and human development: Arabic diglossia and its impact on the quality of education in the Arabic region*. Paper presented at the World Bank: The Mediterranean Development Forum, Marrakech.

Mac Giolla Chríost, Diarmait, 2006, Micro-level language planning in Ireland, *Current Issues in Language Planning* 7(2 & 3): 230—250.

Mackey, William, 1970, A typology of bilingual education, *Foreign Language Annals* 3(4): 596—608.

MacNamara, John, 1966, *Bilingualism and primary education*, Edinburgh: Edinburgh University Press.

——1971, Successes and failures in the movement for the restoration of Irish. In Joan Rubin and Björn Jernudd(eds.), *Can language be planned?* Honolulu: University Press of Hawaii.

MacNaughton, James C., 1994, Nisei linguists and new perspectives on the Pacific War: Intelligence, race, and continuity, *Conference of Army Historians*(http://www.army.mil/cmh-pg/topics/apam/Nisei.htm).

Malinowski, David, 2008, Authorship in the linguistic landscape: A performative-multimodal view. In Elana Shohamy and Durk Gorter(eds.), *The linguistic landscape: Expanding the scenery*. London: Routledge.

Mandel, George, 1993, Why did Ben-Yehuda suggest the revival of spoken Hebrew? In Lewis Glinert(ed.), *Hebrew in Ashkenaz*(pp. 193—207). New York and Oxford: Oxford University Press.

Marongiu, Maria Antonietta, 2007, Language Maintenance and Shift in Sardinia: A case study of Sardinian and Italian in Cagliari, unpublished Ph.D. dissertation, University of Illinois at Urbana-Champaign, Urbana-Champaign.

Marriott, Helen, 2006, Micro language planning for student support in a pharmacy faculty, *Current Issues in Language Planning* 7(2 & 3): 328—340.

Martin, Elizabeth, 2002a, Cultural images and different varieties of English in French television commercials, *English Today* 18(4): 8—20.

——2002b, Mixing English in French advertising, *World Englishes* 21(3): 375—411.

Martin, Terry, 2002, *The affirmative action empire: Nations and nationalism in the Soviet Union 1923—1939*, Ithaca NY: Cornell University Press.

Masai, Yasuo, 1972, *Living map of Tokyo*, Tokyo: Jiji Tsushinsha.

Mataira, Katarina, 1980, The effectiveness of the Silent Way in the teaching of Maori as a second language, unpublished M. Ed. thesis, University of Waikato, Hamilton, New Zealand.

Mateo, Miren, 2005, Language policy and planning of the status of Basque, I: The Basque Autonomous Community(BAC), *International Journal of the Sociology of Language* 174: 9—23.

Mattock, J. N., 2001, Islam in the Near East. In John F. A. Sawyer and J. M. Y. Simpson(eds.), *Concise encyclopedia of language and religion* (pp. 60—62). Amsterdam, New York, Oxford, Shannon, Singapore, and Tokyo: Elsevier.

May, Robert M., Levin, Simon A., and Sugihara, George, 2008, Ecology for bankers, *Nature* 451: 893—895.

McCarty, Teresa L., 2002, *A place to be Navajo: Rough Rock and the struggle for self-determination in indigenous schooling*, Mahwah, NJ: Lawrence Erlbaum Associates.

McClure, James A., 1983, National Defense Education Act: Interview with Senator McClure. In Senate Historical Oral History Project(ed.)(p. 118)(http://www.senate.gov/artandhistory/resources/pdf/McClure4.pdf).

McNamara, Tim, 2005, 21st century shibboleth: Language tests, identity and intergroup conflict, *Language Policy* 4(4): 351—370.

McRae, Kenneth D., 1975, The principle of territoriality and the principle of personality in multilingual states, *International Journal of the Sociology of Language* 4: 33—54.

McRae, Kenneth D., 2007, Towards language equality: Four democracies compared, *International Journal of the Sociology of Language* 187—188: 13—54.

Mehrotra, Raja Ran, 1993, The first congress of Hindi. In Joshua A. Fishman(ed.), *The earliest stage of language planning: The "First Congress" phenomenon*(pp. 117—126). Berlin: Mouton de Gruyter.

Milroy, Lesley, 1980, *Languages and social networks*, Oxford: Basil Blackwell.

Moeliono, Anton M., 1993, The first efforts to promote and develop Indonesia. In Joshua A. Fishman(ed.), *The earliest stage of language planning: The "First Congress" phenomenon*(pp. 129—142). Berlin: Mouton de Gruyter.

Mohanty, Panchanan, 2002, British language policies in 19th century India and the Oriya language movement, *Language Policy* 1(1): 57—73.

Monnier, Daniel, 1989, *Langue d'accueil et langue de service dans les commerces*, Montreal, Quebec: Conseil de la langue française.

Montolalu, Lucy Ruth, and Suryadinata, Leo, 2007, National language and nation-building: The case of Bahasa Indonesia. In Lee Hock Guan and Leo Suryadinata (eds.), *Language, nation and development in Southeast Asia*(pp. 39—50). Singapore: Institute of South-East Asian Studies.

Moser, Claus. 1999, *Improving literacy and numeracy: A fresh start*. London: Department of Education and Employment.

Mugglestone, L. C., 2006, Academies: Dictionaries and standards. In Keith Brown (ed.), *Encyclopedia of language and linguistics* (Vol. 1, 2nd edn., pp. 12—14), Oxford UK: Elsevier.

Myers-Scotton, Carol, 2002; *Contact linguistics: Bilingual encounters and grammatical outcomes*, Oxford: Oxford University Press.

Myron, Herbert B., 1944, Teaching French in the Army. *French Review* 17(6): 345—352.

Nair-Venugopalk, Shanta, 2001, The sociolinguistics of choice in a Malaysian business setting, *International Journal of Sociology of Language* 152: 21—52.

Nairn, Raymond G., and McCreanor, Timothy N., 1991, Race talk and common sense: patterns in Pakeha discourse on Maori/Pakeha relations in New Zealand, *Journal of Language and Social Psychology* 10(4): 242—262.

Nekvapil, Jiří, 2006, From language planning to language management, *Sociolinguistical* 20: 92—104.

　　2007, On the relationship between small and large Slavic languages, *International Journal of the Sociology of Language* 183: 141—160.

　　2008, Language Cultivation in Developed Contexts. In Bernard Spolsky and Francis M. Hult(eds.), *Handbook of educational linguistics* (pp. 251—265), Oxford: Blackwell.

Nekvapil, Jiří, and Nekula, Marek, 2006, On language management in multinational companies in the Czech Republic, *Current Issues in Language Planning* 7(2 & 3): 307—327.

Nelde, Peter H., Labrie, Normand, and Williams, C. H., 1992, The principles of territoriality and personality in the solution of linguistic conflicts, *Journal of Multilingual and Multicultural Development* 13: 387—406.

Neustupny, Jiří V., 1970, Basic types of treatment of language problems, *Linguistic Communications* 1: 77—98.

Neustupny, Jiří V., and Nekvapil, Jiří, 2003, Language management in the Czech republic, *Current Issues in Language Planning* 4(3 & 4): 181—366.

Ng, Sik Hung, and He, Anping, 2004, Code-Switching in Trigenerational Family Conversations among Chinese Immigrants in New Zealand, *Journal of Language and Social Psychology* 23(1): 28—48.

Nic Shuibhne, Niamh, 2001, The European Union and Minority Language Rights, *MOST Journal of Multicultural Studies* 3(2): 61—77.

Nicholson, Rangi, 1990, Maori Total Immersion Courses for Adults in Aotearoa/New Zealand: A Personal Perspective. In Jon Reyhner(ed.), *Effective language education practices and native language survival* (pp. 107—120). Choctaw, OK: Native American Language Issues.

North, Brian. 1992, *Options for scales of proficiency for a European Language Framework* (Occasional Paper), National Foreign Language Center.

North, Brian, Figueras, Neus, Takala, Sali, van Avermaet, Piet, and Verhelst, Norman, 2003, *Relating language examinations to the Common European Framework of Reference for Languages: Learning, teaching, assessment* (CEF) (Preliminary pilot version), Strasbourg: Council of Europe.

Ó hlfearnain, Tadhg, 2007, Raising children to be bilingual in the Gaeltacht: Language preference and practice, *International Journal of Bilingual Education and Bilingualism* 10(4): 510—528.

Ó Laoire, Muiris, 1996, An historical perspective of the revival of Irish outside the Gaeltacht, 1880—1930, with reference to the revitalization of Hebrew. In Sue Wright (ed.), *Language and state: Revitalization and revival in Israel and Eire* (pp. 51—75). Clevedon, UK: Multilingual Matters Ltd.

Ó Riágain, Pádraig, 1997, *Language policy and social reproduction: Ireland 1893—1993*, Oxford: Clarendon Press.

―― 2001, Irish language production and reproduction 1981—1996. In Joshua A. Fishman (ed.), *Can threatened languages be saved?* (pp. 195—214). Clevedon, Avon: Multilingual Matters Ltd.

―― 2007, Relationships between attitudes to Irish, social class, religion and national identity in the Republic of Ireland and Northern Ireland, *International Journal of Bilingual Education and Bilingualism* 10(4): 369—393.

Ochs, Elinor, 1986, Introduction. In Bambi B. Schieffelin and Elinor Ochs (eds.), *Language socialization across cultures* (pp. 2—13), Cambridge: Cambridge University Press.

Ogden, Charles Kay, 1932, *ABC of basic English*, London: Kegan Paul.

Oppenheimer, Stephen, 2006, *The origin of the British: A genetic detective story*, London: Constable.

Ormrod, W. M., 2003, The use of English: Language, law, and political culture in fourteenth-century England, *Speculum* 78(3): 750—787.

Ozolins, Uldis, 1996, Language policy and political reality, *International Journal of the Sociology of Language* 118: 181—200.

Ozolins, Uldis, 2003, The impact of European accession upon language policy in the Baltic States, *Language Policy* 2(3): 217—238.

Paffey, Darren, 2007, Policing the Spanish language debate: Verbal hygiene and the Spanish language Academy (Real Academia Española), *Language Policy* 6(3—4): 313—332.

Pandharipande, Rajeshwari V, 2006, Ideology, authority and language choice: Language of religion in South Asia. In Tope Omoniyi and Joshua A. Fishman(eds.), *Explorations in the sociology of language and religion*(pp. 141—164), Amsterdam and Philadelphia: John Benjamins Publishing Company.

Paulston, Christina Bratt, 1997, Language policies and language rights, *Annual Review of Anthropology* 26: 73—85.

Pauwels, Anne, 1998, *Women changing languages*, New York: Addison Wesley Longman.

Pennycook, Alastair, 2008, Linguistic landscapes and the transgressive semiotics of graffiti. In Elana Shohamy and Durk Gorter(eds.), *The linguistic landscape: Expanding the scenery*, London: Routledge.

Peters, F. E., 2003, *The Monotheists: Jews, Christians and Muslims in conflict and competition*, Princeton, NJ: Princeton University Press.

Phillipson, Robert, 1990, English language teaching and imperialism, unpublished Doctorate, University of Amsterdam, Amsterdam.

1992, *Linguistic imperialism*, Oxford: Oxford University Press.

1994, English language spread policy, *International Journal of the Sociology of Language* 107: 7—24.

2003, *English-Only Europe?: Challenging language policy*, London: Routledge.

Pickering, W. S. F., 2001, Blasphemy. In John F. A. Sawyer and J. M. Y. Simpson (eds.), *Concise encyclopedia of language and religion* (p. 240). Amsterdam, New York, Oxford, Shannon, Singapore, and Tokyo: Elsevier.

Pierce, John R., Carroll, John B., Hamp, Eric P. et al. 1966, *Language and machines—Computers in translation and linguistics*. ALPAC report, Washington DC: National Academy of Sciences, National Research Council.

Piller, Ingrid, 2001, Identity constructions in multilingual advertising, *Language in Society* 30(4): 153—186.

2003, Advertising as a site of language contact, *Annual Review of Applied Linguistics* 23: 170—183.

Piulais, Maria Corominas, 2007, Media policy and language policy in Catalonia. In Mike Cormack and Niamh Hourigan(eds.), *Minority language media: Concepts, critiques and case studies* (pp. 168—187), Clevedon, UK: Multilingual Matters Ltd.

Poggeschi, Giovanni, 2004, Language policy in Latvia, *Noves SL Revista de Sociolinguistica* (Autumn) (http://www.6.gencat.net/llengcat/noves/hm04tardor/poggeschi1_3.htm).

Pope John XXIII, November 28, 1959, *Princeps Pastorum*, On the missions, native *clergy, and lay participation*. Retrieved 27 January 2008, from http://www.newadvent.org/library/docs_jo23pp.htm.

Poulton, Hugh, 1998, Linguistic minorities in the Balkans(Albania, Greece and the successor states of former Yugoslavia). In Christina Bratt Paulston and Donald Peckham(eds.), *Linguistic minorities in Central and East Europe*(pp. 37—80), Clevedon, UK and Philadelphia, USA: Multilingual Matters Ltd.

Prague School, 1973, General principles for the cultivation of good language(trans. Paul L. Garvin). In Joan Rubin and Roger Shuy(eds.), *Language planning: Current issues and research*(pp. 102—111), Washington DC: Georgetown University Press.

Prator, Clifford H., 1968, The British heresy in TESL. In Joshua A. Fishman, Charles A. Ferguson and Jyotirindra Das Gupta(eds.), *Language problems of developing nations*(pp. 459—466), New York: John Wiley and Sons.

Rabin, Chaim, 1981, What constitutes a Jewish language? *International Journal of the Sociology of Language* 30: 19—28.

Ragila, Ranjit Singh, Thirumalai, M. S., and Mallikarjun, B., 2001, Bringing order to linguistic diversity: Language planning in the British Raj. *Language in India* 1 (available at http://www.languageinindia.com/oct2001/punjab1.html).

Rahman, Tariq, 2006, Muslim/Islamic education in Pakistan and India. In Keith Brown(ed.), *Encyclopedia of languages and linguistics*. Cambridge: Elsevier.

Rajagopalan, Kanavillill, 2002, National languages as flags of allegiance, or the linguistics that failed us: A close look at emergent linguistic chauvinism in Brazil, *Journal of Language and Politics* 1(1): 115—147.

Rajah-Carrim, Aaliya, 2007, Mauritian Creole and language attitudes in the education system of multiethnic and multilingual Mauritius, *Journal of Multilingual and Multicultural Development* 28(1): 51—71.

Ramallo, Fernando, 2007, Sociolinguistics of Spanish in Galicia, *International Journal of the Sociology of Language* 184: 21—36.

Ranger, Terence, 1989, Missionaries, migrants and the Manyoka: the invention of ethnicity in Zimbabwe. In Leroy Vail(ed.), *The creation of tribalism in Southern Africa*, Berkeley and Los Angeles: University of California Press.

Rannut, Mart, 1995, Beyond linguistic policy: The Soviet Union versus Estonia. In Robert Phillipson, Mart Rannut and Tove Skutnabb-Kangas(eds.), *Linguistic human rights: Overcoming linguistic discrimination*(pp. 179—208). Berlin and New York: Mouton de Gruyter.

Rappa, Antonio L., and Wee, Lionel, 2006, *Language policy and modernity in Southeast Asia: Malaysia, the Philippines, Singapore, and Thailand*, New York: Springer.

Ravitch, Diane, 2003, *The language police: How pressure groups restrict what students learn*, New York: Knopf.

Reath, Anne, 2004, Language analysis in the context of the asylum process: procedures, validity, and consequences, *Language Assessment Quarterly* 1(4): 209—233.

Recendiz, Nicanor Rebolledo, 2008, Learning with differences: Strengthening Hñähñö and bilingual teaching in an elementary school in Mexico City. In Nancy H. Hornberger(ed.), *Can schools save indigenous languages? Policy and practice on four continents* (pp. 99—124). Houndsmill, Basingstoke: Palgrave Macmillan.

Reichard, Gladys, 1963, *Navaho religion: A study of symbolism* (2nd edn.), New York: Pantheon Books.

Revel, Jean-François, 1988, *La Connaissance inutile*, Paris: Grasset.

―― 1991, *The flight from truth: The reign of deceit in the age of information* (trans. Curtis Cate), New York: Random House.

Riis, Jacob A., 1971, *How the other half lives: Studies among the tenements of New York* (Originally published in 1890 by Charles Scribner's sons), New York: Dover Publications Inc.

Robinson, W. Peter, and Giles, Howard, 2001(eds.), *The new handbook of language and social psychology*, Chichester, England: J. Wiley.

Rohsenow, John S., 2004, Fifty years of script and written language reform in the P.R.C.: the genesis of the language law of 2001. In Minglang Zhou(ed.), *Language policy in the People's Republic of China: Theory and practice since 1949* (pp. 21—45). Dordrecht: Kluwer Academic Publishers.

Rosen, Lawrence, 1977, The anthropologist as expert witness, *American Anthropologist* 79(3): 555—578.

Rosenbaum, Yehudit, Nadel, Elizabeth, Cooper, Robert L., and Fishman, Joshua A., 1977, English on Keren Kayemet Street. In Joshua A. Fishman, Robert L. Cooper and Andrew W. Conrad(eds.), *The spread of English* (pp. 179—196). Rowley, MA: Newbury House Publishers.

Rosier, Paul, and Holm, Wayne, 1980, *The Rock Point experience: A longitudinal study of a Navajo school program*, Washington, D.C.: Center for Applied Linguistics.

Rubin, Joan, 1977, Indonesian language planning and education. In Joan Rubin, Björn H. Jernudd, Jyotirindra Das Gupta, Joshua A. Fishman and Charles A. Ferguson(eds.), *Language planning processes* (pp. 111—129). The Hague: Mouton.

―― 1979, *Directory of language planning organizations*, Honolulu: East-West Center Culture Learning Institute.

Rubin, Joan, Jernudd, Björn, Das Gupta, Jyotirindra, Fishman, Joshua A., and Ferguson, Charles A., 1977, *Language planning processes*, The Hague: Mouton.

Ruiz Vieytez, Eduardo Javier, 2001, The Protection of Linguistic Minorities: A Historical Approach. *MOST Journal of Multicultural Studies* 3(1): 5—14.

Sakamoto, Mitsuyo, 2006, Balancing L1 maintenance and L2 learning: Experiential narratives of Japanese immigrant families in Canada. In Kimi Kondo-Brown(ed.), *Heritage language development: Focus on East Asian immigrants* (pp. 33—56). Amsterdam: John Benjamins Publishing Company.

Sampson, Helen, and Zhao, Minghua, 2003, Multilingual crews: Communication and the operation of ships. *World Englishes* 22(1): 31—43.

Sánchez, Aquilino, and Duenas, María, 2002, Language planning in the Spanish-speaking world, *Current Issues in Language Planning* 3(3): 280—305.

Sandel, Todd L., 2003, Linguistic capital in Taiwan: The KMT's Mandarin language policy and its perceived impact on language practices of bilingual Mandarin and Tai-gi speakers, *Language in Society* 32(4): 523—551.

Saravanan, Vanithamani, Lakshmi, Seetha, and Caleon, Imelda, 2007, Attitudes towards Literary Tamil and Standard Spoken Tamil in Singapore, *International Journal of Bilingual Education and Bilingualism* 10(1): 58—79.

Saulson, Scott B., 1979(ed.), *Institutionalized language planning*, The Hague: Mouton.

Saussure, Ferdinand de, 1931, *Cours de linguistique générale*, Paris: Payot.

Sawyer, J. F. A., 2001, Christianity in Europe. In John F. A. Sawyer and J. M. Y. Simpson(eds.), *Concise encyclopedia of language and religion* (pp. 33—35), Amsterdam, New York, Oxford, Shannon, Singapore, and Tokyo: Elsevier.

——2006, Literacy and religion. In Keith Brown(ed.), *Encyclopedia of languages and linguistics*, Cambridge: Elsevier.

Schaps, Richard. 2007, How I did it, *Inc. Magazine*, October: 128—130.

Scharer, Rolf, and North, Brian, 1992, *Toward a common European framework for reporting language competency* (Position paper), Washington DC: National Foreign Language Center.

Schiffman, Harold E., 1996, *Linguistic culture and language policy*, London and New York: Routledge.

Schlick, Margaret, 2002, The English of shop signs in Europe, *English Today* 18 (2): 3—7.

Shackle, C., 2001, Islam in South Asia. In John F. A. Sawyer and J. M. Y. Simpson (eds.), *Concise encyclopedia of language and religion*, Amsterdam, New York, Oxford, Shannon, Singapore, and Tokyo: Elsevier.

Shohamy, Elana, 2001, *The Power of tests: a critical perspective of the uses of language tests*, London: Longman.
　　2006, *Language policy: Hidden agendas and new approaches*, New York: Routledge.
　　2007, At what cost? Methods of language revival and protection: Examples from Hebrew. In Kendall A. King, Natalie Schilling-Estes, Jia Jackie Lou, Lyn Fogle and Barbara Soukup(eds.), *Endangered and minority languages and language varieties: Defining, documenting and developing*, Washington, DC: Georgetown University.
Shweder, R. A., Much, N. C., Mahapatra, M., and Park, L., 1997, The "big three" of morality(autonomy, community, and divinity), and the "big three" explanations of suffering. In A. Brandt and P. Rozin(ed.), *Morality and health* (pp. 119—169), New York: Routledge.
Shweder, Richard, 1990, In defense of moral realism: Reply to Gabennesch, *Child Development*, 61: 2060—2067.
Silverstein, Michael, 1998, Contemporary transformation of local linguistic communities, *Annual Review of Anthropology* 27: 401—426.
Simon, Judith, 1998(ed.), *Nga Kura Maori: The native schools system 1867—1967*, Auckland: Auckland University Press.
Simon, Szabolcs, and Kontra, Miklos, 2000, Slovak linguists and Slovak language laws: An analysis of Slovak language policy, *Multilingua* 19(1/2): 73—94.
Skutnabb-Kangas, Tove, 1988, Multilingualism and the education of minority children. In Tove Skutnabb-Kangas and James Cummins(eds.), *Minority education: From shame to struggle* (pp. 9—44). Clevedon, UK: Multilingual Matters Ltd.
Smalley, William A., 1994, *Linguistic diversity and national unity: Language ecology in Thailand*, Chicago: University of Chicago Press.
Smith, David 2001, Mantras. In J. F. A. Sawyer, J. M. Y. Simpson and R. E. Asher (eds.), *Concise encyclopaedia of language and religion* (pp. 262—264), Amsterdam: Elsevier.
Smith, Graham Hingangaroa, 1997, The development of Kaupapa Maori: Theory and praxis, unpublished Ph. D. dissertation, University of Auckland, Auckland, New Zealand.
Someya, Hiroko, 2002, Writing on signs. In Yoshifumi Tobita and Takeyoshi Sato (eds.), *Modern Japanese course* (Vol. VI: Letters and writing, pp. 221—243), Tokyo: Meijishoin.
Spencer, Patricia E., and Marschak, Marc, 2003, Cochlear implants: Issues and implications. In Marc Marschak and Patricia E. Spencer(eds.), *Oxford handbook of deaf studies, language and education* (pp. 434—448). New York NY: Oxford

University Press.

Spolsky, Bernard, 1970, Navajo language maintenance: Six-year-olds in 1969, *Language Sciences* 13: 19—24.

　　1974, The Navajo Reading Study: An illustration of the scope and nature of educational linguistics. In J. Quistgaard, H. Schwarz and H. Spong-Hanssen(eds.), Applied Linguistics: *Problems and solutions: Proceedings of the Third Congress on Applied Linguistics, Copenhagen, 1972* (Vol. III, pp. 553—565). Heidelberg: Julius Gros Verlag.

　　1981, Bilingualism and biliteracy, *The Canadian Modern Language Review* 37: 475—485.

　　1983, Triglossia and literacy in Jewish Palestine of the First Century, *International Journal of the Sociology of Language* 42: 95—110.

　　1989, Maori bilingual education and language revitalization, *Journal of Multilingual and Multicultural Development* 9(6): 1—18.

　　1991a, Control and democratization of sacred literacy. In Samuel Rodin(ed.), *Encounters with Judaism: Jewish studies in a non-Jewish world* (pp. 37—53). Hamilton: Waikato University and Colcom Press.

　　1991b, Hebrew language revitalization within a general theory of second language learning. In Robert L. Cooper and Bernard Spolsky(eds.), *The influence of language on culture and thought: Essays in honor of Joshua A. Fishman's sixty-fifth birthday*(pp. 137—155), Berlin: Mouton de Gruyter.

　　1991c, The Samoan language in the New Zealand educational context, Vox 5: 31—36.

　　1995a, Conditions for language revitalization: A comparison of the cases of Hebrew and Maori, *Current Issues in Language and Society* 2(3): 177—201.

　　1995b, *Measured words: The development of objective language testing*, Oxford: Oxford University Press.

　　1996, Hebrew and Israeli Identity. In Yasir Suleiman(ed.), *Language and identity in the Middle East and North Africa* (pp. 181—191). London: Curzon Press.

　　2002a, Norms, native speakers and reversing language shift. In Sue Gass, Kathleen Bardovi-Harlig, Sally Sieloff Magnan and Joel Walz(eds.), *Pedagogical norms for second and foreign language and teaching. Studies in honour of Albert Valdman*(pp. 41—58). Amsterdam and Philadelphia: John Benjamins Publishing Company.

　　2002b, Prospects for the survival of the Navajo language: A reconsideration, *Anthropology and Education Quarterly* 33(2): 1—24.

　　2003a, Reassessing Maori regeneration, *Language in Society* 32(4): 553—578.

2003b, Religion as a site of language contact, *Annual Review of Applied Linguistics* 23: 81—94.

2004, *Language policy*, Cambridge: Cambridge University Press.

2006, Does the US need a language policy, or is English enough? Language policies in the US and beyond. In Audrey Heining-Boynton(ed.), *ACTFL 2005—2015: Realizing our vision of languages for all* (pp. 15—38), Upper Saddle River, NJ: Pearson Education.

2007, Riding the tiger. In Nancy Hornberger(ed.), *Can schools save indigenous languages?* (pp. 152—160). Basingstoke: Palgrave Macmillan.

2008, Prolegomena to a sociolinguistic theory of public signage. In Elana Shohamy and Durk Gorter(eds.), *The linguistic landscape: Expanding the scenery*, London: Routledge.

Spolsky, Bernard, and Amara, Muhammad Hasan, 1986, The diffusion and integration of Hebrew and English lexical items in the spoken Arabic of an Israeli village, *Anthropological Linguistics* 28: 43—54.

Spolsky, Bernard, and Cooper, Robert L., 1991, *The languages of Jerusalem*, Oxford: Clarendon Press.

Spolsky, Bernard, and Holm, Wayne, 1971, *Literacy in the vernacular: The case of Navajo*. Washington, DC: United States Bureau of Indian Affairs.

1973, Literacy in the vernacular: the case of Navajo. In Ralph W. Jr. Ewton and Jacob Ornstein(eds.), *Studies in language and linguistics 1972—3* (pp. 239—251), El Paso: University of Texas at El Paso Press.

Spolsky, Bernard, and Shohamy, Elana, 1999, *The languages of Israel: Policy, ideology and practice*, Clevedon: Multilingual Matters.

2001, Hebrew after a century of RLS efforts. In Joshua A. Fishman(ed.), *Can threatened languages be saved?* (pp. 349—362). Clevedon, UK: Multilingual Matters Ltd.

Spolsky, Bernard, Engelbrecht, Guillermina, and Ortiz, Leroy, 1983, Religious, political, and educational factors in the development of biliteracy in the Kingdom of Tonga, *Journal of Multilingual and Multicultural Development* 4(6): 459—470.

Spolsky, Ellen, 2001, *Satisfying skepticism: Embodied knowledge in the early modern world*, Aldershot, UK: Ashgate.

2007, *Word vs. image: Cognitive hunger in Shakespeare's England*, Basingstoke: Palgrave Macmillan.

Statistics New Zealand, 2001, *Provisional report on the 2001 Survey on the Health of the Maori Language*, Wellington: Statistics New Zealand for Te Puni Kokiri.

Stewart, William, 1968, A sociolinguistic typology for describing national multilingualism. In Joshua A. Fishman(ed.), *Readings in the sociology of language*(pp. 531—545), The Hague: Mouton.

Stotz, Daniel, 2006, Breaching the peace: Struggles around multilingualism in Switzerland, *Language Policy* 5(3): 247—265.

Strubell, Miquel, 2001, Catalan a decade later. In Joshua A. Fishman (ed.), *Can threatened languages be saved?* (pp. 260—283). Clevedon, UK: Multilingual Matters Ltd.

Suen, Hoi K., and Yu, Lan, 2006, Chronic consequences of high-stakes testing? Lessons from the Chinese Civil Service exam, *Comparative Education Review* 50 (1): 46—65.

Sugirtharajah, Rasiah S., 2005, *The Bible and empire: Postcolonial explorations*, Cambridge: Cambridge University Press.

Suleiman, M. Y. I. H., 2001, Arabic linguistic tradition. In J. F. A. Sawyer and J. M. Y. Simpson (eds.), *Concise encyclopedia of language and religion* (pp. 326—336). Amsterdam: Elsevier.

Suleiman, Yasir, 1996, Language and identity in Egyptian nationalism. In Yasir Suleiman(ed.), *Language and identity in the Middle East and North Africa*(pp. 25—38). London: Curzon Press.

Sykes, Bryan, 2006, *Saxons, Vikings, and Celts : The genetic roots of Britain and Ireland*(1st American edn.), New York: W. W. Norton and Co.

Takashi, Kyoko, 1990, A sociolinguistic analysis of English borrowings in Japanese advertising texts, *World Englishes* 9(3): 327—341.

Taki, Tomonoro, 2005, Labour migration and the language barrier in contemporary Japan: The formation of a domestic language regime of a globalising state, *International Journal of the Sociology of language* 175/176, 55—81.

Tannenbaum, Michal, and Howie, Pauline, 2002, The association between language maintenance and family relations: Chinese immigrant children in Australia, *Journal of Multilingual and Multicultural Development* 23(5): 408—424.

Te Puni Kokiri, 1998, *Progress on Maori language policy*(Report), Wellington: Ministry of Maori Development.

2001, *The use of Maori in the family*, Wellington: Ministry of Maori Development.

2002, *Survey of the health of the Maori language in 2001*, Wellington: Ministry of Maori Development.

Tokyo Metropolitan Government, 1991, *Tokyo manual about official signs*, Information Liaison Council, Tokyo Metropolitan Government.

2003, *Guide for making city writing easy to understand also to foreigners*, Bureau of Citizens and Cultural Affairs, Tokyo Metropolitan Government.

Tsilevich, Boris, 2001, Development of the Language Legislation in the Baltic States, *MOST Journal of Multicultural Studies* 3(2): 137—154.

Tulp, Stella M., 1978, Reklame en tweetaligheid. Een onderzoek naar de geografische verspreiding van franstalige en nederlandstalige affiches in Brussel, *Taal en sociale integratie* 1: 261—288.

UNESCO Institute for Statistics, 2005, *Measuring linguistic diversity on the Internet*, Montreal, Canada: UNESCO.

US Department of Defense, 2005, *Defense language transformation roadmap*, Department of Defense.

van Els, Theo J. M., 1993, Foreign language teaching policy: Some planning issues. In Kari Sajavaara, Richard D. Lambert, Sauli Takala and Christine A. Morfit (eds.), *National foreign language planning: Practices and prospects* (pp. 3—14)., Jyväskylä, Finland: Institute for Educational Research, University of Jyväskylä.

Varennes, Fernand de, 1997, *To speak or not to speak: The rights of persons belonging to linguistic minorities* (working paper), UN Sub-committee on the Rights of Minorities.

2001, Language rights as an integral part of human rights, *MOST Journal of Multicultural Studies* 3(1): 15—25.

Vikor, Lars S., 2000, Northern Europe: Languages as prime markers of ethnic and national identity. In Stephen Barbour and Cathie Carmichael(eds.), *Language and nationalism in Europe* (pp. 105—129), Oxford and New York: Oxford University Press.

Waitangi Tribunal, 1986, *Findings of the Waitangi Tribunal relating to Te Reo Maori and a claim lodged by Huirangi Waikarapuru and Nga Kaiwhakapumau i te Reo Incorporated Society (The Wellington Board of Maori Language)*, Wellington: New Zealand Government, Waitangi Tribunal.

Wall, Diane, 2005, *The impact of high-stakes testing on classroom teaching: A case study using insights from testing and innovation theory*, Cambridge: Cambridge University Press.

Ward, Alan, 1995, *A show of justice: Racial "amalgamation" in nineteenth century New Zealand*, Auckland, New Zealand: Auckland University Press.

Warshauer, Mary E., 1966, Foreign language broadcasting. In Joshua A. Fishman (ed.), *Language loyalty in the United States: The maintenance and perpetuation of non-English mother tongues by American ethnic and religious groups* (pp. 74—91), The Hague: Mouton.

Watson-Gegeo, Katherine Anne, and Gegeo, David W., 1986, Calling out and repeating routines in Kwara'ae children's language socialization. In Bambi B. Schieffelin and Elinor Ochs(eds.), *Language socialization across cultures* (pp. 17—50), Cambridge: Cambridge University Press.

Watts, Duncan J., 2007, A twenty-first century science, *Nature* 445(7127): 489.

Wee, Lionel, 2007, Linguistic human rights and mobility, *Journal of Multilingual and Multicultural Development* 28(4): 325—338.

Weeks, F. F., and Strevens, Peter, 1984, *Seaspeak reference manual: Essential English for international maritime use*, Oxford: Pergamon.

Weeks, Theodore R., 2002, Religion and Russification: Russian language in the Catholic Churches of the "Northwest Provinces" after 1863, *Kritika: Explorations in Russian and Eurasian History* 2(1): 87—110.

Wei, Li, 2005, Starting from the right place: Introduction to the special issue on Conversational Code-Switching, *Journal of Pragmatics* 37(3): 275—279.

Weinreich, Max, 1980, *History of the Yiddish language* (trans. Joshua A. Fishman and Shlomo Noble), Chicago: University of Chicago Press.

Weinstein, Brian, 1989, Francophonie: Purism at the international level. In Björn Jernudd and Michael J. Shapiro(eds.), *The politics of language purism* (pp. 53—80). Berlin and New York: Mouton de Gruyter.

Wenzel, Veronika, 1996, Reclame en tweetaligheid in Brussel. In Vrije universiteit Brussel(ed.), *Brusselse thema's 3* (pp. 45—74), Brussels: Vrije universiteit Brussel.

Wieselter, Leon, 1998, *Kaddish*, New York: Alfred A. Knopf.

Wikipedia Foundation. *Wikipedia—The Free Encyclopedia*, from http://en.wikipedia.org/wiki

Willemyns, Roland, 1993, Integration versus particularism: The undeclared issue at the first "Dutch Congress" in 1849. In Joshua A. Fishman(ed.), *The earliest stage of language planning: The "First Congress" phenomenon* (pp. 69—83), Berlin: Mouton de Gruyter.

Williams, Ashley M., 2005, Fighting words and challenging expectations: language alternation and social roles in a family dispute, *Journal of Pragmatics* 37(3): 317—328.

Williams, Colin H., 2007, When Mandarin gates yield, Babel in reverse: Language ideology in the 21st century conference. Duisburg.

2008, *Linguistic minorities in democratic context*, Basingstoke and New York: Palgrave Macmillan.

Williams, Nicholas, 1997, *Clappya Kernowek: An introduction to Unified Cornish Revised*, Portreath UK: Agan Tavas, the Society for the Promotion of the Cornish language.

Woods, Anya. 2002, June, *The role of language in some ethnic churches in Mel-*

bourne, Paper presented at the Colloquium on The Sociology of Language and Religion, University of Surrey Roehampton.

Wright, Sue Ellen, 2001, Language and Power: Background to the Debate on Linguistic Rights, *MOST Journal of Multicultural Studies* 3(1): 44—54.

Yerendé, Eva, 2005, Ideologies of language and schooling in Guinea-Conakry: A postcolonial experience. In Birgit Brock-Utne and Rodney Kofu Hopson (eds.), *Languages of instruction for African emancipation: Focus on postcolonial contexts and considerations* (pp. 199—230), Cape Town, South Africa and Dar es Salaam Tanzania: The Centre for advanced studies of African society and Mkuki na Nyota Publishers.

Young, Robert W., 1977, Written Navajo: A brief history. In Joshua A. Fishman (ed.), *Advances in the creation and revision of writing systems* (pp. 459—470), The Hague and Paris: Mouton.

1978, *A political history of the Navajo Tribe*, Tsaile, Navajo Nation: Navajo Community College Press.

Zondag, Koen, 1987, "This morning the church presents comedy": Some aspects of Frisian in the religious domain, *International Journal of the Sociology of Language* 64: 71—80.

索 引

（本索引后的页码为原著页码，即本书边码）

Aasen,Ivar 伊瓦尔·阿森 190
Abbasid caliphs 阿拔斯王朝的哈里发 45
Acadèmia Valenciana de la Llengua 瓦伦西亚语研究院 237
Académie française 法兰西学术院 235, 236
Academia del Crusca 克鲁斯卡语言研究院 235
accommodation,speech 言语顺应 11,250
Act of union 《联合法案》 215
Adalah 阿达拉 （以色列阿拉伯少数民族民权组织） 190
admission criteria 入学标准 111,112
　　language proficiency 语言水平 112
　　Quebec 魁北克 113
　　Sweden 瑞典 113
advertising 广告
　　language choice 语言选择 63,72
Afghanistan 阿富汗 141,143
Africa 非洲
　　bilingual nations 双语国家 152
African languages 非洲语言 41,57,84, 103,177
Afrikaans 南非荷兰语 阿非利堪斯语 8, 57,84,117,194,195,256
agencies 语言研究机构
　　summary 总结 259
agency 语言管理机构 70
　　manager 语言管理者 13
air-ground radio telephony 地空无线电通话 63
airliner crash 客机坠毁 54

Akademio de Esperanto 世界语研究院 238
Åland 奥兰群岛
　　linguistic autonomy 语言自治 155
Albania 阿尔巴尼亚
　　language laws 语言法 166
Algeria 阿尔及利亚
　　language laws 语言法 166
Alliance française 法语联盟 107
American Bible Society 美国圣经公会 42
American Council of Learned Societies 美国学者委员会 138
American Samoa 美属萨摩亚 111
Americanization 美国化 197
Amish 阿曼门诺派 阿曼门诺派教徒 52
　　language loyalty 语言忠诚 37,197
　　local schools 地方学校 96
Anderson, Chris 克里斯·安得森
　　The long tail concept 长尾理论 长尾效应 66
Andorra 安道尔
　　language law 语言法 166
answering services 代客接听电话服务 85
Arabic 阿拉伯语
　　Algeria 阿尔及利亚 166
　　in Asia 在亚洲 46
　　colloquial used for chat 闲谈口语体 87
　　colloquial varieties and vernacular 口语变体和地方话 100
　　diglossia 双方言 双言制 47
　　and Islam 伊斯兰教 31,45,46
　　in Israel 在以色列 77,106,148,190,

387

226;medium of instruction 教学媒介语 218;newspapers 报纸 77;signs 语言标识 68
  Judeo-Arabic 犹太阿拉伯语 23
  lingua franca 通用语 45
  linguistic tradition 语言传统 45
  Modern Standard 现代标准 100
  national 全国的 32
  North African 北非 38
  official 官方语言 45,149;official in Palestine 巴勒斯坦的官方语言 187
  Pakistan education 巴基斯坦的教育 46
  Palestinian 巴勒斯坦人 27
  purism 语言纯粹(纯洁)主义 45
  Qur'anic 有关《古兰经》的 47
  sacred 神圣的 45
  signs in Israel 以色列的语言标识 173
  spread 语言传播 45,177,183
  teaching 语言教学 47,90,106,143,196
  Tunisian 突尼斯的 18
  United Nations 联合国 210
  vernaculars 本地语 地方话 47
Arabic Language Academy 阿拉伯语研究院 Israel 以色列 167
Arabicization 阿拉伯语化 152,177
  in North Africa 在北非 104
Aragón 阿拉贡 237
Aramaic 阿拉米语
  imperial language 帝国语言 33
  in Jewish law 在犹太人法律中 34
  New Testament 《新约》 38
  translation of sacred texts 经文的翻译 35
  Archbishop of Canterbury 坎特伯雷大主教 146
Armenian 亚美尼亚语
  Bible 《圣经》 39
  varieties 语言变体 121
Army Specialized Training Program 美国陆军专业培训计划 137,138,139
Asian constitutions 亚洲国家的宪法
  minority rights 少数民族的权利 151
assimilationist ideology 同化意识形态 28
Asturia 阿斯图里亚 237
audiences 听众 51
Audio-Lingual Method 听说教学法 140
Australia 澳大利亚
  aboriginal media 土著人的媒体 78
  ethnic schools 民族学校 196
  foreign language teaching 外语教学 105
  immigrants 移民 29,43,55
  indigenous language interpreters 土著语言译员 121
  local government 地方政府 169
  minority radio 少数民族语言电台 81
Australian dictation test 澳大利亚的语言强制测验 229
Australian Language and Literacy Policy 澳大利亚语言与读写能力政策 197
authority 权威 144
  defined 指定的 15
  devolution 权力下放 146
  ethic of 道德 52
  in family 在家庭中 16
  of Jewish law 犹太律法 34
  in management 在语言管理中 4
  in military domain 在军队域 130
  parents 父母 16
  of religion 宗教的 32
  in school domain 学校域 94,114
  supranational domain 超国家组织域 206
  in workplace 在工作单位中 63
Avesta 《阿维斯陀》 47

Babel 巴别塔
  as punishment 作为处罚 182
Bahasa Indonesia (巴哈萨)印尼语 178,193,194
Bahasa Melayu (巴哈萨)马来语 11,56,70
Baldauf,Richard 理查德·巴尔道夫
  agency 语言管理机构 13
  language planning 语言规划 10
  nation-state level 民族国家层面 144
Balfour Declaration 《贝尔福宣言》 187
Baltic states 波罗的海国家 151,162,163,229,233,256
Bamba 班巴语 22
Banaras 巴纳拉斯
  school advertising 学校广告 73
Bangladesh 孟加拉国 157
  language activism 语言活动 194
Basic English 基础英语 61
Basotho 巴索托族

388

索　引

children's socialization　儿童社会化　16
Basque　巴斯克语　153
　　autonomy　自治　159
　　European Union　欧盟　222
　　in France　在法国　176
　　under Franco　在佛朗哥统治时期　146
　　nationalists　民族主义者　75
　　normalization　规范化　159
　　press　出版社　84
　　radio　收音机　82
　　schools　学校　92
　　television　电视　81
Battle of Poitiers　普瓦捷战役　45
Belarus　白俄罗斯　168
Belgian Congo　比属刚果
　　missionaries　传教士　41
Belgium　比利时
　　Dutch　荷兰　100
　　Dutch spelling reform　荷兰语的拼写改革　168
　　language gap　语言差异　语言鸿沟　90
　　language laws　语言法　166
　　territorial solution　采用属地制办法　155
bells church　教堂钟声　79
Ben Yehuda, Eliezer　艾利泽·本·耶胡达　185, 258
　　family policy　家庭语言政策　23
benefits of a language　语言的好处
　　social and economic　社会的和经济的　4
Berber　柏柏尔人　177
Berlin, Isaiah　以赛亚·伯林
　　liberty　自由　15
Bhojpuri　博普利语　73
bible　《圣经》
　　Afrikaans translation　阿非利堪斯语翻译　196
　　Dutch translation　荷兰语翻译　43
　　eastern translations　东正教翻译　39
　　Fijian translation　斐济语翻译　41
　　Latin translation(Vulgate)　拉丁语翻译　38
　　Māori translation　毛利语翻译　41
　　Navajo translation　纳瓦霍语翻译　36
　　Protestant translations　新教的《圣经》翻译　39, 42
　　Septuagint translation　七十子希腊文本《圣经》翻译　36

Tongan translation　汤加语翻译　40
translation　翻译　31
translation and literacy　翻译与读写能力　79
bilingual education　双语教育　137, 201
　　controversies　分歧　101
　　Navajo　纳瓦霍　42
　　not defined　未指定的　99
　　opposition　反对　104, 198
Bilingual Education Act　《双语教育法》　110, 197
bilingual parents　双语父母　17
bilingual speech communities　双语言语社区　147
bilingualism　双语制
　　attitudes　观点　16
Bismark　俾斯麦　153
blasphemy　亵渎词　44
Blommaert, Jan　杨·布罗马特
　　nation-state　民族国家　10
　　speech resources　言语资源　1
　　on Tanzania　有关坦桑尼亚　10
Bokmål　博克马尔　148
Bolivia　玻利维亚　111
Bòrd na Gàidhlig　盖尔语发展委员会　192
Bosnia and Herzegovina　波斯尼亚和黑塞哥维那(简称波黑)　165
Breton　布列塔尼语　176, 238
　　radio　收音机　81
　　television　电视　81
Brigade of Gurkhas　廓尔喀旅　132
Bristol City Council　英国布里斯托尔市立法委员会
　　translation services　翻译服务　171
British and Foreign Bible Society　英国及外国圣经公会　42
British colonies　英国殖民地
　　civil rights　民权　151
　　official languages　官方语言　152
British Council　英国文化委员会　107, 245
Brussels　布鲁塞尔　155
　　signs　语言标识　67
Bureau of Indian Affairs　(美国)印第安人事务管理局　42

Caldas, Stephen　斯蒂芬·凯尔达斯
　　bilingual family study　双语家庭研究　20

389

call centers 呼叫中心 57
Calvet, Louis-Jean 路易斯·让·卡尔韦
　　assimilationist ideology 同化思想 28
　　conflict in family 家庭语言冲突 14
　　levels of management 语言管理层次 181
　　Senegal language shift 塞内加尔语言转用 181
　　war of languages 语言战争 182,183
Cameroon 喀麦隆 151
　　radio and television 广播电视 82
Canada 加拿大
　　bilingual policy 双语政策 133,158
　　devolution 权力下放 218
　　ethnic press 民族出版社 78
　　immigrants 移民 56
　　language laws 语言法 166
　　language qualifications 语言资格 55
　　minority radio 少数民族广播 81
Canadian Army 加拿大军队
　　bilingual policy 双语政策 133
Cantonese 粤语 广东话 24,58
　　Hong Kong 香港 57
cantons 州县 154
cargo ships 货船 62
Castilian 卡斯蒂利亚语 153
Catalan 加泰罗尼亚 153
　　European Union 欧盟 222
　　in France 在法国 176
　　under Franco 在佛朗哥统治时期 146
　　language academy 语言研究院 237
　　radio 广播 82
　　restoration and normalization 语言复活与规范 159
　　schools 学校 109
　　in Valencia 在瓦伦西亚 160
Catalan Broadcasting Corporation 加泰罗尼亚广播公司 84
Catalonia 加泰罗尼亚语
　　autonomy 自治 159
Caterpillar Fundamental English 卡特彼勒基础英语 61
Caterpillar Technical English 卡特彼勒技术英语 61
cell phones 手机 85
Center for Advanced Study of Language 高级语言研究中心 141
Central Council for the Establishment of Hebrew in the Jewish Community of Palestine 巴勒斯坦犹太社区希伯来语发展中央委员会 78
Charter of the French Language 《法语宪章》 230 see also Loi 101 另见《第101法》
children's socialization 儿童社会化
　　various cultures 多元文化 16
China 中国
　　English teaching 英语教学 108
　　Putonghua official 普通话（官方语言） 166
　　translation services 翻译服务 172
Chinese 汉语 58
　　character simplification 汉字简化 238
　　explanation system 解释系统 98
　　as foreign language 作为外语 107
　　in Malaysia 在马来西亚 56
　　script reform 文字改革 238
Chinese immigrant families 华人移民家庭
　　Australia 澳大利亚 29
　　New Zealand 新西兰 18
　　in US 在美国 22
Chinese varieties 汉语变体
　　mutual intelligibility 相互理解性 1
Chiswick, Barry 巴里·奇斯维克
　　economic value of proficiency 语言能力的经济价值 55
Christianity 基督教
　　language management 语言管理 38
　　translation 翻译 35
citizenship 公民身份
　　criteria 标准 229
　　language tests 语言测试 229
civil rights 民权 117
　　access 渠道 215
　　interpreters in court 法庭翻译 118
　　understanding legal charges 理解法律上的指控 150
　　US 美国 128
cochlear implant 耳蜗植入法 8
cockpit confusion 机舱语言困惑 54
code talkers 语码使用者 136
code-switching 语码转换 21,22,86
　　in family 在家庭 24
Collège militaire royal 加拿大（圣让）皇家军校 135
colonial education 殖民教育 94,100

索 引

colonialism 殖民主义 5,39,41
    language policies 语言政策 111
colonies 殖民地
    language management 语言管理 207
    language policies 语言政策 183
Committee for Geographical Names in Australasia 澳大利亚地理名称委员会 243
Committee for the Reform of the Chinese Written Language 中国语言文字改革委员会 238
Commonwealth of Nations 英联邦国家 207
communication failures 交际失败 181
communication problems 交际问题 148, 250
communities 社区
    local vs global processes 本土化与全球化过程 10
community school 社区学校 96
computerized translation 计算机翻译 248
Congo 刚果 41
congregants 宗教会众 50
constitution 宪法
    authority 权威 145
    language clauses 语言条款 149
    language provisions 语言条款 148
    linguistic minorities 语言少数群体 150
controlled language 被控语言 61,62
Cooper, Robert 罗伯特·库帕
    agency 语言管理机构 13
    marketplace study 市场调查 54
    Richelieu and the Academy 黎塞留和法兰西学术院 153
Coptic 科普特语 38
    replaced by Arabic 被阿拉伯语所取代 45
copy editors 文字编辑 244
Cornish 康沃尔语 238
Cornish language activism 康沃尔语语言活动 192
corporate language 企业语言 公司语言 59
corpus planning 本体规划 103,167
co-territorial vernacular 寄居国语言 38
Council of Europe 欧洲委员会 108,162
    foreign language policy 外语政策 107
    language teaching policy 语言教学政策 213
Council of Trent 特伦托会议 39
court interpreters 法庭译员
    training and certification 培训和证书 120
Court Interpreters Act US 《美国法庭口译法》 119
courts 法庭
    authority 权威 145
Croatia 克罗地亚 165
cultivation 语言培育 103,146
    for school use 为学校使用 103
customers 顾客 64
Cymdeithas yr Iaith Gymraeg 威尔士语协会 191
Czech Republic 捷克共和国 164
Czechoslovakia 捷克斯洛伐克 152,164

Danish 丹麦语 1,148,154,166,175,191
    activism 语言活动 191
Das Gupta, Jyotirinda 叶欧帝林达·达斯—顾普塔
    Hindi language associations 印地语协会 193
Dead Sea Scrolls 死海古卷 37
Deaf 聋人 125
    changing situation 变化无常的情景 8
Deaf Link 失聪人士网 125
Declaration of the Rights of Indigenous Peoples 《土著人权利宣言》 220
democracies 民主
    minorities 少数民族 147
demographic variables 人口统计变量
    in family domain 在家庭域 21
Denmark 丹麦
    language laws 语言法 148,166
Department of Defense 国防部 138,141, 142,244
    outsourcing language services 语言服务外包 248
desegregations 废除种族隔离
    US Supreme Court decision 美国最高法院决定 112
devolution 权力下放 145,146,159,161, 173,206
diglossia 双方言 双语 47,100
doctor-patient communication 医患交际 115
domain 语言域 249

391

characteristics　特点　3
　　communicative function　交际功能　3
　　family　家庭　3
　　Fishman's definition　费什曼的定义　3
　　government　政府　3
　　internal vs external forces　内部与外部因素　6,19,181
　　location　地点　3
　　school　学校　3
　　typical topic　典型话题　3
　　workplace　工作单位　3
Dublin　都柏林
　　multilingual city　多语城市　8
Dutch　荷兰　51,148,239
　　in Belgium　在比利时　100,155,216
　　Indonesia　印度尼西亚　178　194
　　language of Garden of Eden　伊甸园的语言（文内无该术语）　182
　　spelling reform　文字拼写改革　168
Dutch advertising　荷兰语广告　74

East Timor　东帝汶　207
eastern orthodox church　东正教堂
　　linguistic pluralism　语言多元制　39
ecology　生态　53
ecological model　生态模式　1
economic incentives　经济刺激　54
Ecuador　厄瓜多尔　183
Education Review Office　教育评价办公室　95
Eggington, William　威廉·埃金顿
　　language planning failures　语言规划的失败　10
El Instituto Cervantes　塞万提斯学院　245
electronic media　电子媒介
employers　顾主
　　language managers　语言管理者　53
endangered language centers　濒危语言中心　203
English　英语
　　in advertisements　在广告中　74
　　air-ground communication　地空对话　63
　　among Amish　在阿曼门诺派中　96
　　Asian business　亚洲企业　58
　　common official language　通用官方语言　149
　　corporate language　企业语言，公司语言　59,61
　　for employment　为了就业　54
European Union　欧盟　211,214
　　first foreign language　第一外语　106
　　in French companies　在法国公司　60
　　and globalization　全球化　252
　　Hindu use　印度教的使用　49
　　in Hong Kong　在香港　57,58
　　hotel industry　酒店业　56
　　in Iceland　在冰岛　175
　　Indian constitution　印度宪法　157
　　Internet　因特网　86
　　in Israel　在以色列　19
　　in Japan　在日本　58
　　Japanese signs　日语公共标识　74
　　in Jerusalem signs　在耶路撒冷的公共标识中　74
　　in Jewish prayer　在犹太人的祷告中　50
　　Jewish shift to　犹太人的语言转用　34
　　in job advertising　在招聘广告方面　55
　　as language of instruction　作为教学语言　104
　　in Lebanon　在黎巴嫩　51
　　as lingua franca　作为通用语　59
　　Malaysia　马来西亚　58; Malaysian business　马来西亚商业　11; Malaysian education　马来西亚的教育　104
　　in Malaysia　在马来西亚　56
　　Mandatory Palestine　在外国统治下的巴勒斯坦　187
　　Māoris　毛利语　25
　　mass　弥撒　31
　　needed for healthcare workers　卫生保健工人的需求　56
　　newspapers　报纸　77; newspapers in India　印度的报纸　77
　　official in Madagascar　马达加斯加的官方语言　152
　　official in Pakistan　巴基斯坦的官方语言　157
　　official in Uganda　乌干达的官方语言　239
　　in PRC　在中国　108
　　preferred for science teaching　更适用于科学课程的教学　105
　　Quebec education　魁北克的教育　113
　　school advertising in India　印度的学校广告　73

in Singapore　在新加坡　56
　　in South African workplaces　在南非的工作场所　57
　　South Korean demand　韩国的需求　58
　　spread　语言传播　6,54
　　in Switzerland　在瑞士　55
　　taught to Brigade of Gurkhas　廓尔喀旅的教学　132
　　in tertiary education　在大学教育中　104
　　Thailand　泰国　58,179
　　Tokyo signs　东京的公共标识　67,70
　　varieties　语言变体　70；varieties to teach　所教授的语言变体　107
　　working language at sea　海上的工作语言　62
English First　英语第一组织　198
English language learners　英语语言学习者　102
English law courts　英语法庭
　　shift to English　转向英语　118
English Only　唯英语
　　activism　语言活动　197；English Only movement　唯英语运动　150
English-only laws　唯英语法
　　US states　美国诸州　198
English-speaking world　英语世界
　　a language community　语言社区　2
Equal Employment Opportunity Commission　公平就业机会委员会
　　language rights　语言权　55
Esperanto　世界语　209
Estonia　爱沙尼亚　163
　　language laws　语言法　166
　　language policy enforcement　语言政策的执行　232
　　Russification　俄罗斯化　217
Estonian　爱沙尼亚语　163
ethic of autonomy　自治道德　28
ethic of community　社区道德　28
ethic of divinity　神性道德　28,50,52,91
Ethiopian markets　埃塞俄比亚市场　54
ethnic and linguistic minorities protection　民族和语言少数群体的保护　215
ethnography of speaking　言语民族学　4
ethnolinguistic conflict　民族语言冲突　8
European Bureau for Lesser Used Languages　欧洲小语种管理局　222

European Charter for Regional or Minority Languages　《欧洲地区语言或少数民族语言宪章》　151,162,222
European Commission　欧洲委员会
　　language teaching　语言教学　214
European Court of Justice　欧洲法院　223
European Parliament　欧洲议会
　　on language diversity　有关语言的多样性　213
　　language policy　语言政策　211
European Union　欧盟
　　development　发展　210
　　language teaching policy　语言教学政策　213
　　minority rights　少数民族权利　121
　　official languages　官方语言　210
　　policy for candidates　候选国政策　213
　　working languages　工作语言　211
Euskaltzaindia　（西班牙）皇家巴斯克语研究院　237
Euskara　纳瓦拉巴斯克语研究院
　　revival　语言复活　92
examination systems　测试系统
　　as language managers　作为语言管理者　98
Executive Order 13166　《13166号总统行政命令》　121,128,174,198
exogamous marriage　异族通婚　15
expatriates　旅居国外者　60
　　business policy　商务政策　60
Extra, Guus　古斯·埃克斯特拉
　　urban multilingualism　城市多语现象　172

family domain　家庭域
　　authority　权威　144
　　conflicts　冲突　183
　　immigrants　移民　16
　　language conflict　语言冲突　22
　　language ideologies　语言意识形态　26
　　language management strategies　语言管理策略　24
　　language manager　语言管理者　23
　　management process　语言管理过程　225
　　parents vs. peers　家长对同龄人　22
　　summary　总结　29
　　various influences　各种影响　19
　　fathers and mothers　父母
　　　relative influence　相关影响　23
Fellman, Jack　杰克·费尔曼

393

on work of terminology committees 术语
    委员会的工作 241
Fiat 菲亚特汽车公司
    hiring policy 雇用政策 60;language
        problems 语言问题 58
Fiji 斐济
    vernacular literacy 当地语言的读写能力
        41
Finland 芬兰
    language laws 语言法 166;role of
        Swedish 瑞典语角色 155
Finnish 芬兰语 148,167,216
    in Sweden 在瑞典 222
Finnish company 芬兰公司
    corporate English 公司英语 59
Fishman, Joshua A. 约书亚·A. 费什曼
    argument for standardization 标准化的论
        据 103
    on the city 关于城市 53
    domain 语言域 3
    on domains 关于语言管理域 32
    empirical basis of domains 语言域的实证
        基础 4
    family decision 家庭决定 20
    First congresses 第一次大会 192
    holiness of ethnic languages 民族语言的
        神圣性 90
    on language cultivation 有关语言培育
        239
    language loyalty 语言忠诚 37,52,76
    language maintenance 语言维持 17
    nationalism 民族主义 154
    resisting language shift 阻止语言转用
        76
    spread of English 英语传播 54
    US ethnic organizations 美国民族组织
        197
    vitality as belief 语言信仰的活力 17
    Yiddish activism 依地语活动 24
    Yiddish as sacred language 作为宗教语言
        的依地语 52
Flemish 佛兰芒语 155
    Belgian Congo 比属刚果 41
Flemish language 佛兰芒语
    activism 语言活动 192
foreign language teaching age to begin 外语
    教学的初始年龄 108

foreign medical personnel 外国医务人员
    115
former Soviet Muslim states 苏联穆斯林国
    家 163
former Soviet republics 苏联加盟共和国
    civil rights 民权 151;constitutions 宪
        法 151;language policy 语言政策
        149,152;Russian 俄语 107,175
France 法国
    bilingualism 双语制 双语现象 22
    constitution 宪法 223
    control of foreign newspapers 外语报纸
        的管控 77
    language laws 语言法 166
    language management 语言管理 176
    language management agencies 语言管理
        机构 207
    local government 地方政府 169
    minority broadcasting 少数民族的广播
        82
    regional languages 地区语言 176
Franco 佛朗哥 153,159
francophones 法语使用者
    Canadian army 加拿大军队 134
francophonie 法语国家组织 207,245
French 法语 58
    in advertisements 在广告上 74
    Belgian Congo 比属刚果 41
    Belgium 比利时 155,192;Brussels 布
        鲁塞尔 67
    Canadian army 加拿大军队 133
    European Union 欧盟 211
    as foreign language 作为外语 107
    hegemony 霸权 153
    language diffusion 语言传播 111,207
    language diffusion agencies 语言传播机
        构 245
    language of diplomacy 外交语言 208
    in Lebanon 在黎巴嫩 51
    legally required 合法要求 60
    North Africa 北非 152
    North African education 北非的教育
        104
    official language 官方语言 149
    Québec 魁北克 113,158,230
French Academy 法兰西学术院 153,176 see
    also Académie Française 参见法语联盟

French colonies 法国殖民地 152,177
French Foreign Legion 法国外籍兵团 131
French Revolution 法国革命 153
Frisian 弗里斯兰语 239
    church use 教堂使用 51; limited functions 有限的功能 148; radio 广播 81; religion 宗教 43; television 电视 81
Fryske Akademy 弗莱斯克研究院 239
functional allocation 功能划分 146
functional multilingualism 功能上的多语制 59

Gaelic 盖尔语 161,256
Gaelic Language Society 盖尔语社团 192
Gaelic League 盖尔语联盟 191
Gaelic, Scots 苏格兰盖尔 83
Gaeltacht 盖尔特克司特（爱尔兰语地区） 99,109,191
    economic vs. language management 经济与语言管理 11
Galicia 加利西亚 160
    autonomy 自治 159
Gazzola, Michele 米歇尔·盖左拉
    European Parliament languages 欧洲议会语言 211
Gedud l'meginei ha safa 以色列希伯来语保护军团 188
Genootskap van Regte Afrikaners 南非荷兰人协会 194
George, Ken 肯·乔治 192
    Cornish revival 康沃尔语复活 238
German 德语 58
    Amish schools 阿曼门诺派 96
    language diffusion 语言传播 245
    official 官方语言 149
    spelling reform 语言拼写改革 168
    vs. Hebrew in Palestine 对巴勒斯坦的希伯来语 186
Germany 德国
    local government 当地政府 169
    monolingual ideology 单语意识形态 153
    police language proficiency 警察语言水平 125
    unification 统一化 154
Glinert, Lewis 刘易斯·格里纳特
    Israeli language management 以色列语言管理 55
Jewish religious law 犹太人宗教法 34
globalization 全球化 8,10,66,71,157,175,183,206
Goethe Institute 歌德学院 107,245
Gothic 哥特语
    Bible 《圣经》 39
government agency 政府管理机构
    enforcer of policy 语言政策的实施者 228
government domain 政府域
    authority 权威 145; levels 层面 145; summary 总结 255
Graded Intergenerational Disruption Scale 代际语言差异级别表 76
graffiti 涂鸦 76
grammarians 语法学家
    Sanskrit, Arabic, Hebrew 梵语、阿拉伯语、希伯来语 37
Great Traditions 大传统 175
Greece 希腊语
    Slavic rights 斯拉夫人权利 216
Greek 希腊
    in Jewish law 在犹太人法律中 34
    New Testament 《新约》 38
    in Palestine 在巴勒斯坦 33,38
    Roman army 古罗马军队 130
    teaching 教学 90
Grin François 弗朗科伊斯·格林
    advertising choices 广告语言的选择 73
    value of English 英语的价值 55
Guarani 瓜拉尼语 69
Guinea 几内亚 177
Gumperz, John 约翰·甘帕兹 2
    metaphorical switching 隐喻转变 3

Hagana 地下军队 188
Hagen, Stephen 斯蒂芬·哈根
    workplace language needs 职场的语言需求 57
Haiti 海地 100
Halakhah 'normative Jewish law' 《哈拉哈》典范律法 34,36
    euphemism 委婉语 44
    language rules 语言规则 34
    rules for reading Bible 《圣经》诵读规则 37

Hanyu Pinyin 汉语拼音 238
Haredi language policy 海来第派的语言政策 23
Haredi 'ultra-orthodox' 海来第极端正统派 36
Harris, Mary 马丽·哈里斯
　parents vs. peers 父母与同龄人 19
　peer pressure 同龄人压力 20
Hasidim 哈西德派 52
　language loyalty 语言忠诚 37, 197
Haugen, Einar 艾纳·豪根 1
　multilingualism a blessing 多语制是一件好事 182
　norms 规范 11
　Norwegian language policy 挪威语言政策 154
Hausa 豪萨语 22
Hayakawa, Samuel 塞缪尔·早川一会 197
health and legal domains 司法与医疗卫生域
　summary 总结 253
health domain 医疗卫生域
　language problems 语言问题 126
　participants 参与者 115
Hebrew 希伯来语
　activism 语言活动 189;
　activists 语言活动者 188
　before Babylonian exile 在巴比伦人被放逐前 33
　Israeli 以色列 36
　in job advertising 在工作广告中 55
　pre-state activism 国家独立前的语言活动 188
　recognized as official 认可的官方语言 187
　revival 语言复活 22, 27, 34, 36, 92
　for ritual and prayer 为宗教仪式和祷告 35
　sacred role 宗教作用 31
　signs 公共标识 67, 68
　state policy 国家政策 190
　tradition education 传统教育 36
　writing systems 书写系统 37
Hebrew Language Academy 希伯来语研究院 188, 235, 237, 239, 241
Hebrew Language College 希伯来语学院 188
Hebrew Language Council 希伯来语委员会 187

spelling reform 语言拼写改革 168
Hebrew sacred texts 希伯来语经文
　Aramaic transition 阿拉米语翻译 33
Hebrew Teachers Association 希伯来语教师协会 186
Hebrew University 希伯来语大学 187
Hebrew-and-Aramaic 希伯来语与阿拉米语
　religious language 宗教语言 33
Held, Stephen 斯蒂芬·赫尔德
　cosmopolitan democracy 世界性民主 218
Henry VIII 亨利八世
　English Bible 英语《圣经》 39
heritage language 祖裔语言 4
　preferred for history teaching 更适用于历史课的教学 105
heritage languages 祖裔语言
　in synagogue 在犹太教堂 38
High Commissioner on National Minorities 少数民族事务高级专员署 223, 226
Hilfsverein der deutschen Juden 德国犹太人援助协会 186
Hindi 印地语 41, 46, 48, 142, 156, 157, 193, 233, 256
　school advertising 学校广告 73
Hindu nationalism 印度斯坦民族主义 48
Hinduism 印度教 48
Hindustani 印度斯坦语 156
Hñähñö 纳诺族 202
home language 家庭语言
　rejected by school 被学校所拒绝 90
Hong Kong 香港
　language for business 商务语言 58
　workplace language needs 职场的语言需求 56
hospitals 医院 55, 116, 127
　interpreting standards 口译标准 127
hotel industry 酒店业
　teaching English 英语教学 56
Hungary 匈牙利
　language education law 语言教育法 66
Hyde, Douglas 道格拉斯·海德 191
Hymes, Dell 戴尔·海姆斯
　ethnography of speaking 言语民族学 4
hypercorrection 矫枉过正 109

Iceland 冰岛

索　引

language laws　语言法　148
language management　语言管理　175
monolingualism　单语制　175
Icelandic　冰岛语　148
purity　语言纯洁　175
iconoclasm　圣像破坏论　39
identity　身份
role of language　语言角色　4
ideological arguments for language education
语言教育的意识形态观　104
ideology　语言意识形态
component of policy　语言政策成分　4
Ido　伊多语　238
illiteracy　文盲
in Arabic countries　在阿拉伯国家　47
immersion　语言浸没
definition　定义　99
immigration　移民现象　147, 173
language management　语言管理　229
language tests　语言测试　229
imperial governments　帝国政府
language policy　语言政策　207
India　印度
constitution　宪法　156
language association and government agencies　语言协会与政府管理机构　233
language policy　语言政策　157
limited multilingualism　有限的多语制　92
multilingualism　多语制　156
pre-state language activism　建国前的语言活动　193
territorialism　恐怖主义　156
Indian Army　印度军队　132
indigenous　土著人的
rights　语言权　219
indigenous minorities　土著少数民族　199
Indonesia　印度尼西亚
language management　语言管理　178
Indonesian language　印度尼西亚语
activism　语言活动　194
Indonesian Youth Congress　印度尼西亚青年大会　178　194
inertia　惯性　惰性　64
inertia condition　惯性状态　15
initial education in the vernacular　用地方语进行的早期教育　100
initial instruction　早期教育

controversy　争论　101
Innu　因奴人　90
Institut d'Estudis Catalans　加泰罗尼亚语学院　237
Instituto Camões　卡蒙斯学院　245
international business　跨国企业
language policies　语言政策　59, 57
International Civil Aviation Organization　国际民航组织
language policy　语言政策　63
international companies　跨国公司
foreign language use　外语使用　58
International Court of Justice　国际法庭　209
International Covenant on Civil and Political Rights　《公民权利和政治权利国际条约》　118, 128
International Labour Organization　国际劳工组织　219
conventions　会议　219
language management　语言管理　209
International Mother Language Day　国际母语日　194
international organizations　国际组织
internal vs. external language management　内部与外部的语言管理　208
weakness　弱点　224
Internet　因特网　66
languages　语言　86
interpretation　口译
in health field　在医疗卫生领域　127
services　口译服务　124
video-based　录像为本的　127
interpreter training　译员培训　122, 127
interpreters　口译人员　116
cost　费用　122, 127, 174
for police　为警察　125
standards　标准　127
US Army　美国军队　130
US courts　美国法庭　119
interpreters and translation　口译与笔译　247
Iran　伊朗
enforcement of purism　语言纯粹主义的执行　227
Iraq　伊拉克
outsourced translation　外包翻译　143
US language policy　美国语言政策　142

397

Iraq Study Group Report 伊拉克调查小组
　报告 142
Ireland 爱尔兰
　changing situation 不断变化的状况 7
　conflict over language 语言冲突 98
Irish 爱尔兰语
　in court 在法庭 123
　European Union 欧盟 222
　radio and television 广播与电视 81
　revival 语言复活 22
Irish Free State 爱尔兰自由邦 191
Irish language management 爱尔兰的语言管理
　Gaeltacht example 盖尔特克司特案例 11
Irish revival 爱尔兰语复活
　activism 语言活动 191
　effect of schooling 教育的效果 109
　results 结果 17
Islam 伊斯兰教
　language policy 语言政策 44
　schools 学校 90
Islamic women 伊斯兰教妇女 23
Israel 以色列
　Arabic 阿拉伯语 148
　Arabic village 阿拉伯村庄 23
　former Soviet immigrants 苏联移民 18,20
　immigrant family 移民家庭 18
　official languages 官方语言 152
　Russian immigration 俄罗斯族移民 55
Israel Defense Forces 以色列国防军 131
Israel newspapers 以色列报纸
　languages 语言 78
Italian 意大利语 58,72,235
Italy 意大利 178
　language laws 语言法 166

Jacobins 雅各宾派 153
Japan 日本
　English for business needs 商务英语 58
　interpreters for police and courts 警察和法庭的译员 121
　local government 当地政府 169
　monolingualism 单语制 179
Japan Foundation 日本国际交流基金 107,245
Japanese advertisements 日语广告
　foreign languages 外语 74
Japanese children 日本儿童
　home influence 家庭影响 22
Jernudd, Bjorn 比约恩·颜诺
　language management 语言管理 11
　theory of language management 语言管理理论 5
Jerome 杰罗姆 38
Jerusalem 耶路撒冷
　marketplace study 市场调查 54
Jewish education 犹太人的教育
　Hebrew 希伯来语 36
Jewish plurilingualism 犹太人的多语化
　early 早期教育 33
　vs. Hebrew monolingualism 希伯来语单语制 34
Jewish religious language management 犹太人宗教语言管理 38
Jewish sacred texts 犹太经文
　translation 翻译 35
Joachim du Bellay 约阿希姆·杜贝莱 182
Judaism 犹太教
　language management 语言管理 33
　Reform vs. orthodox 改革派对正统派 31
Judeo-Aramaic 犹太阿拉米语 33
Judeo-French 犹太法语 6,23
Judeo-Greek 犹太希腊语 33
Judeo-Venetian 犹太威尼斯语 33
judge 法官
　power 权力 117
judges and lawyers 法官与律师 116
jurors 陪审员
　bilingual 双语 117

K-16 model pipeline programs 幼儿园到16年级(K—16)的教育模式 142
Kachru, Braj 布雷伊·卡其鲁 2
Kaddish 珈底什 35
Kanjobal 坎霍瓦尔语 121
Kannada 卡纳达语 49,104,237
Kaplan, Robert 罗伯特·开普兰
　language planning failures 语言规划的失败 10
　nation-state level 民族国家层面 144
Karnataka 卡纳塔克邦
　language conflict 语言冲突 104

Tamil vs. Kannada 泰米尔语对卡纳达语 31
Kibbutzim 基布兹 186
   language ideology 语言意识形态 27
King's Order-in-Council 英国女王的《枢密院令》 187
Knudsen, Knud 努德·努森 190
Kōhanga reo (language nests) 语言巢 24, 200
   activism 语言活动 195
   parental control 家长的掌控 96
Komi people 科米人 39
Kopeliovich, Shulamit 舒拉米特·科普利奥维奇 4, 20
   former Soviet immigrant study 苏联移民研究 20
Korea 韩国 168
Korean-American families 美籍韩国人家庭
   in New York 在纽约 18
Kosovo 科索沃 165
Krauss, Michael 麦克尔·克劳斯
   endangered languages 濒危语言 203
Kreol 克里奥尔语 105
Kura Kaupapa Māori 毛利语浸没学校 24, 95
   activism 语言活动 196
Kurdish 库尔德语
   in Iraq 在伊拉克 123
   Turkish ban 土耳其禁令 113
Kwara'ae 夸拉阿依部落
   children's socialization 儿童的社会化 16
Kymlicka and Patten 金里卡和帕顿
   ethnolinguistic conflict 民族语言冲突 8
   international organizations 国际组织 208
   kinds of rights 权利的种类 218
   language rights 语言权 221
   public and private usage 公共与私立空间的语言使用

Labov, William 威廉·拉波夫 2
   language of the gang 帮派语言 31
   observer's paradox 观察者矛盾 4
Ladino 拉地诺语 33
lahn 'solecism' 语法错误 45
Laitin, David 大卫·莱廷

language and violence 语言与暴力 204
Länder 州 169
Landkreise (德国)县 169
Landry and Bourhis 兰德里和布瑞斯
   linguistic landscape 语言景观 67
language academies 语言研究院 147
language acquisition 语言习得
   children 儿童 4
language activism 语言活动
   summary 总结 257
language activists 语言活动者 25, 204
   Ryukyuan 琉球语 26
language as a focus for ethnic mobilization 语言作为民族运动的中心 152
language community 语言社区
   contrast with speech community 与言语社区的比较 2
language conflict 语言冲突 22, 183, 187, 204
   religion 宗教 31
language correctness 语言纠正
   belief 语言信仰 14
language cultivation 语言培育 13, 167
language diversity 语言多样性 202
language endangerment 语言濒危 202
language engineering 语言工程
   term for management 语言管理的另一术语 5
language gap 语言差异 语言鸿沟 90
language laws 语言法
   federal 联邦的 167
   marked case 标记案例 偶发案例 167
   regional 地区的 167
Language Line 语言连线翻译公司 59, 85, 115, 124
   New Zealand 新西兰 248
language loyalty 语言忠诚 26
language maintenance 语言维持 17
   religion 宗教 43
   school influence 学校影响 109
language management 语言管理
   methods in family 家庭方法 1
   micro vs. macro level 微观与宏观层面 5
   at sea 海上 62
   simple 简单语言管理 11
   simple vs. organized 简单语言管理对组织化语言管理 5, 12

  the marked case　标记案例　偶发案例　181
language of instruction　教学语言　150
language of signs　标识语言　29
language planners　语言规划者　154
language planning　语言规划
  unplanned　无计划的　10
language police　语言警察　230,231
language policy　语言政策
  components　成分　4
  consensual rather than forced　统一认识的而非强制性的　234
  language beliefs as component　作为语言政策成分之一的语言信仰　4
  language management as component　作为语言政策成分之一的语言管理　4
  language practice as component　作为语言政策成分之一的语言实践　4
  regulatory bodies　语言研究机构　233
language policy enforcement　语言政策的实施
  central or local　中央或地方　228
language practice　语言实践
  basis for acquisition　语言习得基础　6
language proficiency testing　语言水平测试
  ICAO policy　国际民航组织的语言政策　63
language qualifications　语言资格　54
  UK business　英国商界　58
language revival　语言复活　17
  role of family　家庭角色　11
language rights　语言权　217
language socialization　语言社会化　16,25
language teaching　语言教学
  additional　附加语　106
language transformation roadmap　《美国国防部外语改革指导方针》　141
language wars　语言战争
  Palestine　巴勒斯坦　187
language　语言
  or varieties　或语言变体　1
last speaker phenomenon　语言的最后一位使用者现象　202
Latin　拉丁语
  Bible translation　《圣经》翻译　38
  Christian ritual　基督教仪式　39,43
  in mass　在做弥撒时　5,31
  Quor'an　《古兰经》　47

  replaced in courts　法庭上被其他语言所取代　117
  Roman army　罗马军队　130
  teaching　教学　90
  Western church　西派教会　39
Latin America　拉丁美洲
  academies　语言研究院　236
  indigenous languages　土著语言　177
  Spanish or Portuese　西班牙或葡萄牙　152,177
Latin American constitutions　拉丁美洲国家的宪法　151
Latvia　拉脱维亚　163
  language laws　语言法　166
  language policy enforcement　语言政策的执行　232
  minority languages　少数民族语言　216
Latvian　拉脱维亚语　1,63
law court　法庭　116
  choice of language　语言选择　117
  interpreters　口译人员　117
  language problems　语言问题　119
  language rules　语言规则　116
  official record　官方记录　117
  power imbalance　权力失衡　117
lay-professional communication　外行与内行间的交际　115
League of Nations　国际联盟
  languages　语言　208
  mandate for Palestine　巴勒斯坦的托管权　187
  minorities　少数民族　语言少数群体　215
leave your language alone　让语言自我发展　28
Lebanon　黎巴嫩　51
legal domain　司法域
  participants　参与者　人物　115
legal interpreters　司法口译人员　123
Legion for the Protection of the Language　以色列希伯来语保护军团　188
Lenin　列宁
  minority rights　少数民族权力　216
Leninist Soviet Constitution　列宁时期的苏联宪法　51,183
less-commonly taught languages　小语种　141
levels　各个层面　181

lingua francas 通用语 54
linguicentrism 语言中心主义
   in Africa 在非洲 11
   definition 定义 7
linguicism 语言主义 182
linguistic landscape 语言景观 66,173
linguistic minority 语言少数民族
   historical rights 历史上的权利 215
linguistic nationalism 语言民族主义 215
linguistic repertoires 语言库 1
literacy 读写能力
   China 中国 238
   evidence of signs 公共标识的数据 75
   India 印度 48
   Jewish medieval 犹太人中世纪 36
   Polynesia 波利尼西亚 77
   pressure for standardization 标准化的压力 91
   religion opposes vernacular 宗教反对宗教语言地方化 46
   spread 语言传播 39
   schools 学校 100
   vernacular 当地语 69
Lithuania 立陶宛 163
   language laws 语言法 166
Lithuanian 立陶宛语 163
Lithuanian constitution 立陶宛宪法 123
Lithuanian Language Commission 立陶宛语言委员会 232
Loazit romanized script 罗马字母化的书写体系 67
local government 地方政府 168
   language management 语言管理 170
   policies 政策 170
localization 本土化 地方化 8
Loi 101, the Charter of the French Language 《第101法》或《法语宪章》 70 113
Loi 104 《第104法》 67,230
London Missionary Society 伦敦传道会 40
Long Tail 长尾理论 长尾效应 8 66
Louisiana 路易斯安那
   bilingual family study 双语家庭研究 20
Luganda 卢干达语 239
Lusophone federation 葡萄牙语国家联合会 207
Luther 路德
   vernacular Bible 地方语《圣经》 39

Luxembourg 卢森堡
   national and official languages 国语和官方语言 148
Luxemburgish 卢森堡语 148

Maamouri, Mohamed 穆罕默德·马莫里
   Arabic diglossia 阿拉伯语的双方言 47
Maastricht agreement 马斯特里赫特协议 150
Maastricht Treaty 《马斯特里赫特条约》 153
Macedonia 马其顿 165
   court language 法庭语言 123
machine translation 机器翻译 60,247
Mackey, William 威廉·麦基
   family policy 家庭语言政策 17
   typology of bilingual education 双语教育的类型学 99
macro level 宏观层面
   defined 指定的 13
Madagascar 马达加斯加 177
   official languages 官方语言 152
madrasa 伊斯兰学校 46
Maghreb 马格里布 177
Mahzor 'prayer book' 玛赫佐尔祷告书 36
maintenance bilingual education 维持性双语教育 105
Malagasy 马达加斯加语 152,177
Malays 马来人
   family policy 家庭语言政策 18
Malaysia 马来西亚
   language education policy 马来西亚的语言教育政策 56
   language policy 语言政策 11
Malaysian English 马来西亚英语 56
Mali 马里 22,183
Malta 马耳他
   language laws 语言法 166
management 语言管理
   preferred to "planning" 更喜欢用"政策"而不是"规划"一词 4
manager 语言管理者
   agent of management 语言管理者 6
managers 语言管理者
   participants, agency 参与者和管理机构 225

401

Mandarin 汉语
　　in Dublin 在都柏林 8
　　in Taiwan 在台湾 26
Manglish 大马式英语 70
Mantras 曼特罗 49
Manyika 马尼卡语 41
Māori 毛利 69,148
　　activism 语言活动 195
　　banned in Native Schools 土著人学校被禁止 113
　　immersion approach 浸没法 99
　　revival 语言复活 22,92
　　vernacular literacy 当地语的读写能力 40
Māori Language Act 《毛利语语言法》 146,195
Māori Language Commission 毛利语语言委员会 238
Māori language regeneration 毛利语复兴 200
Māoris 毛利人
　　attitude to language 语言态度 25
Marathi 马拉地语 48,49
marketplace 市场
multilingual 多语的 54; catalysts for lingua francas 共同语催化剂 183
Maronite Christians 基督教马龙派教徒 51
marriage 婚姻
　　exogamy 异族通婚 15
　　mixed 混合型 15
Masoretic scholars 马索拉学者 37
mass 弥撒
　　Latin or vernacular 拉丁语或地方语 31
mathematical models 数学模式 260
Mauritius 毛里求斯
　　conflict 冲突 105
Meänkieli 闵基利语 148,167
medical histories 医学史 115,126
melting pot philosophy 熔炉哲学 197
meso level 中观层面 13
Mexico 墨西哥 148,202
Meyer vs. Nebraska 梅耶对内布拉斯加案 217
micro-macro level 微观与宏观层面 13
Micronesia 密克罗尼西亚 111
Microsoft 微软公司

language policy 语言政策 59
migration 移民 183
military domain 军队域
　　general's language problem 将军的语言问题 129
　　occupier's language problem 占领者的语言问题 130
　　sergeant's language problem 中士的语言问题 128,129
　　spy's language problem 间谍的语言问题 129
　　summary 总结 143,254
Ministry of Education 教育部
　　as management enforcer 作为语言管理的执行部门 227
minorities 少数民族 9
　　rights 语言权 151
minority language 少数民族语言 28,76,77,81,86,105,121,164,174,204
　　activism 语言活动 204
　　rights 语言权 148,151,216,222
minority radio and television 少数民族的广播电视 82
Miranda warning 米兰达警告 120
Mishnah 《米书拿》 35
missionaries 传教士 39,50
　　Belgian Congo 比属刚果 41
　　choice of mother tongue 母语的选择 41
　　Fiji 斐济 41
　　language influence 语言影响 31
　　Navajo literacy 纳瓦霍语读写能力 42
　　New Zealand 新西兰 40
　　Polynesia 波利尼西亚 69
　　Protestant 新教 39
　　Roman Catholic 罗马天主教 40
　　schools 学校 97
　　South Pacific 南太平洋 40
　　Tonga 汤加 40
　　Zimbabwe 津巴布韦 41
modernization 现代化 5,48,96,103,147,178,241
Mohawk 莫霍克语 42
Moldova 摩尔多瓦 224
　　language laws 语言法 166
monolingualism 单语制
　　unmarked pressure 常见压力 147
Montenegro 黑山语 165

Montreal 蒙特利尔
　　French immersion 法语浸没法 99
moral ethics 道德伦理 28
Moser report 莫泽报道 108
Mozambique 莫桑比克 111,207
muezzins 穆安津 79
multilingual advertisements 多语广告 73
multilingualism 多语制
　　as problem 作为问题 147
multinational corporations 跨国公司
　　expatriates vs. locals 旅居国外者与当地人 60
Muslim *Sharia* courts 穆斯林伊斯兰教教法法庭 146

Nagari Pracharini Sabba 印地语推广社团 193
Nashville 纳什维尔市
　　English only policy 唯英语政策 170
National Center for Languages 国家语言中心 57
national constitutions 国家宪法
　　reference to language 有关语言的内容 147
National Defense Education Act 《国防教育法》 140
National Defense Education Program 《国防教育计划》 140
National Foreign Languages Coordination bill 国家外语协调法案 142
national language academies 国家语言研究院 235
national language laws 国家语言法 166
national language policy 国家语言政策 184
National Language Service Corps 国家外语服务团 142
National Security Language Initiative 国家安全语言计划 142
National Standards for Culturally and Linguistically Appropriate Services in Health Care 《国家医疗卫生领域的语言文化服务标准》 126
national vernaculars 国内地方语言 153
nation-state 民族国家 5,119,151,154,173,181
　　break-up 解体 65

centering institution 中央机构 10
centrality 集中性 44
targets family 目标家庭 26
natural intergeneration transmission 自然的语言代际传承
　　defined 指定的 17
Navajo 纳瓦霍族
　　attitude to authority 对权威的态度 16; attitude to literacy 对读写能力的态度 69; bus drivers and cooks 巴士司机与厨师 93; missionaries 教士 42; orthography 正字法 86; teacher training 教师培训 110
Navajo language 纳瓦霍语
　　literacy 读写能力 识字能力 69
Navajo medicine 纳瓦霍医学 126
Navajos 纳瓦霍人
　　punished for speaking Navajo 因说了纳瓦霍语而受到惩罚 113
Navajos-speaking teachers 说纳瓦霍语的老师 227
Nazareth 拿撒勒
　　law on signs 有关公共标识的法律 173
Nederlandse Taalunie 荷兰语联盟 193,239
neighborhood 居住小区
　　as domain 作为一个语言管理域 19,53
　　homogeneity 同质性 19
　　networks 网络 31
Nekvapil, Jiří 伊里·奈科瓦皮尔
　　language problems 语言问题 11
　　management vs. planning 语言管理对语言规划 5
　　micro and macro 微观与宏观 181
　　Siemens study 西门子公司研究 61
　　simple language management 简单语言管理 13
Nestlé 雀巢公司
　　hiring policy 雇用政策 60
　　language conflict 语言冲突 60
Netherlands 荷兰
　　Flemish language activism 佛兰芒语言活动 192
　　language laws 语言法 148
Neustupný, Jiří 伊里·诺伊斯图普尼
　　language management 语言管理 11
　　power as basic 基本权力 181
　　theory of language management 语言管

403

理理论 5
New Mexico 新墨西哥 54
    priests replaced 被取代的牧师 50
New Testament 《新约》
    language 语言 38
    vernacular translations 地方语言的翻译 38
New York Police Department 纽约警察局
    language proficiency 语言水平 125
New York schools 纽约学校
    translation services 翻译服务 171
New Zealand 新西兰
    indigenous minorities 土著少数民族 199
    language laws 语言法 148,166
    minority radio and TV 少数民族的广播与电视 81
    multilingual immigration 多语的移民 8
newspapers 报纸 76
    Canadian ethnic 加拿大的民族 78
    control 控制 78,227
    Hebrew 希伯来语 189
    Indian languages 印第安语言 77
    international editions 国际版本 66
    Māori 毛利语 77
    minority languages 少数民族语言 77
    Tonga 汤加 77
Nic Shuibhne, Niamh 尼欧姆·尼克-休伯恩
    on European Union minority rights 有关欧盟少数民族权利 223
Niger 尼日尔 22,183
Nisei 第二代美籍日本移民 136
No Child Left Behind Act 《不让一个孩子掉队法》 98,101,166
non-language-related pressures 来自语言之外因素的压力 147
normative theory of language rights 典范语言权理论 221
North Africa 北非 177
    role of French 法语的角色 152
North Atlantic Treaty organization 北大西洋公约组织 210
Northern Ireland 北爱尔兰
    language issues 语言问题 161
Norway 挪威
    language activism 语言活动 190
    language laws 语言法 148

national language 国语 154
Norwegian 挪威
    language reform 语言改革 168
Nuremberg Tribunal 纽伦堡法庭 209
Nynorsk 尼诺斯克语 148

Ó Riágain, Padraig 帕德莱格·欧瑞阿该因
    Gaeltacht 盖尔特克司特(爱尔兰语使用区) 11
obscene language 亵渎语
    TV and radio 广播与电视 80
observer's paradox 观察者矛盾 4
official language 官方语言
    common functions 共同功能 150
    not defined 未指定 未定义 146
Ordonnance de Villers-Cotterets 《维勒斯—科特莱兹法令》 215
Organization for Security and Co-operation 欧洲安全与合作组织 223
organized language management 组织化语言管理 250
    defined 指定 12
    in family domain 在家庭域 30
Oriya language activism 奥里亚语言活动 194
Ottawa bilingual jobs 渥太华的双语工作 171
Ottoman millet system 奥斯曼帝国米利特体系 146
outsourcing 外包 85

Pahrump Town Board English only 帕伦普市立法委员会与唯英语政策 171
Pakistan divisions 巴基斯坦分部 157
Palestine 巴勒斯坦
    British mandate 英国的托管权 146; triglossia 三语制 33
Palestine Ottoman 奥斯曼帝国统治期的巴勒斯坦 185
Pali 巴利语 49
Palmyrene 巴尔米拉 巴尔米拉语 130
Pan-Arabism 泛阿拉伯主义 48
Papua New Guinea 巴布亚新几内亚 6,16,23
Paraguay 巴拉圭
    bilingualism 双语制 69
parents 家长
    authority 权威 16,19

influence 影响 96
Paris Peace Conference 巴黎和会 208
participants in a domain 语言管理域中的参与者 3
paysage linguistique 语言景观 67
peers 同龄人
 influence 影响 18
Penitente Brotherhood 盆尼坦特兄弟会 50
Pennsylvania Dutch 宾夕法尼亚荷兰人 96
Permanent Court of International Justice 国际永久法庭
 bilingual policy 双语政策 209
Persia, ancient 古波斯
 translators 翻译人员 183
Persian 波斯语 45
Philippines 菲律宾人 111
Phillipson, Robert 罗伯特·菲利普森
 linguistic imperialism 语言帝国主义 182
place names 地名 242
planning 规划
 "management" preferred 更喜欢用"管理"而不是"规划"一词 4
plurilingual proficiency 多语能力 213
Poland 波兰
 language laws 语言法 166
police 警察
 sign language 手语 125
police domain 警察域
 participants 参与者 124
policy 政策
 implementation 执行 实施 226
polish 波兰语
 in Dublin 在都柏林 8
political institutions 政治机构
 hierarchy of authority 权威的层级 145
Polonization 波兰化 43
 vernacular literacy 当地语读写能力 9
Pope Benedict XVI 教皇本笃十六世
 return to Latin 回到使用拉丁语的时代 31
Portuguese 葡萄牙语
 language diffusion 语言传播 207
 official 官方语言 149
power 权力 15
prison 监狱 125
 language problems 语言问题 125
profanity 辱骂语 14

Protestant Reformation 新教变革 39
public linguistic space 公共语言空间
 defined 指定的 65
 summary 总结 252
public signage 公共标识 67
purism 语言纯粹（纯洁）主义 14
Putonghua 普通话 166 238
 in Hong Kong 在香港 58

Quakerism 基督教贵格会 44
Québec 魁北克
 language management enforcement 语言管理的执行 231
 language of signs 标识语言 67
 language rules 语言规则 64
 language situation 语言状况 17
 linguistic autonomy 语言自治 158
 Office of the French language 法语办公室 230
 punitive enforcement 严格执行 113
 quiet revolution 寂静革命 158
 school admission 学校招生 113
Qur'an 《古兰经》 45 47
 Persian and Turkish translations 波斯语和土耳其语翻译 47
 Spanish translation 西班牙语翻译 47
 translations 翻译 47

Rabin, Haim 海姆·雷宾
 Jewish languages 犹太语言 33
radio and television 广播与电视
 minority access 少数民族渠道 81
radio broadcasting 无线电广播
 licensing in US 美国的执照 80
Real Academia Española 西班牙皇家学院 235, 236
Real Academia Galega （西班牙）皇家加利西亚语研究院 236
Reformation （宗教）改革 153
religious domain 宗教域
 authority 权威 144
 language policy 语言政策 32
 participants 参与者 50
 schools 学校 51
 summary 总结 251
religious ideology 宗教意识形态 50, 52
religious instructions and leaders 宗教教育

与领导
　　　authority 权威 32
responsa "rabbinical rulings" 《回应经文》
　　35
revitalization 复活 26
　　Cornish 康沃尔语 238
　　defined 指定的 17
　　Hebrew 希伯来语 187
Richelieu, Cardinal de 卡迪纳尔·黎塞留
　　153,235
rights 权利
　　human or civil 人权或民权 217
　　implementation 实施 151
　　individual or collective 个人权或集体权
　　218
　　minority citizens 少数民族公民 116
　　universal or group-differentiated 普遍或
　　群体 218
Rishon le-Zion 里雄莱锡安 186
Rivarol, Antoine 安托万·里瓦罗尔
　　superiority of French 法语的优越性
　　182
Rock Point Community School 美国石点社
　　区学校 95,110
Rockefeller Foundation 洛克菲勒基金 139
Roma 罗姆语 151,164
Roman army 古罗马军队
　　multilingualism 多语制 130
Roman Catholic Church 罗马天主教会
　　language policy 语言政策 5,39
Romani 罗姆语 222
Romania 罗马尼亚
　　language laws 语言法 166
　　minority language in court 法庭中的少数
　　民族语言 123
Romansch 罗曼什语 155
Rough Rock Demonstration School 乱石示
　　范学校 110
Royal Academy of the Basque Language 皇
　　家巴斯克语研究院 237
Royal Commission on Bilingualism 皇家双
　　语委员会 134
Royal Military College Kingston 金斯顿皇
　　家军事学院 135
Russia 俄罗斯
　　language laws 语言法 166
Russian 俄语 21

　　in Baltic states 在波罗的海国家 151,
　　163,229
　　as foreign language 作为外语 107
　　Israel 以色列 18
　　in Israeli advertizing 在以色列的广告中
　　55
Russification 俄罗斯化 184,217
Ryukyuan 琉球语
　　shift to Japanese 转用日语 26

sacred literacy 宗教语言的读写能力
　　Jewish 犹太人 37
sacred texts 经文
　　Hebrew 希伯来语 37
　　languages 语言 90
Safah Berurah 语言净化组织 185
salvage linguistics 拯救语言 202,203
Salvation Army 救世军
　　English only rule 唯英语规则 55
Sámi 萨米语 148,151,166,167,222
　　radio 广播 81
Sámi language 萨米语
　　activism 语言活动 200
Sámi language act 萨米语言法 201
Sámi Parliament 萨米国会 201
Samoan 萨摩亚语
　　in New Zealand 在新西兰 24
Samoan children 萨摩亚的儿童
　　socialization 社会化 16
San Francisco 旧金山
　　translation services 翻译服务 172
Sanskrit 梵语 46,48
Saussure 索绪尔
　　language as social phenomenon 语言作为
　　社会现象 2
Scandinavian languages 斯堪的纳维亚语言
　　mutual intelligibility 相互理解 1
Schiffman, Harold 哈罗德·希夫曼
　　national and territorial levels 国家层面和
　　地区层面 144
Schleswig 石勒苏益格 191
school 学校
　　administrators 行政人员 93
　　attitude to pluralism 多语观 91
　　conflicts over policy 有关语言政策的冲
　　突 98
　　external authority 外部权威 94

influence on family 对家庭的影响 18
parent-controlled 父母管控的 96
primary management agency 小学管理机构 114
religious control 宗教控制 97
self-managed 自我管理 94
support for monolingualism 对单语制的支持 91
support staff 后勤人员 93
School Admissions Code UK 《英国学校招生简章》112
school domain 学校域
authority 权威 145
participants 参与者 91
summary 总结 253
school segregation 学校隔离 112
schooling and religion 教育与宗教 90
schools 学校
heterogeneity 同质性 92
interval vs. external management 内部与外部管理的(学校) 94
locally managed 地方管理的(学校) 95
Scotland 苏格兰
Gaelic activism 盖尔语活动 192
language revival 语言复活 161
Scots 苏格兰语 苏格兰人 161
Scots Gaelic broadcasting 苏格兰盖尔语广播 activism 语言活动 83
seaspeak 海事语 62
Seattle 西雅图
translation policy 翻译政策 171
second(or foreign) language teaching 二语或外语教学 106
Second Vatican Council 第二次梵蒂冈大公会 31
secularization 世俗化
Western Europe 西欧 32
self-correction 自我纠正 11
Senegal 塞内加尔 22,183
separatists 分裂分子
among Māori 在毛利人中 26
Serbia 塞尔维亚 165,167
sexist language 性别歧视语言 88
Shohamy,Elana 艾拉娜·肖哈米
hidden ideological agendas 隐蔽的语言意识形态日程 144
language policy as tool 语言政策的工具

观 181
power of tests 测试的力量 98
shuk 农贸市场 54
Shweder,R.A. 施威德
moral ethics 道德伦理 28
Siemens 西门子公司
language management study 语言管理研究 61
Sign Language 手语 8,148
signage 标识
participants 参与者 7
significant 重要的 18
signs 标识
authorship 作者身份 71
conditions model 条件模式 68
defaced 有损面子的 75
functions 功能 69
international 国际的 71
Israel 以色列 67
Jerusalem street 耶路撒冷街道 67
local government 地方政府 173
Old City of Jerusalem 耶路撒冷老城 67
owners 拥有者 66
Tokyo 东京 67
SIL International 国际暑期语言学院 43,204
Silverstein,Michael 迈克尔·西尔弗斯坦
nation-state 民族国家 10
simple language management 简单语言管理 250
simultaneous interpretation 同声传译 209
Singapore 新加坡
language education policy 语言教育政策 56
Tamil in school 学校的泰米尔语 106
Singapore media 新加坡媒体
languages 语言 78
Sixth Amendment US Bill of Rights 《美国人权第六修正案》118
Skutnabb-Kangas Tove 朵芙·斯古纳伯—康格斯
linguicism 语言主义 182
Slavonic 斯拉夫语的 39
Slovakia 斯洛伐克 167
Slovenia 斯洛文尼亚 165,167
South Africa 南非 150
Afrikaans language activism 南非荷兰语

407

　　　　活动　194
　　　　workplace language needs　职场的语言需
　　　　　求　57
South African Broadcasting Corporation　南
　　非广播公司　82
　　　　multilingual policy　多语政策　84
South America　南美洲
　　　　native language activism　土著语言活动
　　　　　201
South Korea　韩国
　　　　language for business　商务语言　58
Soviet language management　苏联语言管理
　　184
Soviet Union　苏联
　　　　Leninist constitution　列宁时代的宪法
　　　　　216
Spain　西班牙
　　　　federal language laws　联邦语言法　166
　　　　hegemony　霸权　153
　　　　regional autonomy　地区自治　159
Spanish　西班牙语　56,58
　　　　banned in Kansas school　严禁在堪萨斯的
　　　　　学校使用　113
　　　　banned on school bus　严禁在校车上使用
　　　　　113
　　　　as foreign language　作为外语　107
　　　　official language　官方语言　149
　　　　realty advertisements　房地产广告　73
Spanish and Portuguese　西班牙语和葡萄牙语
　　　　policy in S. America　南美洲的语言政策
　　　　　39
speech accommodation　言语顺应
　　　　in family　在家庭　14
speech community　言语社区　1
　　　　definition attempted　尝试的定义　2
　　　　fuzzy term　模糊术语　2
spelling reform　拼写改革
　　　　Dutch　荷兰语　168
Spolsky, Ellen　埃伦·斯波斯基
　　　　iconoclasm and literacy　偶像破坏论与读
　　　　　写能力　39
Sputnik　斯普尼克　140
Sri Lanka　斯里兰卡
　　　　language for business　商务语言　58
Stalin　斯大林
　　　　Russification　俄罗斯化　162,216
standard languages　标准语言

values　价值观　6
standardization　标准化　147
Standardization of Geographical Names　地
　　理名称的标准化　242
state language　国语　149
status　地位
　　of language variety　语言变体的（地位）
　　　4,29,79,146
status planning　语言地位规划　103
Statute of Pleading　《法庭辩护法令》　118
Stefan of Perm　俄国彼尔姆的斯蒂芬　39
Stewart, William　威廉·斯图尔特
　　language varieties　语言变体　103
　　vitality　语言活力　17
students　学生
　　diversity and characteristics　学生多样性
　　　与特性　91
supranational orgnisations　超国家组织
　　source of values　价值之源　10
　　summary　总结　258
Swahili　斯瓦希里语　41
swearing　诅咒语　14
Sweden　瑞典
　　language laws　语言法　148,167
Swedish　瑞典语
　　in Finland　在芬兰　155
　　official in Åland　奥兰群岛的官方语言
　　　156
Swiss Federal Constitution　瑞士联邦宪法
　　154
Switzerland　瑞士
　　German teaching　德语教学　106
　　language laws　语言法　167
　　territorial solution　采用属地制办法　154
value of English　英语的价值　55
synagogues　犹太教堂　38
Syriac　古叙利亚语　51
　　Bible　《圣经》　39

Tagalog　他加禄语　56
Taiwan　台湾　168
　　language policy　语言政策　26
Talmud　《塔木德经》34
　　parental responsibility for Hebrew　父母
　　　对儿童希伯来语习得的责任　96
Tamil　泰米尔语　31
　　India　印度　117

408

newspaper 报纸 77
  in Singapore 在新加坡 106
Tanzania 尼桑尼亚
  local vs global forces 地方因素与全球因素 10
Te Ataarangi 特阿塔浪伊毛利语运动 195
teachers 教师
  characteristics and diversity 语言特点与语言多样性 92
  knowledge of vernacular 当地语言知识 93
  language activists 语言活动者 92
  language beliefs 语言意识形态 92
  selection and training 语言选择与培训 109
  status 语言地位 92
Technion 以色列理工学院 187
Tehiat Yisrael 以色列复活 185
telephones 电话
  language policy 语言政策 85
television commercials 电视与广告
  language 语言 73
terminology 术语 147
Terminology committees 术语委员会 241
territoriality 属地 146,154
tests 测试
  for migrants 对移民 229
Thailand 泰国
  language for business 商务语言 58
  monalingualism 单语制 179
theory of language choice in public signage 公共标识的语言选择理论 69
theory of language management 语言管理理论 181
  assumptions 假设 2
  difficulty 难度 1
  for each domain 对于每个语言域 3
  Jernudd and Neustupný 颜诺和诺伊斯图普尼 11
  simple vs. organized 简单语言管理对组织化语言管理 61
  summary 总结 249
theory of language policy 语言政策理论
  goal 目标 1
theory of norms 规范理论
  in simple language management 在简单语言管理中 13

Tibetan 藏语
  in court 在法庭 123
Times Square 时报广场 66
Tok Pisin 托克—皮辛语 6,23
  spread 语言传播 16
Tokyo 东京
  local signs 地方语言标识 173
  municipal policy 地区语言政策 70
  signs 标识 71
Tomedal Finnish 拖米多芬兰语 222
Tonga 汤加 69
  biliteracy 双语读写能力 69
  literacy 读写能力,识字能力 40
top-down vs bottom-up 自上而下与自下而上 189
Torah 《妥拉》
  synagogue reading 犹太教堂读经行为 37
totalitarian 极权主义者
  power in management 语言管理中的权力 15
totalitarianism 极权主义 88
Toubon law 《杜蓬法》 60,74,176
traders 商人
  language needs 语言需求 54
transitional bilingual education 过渡型双语教育 105
translation and interpretation policy 笔译和口译政策
  Seattle 西雅图 171
translation services 翻译服务 247
  Canadian Armed Forces 加拿大武装部队 135
translators and interpreters 笔译和口译人员 58,59,246
  cost 成本,费用 172
Treaty of Bucharest 《布加勒斯特条约》 215
Treaty of Versailles 《凡尔赛条约》 215
  minority rights 少数民族权 152
Treaty of Waitangi 《怀唐伊条约》 200
tribal groups 部落群体 199
Tshernovits conference 切尔诺夫策依地语会议 185
Turkey 土耳其 167
  language laws 语言法 167
  punitive enforcement 严格执行 113

409

Turkish 土耳其语 45
　　language reform 语言改革 167
Tyndale 廷代尔
　　vernacular Bible 当地语《圣经》 39

Ukraine 乌克兰 167
　　banning of Russian 抑制俄语 123
　　status of Russian 俄语的地位 172
Ulster-Scotch 阿尔斯特苏格兰语 162
Umayyad Empire 伍麦叶帝国 45
United Kingdom 英国
　　devolution 权力下放 160
　　language laws 语言法 166
　　local government 地方政府 169
United Nations 联合国
　　civil rights 民权 118
　　official languages 官方语言 210
　　supranational domain 超国家域 119
United Nations Charter 《联合国宪章》 219
United Nations General Assembly 联合国大会
　　interpreting 口译 209
United States 美国
　　civil rights 民权 151
　　Jewish shift to English 犹太人转用英语 34
　　language laws 语言法 166
　　local government 当地政府 169
　　multilingual immigration 多语移民 8
　　official language 官方语言 148
Universal Declaration of Human Rights 《世界语言权宣言》 219
urban multilingualism in Europe 欧洲城市多语制 172
urbanization 城市化 8
Urdu 乌尔都语 46,156
US Armed Forces 美国武装部队
　　German and Japanese recruits 德国与日本的军队招募 136
US Bill of Rights 美国《民权法案》 117
US constitution 美国宪法
　　civil rights 民权 217
US education 美国教育
　　state and not the federal 州政府而非联邦政府管理 97
US English 美国英语组织 198
US Federal Communication Commission 美国联邦通信委员会

obscenity 猥亵话 80
US Information Agency 美国新闻署 245
Ussishkin, Menahem 梅纳赫姆·乌西施金 186
Utkala Bhassodipani Sabha 印度尤卡拉奥里亚语协会 194

Vaad Halashon 语言委员会 186
Vaad Leumi （希伯来语）全国委员会 188
Valencia 瓦伦西亚 160
values 价值观
　　assigned to varieties 赋予语言变体的 4
Variation 变异
　　sociolinguistic ecologies 社会语言生态 183
varieties of language 语言变体 1
　　official vs vernacular 官方语言与地方语言 99
　　typology 类型学 102
Vatican 梵蒂冈
　　Latin vs vernacular 拉丁语与地方语 31
Vatican Council 梵蒂冈委员会 39
Vatican II 第二次梵蒂冈大公会
　　language policy 语言政策 5
Veda 《吠陀》 4
Vedas 《吠陀》
　　restricted acess 受门槛限制 49
vernacular 地方语
　　Reform movement 改革运动 35
　　vernacular literacy 地方语的读写能力 40,69
Vietnam 越南
　　language for business 商业语言 58
village 村庄 53
virtual schools 虚拟学校 94
vitality 活力
　　defined 特定的 17
Volkswagen Group 德国大众汽车集团
　　language training 语言培训 59
Vulgate translation (《圣经》)的拉丁文翻译 38

Waitangi Tribunal 怀唐伊仲裁机构 195, 200
Wal-Mart 沃尔玛
　　foreign language advertising 外语广告 72

索　引

Waukee City Council　沃基市立法委员会
　　language management　语言管理　171
Wee, Lionel　黄福安
　　language rights　语言权　218
Weinreich, Max　马克斯·威因里希　23
Weizmann, Chaim　蔡姆·韦茨曼　187
Welsh　威尔士语
　　activism　语言活动　192
　　banned in school　学校受禁止　113
　　language revival　语言复活　160
　　radio　广播　81
　　television　电视　81
Welsh Language Act　《威尔士语言法》　192
Welsh Language Board　威尔士语言委员会　161
Welsh Language Society　威尔士语协会　191
　　television campaign　电视运动　82
West Bengal Bangla Academy　西孟加拉的孟加拉语研究院　238
whanau　大家庭（毛利语）　200
Wikipedia　维基百科　149
Wiliiams, C. H.　威廉姆斯
　　commonality vs fragmentation　主流人群与少数另类人群　218
Wilson, Woogrow　伍德罗·威尔逊　208
Wolof　沃洛夫语　22
workplace　工作单位
　　language qualifications　语言资格　60
　　language teaching　语言教学　56, 59
　　languages banned　禁用的语言　55
　　summary　总结　251
workplace domain　工作域
　　authority　权威　145
World English　世界性英语　2

World Facebook　世界性的脸书　149
writing system　书写体系
　　corpus planning　本体规划　167

Yiddish　依地语　33, 239
　　creation　创造　23
　　as language of instruction　作为教学语言　37
　　maintenance　语言维持　37
　　as medium of instruction　作为教学媒介语　100
　　as nationalist language　作为民族语言　185
　　origin theory　起源理论　7
　　shiht to German　转用德语　34
　　in synagogue　在犹太教堂　38
　　teaching of to girls　女童的教学　37
　　as vernacular　作为地方语　185
　　versus Hebrew　针对希伯来语　27
YIVO Institute for Jewish Research　犹太人研究学院　239
Yoruba six-year primary project　约鲁巴语六年制小学计划　100
Young, Robert　罗伯特·杨
　　Navajo attitudes　对纳瓦霍语的态度　16
　　Navajo orthography　纳瓦霍语正字法　42
Yugoslavia　南斯拉夫　152, 164, 165

Zarma　扎尔马语　22
Zionist　犹太复国主义　锡安主义　186, 187
　　language ideology　语言意识形态　27
Zionist　犹太复国主义者　锡安主义者　22, 36, 185
Zoroastrian　琐罗亚斯德教　47

411

专有名词及术语翻译表

（本翻译表为译者所做）

1. 人名(姓)

A

阿卡卡　Akaka
阿马斯　Armas
阿玛拉　Amara
阿森　Aasen
阿塔图尔克　Ataturk
阿维森　Avison
埃金顿　Eggington
埃克斯特拉　Extra
埃伦　Ellen
艾布拉姆斯　Abrams
艾伦比　Allenby
艾文斯　Evans
艾哲　Ager
安得森　Anderson
安乔里罗　Angiolillo
奥毛赫　Aumaugher
奥佐林斯　Ozolins

B

巴尔道夫　Baldauf
巴杰拉—恰皮尼　Bargiela-Chiappini
巴克达诺—洛佩兹　Baquedano-Lopez
巴克豪斯　Backhaus
巴伦　Baron
巴纳拉斯　Banaras
巴耐特　Barnett

贝里　Berry
贝里恩　Berrien
贝尼卡　Beninca
本顿　Benson
本拉斐尔　Ben-Rafael
比克马　Beukema
彼得斯　Peters
彼尔姆　Perm
俾斯麦　Bismark
伯林　Berlin
伯尼埃　Bernier
伯奇　Birch
博伦　Boren
布朗　Browne
布列塔尼　Brittany
布罗马特　Blommaert
布瑞斯　Bourhis

D

达内特　Danet
达斯—顾普塔　Das Gupta
戴维斯　Davies
德布斯基　Debski
德斯万　De Swaan
杜贝莱　Du Bellay
杜普莱西斯　Du Plessis

F

范鲁伊斯维尔特　Van Ruysseveldt

菲利　Feely
菲利普森　Phillipson
斐洛　Philo
费比恩　Fabian
费什曼　Fishman
佛朗哥　Franco
弗格林　Voegelin
弗莱德里克　Friedrich
弗莱明　Fleming
福格尔　Fogle
福斯特　Forster

G

盖尔纳　Gellner
盖耶　Gaj
盖左拉　Gazzola
甘帕兹　Gumperz
高士　Takashi
戈尔茨坦　Goldstein
格里芬　Griffin
格里纳特　Glinert
格林　Grin

H

哈尔曼　Haarmann
哈根　Hagen
哈津　Harzing
哈里斯　Harris
海德　Hyde
海姆斯　Hymes
豪根　Haugen
豪利甘　Hourigan
豪伊　Howie
赫尔德　Held
赫林　Herring
赫斯　Hus
胡镇埔　Hu Chen-pu
霍尔　Hall
霍尔姆　Holm
霍基特　Hocket
霍金　Hocking
霍尼克斯　Hornikx
霍奇斯　Hodges

J

基弗斯　Keefers
吉　Gee

吉欧　Guyot
加莱特　Garrett
加西亚　García
佳卡里　Jakkalli
贾尔斯　Giles
杰弗瑞　Jeffrey
杰肯道夫　Jackendoff
杰罗姆　Jerome
金　King
金里卡　Kymlicka

K

卡多齐尔　Cardozier
卡尔韦　Calvet
卡朋特　Carpenter
卡其鲁　Kachru
开普兰　Kaplan
凯尔达斯　Caldas
凯利　Kelly
凯利—霍尔姆　Kelly-Holmes
凯利—琼斯　Kelly-Jones
坎利夫　Cunliffe
康多—布朗　Kondo-Brown
科马克　Cormack
科普利奥维奇　Kopeliovich
科亚　Koya
克莱恩　Clyne
克莱门泰　Clementine
克劳斯　Cross
克伦威尔　Cromwell
克洛斯　Kloss
库尔马斯　Coulmas
库里克　Kulick
库帕　Cooper

L

拉波夫　Labov
拉多萨　Ladousa
拉加—卡利姆　Rajah-Carrim
拉姆　Lam
拉维奇　Ravitch
莱考夫　Lakoff
莱克勒克　Leclerc
莱斯特　Lester
莱廷　Laitin
兰博特　Lambert
兰德里　Landry

413

兰杰　Ranger
兰鲁特　Rannut
勒佩奇　Le Page
雷加戈帕兰　Rajagopalan
黎塞留　Richelieu
李嵬　Li Wei
里博莱多　Rebolledo
里斯　Riis
利拉　Lilla
利姆　Lim
林　Hayashi
楼必安可　Lo Bianco
卢茨　Lutz
鲁宾　Rubin
路德　Luther
罗森鲍姆　Rosenbaum
罗斯托夫　Rostov
洛佩兹　López

M

马丁　Martin
马哈蒂尔　Mahathir
马里奥特　Marriott
马林诺夫斯基　Malinowski
马莫里　Maamouri
马泰拉　Mataira
马托克　Mattock
迈尔斯—斯科顿　Myers-Scotton
迈伦　Myron
麦基　Mackey
麦卡狄　McCarty
麦克卢尔　McClure
麦克纳马拉　Macnamara
麦克纳拉　McNamara
麦克诺顿　MacNaughton
麦克乔拉—克里奥斯特　Mac Giolla Chríost
曼德尔　Mandel
梅　May
梅多斯　Meadows
梅维恒　Mair
蒙尼亚　Monnier
摩根　Morgan
莫尔顿　Moulton
莫汉蒂　Mohanty
莫利欧诺　Moeliono
莫泽　Moser
穆塔萨　Mutasa

N

奈科瓦皮尔　Nekvapil
尼克—休伯恩　Nic Shuibhne
尼库拉　Nekula
努森　Knudsen
诺伊斯图普尼　Neustupny

O

欧劳艾尔　Ó Laoire
欧瑞阿该因　Ó Riágain

P

帕顿　Patten
帕里西奥　Pariseau
帕维尔斯　Pauwels
潘德哈里潘德　Pandharipande
皮尔逊　Pearson
皮海浪伊　Pewhairangi
皮勒　Piller
皮伍莱斯　Piulais

Q

齐尔　Zyl
乔姆斯基　Chomsky
乔治　George
钦南　Chinen

R

染谷裕子　Someya Hiroko

S

撒切尔　Thatcher
萨菲尔　Safire
萨格沙拉亚　Sugirtharajah
塞克巴赫　Seckbach
桑德尔　Sandel
桑普森　Sampson
圣兰博特　St. Lambert
圣斯蒂芬　St. Stefan
施利克　Schlick
施威德　Shweder
司特罗盖兹　Strogatz
斯波尔基　Spolsky
斯古纳伯—康格斯　Skutnabb-Kangas
斯莫利　Smalley
斯威夫特　Swift

苏雷曼　Suleiman
孙宏开　Sun Hongkai
索尔森　Saulson
索非亚　Sofia
索绪尔　Saussure
索耶　Sawyer

T

塔尔普　Tulp
塔克　Tucker
塔拉斯科叶维奇　Tarashkyevich
坦南鲍姆　Tannenbaum
特雷西　Tracy
特纳　Turner
廷代尔　Tyndale

W

瓦茨　Watts
瓦伦尼斯　Varennes
威尔逊　Wilson
威克斯　Weeks
威廉姆斯　Williams
威因里希　Weinreich
维兰考特　Vaillancourt
魏茨曼　Weizman
温泽尔　Wenzel

乌斯秋格　Ustjug
乌西施金　Ussishkin
伍恩　Woon

X

西尔弗斯坦　Silverstein
希尔　Hill
希尔曼　Hillman
希尔沃宁　Hirvonen
希夫曼　Schiffman
肖哈米　Shohamy

Y

雅丁　Yatim
亚当斯　Adams
亚格默　Yağmur
颜诺　Jernudd
杨　Young
耶胡达　Yehuda
耶林　Yellin

Z

早川　Hayakawa
詹姆士一世　James I
正井　Masai
周明朗　Zhou Minglang

2. 术语（包括地名）

A

《13166号总统行政命令》　Executive Order 13166
阿拔斯王朝　Abbasid
阿尔伯克基（美国地名）　Albuquerque
阿尔斯特苏格兰语　Ulster Scotch
阿尔斯特苏格兰语委员会　Tha Boord o Ulstèr-Scotch
阿非利堪斯语、南非荷兰语（南非）　Afrikaans
阿拉伯语化　Arabicization
阿拉伯语研究院　Arabic Language Academy
阿拉贡（西班牙地名）　Aragón
阿拉米语（中东）　Aramaic

阿拉米字母　Aramaic script
阿勒山（土耳其）　Mount Ararat
阿曼门诺派　the Amish
阿姆哈拉语（埃塞俄比亚等）　Amharic
阿萨姆人（印度）　Assamese
阿斯图里亚（西班牙地名）　Asturia
阿斯图里亚语（西班牙）　Asturian
阿斯图里亚语研究院　the Academia de la Llingua Asturiana
《阿维斯陀》　Avesta
埃斯梅拉达（美国地名）　Esmeralda
爱尔兰语推广论坛　Foras na Gaeilge
爱尔兰自由邦　Irish Free State
安达卢西亚（西班牙地名）　Andalusia
安特卫普（比利时地名）　Antwerp
安息日　Sabbath
奥克兰（美国地名）　Oakland

奥克兰(新西兰)　Auckland
奥克西唐语(法国)　Occitan
奥兰群岛(芬兰)　Åland
奥里萨邦(印度)　Orisha
奥里亚语(印度)　Oriya
奥斯曼帝国　Ottoman
奥斯曼帝国米利特体系　Ottoman millet system
澳大拉西亚　Australasia

B

巴巴多斯(加勒比海国家)　Barbados
巴贝什博尧依大学(罗马尼亚)　Babes-Bolyai
巴比伦人　Babylonian
巴达维亚(印尼地名)　Batavia
巴尔米拉语(叙利亚)　Palmyrene
巴哈萨印尼语　Bahasa Indonesia
巴黎法语　Parisian French
巴利语(印度)　Pali
巴索托族(南非、莱索托)　Basotho
巴乌语(斐济)　Bau
班巴语(马里)　Bamba
班加罗尔(印度地名)　Bangalore
伴随语言　accompanying language
北大西洋公约组织(简称北约)　NATO
北欧各国　Nordic nations
《贝尔福宣言》　Balfour Declaration
本土化运动、地方化运动　localization movement
比勒陀利亚(南非地名)　Pretoria
变音符号　cedilla
标记案例、偶见案例、偶发现象　marked case
标识的发起者、标识的初创者　sign initiator
标识的发起者、标识的初创者　sign originator
标识的制作者　sign maker
标识牌拥有者、标识牌主人　sign owner
标识语言、符号语言　language of signs
标识阅读者　sign reader
波兰化　Polonization
波音公司(美国)　Boeing
钵罗钵语(波斯)　Pahlavi
博克马尔语(挪威)　Bokmål
博客、网络日志　weblogs
博普利语(印度)　Bhojpuri
布道语言　language of sermon
《布加勒斯特条约》　Treaty of Bucharest

布列塔尼语(英法等)　Breton
布隆方丹(南非地名)　Bloemfontein
部队编队　military unit
部落人、土著人　tribal people

C

层级性　hierarchy
《查士丁尼法典》　Code of Justinian
常规命令　stereotyped orders
超国家联合体　supranational coalition
超政府机构　supragovernmental institution
车臣(俄罗斯地名)　Chechnya
成分群　clusters of elelments
成文法　written law
成文宪法　written constitution
城市景观　cityscape
处方单　prescription label
传教教会　mission church
传教士、牧师　minister
传教士　missionary
传教政策　missionary policy
传统食品　heritage food
船岸通信　ship to shore communication
次域　sub-domain

D

达里语(南亚)　Dari
大传统　Great Tradition
大公国　Grand Duchy
大家庭　extended family
大马式英语　Manglish
大众读写能力　popular literacy
代际语言差异级别表　Graded Intergenerational Disruption Scale
单语教学媒介语　single medium instruction
祷告间　shtibels
祷告书　prayer book
祷告语言　language of prayer
德国犹太人援助协会　Hilfsverein der deutschen Juden
德鲁伊教信徒　Druids
德系犹太人、阿什纳兹犹太人　Ashkenazi
等级观　hierarchical view
低地苏格兰语　Lowland Scots
敌方语言、敌人语言　enemy language
抵抗运动　resistance movement
地方性　vernacularity

地方语读写能力、语言读写能力　vernacular literacy
地方语言、地区语言、本土语言　territorial language
地方政府、市政府　municipal authorities
地名学　toponymy
地区单位、属地单位　territorial unit
地图绘制　cartography
地中海东部诸国家和岛屿　Levant
第二次梵蒂冈大公会　Vatican II
第二代美籍日本移民　Nisei
第二批以色列犹太复国主义移民　the Second Aliya
第三方呼叫　the third-party call
电话会议　conference call
电话窃听　wire tap
东道国、所在国　host country
东帝汶　East Timor
东派教会　eastern church
东正教　eastern Orthodox Church
独立学校、私立学校　independent school
《杜蓬法》　Toubon Act/Law
盾形纹章　coat of the arms
多级分析法　multilevel analysis
多语　polyglot
多语服务公司　Network Omni Multiligual Services
多语混合语言标识　mixed language signs
多语言多文化　multiliterate
多元性　multiplexity

E

俄语化　Russification
儿童英语组织(美国)　English for the Children
儿童之家　children's house
二等兵、列兵　private

F

发达语言　developed language
法尔西语(南亚)　Farsi
法国的法语联盟　Alliance France
法国外籍兵团　French Foreign Legion
法兰西学术院　Académie française
法兰西学术院　the French Academy
法属圭亚那　French Guiana
法庭　the Court of Justice
《法庭辩护法令》　English Statute of Pleading
《法庭口译法》　Court Interpreters Act
法语国家组织、法语世界　Francophonie
法语世界、法语使用者　Francophone
法语新教宗派　French Protestant sector
泛阿拉伯主义　Pan-Arabism
泛达罗毗荼语(南亚)　pan-Dravidian
泛日耳曼主义　Pan-Germanism
梵文字母　Devanagari script
非犹太人　gentile
非洲国家集团　Group of African States
非主流语言　stateless language
《菲律宾簿记法》　Philippine Bookkeeping Act
《菲律宾权利法案》　Philippine Bill of Rights
斐济语　Fijian
分裂派　separatists
分歧决定　split decision
佛兰德斯(比利时地名)　Flanders
弗里斯兰(荷兰地名)　Friesland
弗里斯兰语(荷兰、比利时)　Friesian
弗里斯兰语研究院　the Fryske Akademy
福特公司诉魁北克案　Ford v. Québec
附加语、外语　additional language

G

盖尔特克司特(即爱尔兰语使用区)　Gaeltacht
盖尔语发展委员会(苏格兰)　Bòrd na Gàidhlig
盖尔语联盟　Gaelic League
盖尔语社团　the Gaelic Language Society
盖洛普民意测验　Gallup Poll
概括性术语　cover term
刚果语　Kikongo
高地德语　High German
高级法院　superior court
哥特堡(瑞典地名)　Gothenberg
哥特语(欧洲)　Gothic
歌德学院(德国)　Goethe institute
歌德学院　the Goethe Institute
个人多语能力　plurilingual proficiency
个人权　individual right
根特(比利时地名)　Ghent
公共标识　public signage
公共设施的工程管理、基建管理　physical plant
公开开庭期　public session

公立小学　common school
公立学校　state school
《公民权利和政治权利国际公约》　International Covenant on Civil and Political Rights
公诉人　public prosecutor
贡根语(印度)　Konkani
贡根语研究院　Kamataka Konkani Sahitya Academy
古波斯　Ancient Persia
古典化　classicization
古吉拉特语(印度)　Gujarati
古氏积木　Cuisenaire rods
古希伯来字母　Paleo-Hebrew script
古叙利亚语　Syriac
瓜达尔卡纳尔战役　Guadalcanal campaign
瓜德罗普(法国地名)　Guadeloupe
瓜拉尼语(巴拉圭)　Guarani
观察者矛盾　observer's paradox
惯性状态、惰性状态　inertial condition
《广播法》　Broadcasting Act
规定性语法　prescriptive grammar
规划　planning
贵格会　Quakerism
《国防部外语改革指导方针》　Department of Defense Language Transformation Roadmap
国防高级研究计划署　DARPA
《国防教育法》(美国)　NDEA
国防战略　Defense Strategy
国际劳工组织　ILO
国际民航组织　ICAO
国际葡萄牙语学院　International Portuguese Language Institute
国际物流与运输学会(英国)　CILT
国际伊多语联合会　the Union for the International Language Ido
国际永久法庭　the Permanent Court of International Justice
国家安全语言计划(美国)　National Security Language Initiative
国家赦免组织　Amnesty International
国家语言中心(英国)　National Center for Languages
国家域　national domain
国家政府、全国政府、国民政府、中央政府　national government
国家种族与跨文化咨询委员会(爱尔兰)　National Consultative Committee on Racism and Interculturalism
国教　official religion/national church
过度概括　over-generalization

H

《哈拉哈》　Halakhah
哈里发　Caliph
哈利法克斯(加拿大地名)　Halifax
哈斯摩尼王朝人　Hasmoneans
哈西德派　Hasidic
海地克里奥尔语　Haitian Creole
海军上校　captain
海来第派　Haredi
海事语　seaspeak
海湾阿拉伯语　Gulf Arabic
韩国谚文字母　hangul
豪萨语(东非等)　Hausa
合同学校　contract school
荷兰语联盟　Dutch Language Union
核心机构　centering institution
核心家庭、小家庭　nuclear family
核心课程　core subject
黑山语　Montenegrin
宏观规划　macroplanning
后勤人员　support staff
蝴蝶效应　butterfly effect
互利共生的关系　symbiosis
华约　Warsaw Pact
怀唐伊仲裁机构(新西兰)　Waitangi Tribunal
皇家巴斯克语研究院(西班牙)　Euskaltzaindia
皇家加利西亚语研究院(西班牙)　the Real Academia Galega
混码　code mixing
活语言　living language

J

基布兹(以色列)　kibbutzim
基层政府、自治市、自治城镇　municipality
基督教马龙派教徒　Maronite Christians
极端正统派　ultra-orthodox
几内亚—比绍　Guinea-Bissau
计划　plan
寄居国语言　co-territorial language/co-territorial vernacular

寂静革命　quiet revolution
加的夫(英国地名)　Cardiff
加尔各答(印度地名)　Calcutta
加利西亚(西班牙地名)　Galicia
加拿大魁北克省法语事务办公室　Québec Office of the French language
加泰罗尼亚语(西班牙)　Catalan
加泰罗尼亚语学院　the Institut d'Estudis Catalans
迦南人　Canaanites
珈底什　kaddish
家庭域　family/home domain
间谍的语言问题　spy's language problem
简单语言管理　simple language management
将军　general
交际失败　communication failures/communication breakdown
矫枉过正　hypercorrection
教辅人员　auxiliary staff
教规　canon
教堂语言　language of the church
教友会　Society of Friends
《教育改革法》　Education Reform Act
教育机构　educational establishment
接续口译　consecutive interpretation
紧急语言　emerging language
浸没教学(项目)　immersion program
精英中学　selective school
救世军　Salvation Army
居住小区域　neighborhood domain
距离语言　abstand language
军队的族群编队　ethnic unit
军队语言　army language
军队语言政策　military language policy
军士、士官　non-commissioned officer
军事情报训练营　Military Intelligence Training Camp
军营语　camp language
君士坦丁堡(东罗马帝国地名)　Constantinople

K

卡尔顿酒店　Carleton hotels
卡蒙斯学院(葡萄牙)　the Instituto Camões
卡纳达邦、卡纳达语(印度)　Kannada
卡纳塔克邦(印度地名)　Karnataka
卡纳塔克邦独立的学校管理协会(印度)　Karnataka Unaided School Management Association
卡斯蒂利亚语(西班牙)　Castilian
卡特彼勒基础英语　Caterpillar Fundamental English
卡特彼勒技术英语　Caterpillar Technical English Caterpillar
开曼群岛(加勒比海)　Cayman Islands
坎霍瓦尔语(危地马拉和墨西哥)　Kanjobal
坎特伯雷(英国地名)　Canterbury
康沃尔语(英国)　Cornish
康沃尔语委员会　the Cornish language board
康沃尔语协会　the Cornish Language Fellowship
考试委员会　examination board
科达瓦语(印度)　Kodava
科米人、科米语(苏联)　Komi
科普特语(埃及)　Coptic
科西加语(意大利)　Corsican
克里奥尔语　creole
克里米亚半岛(欧洲)　Crimea
克鲁斯卡语言研究院(意大利)　the Accademia del Crusca
克塔克(印度地名)　Cuttack
客籍工人、流动工人　migrant worker
空间共同体　spatial community
口语体阿拉伯语　Colloquial Arabic
库尔德语(中东)　Kurdish
夸拉阿依部落(所罗门群岛)　Kwara'ae
跨地区语言　supraregional language
跨国公司　international company
奎堡那　cui bono
扩展语言　ausbau language
扩张货币　new money
廓尔喀旅　Brigade of Gurkhas

L

垃圾处理　waste disposal
拉比　rabbi
拉布拉多(加拿大地名)　Labrador
拉地诺语　Ladino
拉丁文《圣经》　Vulgate
拉丁字母化、罗马字母化、罗马化　Romanization
拉脱维亚语　Latvian
莱比锡—玛赫佐尔(祷告书)　the Leipzig Mahzor

莱兰兹语(英国) Lallans
劳工运动 labor movement
老挝语 Laotian
里奇营(美国地名) Camp Ritchie
里雄莱锡安市(以色列地名) Rishon le Zion
立陶宛语 Lithuanian
利润动机、利益动机 profit motive
联邦政府印第安人事务局(美国) Federal Bureau of Indian Affairs
联邦直辖区或联邦属地 union territories
《联合法案》(英国) the Act of Union
联合国人口基金会 United Nations Population Fund
联合商会论坛(斯里兰卡) Joint Business Forum
脸书 Facebook
林加拉语(刚果) Lingala
领土民族主义 territorial nationalism
留尼汪岛(法属地区名) Réunion
琉球语(日本) Ryukyuan
卢干达语(乌干达) Luganda
卢干达语学会 the Luganda Society
卢森堡语 Luxemburgish/Letzeburgesh
卢森尼亚语(东欧) Rusyn
卢索加语管理局 the Lusoga Language Authority
鲁塞尼亚语(斯洛伐克) Ruthenian
路标 sign-posting
伦敦传道会 London Missionary Society
罗马天主教 Roman Catholic Church
《罗马条约》 the Treaty of Rome
罗马字母、拉丁字母 Romanized script/Latin alphabet/Roamn alphabet
罗曼什语(瑞士) Romansch
旅居国外者 expatriate

M

马达加斯加语 Malagasy
马恩岛(英国) Isle of Man
马尔摩(瑞典地名) Malmö
马菲印联盟 Maphilindo
马格里布地区(北非) Maghreb
马科尼行政区(津巴布韦) Makoni
马拉地语(印度) Marathi
马拉雅拉姆语(印度) Malayalam
马利安希尔派 Mariannhill
马尼卡语(津巴布韦) Manyika

马赛(法国地名) Marseilles
《马斯特里赫特条约》 Maastricht Treaty
马提尼克(法属地区名) Martinique
麦索尔邦(印度) Mysore
曼特罗 mantras
毛里求斯人 Mauritian
毛利语浸没教育运动(新西兰) Kura Kaupapa movement
毛利语浸没学校 Māori philosophy school
梅耶对内布拉斯加案 Meyer v. Nebraska
美国公民自由联盟 American Civil Liberties Union
美国国防高级研究计划署 Defense Advanced Research Projects Agency
美国国防语言学院 Defense Language Institute
美国国家安全局 US National Security Agency
美国陆军专业培训计划 ASTP
美国圣经公会 the American Bible Society
美国新闻署 the US Information Agency
美国学会理事会 American Council of Learned Societies
美以美会 the Methodist Episcopal church
《美洲西班牙语研究院词典》 Diccionario académico de americanismos
孟加拉(南亚) Bengal
孟加拉语研究院 the Bangla Academy
孟加拉语研究院 the West Bengal Bangla Academy
米兰达警告 Miranda warnings
《米书拿》 Mishnah
密克罗尼西亚 Micronesia
密码收发者、语码使用者 code talker
民间性 folksiness
民政部门 civic authorities
民族社区 ethnic community
民族文化、民族传统 ethnic heritage
民族语言 ethnic language
民族语言冲突 ethnolinguistic conflict
民族运动 ethnic mobilization
民族主义者组织 nationalist organization
民族组织 ethnic organization
民族祖裔语言 ethnic heritage language
闵基利语(芬兰) Meänkieli
命运共同体 community of fate
摩尔多瓦语 Moldova

专有名词及术语翻译表

摩尔斯电码　Morse code
摩拉维亚人(欧洲)　Moravian
摩里斯科人(西班牙)　Moriscos
《摩西五经》　Five Books of Moses
莫霍克语(北美)　Mohawk
目标语　target language
穆斯林伊斯兰教教法法庭　Muslim Sharia courts

N

拿撒勒(以色列地名)　Nazareth
那加人(印度)　Naga
纳诺族(墨西哥)　Hñähñö
纳什维尔市(美国)　Nashville
纳塔尔省(南非)　Natal
纳瓦霍人、纳瓦霍语(北美)　Navajo
纳瓦霍人的巫医术　medicine men
纳瓦拉(西班牙和法国)　Navarre
纳瓦拉巴斯克语研究院　the Institute of Euskara of Navarre
南阿拉伯语　South Arabian languages
南非非洲人国民大会党　ANC
南非广播公司　South African Broadcasting Corporation
南非荷兰人协会　Fellowship of True Afrikaners
南非语言联合会　South Africa Language Union
尼泊尔语、尼泊尔人　Nepali
尼诺斯克语(挪威)　Nynorsk
纽埃岛(波利尼西亚)　Niue
纽伦堡法庭　the Nuremberg Tribunal
纽伦堡审判　Nuremberg Trial
纽约州的大学董事会　New York State Board of Regents
纽约州卫生厅　NYSDH
挪威化　Norwegianization
挪威语言组织　the Language Organization of Norway

O

欧盟语言　Union languages
欧洲化　Europeanization
欧洲经济和社会委员会　European Economic and Social Committee
欧洲审计法庭　the European Court of Auditors
欧洲小语种管理局　the European Bureau for Lesser Used Languages

P

帕果帕果(美属萨摩亚)　Pago Pago
帕西人、琐罗亚斯德教徒(印度)　Parsee
排版就绪、照相机原版　camera-ready copy/photo-ready copy
盆尼特兄弟会(美国)　Penitente Brotherhood
皮钦语、洋泾浜　pidgin
婆罗门　Brahman
葡萄牙语国家共同体　Community of Portuguese Language Countries
葡萄牙语国家联合会　the Lusophone federation/Lusophere
普遍语言权　universal right
普雷西迪奥要塞(美国)　Presidio
普什图语(阿富汗)　Pashto
普通中学　comprehensive school
普瓦捷(法国地名)　Poitiers

Q

奇卢伯语(刚果)　Tshiluba
耆那教徒　Jains
企业语言、公司语言　corporate language
千橡市(美国地名)　Thousand Oaks
前佛朗哥时期(西班牙)　pre-Franco
前现代时期　pre-modern period
强势语言　dominant language
强势语言　language of power
强势语言　predominant language
侨民教堂　diaspora church
侨民语言　diaspora language
切尔诺夫策依地语会议　Tshernovits conference
青年土耳其党人　Young Turks
囚禁营　internment camp
全国广播公司(美国)　NBC
全国性的官方语言　national official language
全球性企业　global business

R

人口统计变量　demographic variables/factors
人种论研究者　ethnographer

421

日本国际交流基金　Japan Foundation
日本国际交流基金　the Japan Foundation
融合派　amalgamationists
瑞士德语(瑞士)　Swiss German
若阿尔语(法国)　Joual

S

萨尔瓦多　El Salvador
萨米语(北欧)　Sami
塞尔维亚—克罗地亚语　Serbo-Croatian
塞舌尔　Seychelles
塞万提斯学院　El Instituto Cervantes
三语方案　three language formula
三语现象　triglossic
伞状组织　umbrella organization
色雷斯人(欧洲巴尔干半岛)　Thracian
僧伽罗语(斯里兰卡)　Sinhala
商店标识、店标　shop sign
商品对势利顾客的吸引力　snob appeal
上诉法院　appeal court
上位文化　high culture
上尉　lieutenant
上校　colonel
少数民族事务高级专员署　High Commissioner on National Minorities
社会观　social attitude
社会现实　social reality
社会整合、国家团结　social cohesion
社区语言　community language
神甫　priest
神性道德　ethic of divinity
圣安妮天主教学校　St Anne Catholic School
圣多美和普林西比(西非国家)　São Tomé and Principe
圣华金(美国加州地名)　San Joaquin
圣座、宗座　the Holy See
师范学院　training college
十字架刑　Crucifixion
世界性英语　World English
世界语研究院　the Akademio de Esperanto
世界政府　world government
世俗化　secularization
世俗人员　secularizer
世俗犹太人(不信教的犹太人)　secular Jewish
视频翻译　video-based interpreting
视频会议　videoconferencing

手写体字符　hand character
受命教长　ordained minister
受限语言　controlled language
书面希伯来语　literary Hebrew
熟练工人　skilled worker
属地单语制、地方单语制　territorial unilingualism
属地法　territorial solution
属地管辖权　territorial authority
属地制　territorialism
术语命名　nomenclature
双方言，双语体，双言　diglossia
双文化　biculturalism
双语教学媒介语　dual medium instruction
斯堪尼亚语(北欧)　Skanian
斯瓦希里语(非洲)　Swahili
《死海古卷》　Dead Sea Scrolls
苏格兰语协会　Scots Language Society
苏台德(捷克地名)　Sudetenland
苏维埃化　Sovietization
诉讼案件　docket
索马里语　Somali
琐罗亚斯德教　Zoroastrian

T

塔吉特百货公司(美国)　Target
太阳神　Helios
泰卢固语(印度)　Telugu
泰米尔纳德邦(印度)　Tamilnadu
泰语(泰国)　Thai
汤加语　Tongan language
特阿塔浪伊毛利语运动　Te Ataarangi
特别行动小组　task force
特伦托会议　Council of Trent
替代法　replavice approach
天主教特拉普派　Trappist
铁幕　Iron Curtain
听说教学法　Audio-Lingual Method
通话者　interlocutor
同化派　assimilationist
同龄群体　peer group
同声传译　simultaneous interpretation
同质性　homogeneity
统一身份　unified identity
图卢语(印度)　Tulu
涂鸦　graffiti
托管地　mandate

托克劳群岛（太平洋） Tokelau
托克—皮辛语（巴布亚新几内亚） Tok Pisin
拖米多芬兰语（芬兰、瑞典） Tomedal Finnish
《妥拉》 Torah

W

瓦拉纳西（印度地名） Varanisi
瓦伦西亚（西班牙地名） Valencia
瓦伦西亚语（西班牙） Valencian
外包 outsourcing
外来压力 outside pressure
外来语言 non-territorial language language
网络分析法 network analysis
威尔士语协会 the Welsh Language Society
《威尔士语言法》 Welsh Langugae Act
威尔士语言委员会 Welsh Language Board
威奇托县（美国地名） Wichita
威斯特伐里亚（德国地名） Westphalia
微观规划 microplanning
唯法语政策 French-only policy
维持性双语教学语言项目 maintenance program
维尔纽斯（立陶宛） Vilna
《维勒斯—科特莱兹法令》 the Ordonnance de Villers-Cottêret
卫斯理工会教派 Wesleyan
文本化 textualize
文化行为 cultural behavior
文化忠诚 cultural allegiance
文字编辑 copy editors
沃基（美国） Waukee
沃洛夫语（塞内加尔等） Wolof
乌克兰语 Ukrainian
无标记案例、常见案例、常见现象 unmarked case
无标记压力、通常压力 unmarked pressure
无标记语言、常见语言 unmarked language
《无线电法》 Wireless Act
伍麦叶帝国 Umayyad Empire
物理现实 physical reality

X

西班牙皇家学院 the Real Academia Española
西班牙语研究院协会 Asociación de Academias de la Lengua Española
西班牙语研究院协会 Association of Spanish Language Academies
西派教会 western church
西撒哈拉 Western Sahara
西系犹太人、塞法迪犹太人 Sephardic
希伯来语保护军团（以色列） Legion for the Protection of the Language
希伯来语化 Hebraize
希伯来语教师协会 Hebrew Teachers Association
希伯来语日 Hebrew Language Day
希伯来语研究院 Academy of the Hebrew Language
锡克教徒 Sikhs
习惯法 common law
下士 corporal
下位文化 low culture
夏洛特—梅克伦堡（美国地名） Charlotte-Mecklenburg
宪法语言 constitutional languages
相似的语言管理机构 parallel agencies
消费投诉 billing complaint
小语言 minor variety
协议条款 treaty provision
协议政策、条约政策 treaty policy
新教变革 Protestant Reformation
新西兰的毛利语委员会 The Māori Language Commission
新兴双语者 emergent bilingual
《新约·四福音书》 Gospels
信德语（巴基斯坦、印度） Sindhi
信徒、全体信徒 congregation
虚构词汇、虚构语言 mock language
虚拟学校 virtual school
学校语言 school variety
学校语言政策、教育语言政策 school language policy
学校种族隔离 school segregation
学制 school system

Y

压力集团 pressure group
雅各宾派 Jacobin
亚浸没教学 submersion
亚美尼亚语 Armenian
严守教规的犹太人 observant Jews
言语交流系统 speech network
言语民族学 ethnography of speaking

言语社区　speech community
言语顺应　speech accommodation
言语资源　speech resources
耶稣会士　Jesuit
《耶稣受难日协议》《贝尔法斯特协议》　Good Friday Agreement
也门犹太人　Yemenite
叶史瓦　yeshiva
伊多语　Ido
伊利里亚语(东欧)　Illyrian
伊玛目　imam
伊斯兰化语言　language of Islamicization
伊斯兰学校、穆斯林学院　madrasa
医疗事故　medical error
依地语化　Yiddishize
以色列国防军　IDF
以色列理工学院　Technion
以色列希伯来语委员会　Hebrew Language Council
《以斯帖记》　Esther
异教徒　heathen
异教徒　pagan
异质体　heterogeneous entities
异族通婚　exogamy
因奴人(加拿大)　Innu
音译　transliteration
吟诵　cantillation
饮食诫命　dietary law
印度教　Hinduism
印度斯坦语　Hindustani
印刷风格　house style
英国康沃尔语委员会　Cornish Language Board
英国圣公会派　the Anglicans/the Anglican Church
英国圣经公会　British and Foreign Bible Society
英国文化委员会　the British Council
英国英语现象　Britishism
英联邦国家　the Commonwealth of Nations
英印军　British Indian Army
英语使用者　Anglophone
英语语言学习者　English language learner
优管(一种网络社交平台)　YouTube
犹大王国　Judah
犹太阿拉米语　Judeo-Aramaic
犹太法语　Judeo-French
犹太复国主义　Zionism

犹太教改革派　Reform Judaism
犹太教堂　synagogue
犹太人第二圣殿　Second Temple
犹太人聚集区　ghetto
犹太人研究学院　the YIVO Institute for Jewish Research
犹太威尼斯语　Judeo-Venetian
犹太希腊语　Judeo-Greek
犹太语言　Jewish languages
语法错误　solecism
语库　linguistic repertoire
语言爱好者　language enthusiast
语言编辑　language editors
语言标志、语言标识　verbal sign
语言巢　language nest
语言的集体权　collective right
语言的权利　linguistic right
语言独立　linguistic independence
语言堕落　language degeneration
语言反应　linguistic reflex
语言服务　language service
语言干扰　language interference
语言工程　language engineering
语言官员　language officer
语言管理　language management
语言管理机构　language agency
语言管理机构　language management agency
语言管理机构　language regulatory body
语言管理政策　language management policy
语言行动者　language actor
语言鸿沟、语言差异　language gap
语言活动　language activism
语言活动者　language activist
语言活动者群体(团体)　language activist groups
语言活动者组织　activist organization
语言活力　language vitality
语言计划　language scheme
语言教学政策　language instructional policy
语言景观　linguistic landscape
语言警察　language police
语言净化组织　Safah Berurah
语言力量　language force
语言连线翻译公司(美国)　Language Line
语言民族主义　linguistic nationalism
语言磨蚀、语言流失　language attrition
语言桥　linguistic nodes

语言权　language right
语言沙文主义　linguistic chauvinism
语言社会化　language socialization
语言社区　language community
语言社团、语言协会　language association
语言体制　language regime
语言替代　language replacement
语言维持　language maintenance
语言亚变体　sub-varieties
语言域、语言管理域　language domain
语言怨恨　language grievance
语言执行机构　language enforcement agency
语言中心主义　linguicentrism
语言忠诚　language loyalty
语言重生　language regeneration
预设读者　presumed reader
域内语言政策　domain-internal language policy
域外　extra-domain
元帅　field marshal
原教旨主义　fundamentalism
约旦阿拉伯军团　Jordanian Arab Legion

Z

再度本土化的希伯来语　revernacularized Hebrew
早期教育　initial education
扎尔马语（尼日尔）　Zarma
占领者的语言问题　occupier's language problem
长老会　Presbyterianism
长尾理论　Long Tail
爪哇语（印尼等）　Javanese
正统派　Orthodox Judaism
政策结构　policy structure
政府部门　government unit
政府机构　bureaucratic structure

支厅、郡（日本）　subprefecture
直接教学法　direct method
中层群体　intermediate group/class
中士　sergent
中士的语言问题　sergent's language problem
中校　lieutenant colonel
（中央）集权制国家　unitary state
中央化　centralization
重音字母　accented letters
州（德国,这是一个德语词汇）　Länder
州内事务　state concern
主教制　Episcopacy
主要语言　primary language
自然的语言代际传承　natural intergenerational language transmission
自我管理学校、私立学校　self-managed school
字体　Typeface
（宗教）独立派　Independency
宗教法院　consistory
宗教管理机构、宗教组织　religious institution
宗教会众、宗教集会成员　congregant
宗教教义问答手册　catechism
宗教希伯来语　religious Hebrew
宗教希伯来语　ritual Hebrew
宗教仪式语言　language of ritual
宗教语言　sacred language
宗教语言　the Holy Tongue
宗主国语言　metropolitan language
综合方法　holistic approach
族性　ethnicity
阻力、反作用力　counterforce
组织化群体　organized group
组织化语言管理　organized language management
祖裔语言　heritage language

译 后 记

斯波斯基于 2004 在剑桥大学出版社出版了《语言政策：社会语言学中的重要论题》（以下简称《语言政策》）专著，2009 年又在该社推出了《语言管理》新作，后者可视为前者的姊妹篇，若说前者是宏观的，后者则是微观的，二者在体系上存在内在的密切联系。斯波斯基（Spolsky 2004：223）在《语言政策》一书的最后一句话就为《语言管理》的诞生埋下了伏笔："本书介绍的知识虽然不能为我们如何管理语言指明道路，但是却能帮助我们理解这样的语言管理涉及哪些方面。"

由于《语言政策》中文版于 2011 年在商务印书馆出版，该书也是本人翻译的，因此，本人对这两本书在内容的衔接以及写作风格等方面都比较熟悉。考虑到《语言管理》一书涉猎多个领域的语言管理，内容特别丰富，涉及语言、文化、教育、政治、法律、宗教、历史、工商业、国际组织等领域，本人在翻译该书时依然做了一些译者注，以便读者能够轻松方便地了解相关的历史背景和专业知识，但在《语言政策》一书中做过的脚注，在《语言管理》中一般就不做了。此外，有些术语后面的英文在《语言政策》中出现过的，在《语言管理》中一般就不再标注了。因此，本人建议读者先看《语言政策》，后看《语言管理》，或许这种方法无论是从专著内容还是从译者脚注来说都更科学些。

在译著即将付梓之际，本人要借此机会衷心地感谢一路上帮助过我的人。首先，我要感谢《语言管理》一书的作者斯波斯基教授。在我翻译本书的过程中，他给了我很多帮助和支持。此外，他还非常爽快地答应为本书的中文版撰写前言，并大度地让我修改他写的前言。其次，我要感谢商务印书馆的叶军主任、蔡长虹主任和刘建梅责任编辑，她们为本著的出版付出了不少努力。第三，我要感谢浙江大学的刘海涛教授，他在工作非常繁忙的情况下接受了审校本译著的邀请。刘教授在语言政策和语言规划的研究方面起步早,走得深,看得远。最后但不是最轻,我要感谢我妻子薛冬青女士,她以第一读者的身份阅读了译文初稿,并标出语言上的不解之处,她还帮助我整理术语表,为我做好后勤保障工作。我十分感谢上述人员的无私帮助和奉献!如果没有他们的援助之手,我就不可能把这本书顺利地翻译成中文。

另外,本人在此译本中做脚注时,查阅了大量的词典、百科全书、维基百科、《圣经》以及相关的专业书籍,在此,不逐一列出它们的名字,谨借出版之际向这些资料的作者、编者和译者表达我真挚的谢意和崇高的敬意!

最后,译本中漏译、误译或专业术语不地道之处难免。在此,敬祈广大读者原谅和斧正。

张治国

2014年3月于上海

图书在版编目(CIP)数据

语言管理/(以)斯波斯基著;张治国译.—北京:商务印书馆,2016
(语言规划经典译丛)
ISBN 978 - 7 - 100 - 11589 - 6

Ⅰ.①语… Ⅱ.①斯… ②张… Ⅲ.①语言学—管理学 Ⅳ.①H002

中国版本图书馆 CIP 数据核字(2015)第 222833 号

所有权利保留。
未经许可,不得以任何方式使用。

语 言 管 理

〔以〕博纳德·斯波斯基 著
张治国 译
刘海涛 审订

商 务 印 书 馆 出 版
(北京王府井大街 36 号 邮政编码 100710)
商 务 印 书 馆 发 行
北京市艺辉印刷有限公司印刷
ISBN 978 - 7 - 100 - 11589 - 6

2016年4月第1版 开本 787×1092 1/16
2016年4月北京第1次印刷 印张 28
定价: 62.00元